Eckart Conrad Lutz

Schreiben, Bildung und Gespräch

Scrinium Friburgense

Veröffentlichungen des Mediävistischen Instituts
der Universität Freiburg Schweiz

Herausgegeben von

Michele Bacci · Hugo Oscar Bizzarri
Elisabeth Dutton · Christoph Flüeler · Eckart Conrad Lutz
Hans-Joachim Schmidt · Tiziana Suarez-Nani

Band 31

De Gruyter

Eckart Conrad Lutz

Schreiben, Bildung und Gespräch

Mediale Absichten bei
Baudri de Bourgueil, Gervasius von Tilbury
und Ulrich von Liechtenstein

De Gruyter

Veröffentlicht mit Unterstützung des Schweizerischen Nationalfonds zur Förderung der wissenschaftlichen Forschung und des Hochschulrates Freiburg/Schweiz

ISBN 978–3–11–028152–1
e-ISBN 978–3–11–028163–7
ISSN 1422–4445

Library of Congress Cataloging-in-Publication Data

A CIP catalog record for this book has been applied for at the Library of Congress

Bibliografische Information der Deutschen Nationalbibliothek

Die Deutsche Nationalbibliothek verzeichnet diese Publikation in der Deutschen Nationalbibliografie; detaillierte bibliografische Daten sind im Internet über http://dnb.dnb.de abrufbar.

Satz: swissedit, Zürich
Druck und Bindung: Hubert & Co. GmbH und Co. KG, Göttingen
∞ Gedruckt auf säurefreiem Papier

Printed in Germany

www.degruyter.com

Vorwort

Texte brauchen Interpreten, um ihre Wirkung entfalten zu können. Dieses Wissen verbindet die hier einbezogenen Autoren, ihm gilt das Interesse dieses Buches. Die in ihm vorgestellten Texte emergieren aus einer Kultur der Mündlichkeit und gehen wieder in ihr auf, einer Kultur, die ihre Texte vor allem gebraucht, trotz allen ästhetischen Anspruchs, trotz der Sorgfalt und des Aufwands, die mit ihrer Anfertigung und Darbietung verbunden sind. In diesen Texten kristallisieren sich in mehr oder minder vollendeter Form Gedanken und Inhalte; sie stehen in Traditionen, sind Konventionen der Formulierung verpflichtet, erfüllen Erwartungen und lösen zugleich Irritationen aus: Sie gefallen oder provozieren, geben Anlass, sich mit ihnen auseinanderzusetzen und dann anders zu denken, zu reden und zu handeln.

Was sich hier an einer Reihe sehr verschiedener, immer hoch anspruchsvoller Texte aus dem Überschneidungsbereich klerikaler und höfischer Kulturen des Mittelalters beschreiben lässt, gilt – in unterschiedlichen Ausprägungen – weit über sie hinaus für die von geregeltem mündlichen Umgang geprägten elitären europäischen Gesellschaften bis zum Ende des Ancien Régime. Und es gilt auch für Gegenstände anderer Künste. Diese Bedeutung der Texte für die Ausbildung und Pflege von Denk- und Umgangsformen bestimmter sich formierender Kreise, ihre Einbettung in ein vielseitiges Bemühen um eine gemeinsame Identität, lassen sich an den hier ausgewählten Beispielen aus den Bereichen von Klöstern und Höfen des 12. und 13. Jahrhunderts anschaulich und facettenreich beschreiben.

Das Interesse des Projekts, das mit diesem Buch entstand und seine Ausarbeitung begleitete,[1] galt der Konstituierung, Vermittlung und Aneignung eines für Laien bestimmten Bildungswissens gelehrter Provenienz, wie sie

---

1 Das Freiburger Projekt »Texte und Bilder – Bildung und Gespräch« im Nationalen Forschungsschwerpunkt »Medienwandel – Medienwechsel – Medienwissen« an der Universität Zürich legte den Akzent in der ersten Phase (2005–2009) auf »Mediale Bedingungen und funktionale Interferenzen«, in der zweiten (2009–2013) auf epistemische Prozesse: »Diagrammatische Strukturen und die Dynamisierung von Wissen und Erfahrung«.

sich an mittelalterlichen Höfen und in höfisch geprägten Milieus in vielfältigen Formen beobachten lassen. Der Transfer dieses Bildungswissens (über Welt, Geschichte, Gesellschaft) ist freilich nur möglich, wo es gelingt, die Adressaten zu erreichen: in ihrer Zusammensetzung zumeist heterogene und nur im Kern stabile Gruppen, die selten der Schrift und nur zum Teil des Lateinischen kundig sind. Die Autoren gehen daher immer wieder von der Erwartung aus, dass ihre lateinischen Texte der mündlichen Vermittlung bedürfen – durch sie selbst, einen Überbringer oder einen gelehrten Angehörigen des Hofes. Für volkssprachige Texte nimmt man ohnehin Rezeptionsbedingungen an, unter denen Vortrag und verschiedene Formen des geselligen, literarisch interessierten Umgangs wie des Gesprächs ineinander übergehen. Alle mündliche Rede ist natürlich verloren, doch die Erwartung der Erschließung und Ergänzung, der Aneignung der Texte über das gesprochene Wort ist an ihnen selbst abzulesen, selbst da, wo explizite Aussagen oder Reflexionen fehlen. Wo es aber gelingt, die Voraussetzungen und Bedingungen zu beobachten, unter denen ein Text in Rede aufgeht und sich so gewissermassen ›entbehrlich‹ macht, indem er Erkenntnisse ermöglicht, Einsichten erlaubt, die jenseits seiner Textur (und ihrer materiellen Darstellung) liegen, die also unmittelbar an das von gelehrtem und höfischem Bildungswissen getragene Sinngefüge, auf das er zielt, heranführen, da treten Aspekte (oder Momente) von Medialität in Erscheinung.

Mein Interesse gilt also Texten, die gelehrtes Wissen, Denken und Urteilen in der Absicht präsentieren, sie in mentaler und habitueller höfischer Bildung aufgehen zu lassen; und es gilt genau jenen Eigenschaften dieser Texte, die erkennen lassen, dass und vor allem wie die Zurichtung der Texte auf das Gelingen ihres Aufgehens im Vollzug der Erkenntnis oder Einsicht zielt; es gilt daher zum einen den ihnen eingeschriebenen Ordnungen und Strukturen und zum andern Effekten der Spannung und Bewegung, intendierter Lebendigkeit und Dynamik, und damit den Bedingungen der Möglichkeit medialer, epistemischer Prozesse.

Dankbar bin ich Freunden und Kollegen, mit denen ich über die Themen dieses Buches sprechen konnte: Michael Curschmann (Princeton), Jeffrey F. Hamburger (Harvard), Wolfgang Harms (München), Felix Heinzer (Freiburg i. Br.), Nikolaus Henkel (Hamburg), Christel Meier-Staubach (Münster), Nigel F. Palmer (Oxford), Christine Ratkowitsch (Wien), Peter Strohschneider (München), Jean-Claude Schmitt (Paris), Jean-Yves Tilliette (Genève) und Udo Kühne (Kiel), der das Baudri-Kapitel kritisch las.

Herzlich danke ich Christine Putzo für die engagierte Ausarbeitung der Register und Wolfram Schneider-Lastin, der auch dieses Buch mit viel Aufmerksamkeit gestaltet hat. Danken möchte ich auch den Kollegen, die es unter die Veröffentlichungen des Mediävistischen Instituts aufgenommen haben, und dem Schweizerischen Nationalfonds zur Förderung der wissenschaftlichen Forschung, der mit dem NFS »Medienwandel – Medienwechsel – Medienwissen. Historische Perspektiven« einen anregenden Kontext getragen und gemeinsam mit dem Hochschulrat Freiburg und dem Rektorat der Universität die Drucklegung unterstützt hat.

Entstanden ist dieses Buch aus dem gemeinsamen Nachdenken und Arbeiten mit Martina Backes, Armin Brülhart, Marcus Castelberg, Nicole Eichenberger, Richard Fasching, Urban Federer, Barbara Fleith, Béatrice Gremminger, Vera Jerjen, Stefan Matter, Katharina Mertens Fleury, Joanna Mühlemann, Christine Putzo, Kattrin Schlecht, Johanna Thali und René Wetzel – ich widme es ihnen und meiner Frau Romy, dankbar für viele klärende Gespräche.

Arlay, am 15. August 2012 *Eckart Conrad Lutz*

Inhalt

I

Annäherungen an den Gegenstand
und an seine Auffassung

Bildung und Gespräch sind keine gebräuchlichen Arbeitsbegriffe der Literaturwissenschaft,[1] und ich erhebe auch keinen Anspruch darauf, sie als solche einzuführen. Im Gegenteil: ich lege Wert auf ein offenes, weites, den gemeinsprachlichen Gebrauch voraussetzendes Verständnis, das es erlaubt, den Gegenstand dieses Buches und seine Auffassung im Horizont geläufiger Vorstellungen zu erarbeiten und diese sukzessive und von Fall zu Fall durch am Material gewonnene, historisch angemessenere Vorstellungen zu ersetzen.

Bildung und Gespräch stehen also nicht im Zentrum dieses Buches, obwohl sie immer präsent sind. Es handelt vom Schreiben, von Autoren und Texten, die vermutlich noch nie Gegenstand einer gemeinsamen Untersuchung waren. Sie behalten auch hier ihre Autonomie, auf die sie Anspruch haben. Was sie jedoch verbindet und mich veranlasst hat, sie unter derselben Perspektive vorzustellen, ist ihr Status in jenem Spannungsfeld, das die Begriffe Schreiben, Bildung und Gespräch umreissen. Diese Texte oder Textensembles liegen schriftlich vor, doch sind sie damit nicht zur Ruhe gekommen: sie setzen einen Umgang mit ihnen voraus und fordern ihn explizit ein, der ihnen bei allem Bemühen um ihre Form und ihre Aufzeichnung – paradoxerweise – etwas Ephemeres verleiht und doch zugleich erst ihre Wirkung sichern, ihr Dauer verleihen soll: Diese Texte verlangen nach verschiedenen Formen der Mündlichkeit, nach Erschliessungsleistungen unter verschiedener Beteiligung, und ihre Autoren erwarten erst von dieser Belebung der Texte im ›Gespräch‹ den Beitrag zur wirklichen Veränderung des (oder der) anderen, zu dieser oder jener Art von ›Bildung‹ (oder Formung), die sie intendieren.[2] Diese Texte faszinieren

---

1 Das Reallexikon der Literaturwissenschaft (RLW) etwa behandelt sie nicht.
2 Beiden Vorstellungen ist also ein prozessuales Moment eigen, das sie verbindet und auf das es ankommt.

also unter dem Gesichtspunkt ihrer Prägnanz, der in ihnen angelegten Fähigkeit, je neu in durch sie ausgelöster Rede aufzugehen, sich (vorübergehend) entbehrlich zu machen und damit zu Medien zu werden. Die so verstandenen ›medialen Absichten‹ der Autoren stehen im Fluchtpunkt des Buchs.

Diese Absichten kommen nicht von ungefähr. Sie stehen mehr oder minder ausdrücklich und mehr oder minder reflektiert in der Tradition epistemologischer Konzepte, die mit dem historischen Begriff der *informatio* verbunden werden können. An diese Konzepte heranzuführen, ist die Aufgabe dieser Einleitung. Dabei sollten zugleich die Leitvorstellungen der Untersuchung – Schreiben, Bildung und Gespräch – erste Konturen bekommen. Sie auszufüllen und je neu zu überdenken, bleibt den Darlegungen des Hauptteils vorbehalten.

Es geht in ihnen um Texte, die Bildung voraussetzen, weltliche oder geistliche, in der Regel beides; eine Vertrautheit mit Wissen und seiner Anwendung, mit Formen des standes- und rollenspezifischen Verhaltens und sich Gebens, des Habitus. Es geht um Texte, die diese Bildung ausspielen und einfordern und sie erweitern sollen, um eine Dynamik, die in ihnen angelegt ist und das Potential besitzt, auf personale oder soziale Identitäten Einfluss zu nehmen; eine Dynamik, die erst zur Wirkung gelangt, wenn es gelingt, in den Texten Angelegtes zur Sprache zu bringen, es zu erschliessen. Wo das geschieht, kommen Aspekte von Medialität zur Erscheinung und damit zugleich die Anliegen der Texte zur Geltung.[3]

Das Wissen, über ihre Texte mediale Prozesse auslösen und steuern, Menschen verändern zu können, verbindet die Autoren (und ihre Milieus); die Wahl der Mittel und der Ziele unterscheidet sie. In allen hier untersuchten Fällen sind Autoren, Entstehungszusammenhänge und Adressaten der Texte hinreichend genau bekannt, um beschreiben zu können, inwiefern und in welcher Weise sie auf die Empfänger und deren Umfeld Einfluss zu nehmen versuchen. Alle liegen im Spannungsfeld klerikaler und höfischer Wertvorstellungen und Lebensformen. Und sie rechnen mit unterschiedlichen Graden schulischer, gelehrter oder höfischer Bildung (und thematisieren sie). Gerade wenn dieser Bildungsbegriff inhaltlich offen bleibt, erlaubt

---

3 Zum Medialitätsbegriff vgl. Christian Kiening, Medialität in mediävistischer Perspektive, in: Poetica 39 (2007), S. 285–352. Eckart Conrad Lutz, Arbeiten an der Identität. Zur Medialität der *cura monialium* im Kompendium des Rektors eines reformierten Chorfrauenstifts. Mit Edition und Abbildung einer Windesheimer ›Forma investiendi sanctimonialium‹ und ihrer Notationen (Scrinium Friburgense 27), Berlin/New York 2010.

er die Beobachtung des Neben- und Ineinanders verschiedener Inhalte und Wertsysteme und des Austragens von Spannungen zwischen ihnen.

Dabei lenkt die Thematisierung von Bildung (oder Formung) als ›Leitvorstellung‹ die Aufmerksamkeit auf die Dynamiken, die in den Texten angelegt sind und unter dem Einfluss mündlicher Erschliessungsformen zur Wirkung gelangen (sollen). Diese Spielarten des Gesprächs sind ›Zielvorstellung‹ aller Schreibenden, deren Text erst reussiert, wo man ihn sich aneignet, durch ihn verändert wird. Der Veränderungsprozess selbst lässt sich als *informatio* bezeichnen und beschreiben.

Es ist diese Seite von Bildung oder eben Formung, auf die es mir ankommt, eine Prägung, die Denken, Reden und Handeln betrifft, und deren Erfolg in der Haltung des Menschen zum Ausdruck kommt – von *gedenken*, *sprechen*, *tuon* und von *gebaerde* spricht Thomasin (um 1210) in seiner volkssprachigen Erziehungslehre für den Hof. Und nicht minder klar ist seine Auffassung von seinem Text: er hat dort seinen Zweck erfüllt, wo er sich entbehrlich macht, weil die in ihm angelegte Dynamik der *bezzerunge* vom Rezipienten denkend und handelnd aufgenommen worden ist und in ihm vorbildlich weiter wirkt.[4]

1.1 *informatio* – Variationen über ein Thema

Als 62 v. Chr. in Rom das Bürgerrecht des aus Syrien stammenden Dichters Aulus Licinius Archias angefochten wurde, übernahm Cicero, der Archias, seinem Lehrer, viel verdankte, seine Verteidigung:[5] Er werde zeigen, dass man dem Gelehrten die *civitas Romana* aufgrund seiner eminenten Bildung gerade erst verleihen müsste, wenn er sie nicht schon hätte. Und weil er für einen erlesenen Dichter und Gelehrten spreche (*pro summo poeta atque eruditissimo homine*), ersuche er darum, sich ausführlicher über die allgemeine wie die literarische Bildung äussern zu dürfen (*de studiis humanitatis ac litterarum paulo loqui liberius*; § 3).

---

4 Thomasin von Zirclaria, Der Wälsche Gast. Nachdr. d. Ausg. v. Heinrich Rückert mit e. Einl. u. e. Reg. v. Friedrich Neumann (Deutsche Neudrucke. Texte des Mittelalters), Berlin 1965, V. 141–216 u. 14681–752. Dazu demnächst die Freiburger Dissertation von Vera Jerjen.

5 Altay Coşkun, Cicero und das römische Bürgerrecht. Die Verteidigung des Dichters Archias, Einl., Text, Übers. u. hist.-philol. Komment. (Vertumnus 5), Göttingen 2010, Text: S. 147–154; zum rechtshistorischen Kontext S. 33–59.

Zunächst aber legt Cicero dar, wie Archias seine Bildung erwarb: Nachdem er gerade erwachsen war und sich von jenen *artes*, durch welche die Jugend gewöhnlich Bildung erlangt, zur Schriftstellerei wandte, gelang es ihm zunächst in seiner Vaterstadt Antiochia, die an gelehrtesten Männern und hervorragenden Gelegenheiten, die *artes liberales* zu betreiben, reich war, rasch alle an glänzender Begabung zu übertreffen.

> nam ut primum ex pueris excessit Archias atque ab eis artibus, quibus aetas puerilis ad humanitatem informari solet, se ad scribendi studium contulit, primum Antiochiae – nam ibi natus est loco nobili – celebri quondam urbe et copiosa, atque eruditissimis hominibus liberalissimisque studiis adfluenti, celeriter antecellere omnibus ingeni gloria contigit. (§ 4)

Es geht mir hier um die Wendung *ad humanitatem informari* und zwar weniger um den klassischen, humanistischen Bildungsbegriff an sich, also das Ideal der kritischen Vertrautheit mit Sprache, Rhetorik, Dichtung und Historiographie und der Fähigkeit, sie vollendet zur Geltung zu bringen – das ist es natürlich, worin sich das *cives Romanus*-Sein zeigt und was Archias auszeichnet oder nach Cicero auszeichnen soll.[6] Es geht mir vielmehr um die Vorstellung, dass sich Bildung einprägt (*informari*), dass sie vollendet, also erst eigentlich ›zum Menschen macht‹ – hier im klassischen Sinn (*ad humanitatem*), später im christlichen (*ad imaginem Dei*[7]).

So kann – um im Bereich der Philosophie zu bleiben – Konrad von Hirsau in seinem ›Dialogus super auctores‹ von Boethius' ›De consolatione Philosophiae‹ sagen, dass ihre *materia* tröstende philosophische Gedanken seien (*philosophicae consolatrices sententiae*), die beabsichtigten (*intendere*), die Menschen ihrem Elend (*miseria*) zu entreissen und sie über die Verachtung der Welt zur Vertrautheit mit dem wahren Guten zu ›bilden‹: *ex ipsa miseria retrahere et ad veri boni noticiam per mundi contemptum informare*.[8] Auch hier geht es nicht einfach um die Kenntnis des wahren Guten, sondern um ein von diesem Wissen geprägtes Sein, dass sich im Denken, Urteilen und Handeln ganz buchstäblich auswirkt.

---

6 Dabei geht es Cicero gerade auch um die Einbindung der griechischen Kultur, die Archias repräsentiert, in die römische, er stellt für ihn »das Ideal eines romanisierten Gelehrten dar«; vgl. Coşkun, Cicero, S. 73–77, hier: 77.

7 Vgl. dazu unten, zu Petrus Damiani, S. 22 ff. Dass man durch *informatio* das Bürgerrecht erlangt, ist im Beispiel des Archias nur eine hübsche Pointe, für den Christen ist der Einzug in die Himmelsstadt das Lebensziel.

8 Accessus ad auctores. Bernard d'Utrecht. Conrad d'Hirsau, Dialogus super Auctores, éd. crit. entièrement revue et augmentée par R. B. C. Huygens, Leiden 1970, S. 105–110, Z. 1054–1199, hier: 1134 f.

Die Geschichte des Begriffs *informatio* im Mittelalter ist wenig oder doch einseitig erforscht.[9] Noch entschiedener gilt das für die mit seinem Gebrauch verbundenen Vorstellungen und Konzepte, also für Fragestellungen der Historischen Semantik. Das hängt natürlich mit der Konzentration des Interesses auf den modernen Informationsbegriff zusammen, dem man zwar eine antike Vorgeschichte einräumt, doch vor allem eine rhetorische, wobei man das Mittelalter in der Regel einfach ausblendet.[10] Auch der jüngste, mit einigem Aplomb vorgetragene Versuch, »einige Tendenzen der vormodernen Begriffsgeschichte [zu] skizzieren«, um diese Lücke zu schliessen,[11] interessiert sich eigentlich nur für »die mediale Leistung einer *informatio*« im landläufigen Sinn (21). Das Ergebnis dieses Abrisses dürfte denn auch vor allem dem Anspruch genügen, sich bei der Beschreibung der »pragmatischen Felder administrativer und ökonomischer Informationsverwaltung« ›anwenden‹ zu lassen (15).[12] Der (anschliessend zu besprechende) Brief des Petrus Damiani soll denn dort auch bloss belegen, dass der *informatio*-Begriff neben seiner Verwendung im Kontext von Recht und Verwaltung von der Antike bis ins Hochmittelalter nur in den »Bedeutungen von ›lehren‹ und ›belehren‹« (21) gebraucht wurde. Das beklagte Defizit wird also nicht behoben.

In unserem Zusammenhang interessiert gerade die dort ausgeblendete Verwendung des Begriffs *informatio* zur Bezeichnung eines nur im Kern

---

9 Wenig erhellend ist der vor allem an der Vorgeschichte des modernen Informationsbegriffs interessierte Abschnitt zur »lateinische[n] Herkunft« bei Rafael Capurro, Information. Ein Beitrag zur etymologischen und ideengeschichtlichen Begründung des Informationsbegriffs, München usw. 1978, S. 50–139.

10 Bezeichnend Michael Fleischer u. Harald Fricke, Information, in: RLW 2 (2000), S. 142 ff.; hier wird ›Information‹ auf den »Neuheitswert einer Äusserung« festgelegt. Bei R(oland) Bernecker, Information, in: HWRh 4 (1998), Sp. 376–382, ist das Mittelalter nur durch eine (belanglose) Bemerkung zu Dante präsent.

11 Arndt Brendecke, Markus Friedrich u. Susanne Friedrich, Information als Kategorie historischer Forschung. Heuristik, Etymologie und Abgrenzung vom Wissensbegriff, in: Information in der Frühen Neuzeit. Status, Bestände, Strategien, hg. v. dens. (Pluralisierung & Autorität 16), Berlin 2008, S. 11–44, sehen »ein schwerwiegendes Defizit«, dem sie mit ihrer Skizze »beikommen wollen« (20).

12 »*Informatio* bezeichnet also in Handlungssequenzen der Kenntnisgewinnung und -nutzung sowohl den Anfang des Prozesses (die Einholung) als auch dessen Zwischenergebnis (den Bericht) und schliesslich zudem das erklärte Ziel desselben (die Kenntnis).« Brendecke u. a., Information, S. 30.

stabilen Bildungskonzepts, dessen inhaltliche Füllung immer neu zu definieren ist. Diese Bedeutung des Begriffs wird besonders vor dem Hintergrund der Arbeiten C. Stephen Jaegers zur Geschichte der Bildungsvorstellungen im frühen und hohen Mittelalter erkennbar, auch wenn er den
Begriff selbst allenfalls streift. Eine entscheidende Rolle spielt die *informatio*
hingegen in der von James Simpson vorgeschlagenen Lektüre des ›Anticlaudianus‹ von Alanus de Insulis wie der ›Confessio amantis‹ von John
Gower.

Was Jaegers[13] grundlegende Untersuchungen vor allem ins allgemeine
Bewusstsein gehoben haben, sind die Entwicklungen des Bildungsbegriffs,
der Bildungsinhalte, pädagogischen Ziele und Vermittlungskonzepte im
Zuge des Bedeutungsverlusts der alten Kathedralschulen (»old learning«) im
12. Jahrhundert und der Übertragung ihrer Vorstellungen an die weltlichen
Höfe: Die auf dem Charisma des Lehrers beruhende Vermittlung einer den
ganzen Menschen, sein Denken und seine Wertvorstellungen, aber auch sein
Handeln und seinen Habitus betreffende, im Ethischen kulminierende literarische Bildung (*cultus virtutum*) bleibt an den Höfen zwar ihrer Idee
nach erhalten, mündet aber vor allem in einen literarischen Diskurs, die
höfische Literatur und die von ihr thematisierten Ideale.[14] Vor diesem allgemeinen Hintergrund sind auch meine Überlegungen zu sehen. Es geht
mir freilich nicht darum, mich mit Jaegers Thesen an sich auseinanderzusetzen, das haben andere getan.[15] Vielmehr geht es mir um das Verständnis
einzelner Fälle von Literaturproduktion in ihrem jeweiligen Kontext, und
dabei etwa – im zeitlichen Rahmen von Jaegers Untersuchungen – um den
Status der ›Carmina‹ Baudris de Bourgueil unter dem Aspekt eines mehr-
dimensionalen ›colloquialen‹ Umgangs und Austauschs, der (wie die *informatio* selbst) bei Jaeger gerade keine Rolle spielt.[16]

---

13 C. Stephen Jaeger, The Origins of Courtliness. Civilizing Trends and the For-
    mation of Courtly Ideals 939–1210 (The Middle Ages), Philadelphia 1985; id.,
    The Envy of Angels. Cathedral Schools and Social Ideals in Medieval Europe,
    950–1200 (The Middle Ages), Philadelphia 1994.
14 Vgl. Jaeger, Envy of Angels.
15 Vgl. etwa Timo Reuvekamp-Felber, Volkssprache zwischen Stift und Hof.
    Hofgeistliche in Literatur und Gesellschaft des 12. und 13. Jahrhunderts (Köl-
    ner Germanistische Studien NF 4), Köln usw. 2003, bes. S. 78–101.
16 So betont Jaeger etwa auch die Bedeutung des Gesprächs am Hof Thomas
    Beckets, wie sie Johannes von Salisbury im ›Policraticus‹ in Anschluss an die
    ›Saturnalia‹ des Macrobius beschreibt, aber ihn interessiert daran die Integra-
    tion eines aus der Antike herleitbaren Ideals des *cultus virtutum* in ein Pro-

Anders ist das bei James Simpson,[17] dessen Auffassung des ›Anticlaudianus‹ und der ›Confessio amantis‹ ganz entschieden aus einem mittelalterlichen *informatio*-Begriff heraus entwickelt und begründet wird. Das einzige, was *informatio* nie bedeute, sei ausgerechnet das, was wir unter
›Information‹ verstünden – »the actual content of a body of knowledge or
teaching.« (10) So, wie der Begriff sich nach Simpson bei Gower zeigt und
auch auf Alanus zutrifft, bringt er zwei traditionelle Spielarten der *informatio* zur Geltung, die eng mit einander verbunden sind: die künstlerische
Gestaltung von Texten und die belehrende, ›informatorische‹ Wirkung dieser Texte (6) – diese *informatio* impliziert einen künstlerischen und einen
pädagogischen Prozess, die auf Vollendung des Werkes wie des Lesers zielen. Und in beiden behandelten Fällen – bei Alanus wie bei Gower – seien
diese Prozesse auf bestimmte, königliche Adressaten zugeschnitten (7). Beide zeigten die Abhängigkeit der Ethik von der Politik und dieser von der
Kosmologie, beide imaginierten und informierten einen »philosopher-king«
(12), seien »Bildungsroman[e]« oder »fables of the individual soul's education«, ihre narrative Dynamik sei eine Funktion des Verlangens der Seele
»to realize its fullness« (13). Ihr Verfahren sei in keiner Weise unmittelbar
pädagogisch, es fordere vielmehr erst über strukturelle Inkohärenzen die
Beteiligung des Lesers an der Sinnkonstruktion ein. Aufgabe dieser literarischen Strukturen sei es nicht in erster Linie, Wissen zu vermitteln, sondern »to inform the soul of the reader – to bring the soul of the reader to its
own ideal state, or ›form‹« (15). In der Selbsterkenntnis, dem *cognosce
teipsum*, der *cognitio suae originis* oder (genereller) *humane nature* sahen
schon die mittelalterlichen Kommentatoren die *utilitas* des ›Anticlaudianus‹
(125), wobei Alanus wie Gower ihre Texte als »person-shaped poems« wohl
(unausgesprochen) für Philipp II. August und seinen Hof geschrieben bzw.
zunächst Richard II. und dann (unverändert) Heinrich IV. gewidmet hätten
(291 ff.).
Was Simpson hier herausarbeitet, lässt sich in den Grundzügen nur bestätigen und übertragen, freilich schränkt die Auswahl seiner Texte auch ein:
Das Stichwort des ›Bildungsromans‹ ist auf keinen der von mir behandelten

---

gramm höfischer Erziehung, nicht die mediale Leistung des Gesprächs; Envy
of Angels, S. 301–308. Zu Baudri vgl. unten, Kapitel 2.
17 James Simpson, Sciences and the Self in Medieval Poetry. Alan of Lille's
Anticlaudianus and John Gower's *Confessio amantis* (Cambridge Studies in
Medieval Literature 25), Cambridge 1995, ausgehend von: The Information of
Alans of Lille's ›Anticlaudianus‹: A Preposterous Interpretation, in: Traditio
47 (1992), S. 113–160.

Texte anwendbar, ein allegorisches Konzept liegt ihnen fern, pädagogische Züge haben sie aber alle. Hingegen trifft über Alanus und Gower hinaus die Betonung der Prozesshaftigkeit der *informatio*, der Stimulierung und Begleitung von Erkenntnisprozessen durch die Texte selbst, ihre Ausrichtung auf ganz bestimmte Leser oder Hörer den Kern aller mit dem *informatio*-Konzept verbundenen Arten von Texten, die der Bildung der höfischen Gesellschaft dienen. Der in ihnen angelegte Bildungsprozess – und das scheint mir zentral – kommt aber immer erst in Gang, wo die Texte im Kontext der – wie auch immer zu spezifizierenden – Mündlichkeit erschlossen werden.

Ausgehend von der Definition der *forma*, die Alanus in seinem theologischen Begriffslexikon gibt, vertieft Michael Stolz die schon von Simpson herausgearbeiteten platonischen und aristotelischen Anteile am mittelalterlichen *forma*-Begriff und weist, zunächst erneut mit Alanus, auf die pädagogischen Komponenten der *informatio* hin.[18] Dabei sind wohl deren Varianten stärker zu betonen, das *bono exemplo informare* (der Bischof als Vorbild seiner ›Herde‹),[19] die *informatio*, die Alanus als *utilitas* der Predigt bezeichnet (wobei die wohl weitgehend synonym gebrauchten weiteren Verben auf die emotionale Erregung der Hörer, die Erzeugung von Ergriffenheit hinweisen)[20] und schliesslich die *informatio* im Bereich des Grammatikunterrichts, den Johannes von Salisbury so beschreibt, wie er ihm durch seine Lehrer Wilhelm von Conches und Richard von Coutances *ad formam* Bernhards von Chartres (also nach dessen Vorbild oder in dessen

---

18 Michael Stolz, Artes-liberales-Zyklen. Formationen des Wissens im Mittelalter, Bd. 1–2 (Bibliotheca Germanica 47), Tübingen/Basel 2004, S. 88–93.

19 Alanus de Insulis, Liber in distinctionibus dictionum theologicalium (PL 210), Paris 1855, Sp. 687–1012, hier: 796 D, unter Berufung auf Paulus, Gal 4, 19. Hierher gehört auch die Benutzung der ›Vitaspatrum‹ als »Medium der Vermittlung geistlichen Wissens«, als »fundamentale Quelle monastischer Information und *informatio*«; vgl. Konrad Kunze, Ulla Williams u. Philipp Kaiser, Information und innere Formung. Zur Rezeption der ›Vitaspatrum‹, in: Wissensorganisierende und wissensvermittelnde Literatur im Mittelalter. Perspektiven ihrer Erforschung. Kolloquium 1985 (Wissensliteratur im Mittelalter 1), hg. v. Norbert Richard Wolf, Wiesbaden 1987, S. 123–142, hier: 129. Der Aufsatz ist im übrigen vor allem an der Entstehungs- und Überlieferungsgeschichte des Textes interessiert.

20 Alanus de Insulis, Summa de arte praedicatoria (PL 210), Paris 1855, Sp. 109–198, hier: *invitare ad spem* (135), … *ad spiritualem luctum* (136), … *ad spirituale gaudium* (137); *informare ad patientiam* (140, 143); *commonere ad perseverantiam* (145); *informatio / invitare ad vigilias* (178); *exhortatio ad doctrinam* (179).

Art) zu Teil geworden sei, eine auf einem feinsinnigen und vielseitigen, systematisch entwickelten didaktischen Instrumentarium beruhende Schulung in der Textanalyse wie in der Textproduktion.[21]

Das Bildungskonzept, um dessen Spielarten es mir geht und das ich zunächst an zwei Beispielen des 11. bzw. 12. Jahrhunderts umreissen will, lässt sich also vom Begriff der *informatio* aus erschliessen, es ist freilich nicht an ihn gebunden, und es ist in unterschiedlichen Ausprägungen virulent. Das gilt besonders unter den Bedingungen von Milieus, in denen – wie an mittelalterlichen Höfen und in ihrem Einzugs- oder Ausstrahlungsbereich – verschiedene Lebensformen und Wissensstände auf einander treffen, Kleriker und Laien, *litterati*, *scioli* und *illitterati* einander begegnen und mit einander Umgang haben; wo die Texte, die diesem Konzept verpflichtet sind, an unterschiedlichen Stellen ansetzen, sich auf unterschiedliche Weise ins Gespräch bringen. Dass sie das tun, hängt mit dem weitgehend öffentlichen Charakter höfischer Kommunikation zusammen; wo und wie sie es tun (sollen), ist den Texten eingeschrieben.

Das gilt auch für die Texte und Textgruppen, die Gegenstand der folgenden Kapitel sind – die ›Carmina‹ Baudris de Bourgueil, die monastische, klerikale und laikale, höfische Kreise einschliessen; für die historiographisch-weltbezogenen Texte, die sich primär an einzelne Fürsten und ihre Umgebung wenden; und für das in Erzählung und Reflexion eingebundene Liedcorpus Ulrichs von Liechtenstein, das die steirischen und österreichischen Landherren anspricht und einbezieht. In allen Texten ist ein – je anderes – Bildungsziel, ist eine je andere Flucht des Prozesses der *informatio* greifbar, und alle propagieren diese in je eigener Weise. Und doch verbindet die Texte der Anspruch, durch das zur Sprache Bringen von Bildung (als Wissen und als Habitus), Prozesse anzuregen und zu fördern, die es (mehr oder minder) Gebildeten erlauben, sich als Gebildete zu verstehen, zu geben und sich als einzelne wie als Gruppe zu finden.

---

21 Ioannis Saresberiensis, Metalogicon, ed. J. B. Hall, auxiliata S. S. B. Keats-Rohan (CCCM 98), Turnhout 1991, I, 24, S. 51–55. Für Jaeger ist Johannes' Beschreibung geradezu Beleg für den Niedergang des charismatischen »old learning«: »The master is a trained man mediating skills and a body of material well. […] virtue and charisma have passed over into texts. […] The students are admonished to follow the example of the poets, not that of the teacher.« Envy of Angels, S. 128–131, hier: 131. Das Verfahren beschreibt auch Stolz, Artesliberales Zyklen, S. 91 ff.

1.2 Petrus Damiani, Marinus und Blanca.
Aus der Welt ins Kloster: Wechsel der Lebensform

Petrus Damiani (1007–1072), klassisch gebildet und zunächst als Lehrer der Rhetorik in Ravenna tätig, dann Benediktiner-Eremit, Prior von Fonte Avellana und ab 1057 Kardinal, war einer der entschiedensten und einflussreichsten Vertreter einer umfassenden Kirchenreform.[22] Neben seiner politischen, oft vermittelnden Tätigkeit, die auf die Kurie wie auf den Kaiser Einfluss nahm, und neben seinen regulierenden Eingriffen in die eremitische Lebensform des eigenen Konvents und der ihm angeschlossenen Gemeinschaften[23] bezog er in eigentlichen Reformschriften gegen Simonie, Priesterehe und Homosexualität Stellung. Vor allem aber kultivierte er die Form des Briefs, die er nutzte, um Reformanliegen persönlich und zugleich in exemplarischer Weise zu formulieren.[24] Das gilt gerade auch für die beiden Schreiben, auf die ich hier zu sprechen kommen will: Beide wenden sich an Personen, die erst kurz zuvor in ein Kloster eingetreten sind und die Welt vergessen, sich ihrer neuen Lebensform bewusst werden sollen.[25] Die Briefe dürften beratende Gespräche aufgenommen haben – *quod praesens verbis sepius inculcavi, nunc absens scribo –*,[26] und sind sicher Gegenstand der

---

22 Vgl. jetzt den Jubiläumsband: Pier Damiani l'eremita, il teologo, il riformatore (1007–2007), a cura di Maurizio Tagliaferri (Ravennatensia 23), Bologna 2009, zur Kirchenreform bes. Dario Vitali, La Chiesa da riformare: l'ecclesiologia damianea, S. 197–232.

23 Als zu Antritt seines ersten bzw. seines zweiten Priorats in Fonte Avellana verfasste ›Regule‹ lassen sich seine Briefe 18 und 50 lesen; vgl. Umberto Longo, La norma e l'esempio: Pier Damiani i suoi eremiti, in: Pier Damiani l'eremita, S. 41–56, hier: 41 f.

24 Petrus Damiani, Die Briefe, hg. v. Kurt Reindel, T. 1–4 (MGH. Die Briefe der deutschen Kaiserzeit 4.1–4), München 1983–93, zu Leben und Werk die einführenden Bemerkungen in T. 1, S. 1–13.

25 Ein differenziertes Bild der Haltung Petrus' zur Welt, dem *regnum* bzw. dem Laienstand gibt Nicolangelo D'Acunto, Pier Damiani e i laici, in: Pier Damiani l'eremita, S. 129–137, auf der Grundlage seines Buches: I laici nella Chiesa e nella società secondo Pier Damiani. Ceti dominanti e riforma ecclesiastica nel secolo XI (Istituto storico italiano per il medioevo. Nuovi studi storici 50), Roma 1999.

26 Reindel, ebd., T. 1, S. 9, und id., Studien zur Überlieferung der Werke des Petrus Damiani I, in: DA 15 (1959), S. 23–102, hier: 51 f. Zitat: T. 3, Nr. 150, S. 554–557, hier: 555, 7. Was hier prägnant formuliert ist, wird auch im gleich zu besprechenden Brief an Marinus als Voraussetzung und Kontext deutlich: *Presertim cum et ipse tibi monachicum tradiderim habitum, non sine causa me a consultationibus tuis diffiteor absolutum.* T. 3, S. 439, 23 f.

Reflexion geworden, auch der gemeinschaftlichen, auch über den unmittelbaren Empfängerkreis hinaus; in beiden Briefen werden ausdrücklich neben den Hauptadressaten andere einbezogen. Petrus selbst muss, dem allgemeingültigen Charakter (aller) seiner Briefe entsprechend, Abschriften zurückbehalten und gesammelt haben; durch sie blieb seine Korrespondenz erhalten.[27] Den ersten der beiden hier ausgewählten Briefe richtet Petrus an seinen Neffen Marinus, der gerade in das Kloster Sant'Apollinare in Classe bei Ravenna eingetreten ist;[28] den zweiten an die Gräfin Blanca, die kurz zuvor in ein Mailänder Kloster aufgenommen wurde.

Schon der erste Satz des Briefes an Marinus impliziert das Anliegen und die Konzeption des traktatartigen Schreibens: *Rudis tiro* [...] *informetur* – ein unerfahrener Streiter (*tiro*) könne leicht schon im ersten Treffen fallen, wenn er nicht zuvor durch den Exerziermeister ordentlich ausgebildet worden sei (*informari*). Im zweiten Satz erfolgt die Übertragung des Gedankens auf Marinus (*tu etiam*), der sich neulich auf den göttlichen Kriegsdienst (*caelestis militia*) habe vereidigen lassen und wohl um so dringender der heilbringenden Ermahnungen bedürfe, als er nicht den irdischen Kriegsdienst (*terrena militia*), sondern eben den göttlichen auf sich nehme.

> Rudis tiro facile in prima belli congressione prosternitur, nisi, adhibito prius campidoctoris officio diligentius informetur. Tu etiam, qui nuper in divinae militiae sacramenta iurasti, qui in professione sancti propositi inter pueriles alas nomen dedisti, inter ipsa castrorum spiritalium rudimenta cognosceris tanto propensius salutaribus monitis indigere, quanto non terrenam sed caelestem potius miliciam adorsus es baijulare.

Die Einweisung, die Petrus nun aufzeichnet, erfolgt also unter der paulinischen Perspektive christlichen Lebens als *militia Christi*, als eines Kampfes mit geistlichen Waffen, den er – II Cor 10, 3 f. zitierend – ausdrücklich anspricht. Dass sich seine Instruktion von derjenigen eines *campidoctor* so grundsätzlich unterscheiden wird, wie der dort zu verhindernde leibliche Tod vom seelischen hier verschieden ist, versteht sich zunächst von selbst. Es wird aber auch eindringlich deutlich gemacht im Zuge der Unterweisung selbst: Sie erweist sich als *in-formatio*, als Ein-bildung einer von ihrem Ziel her zu denkenden neuen Lebensform, die durch die intensive, bildhaft-szenische Vergegenwärtigung der alten Lebensform erst als konsequente Re-formation (oder *restauratio*) erfahren werden kann. Genau dies, das

---

27   Die äusseren Umstände der Anfertigung und des Versands der Briefe rekonstruiert Reindel, Ausgabe, T. 1, S. 9–13, ausführlicher: Studien, S. 50–67.

28   Petrus, Briefe, T. 3, Nr. 132, S. 438–452, datiert zwischen 1065 und 1071.

Grundmuster dieser die Einweisung tragenden Erfahrung, geben die ersten Sätze des Traktats vor.

Wie eng die Vorstellung von der neuen Lebensform, deren Ein-bildung (*in-formatio*), mit dem Gedanken einer radikalen Umkehr (*conversio*) und vollkommenen Erneuerung verbunden sein kann, zeigt schon eine Predigt des Augustinus zum Fest der Conversio Pauli.[29] Wenn Christus Paulus vom Verfolger zum Prediger gemacht habe (*quem de persecutore praedicatorem fecit*; 1275), dann erfülle sich darin die typologisch zu verstehende Segnung Benjamins durch Jakob (Gn 49, 27). Dieser habe seinen jüngsten Sohn als reissenden Wolf (*lupus rapax*) bezeichnet, aber auch von ihm gesagt, er werde am Morgen rauben, aber am Abend die Speisen teilen (*Mane rapiet, ad vesperum dividet escas*).[30] Die Beteiligung des Saulus an der Steinigung des Stephanus, bei der er die Kleider der Steiniger bewacht habe, um so alle zu unterstützen,[31] habe ihn als *mane rapiens* gezeigt (Act 9, 1 f.). Da aber, wo Christus ihn vor Damaskus niedergestreckt und gefragt habe, weshalb er ihn verfolge (Act 9, 4 ff.), da zeichne sich in der Rückfrage des Saulus – *Quid me vis facere?* – bereits seine Verwandlung ab: Es mache sich der bereit zu gehorchen, der zuvor darauf brannte zu verfolgen.

> Jam parat se ad obediendum, qui prius saeviebat ad persequendum. Jam informatur ex persecutore praedicator, ex lupo ovis, ex hoste miles. Audivit quid facere debeat. Caecus sane factus est: ut interiore luce fulgeret cor eius, exterior ad tempus erepta est; subtracta est persecutori, ut redderetur praedicatori. Et eo tamen tempore, quo caetera non videbat, Iesum videbat. Ita et in ipsa eius caecitate mysterium informabatur credentium; quoniam qui credit in Christum, ipsum intueri debet, caetera nec nata computare; ut creatura vilescat, et Creator in corde dulcescat. (1276)

Als *informari* versteht Augustinus also das, was Paulus widerfährt, nachdem – und diese Abfolge ist entscheidend – dieser sich darauf eingestellt hat zu gehorchen (*parat se ad obediendum*). Jetzt wird aus dem Verfolger der Prediger gebildet (*informatur*), aus dem Wolf das Lamm, aus dem

---

29 Augustinus, Aurelius, Sermones (PL 38), Paris 1841, Sermo 279 ›De Paulo apostolo. Pro solemnitate conversionis eiusdem‹, Sp. 1275–1280.

30 Ebd., Sp. 1275 (Gn 49, 27).

31 Zu dieser bildmächtigen Szene vgl. jetzt Michael Curschmann, Anselm von Canterbury im Frauenkloster. Text, Bild, Paratext und Musik in einer Handschrift der ›Orationes sive meditationes‹ (Admont 289), in: Finden – Gestalten – Vermitteln. Schreibprozesse und ihre Brechungen in der mittelalterlichen Überlieferung. Freiburger Colloquium 2010, hg. v. Eckart Conrad Lutz u. a. (Wolfram-Studien 22), Berlin 2012, S. 79–130, hier: 92–96.

Feind Christi der für Christus Kämpfende (*miles*). Es geht also um einen Prozess der Wandlung, auch wenn er bei Saulus nur drei Tage in Anspruch nimmt:

> Er hörte, was er tun müsse. Blind, wird er gesund gemacht: damit sein Herz von innerem Licht strahlen sollte, ist ihm das äussere Licht vorübergehend genommen worden; dem Verfolger ist es genommen, damit es dem Prediger wiedergegeben werde. Und dennoch: während der Zeit, in der er die anderen Dinge nicht sieht, sieht er Jesus.

Eben diesem Vorgang des *informari*, des Einbildens der radikal neuen Lebensform, derjenigen des paulinischen *miles*, gilt das, was Petrus Damiani bei seinem Neffen (und allen Lesern) zu initiieren und zu fördern sucht. In der vorübergehenden paulinischen Blindheit, seiner Ausblendung der Welt, ist aber nach Augustinus das Geheimnis der Glaubenden vorgebildet (*mysterium informabatur credentium*), eben jener unbegreifliche Vorgang, der sie erst zu Glaubenden macht.

> So hat auch in dieser seiner Blindheit das Geheimnis der Gläubigen Gestalt (Form) angenommen; weil ja, wer an Christus glaubt, (nur) diesen sehen und (zugleich) glauben muss, dass die übrigen Dinge nicht existierten; wie die Schöpfung immer unbedeutender wird, so wird der Schöpfer im Herzen immer süsser.

Mit der Vermittlung einer Haltung des *contemptus mundi* nimmt Petrus Damiani Einfluss auf den Umbildungsprozess, regt er ihn an. Er beginnt seine Unterweisung mit der Ermahnung zur Keuschheit (*castitas*), zur Vermeidung tödlicher Befleckung (*crimen laetiferae pollutionis*; 439, 26) der Tunica des eigenen Leibes, deren Reinheit erst den Zutritt zur königlichen Hochzeit, also zum ewigen Leben, erlaubt. Mit der Keuschheit des Leibes müsse die Keuschheit des Geistes verbunden sein, der Kampf sei unter der Führung Christi (*duce Christo*) mit dem Schwert des Evangeliums (*evangelicum gladium*) zu führen (440, 7f.). Nüchternheit (*sobrietas*) müsse sein unzertrennlicher Begleiter sein, denn *gula* ziehe *luxuria* nach sich. Ausdrücklich untersagt (*nolo …*; 440, 16) Petrus daher seinem Neffen, dass er nach erlesenen Speisen ausschaue, sich zu reichlichem Weingenuss hinreissen lasse oder sich erdreiste, über die Unterschiede der Farbe oder des Geschmacks der Weine zu disputieren (*de eius coloris saporisve distantia aliquando disputare praesumas*; 440, 17) – und dann wird durch eine Kaskade von einschlägigen Aussprüchen das lebendige Bild eines Gelages unter gebildeten Männern heraufbeschworen, bei dem einer den andern an Kennerschaft und Erfahrung zu überbieten sucht. Petrus tut das freilich nur, um das Gerede dann mit der Bemerkung zu quittieren, das seien alles ›Argumente‹ aus der *gula* eines so ›Philosophierenden‹, das sei der ›Stoff‹ eines verabscheuungswürdigen Trinkgelages: *Haec enim omnia gulae philosophantis sunt argumenta, et ingurgitationis abhominandae materia.* (441, 4f.)

Es ist hier nicht nötig, den eher assoziativ verlaufenden, aber immer wieder in (oft der eigenen Erfahrung entnommenen) Beispielen konzentrierten Gedankengang im einzelnen nachzuvollziehen. Ich gehe nur auf das Beispiel näher ein, das offenbar als literarisches besonderer Rechtfertigung bedarf und zugleich als Metaexemplum den Gebrauch der Beipiele an sich erschliesst. Zeigen soll es, was Petrus zunächst so einfordert: ›Übersieh die Nachlässigen, aber achte wachsam auf diejenigen, die sich eifrig und wach um ihre Seele bemühen – jenes, um nicht über fremde Fehler vorschnell zu urteilen, dieses [und das ist nun entscheidend], damit du dich durch die Überbietung (*aemulatio*) der heiligen Nachfolge (*sancta imitatio*) selbst zum Vorbild (*exemplar*) der Guten bildest (*informes*). Stelle dir daher die anderen vor, die hervorragenden Brüder nämlich aus der Gemeinschaft deines ganzen Konvents, deren rechte Wege (*recta vestigia*) du sicher so einschätzt, dass sie nachzuahmen seien (*imitari*).‹

> Neglegentes denique neglegenter aspice, studiosos autem circa animam suam ac vigiles vigilanter attende. Illud siquidem ne aliena mala curiose diiudices, hoc autem, ut temetipsum ad bonorum exemplar aemulatione sanctae imitationis informes. Propone itaque tibi aliquos egregios videlicet fratres ex tocius conventu coenobii, quorum recta vestigia tuto valeas imitari, et ut facilius possis aspirare quo duco, exemplum tibi de veteribus dabo. (447, 7–13)

Das *exemplum de veteribus*, das es Marinus erleichtern soll, dorthin zu streben, wohin Petrus ihn führe, stammt von Cicero[32] und berichtet (nach Petrus), wie der Maler Zeuxis durch die Bürger von Crotona veranlasst wurde, um hohen Lohn ein getreues Abbild der Diana zu fertigen und ihr Bildnis nach allen Regeln seiner Kunst in unvergleichlicher Weise zu schaffen (*formaret*). Zeuxis verlangte, alle jungen Frauen der Stadt zu sehen, damit er deren Schönheit in der *elegantia* des zu schaffenden Bildes aufgehen lassen könne (*mutuari*). Doch die Bürger führen ihn, um die scham-

---

32 Cicero, De inventione. De optimo genere oratorum. Topica, with an English transl. by H. M. Hubbell (The Loeb Classical Library 386), Cambridge MA/ London 1976, De inv. II, 1, S. 166–169. Ineke van 't Spijker, Peter Damian and the *Homo Interior*: Life as a Work of Art, in: Latin Culture in the Eleventh Century. Proceedings Cambridge 1998, vol. 1–2, ed. by Michael W. Herren et al., Turnhout [2002], Bd. 2, S. 464–475, bespricht die Stelle in Hinblick auf das »composing oneself« als Kunstwerk.

haften jungen Frauen zu schonen, nur in die Palaestra, damit er aus dem
Anblick der jungen Männer die höhere Schönheit ihrer Schwestern er-
schlösse (*iudicaret*). Aber weil die Natur nicht allen einerlei Schönheit
verleihe, sondern das, womit sie ein Glied auszeichne, dem andern nehme,
so dass der Körper ein und desselben Menschen sich hier durch Schönheit
auszeichne und dort unter Entstellung (*deformitate*) leide, habe der Maler
aus allen Knaben fünf ausgewählt, die er dann vor Augen hatte, um die
elegantia aus dem, was jeder einzelne Knabe an Schönheit besass, zusam-
menzusetzen (*compilare*).[33] Wozu er das alles so ausführlich erzähle? Damit
auch Marinus aus vielen Eigenschaften wenige auswähle, nach deren Norm
(*norma*) er die Schönheit des inneren Menschen (*interioris hominis*)[34] abzubilden (*effigiare*) sich bemühen solle: *Nimirum ut et tu ex pluribus paucos
eligas, ad quorum normam interioris hominis pulchritudinem effigiare con-
tendas.* (447, 26ff.) Wie jener Maler strahlende Augen, sich anschmiegende
Ohren oder milchweisse, von Rot übergossene Wangen ausgewählt habe, so
solle Marinus genauen Gehorsam (*obedientiam*), brennende Liebe (*karita-
tem*), nächtliches Wachen oder langes Schweigen übernehmen. Wie jener die
Eigenheiten (*habitudines*) der verschiedenen Körper auf die Schönheit eines
einzigen Bildes (*unius simulacri speciem*) übertragen habe, so solle auch
Marinus verfahren: ›So stelle auch du in dir aus den verschiedenen Tugenden heiliger Männer das Bild des einzigen wahren Gottes wieder her (*in te
veri Dei restaures imaginem*), damit du zu diesem Urheber später glückselig
als zu Erkennender zurückkehren mögest.‹

> [...] sic et tu ex variis sanctorum virorum virtutibus unius in te veri Dei re-
> staures imaginem, ut ad eundem postmodum feliciter cognoscendus revertaris
> auctorem. (448, 2–5)

Den neuen Menschen anzuziehen (*novum hominem induere*; 448, 9) und
somit Christ zu sein, bedeute, dass Wort und Tat, Bekenntnis und Leben,
übereinstimmten. Daher endet der Brief mit der Empfehlung, sich ganz von
der Welt zu lösen. Marinus möge sich davor hüten, nachdem er nun im

---

33 Cicero, der das Beispiel des Zeuxis für seinen eigenen Umgang mit der rhe-
    torischen Tradition in Anspruch nimmt, lässt den Maler nach der Besichtigung
    der Knaben darauf bestehen, die fünf schönsten Jungfrauen als Modelle aus-
    wählen zu dürfen.
34 Den *homo interior* stellt Jennifer A. Harris, Peter Damian and the Architecture
    of the Self, in: Das Eigene und das Ganze. Zum Individuellen im mittelalter-
    lichen Religiosentum, hg. v. Gert Melville u. Markus Schürer (Vita regularis
    16), Münster 2002, S. 131–157, in den Fluchtpunkt ihrer Überlegungen.

Kloster lebe, Gespräche mit Menschen aus dieser Welt über diese Welt betreffende Verrichtungen zu führen oder sich auch nur darüber berichten zu lassen.[35] Weshalb den Lärm der Gerichte, der Höfe ins Kloster ziehen? Was nütze es dem sterblichen Menschen, von Kriegen zu reden, an Hochzeiten teilzunehmen usw.? (450)

Wer Erbe Gottes und Miterbe Christi sei, dürfe sich auch nicht mehr seines adligen Geschlechts rühmen. Er, Petrus, begnüge sich bei Marinus mit nichts Mittelmässigem; was er in ihm zu finden wünsche, solle das Höchste, solle ganz vollkommen sein. Er möge mit sich kämpfen, das Schwert der evangelischen Lehre (*evangelicae disciplinae mucro*; 452, 1) ziehen und die um ihn her lärmenden Laster enthaupten. Er möge schliesslich *scurrilia quaeque, urbanitatis sales, facetia leporesque verborum*, also alle Spielarten der urbanen, gebildeten, geistreichen, witzigen, stichelnden oder spöttischen Rede und der in sie eingebetteten Formen des Erzählens wie eine Art heidnischer Vorhaut von seinen Lippen schneiden: *a labiis tuis tanquam gentilitatis quoddam praeputium circumcide* (452, 6ff.). Schliesslich, so fährt Petrus fort, sind wir Schüler von Fischern, nicht von Rednern, damit aus dem Mund des Christen nicht die Latinität eines Cicero, sondern die Schlichtheit Christi ertöne: *Piscatorum namque sumus discipuli, non oratorum, ut ex ore Christiani non latinitas Tullii, sed simplicitas resonet Christi* (452, 8ff.). Den Eigenwillen solle er brechen, sich wie der Apostel Christi mit der Abtötung umgürten (*te mortificatione praecinge*) und die ihm eingedrückten Wundmale zeigen (*stigmata crucis ostende*), den Spuren des Gerichteten folgen, um dereinst die Gemeinschaft mit dem hohen Richtenden ganz zu geniessen (*sublimius iudicantis consortio perfruaris*; 452, 12f.).

Die Distanzierung von der Welt ist radikal, von der Welt der Gelehrsamkeit und der antiken rhetorischen Bildung, von der Welt des Adels und der Höfe, ihren Umgangsformen und ihrer Geselligkeit. Aber diese Welt wird als gemeinsamer Erfahrungshorizont des Schreibenden und der Rezipienten vorausgesetzt und immer neu vergegenwärtigt; Petrus bedient sich ihrer Sprache und – mit vielen Exempla – ihres Stoffs. Dieser Welt wird im Zeichen der *monachica regula* (452, 5) eine Lebensform gegenübergestellt, die erst im Zuge einer konsequenten Umbesetzung der bestehenden Vorstellungen und des bestehenden Menschenbildes gelingt, einer Aktualisierung der paulinischen *conversio*, die auf die Adressaten Rücksicht nimmt: diese Umwertung betrifft ihre Herkunft (*haeres Dei*), ihren Adel (*christiana*

---

35 Dazu D'Acunto, I laici nella Chiesa, S. 50f.

nobilitas ex Christo), ihren Stand (*militia divina*), ihre Bildung (*gentilitas –
christianitas; oratores – pescatores*). Dieser Weg führt von dem eben vollzogenen Eintritt des jungen Mannes bis zur Vorstellung von seiner vollkommenen Erneuerung, die ihn Christus gleich macht. Der hier vorgezeich-
nete Prozess der *informatio*, der über die Aktualisierung (*aemulatio*) der
traditionellen *imitatio sancta* dem eigenen Leben exemplarische Bedeutung
geben, den einzelnen zum *exemplar*, zum Urbild werden lassen soll, das
andere zu prägen vermag, dieser Prozess setzt die *restauratio* des Menschen,
die Wiederherstellung seiner Gottebenbildlichkeit, als Zielpunkt voraus.[36]
Petrus bewegt sich ganz im traditionellen Vorstellungshorizont von Conversio und Profess, aber er aktiviert ihn auf eindringliche Weise – individu-
alisierend und exemplarisch zugleich – in einer Unterweisung, die ständig
das sich Einlassen auf die *informatio* als Prozess einfordert.[37] Ihr Ziel erreicht haben diejenigen, deren Vita Petrus verfasste.[38]

Auch der zweite Brieftraktat des Petrus Damiani, den ich hier heranziehen
will, ist durch den eben vollzogenen Eintritt in ein Kloster veranlasst, bietet
also einen Entwurf des Weges, der zunächst vor der Adressatin, der Gräfin
Blanca, liegt, aber für alle gilt.[39] Schon der Brief an Marinus endete mit
Grüssen an alle ›heiligen‹ Mitbrüder seines Konvents (*sanctos fratres mo-
nasterii tui*; 452, 13) und besonders an zwei namentlich Genannte, denen

---

36 Van 't Spijker, Peter Damian, glaubt feststellen zu müssen, Petrus zeige »no
sense of development« (474) – Harris, Peter Damian, kommt zum gegentei-
ligen Ergebnis: es gehe Petrus um »spiritual progress toward perfection during
one's lifetime« (139). Ich würde sagen, Petrus regt die Veränderung an und
umreisst die Bedingungen, denen sie unterliegt, aber er führt die Entwicklung
nicht vor – die Brücke hat der Leser als sich verändernder Leser zu schlagen.
Darin liegt zugleich das mediale Potential dieses Schreibens.

37 Vgl. die gesprächsnahen, fingiert mündlichen Adressierungen: *Peccasti aliquando?; Cave itaque, fili charissime ...; Tenes quod dico?*

38 Bezeichnenderweise zeichnen sich Petrus' ›Regule‹ (die Briefe 18 und 50; vgl.
oben, Anm. 23) durch hohe Flexibilität (»una fluidità normativa«) aus, Massstäbe setzen die Vorbilder der von ihm verfassten Viten des Romuald, des
Rodulph und des Dominicus – »l'incarnazione dello spirito della Regola avel-
lanita è affidato a quelli che Pier Damiani definisce *exempla*, e cioè alla rapp-
resentazione agiografica«. Identitätsstiftend und in diesem Sinn ›normativ‹ sind
also die hagiographischen Schriften, gedacht, »per creare una memoria iden-
titaria istitutiva«. Vgl. Longo, La norma e l'esempio, S. 45 u. 47.

39 Ebd., T. 2, Nr. 66, S. 247–279 (von Reindel datiert zwischen Ende 1059 und
Oktober 1060; D'Acunto, I laici nella Chiesa, S. 397–400, hingegen setzt ihn
1066 an).

Petrus ein abschliessendes Distichon widmet. Zu Ende des Briefes an Blanca bittet er nun sie, ihn zwei heiligen Priestern (*sanctis videlicet Vitali et Rodulfo presbyteris*; 279, 21 f.)[40] zu empfehlen, die – wie er hinzusetzt – natürlich wüssten, dass er dem entgegen, was bei Briefen üblich sei, Titel in den Text gesetzt habe, um das doppelte Ärgernis seines ungehobelten und zugleich weitschweifigen Stiles zu beseitigen. Es ist hier evident, dass sich Petrus mit seinem Brief nicht nur an Blanca wendet, es ist aber auch klar, dass er ihn als Traktat benutzbar macht; und es ist auch zu vermuten, dass man sich die beiden Priester in erster Linie als Interpreten des Lehrbriefs, und diesen selbst als Grundlage mündlicher Unterweisung der Gräfin durch die Seelsorger zu denken haben wird.[41]

Dementsprechend entwickelt Petrus in diesem Schreiben sein Thema vor dem Horizont dessen, was in den Zusammenhang der Vorbereitung einer Nonne auf ihr Gelübde, die ›Consecratio virginum‹ gehört.[42] Es geht also erneut um die *conversio*, die *militia*, den *contemptus mundi*, um *exempla*, *imitatio* und *informatio*, um die *gloria paradisi*.[43] Aber hier dominiert die Bildlichkeit des Hohenliedes, die Metaphorik der Freundschaft und der Brautschaft. Ihr gelten spezifische Mahnungen zur Wachsamkeit – ihre Herkunft, ihre Jugend, ihre Schönheit und die Erinnerung an den aufgegebenen Reichtum würden sich gegen sie verbünden. Um ihre Angriffe zu bestehen, scheine ihm kein Schild geeigneter als das Bedenken des Todes und der Schrecken des Jüngsten Gerichts (*meditatio mortis ac extremi terror examinis*; 259, 2 f.), die er ausführlich beschreibt, um dann mit gewichtigem Einsatz, der eindringlich den mit der Conversio verbundenen Standeswechsel hervorhebt, fortzufahren: ›Du, meine Herrin und Königin, Braut nämlich des himmlischen Königs, lies dies und ähnliches, was es über den göttlichen Zorn und die Heftigkeit seines Unwillens, die den

---

40 Die beiden Genannten sind als Mailänder Priester auch sonst nachzuweisen. Vgl. Reindel, Ausgabe, Bd. 2, S. 280.

41 Als »direzione spirituale« sieht ihre Aufgabe auch D'Acunto, I laici nella Chiesa, S. 155, an.

42 Vgl. Lutz, Arbeiten an der Identität, bes. S. 75–90.

43 Wobei Petrus ausgiebig auf den eigenen ›Hymnus de gloria paradisi‹ (PL 145, Sp. 980–983) zurückgreift, der seinerseits von der paulinischen *militia*-Thematik geprägt ist; Nachweise in Reindels Ausgabe des Briefes. Der Hymnus endet: *Christe, palma bellatorum, / Hoc in municipium / Introduc me post solutum / Militare cingulum: / Fac consortem donativi / Beatorum civium. // Praebe vires inexhausto / Laboranti praelio: / Ut quietem post praecinctum / Debeas emerito. / Teque merear potiri / Sine fine praemio.*

Liebhabern dieser Welt drohen, zu lesen gibt, immer wieder durch und meditiere sorgfältig darüber.‹

> Tu autem, domina mea, domina, inquam, mea, immo et regina, Domino meo caelesti scilicet regi per anulum vivae fidei et arram sancti Spiritus desponsata, tu itaque haec et his similia, quae de divini furoris et indignationis amaritudine mundi leguntur amatoribus imminere, crebrius perlege, suptiliter meditare. (266, 9–13)

Der alte Verführer (*antiquus seductor*), der Eva sein Gift durch die Schlange eingespritzt habe, werde vielleicht auch ihr aus einem anderen seiner Gefässe einflüstern: Sie möge doch unter Beibehaltung ihres neuen geistlichen Standes nach Hause zurückkehren, ihrer Familie vorstehen, ein vorbildlich frommes Leben führen, ihren Sohn und seine Gesellen zu Ernsthaftigkeit und Bescheidenheit erziehen, dem leicht Fehlgehenden eine nicht vom Recht abweichende Frau besorgen und seiner Gefolgschaft nicht erlauben, von ihm abzufallen. Bringe der Böse das zustande, kümmere er sich nicht darum, mit welchem Netz er sie in die Welt zurückziehe, weil er sicher sei, über ihre weltlichen Geschäfte ihren Geist (völlig) zu beherrschen.[44]

> Revertere, inquiens, domum sub ipso sacrae professionis habitu, rege familiam, expone pie vivendi formam, tene super filium ejusque coevos gravitatis ac modestiae disciplinam, provide lapsuro non absonam legibus sponsam, nec resilire permittas sibimet obsequentium clientelam. Haec igitur fabricans nequitiae spiritus non curat qua te ad saeculum retrahat veste, dummodo confidat, quod per saeculares actus tibi principetur in mente. (266, 25–267, 7)

Was Petrus als Gegenmittel gegen diese doch wohl sehr genau auf die individuelle Situation Blancas zugeschnittenen Umschreibungen[45] der Anfechtungen durch den Bösen – neben der vorweggenommenen Empfehlung der ständigen sorgsamen Vergegenwärtigung von Beschreibungen der Schrecken des Gerichts – anzubieten hat, ist wieder dem Konzept der *informatio*, der durch *imitatio* bestimmten Formung über die Aneignung von Beispielen verpflichtet.[46] Freilich wird dieses Konzept hier nicht wie für

---

44 Genau so soll es nach Petrus Damiani dem Hl. Severin gegangen sein, was dieser nach seinem Tod einem Kölner Kleriker als einzige gewichtige Verfehlung gestanden habe; vgl. Jaeger, Origins of Courtliness, S. 54f.

45 Reindel, Ausgabe, S. 248, gibt allerdings an: »Eine Mailänder Gräfin Blanca und ihr [...] Sohn lassen sich in anderen Quellen nicht nachweisen.«

46 Dabei malt Petrus auch hier in grellen Farben, besonders da, wo er Blanca, die erlesene Speisen kennte, für die einfache Kost der Schwestern zu gewinnnen sucht und ihr zu bedenken gibt, dass das Fleisch, das sich jetzt von sorgfältig zubereiteten Gerichten ernähre, wenig später von Maden wimmle. Dabei fallen

Marinus differenziert dargestellt und (anhand des Zeuxis-Exemplums) quasi theoretisch begründet, es wird hier schlicht vorausgesetzt. Der an Blanca gerichtete Brief scheint also einen anderen, weniger analytischen als meditativen Umgang mit Texten vorauszusetzen. Die Erläuterung des Konzepts wäre in das Ermessen der erwähnten Seelsorger gestellt.

Da, wo Petrus sich der Verheissung der ewigen Glückseligkeit zu nähern beginnt, um schliesslich Blanca, der *venerabilis soror*, zu wünschen, dass sie der Herr in diese Freuden einführen möge (279, 19f.), stösst er den Wunsch aus, es möchte Blanca doch jetzt gegeben sein, Dominicus[47] zu sehen (*videre*), der ihr das, was er selbst durch den Dienst seiner unerfahrenen Zunge versuche, durch sein wirkmächtigeres Beispiel (*exemplum*) vorbildlichsten Lebens beibringen (*docere*) und einprägen würde (*informare*).[48]

> Utinam daretur tibi nunc dominum meum videre Dominicum, qui quod nos inperitae linguae conamur officio, ipse te efficatiori luculentissimae vitae doceret et informaret exemplo. (275, 1ff.)

Nach weiteren Beispielen setzt er hinzu: ›So höre dir immer gern die Handlungen guter Menschen an; entweder – wenn du sie nachzuahmen vermagst – tragen sie dir den hohen Preis des ewigen Lohnes ein; oder – wenn sie unnachahmlich sind – bestärken sie dich gründlicher in Bescheidenheit.‹

> Tu itaque libenter audi semper facta bonorum, ut vel si imitari potes, cumulum tibi perpetuae retributionis acquirant; vel si impossibilia sunt, uberius te in humilitate custodiant. (277, 1ff.)

---

ihm zwei luxusliebende Fürstinnen ein, von denen die eine sich eine Grablege im Kloster erzwang, wo ihr Leichnam dann einen beinahe unerträglichen Geruch verbreitete, während die andere bei lebendigem Leibe verweste, beide aber die Differenz zwischen einst und jetzt besonders eindringlich demonstrierten (268, 16–271, 2). Zu diesen *exempla* und ihren Protagonistinnen vgl. D'Acunto, I laici nella Chiesa, S. 334–338.

47 Dominicus Loricatus war Prior der von Petrus gegründeten Einsiedelei Suavicinium (Sanseverino) südlich von Fonte Avellana; Petrus schrieb seine Vita. Dies nach Reindel, Ausgabe, Bd. 2, S. 21.

48 Nach der Nachricht vom Tod Rodulfs von Gubbio hält Petrus fest: *Cuius utique conversatio, si recolitur, non mediocriter aedificare poterit audientes. Valet enim et ad exprimendam recte vivendi formam, et ad adhibendam corrigendis moribus disciplinam.* Er hat kurz darauf selbst diese Vita verfasst. Petrus, Briefe, Bd. 3, Brief 109, S. 200–223, hier: 202, 7–203, 3 (mit den Anmerkungen).

Auch hier ist der Fluchtpunkt die Wiederherstellung der Gottebenbildlichkeit, die mehr ist als das ewige Leben: *quod est longe praestantius, ad
eiusdem* [sc. *fontis aeternitatis*, Christi] *conditoris similitudinem convales-
cant.* (277, 19 ff.)

Die Stelle zeigt aber auch, dass man – zumindest bei Petrus Damiani – die
Verbindung von *docere* und *informare* nicht als Hendiadyoin oder gar als
unverbindliche Formel abtun sollte.[49] Sie unterscheidet vielmehr präzis zwischen der Vermittlung von Wissen und seiner Umsetzung in Handeln, es
geht also um die ›Implementierung‹ des im Brief an Marinus entwickelten
Konzepts.

Petrus Damiani versteht sich vor allem als Eremit und trägt das Ideal
dieser weltabgewandten Lebensform als politisch Handelnder wie als Rat-
geber in die ihm vertraute Welt hinein bzw. an deren Vertreter heran:
Marinus und Blanca haben sie eben erst verlassen, die an sie gerichteten
Briefe reflektieren die prekären Bedingungen der Neuprägung ihres Denkens und Handelns, ihres Selbstverständnisses, also ihrer ›In-formation‹
und initiieren den ihr dienenden Prozess.

Da sich das pädagogische Konzept auf die innere *conversio* bezieht und
die Wiederherstellung der Gottebenbildlichkeit für alle Menschen gilt, ist es
freilich nicht an den Austritt aus der Welt und an Texte monastischer
Prägung gebunden.[50] Das zeigt das nächste Beispiel.

---

49 Brendecke u. a., Information, resümieren ihre Durchsicht der Wörterbücher:
    »Bis ins Hochmittelalter dominieren ansonsten für *informatio*, noch im Sinne
    des klassischen Lateins, die Bedeutungen ›lehren‹ und ›belehren‹ […].« (21)
    Vgl. auch S. 49.

50 In der Volkssprache ist Gottfrieds Tristan-Roman geradezu davon impräg-
    niert, wobei die einschlägigen Konzepte (*meditatio* und *moralitas*) natürlich
    wieder nicht oder nur andeutungsweise theoretisiert werden; vgl. meinen Auf-
    satz: *Lesen – unmüezec wesen.* Überlegungen zu lese- und erkenntnistheore-
    tischen Implikationen von Gottfrieds Schreiben, in: Der »Tristan« Gottfrieds
    von Straßburg. Symposion Santiago de Compostela 2000, hg. v. Christoph
    Huber u. Victor Millet, Tübingen 2002, S. 295–315. Grundlegend C. Stephen
    Jaeger, Medieval Humanism in Gottfried von Strassburg's Tristan und Isolde
    (Germanische Bibliothek. Reihe 3), Heidelberg 1977.

1.3 Peter von Blois und Heinrich II. von England.
Leben am Hof: Erneuerung der Lebensform

Peter von Blois (1130/35–1211/12),[51] der in Tours und Paris die Artes, in Bologna das Recht und wieder in Paris Theologie studiert hatte, war zunächst Erzieher Wilhelms II. am sizilischen Hof (1166/68), dann im Dienst der erzbischöflichen Kurien von Rouen und, ab 1174, von Canterbury, bevor er das Archidiakonat von Bath übertragen bekam. Er vertrat die Interessen dieser Kirchen diplomatisch und juristisch, war aber bald auch für den Hof Heinrichs II. in verschiedenen Funktionen tätig. Erst als Siebzigjähriger wurde er Priester und zog sich aus der Welt der geistlichen und weltlichen Höfe zurück, denen er ähnlich wie Petrus Damiani und viele andere fasziniert und kritisch zugleich verbunden war.[52] Auch er hinterliess einen reichen Bestand an rhetorisch anspruchsvollen Briefen, aus denen er (laut eigener Aussage) eine Teilsammlung für Heinrich II. zusammenstellte, die in verschiedenen Redaktionen weit und noch im Frühdruck verbreitet war.[53]

Um 1175 scheinen sich beide, Fürst und Kleriker, darauf verständigt zu haben, dass Peter – wenn er die Zeit dazu finde – seine Auffassung des Hiob-Buchs aufzeichnen werde, genauer: das, was ein König von Hiob lernen könne. In der Vorrede liest sich das dann so:[54] Heinrich habe angeordnet, dass Petrus nach dem Muster seiner Traktate über die Verklärung

---

51 Zu ihm jetzt: John D. Cotts, The Clerical Dilemma. Peter of Blois and Literate Culture in the Twelfth Century, Washington, D. C. 2009, zu seiner Biographie bes. S. 17–48; zuvor schon id., Peter of Blois and the Problem of the ›Court‹ in the Late Twelfth Century, in: Anglo-Norman Studies 27 (2005), S. 68–84.

52 Cotts' Monographie macht gerade die schwierige Position des *clericus litteratus* in den Milieus der Schulen, Kathedralkapitel und Höfe zum Angelpunkt seiner Lektüre der Briefe (und Traktate) Peters: The Clerical Dilemma, passim, bes. S. 1–16, 263–267.

53 Zur Geschichte dieser Sammlung Cotts, ebd., bes. S. 49–95. Französische Übersetzung einer Auswahl der Briefe durch Egbert Türk, Pierre de Blois. Ambitions et remords sous les Plantegenêts (Témoins de notre histoire 11), Turnhout 2006.

54 Petrus Blesensis, Compendium in Job ad Henricum II illustrissimum Anglorum regem (PL 207), Paris 1904, Sp. 795–826. Neue Ausgabe des lateinischen Textes (zitiert) in: L'Hystore Job. An Old French Verse Adaptation of *Compendium in Job* by Peter of Blois, vol. 1–2, ed. by Joseph Gildea, Liège/Villanova, PA. 1974–79, zur Datierung ebd., Bd. 2, S. 8–15.

Christi und die Bekehrung des Hl. Paulus[55] das Leben Hiobs summarisch und in dichter Form beschreibe, aber doch das einfliessen lasse, was ihm, dem König, Geduld und die übrigen Tugenden vollkommener zu eigen machen werde (*informare*):[56]

> Praecepistis mihi ut ad similitudinem illorum tractatuum quos feceram de Transfiguratione Domini et Conversione beati Pauli, vitam Job summatim, et sub quodam compendio delibarem, ea dumtaxat interserens quae ad patientiam et ceteras virtutes vos plenius informarent.

Bevor ich versuchen werde, Peters Vorstellung von der durch ihn initiierten *informatio* präziser zu beschreiben, werfe ich einen Blick auf die Bedingungen der intendierten Rezeption. Er beginne, sagt Peter, im Namen Gottes und bitte den König demütig und doch eindringlich (*humiliter et obnixe*), er möge seine Ermahnungen mit Geduld ertragen (also in der Haltung Hiobs, um deren Einübung es gerade geht), wie andere *principes* vor ihm, von Moses über Petrus, Balaam und David zu Jesus selbst, Rat und Kritik an- oder hingenommen hätten.

Hier öffnet Peter den Rezeptionsraum. An die Stelle des imaginierten Dialogs mit dem Fürsten, aus dem heraus der Traktat entstanden zu sein schien, tritt nun ›der‹ Leser (*lector*); ihn ersucht Peter, dass er hier nicht den Schmuck eines ausgefeilten Werkes verlange (*elimati operis ornatum*); die Ungeschliffenheit der nüchternen und uneleganten Rede mögen der Mangel an Zeit und die Einschränkungen durch das Hofleben entschuldigen: *jejunae siquidem et inurbanae orationis ruditatem, hinc angustia temporis, hinc angustiae curiales excusant.*[57] In Geschäften des Bistums Canterbury setze er sich zeitweilig in Städten ein und folge er dem Hof; er finde weder Ruhe noch Entspannung (*nec habeo corporis quietem, nec pacem animae*), habe keine Bücher, keine Zeit zu schreiben, keine Gelegenheit zu studieren, keine sichere Einschätzung, keine wirkliche Freiheit des Urteils. So müsse er das vorliegende *opus* aus dem machen, was Gott

---

55 Sie sind beide nicht Heinrich gewidmet. In dem sehr kurzen Paulus-Traktat wird die *conversio* als *fundamentum spei et fiduciae* für alle Gläubigen verstanden, die Verwandlung Pauli sei derart, dass er bekennen könne, *ut postea non se in se, sed Christum vivere in se* (vgl. Gal 2, 20). Petrus Blesensis, De conversione s. Pauli (PL 207), Paris 1904, Sp. 791–796, hier: 793 D.

56 Petrus, Compendium in Job, prologus, S. xx.

57 Ebd., S. xxii. Ähnlich auch in der Vorrede zu seinem Traktat ›De transfiguratione Domini‹, den er einem Bischof widmet. Petrus Blesensis, De transfiguratione domini (PL 207), Paris 1904, Sp. 777–792, hier: 777.

ihm einfallen lasse und was er sich erinnere, irgendwann einmal gehört oder gelesen zu haben.[58]

Erst mit der direkten Adressierung des königlichen Auftraggebers und der indirekten des *lector* ist der Rezipientenkreis des Hofes umrissen, die Gruppe der Laien, denen vor allem an der Auseinandersetzung mit dem Inhalt gelegen sein wird, und die Gruppe derjenigen, die selbst schreiben und die Gestalt des Textes kritisch wahrzunehmen vermögen – was sie gewöhnlich als Leser tun. Vorlaute Kritik dieser Art hätte dem Text und seiner Wirkung beim mündlichen Vortrag Abbruch getan, die Beschwichtigung der ›Leser‹ mochte das verhindern. Und das war um so wichtiger, als schon der Gestus der Ermahnung eine schwierige Rezeption befürchten liess – diesmal seitens des Fürsten. Diese doppelte Vorsicht des Verfassers lässt aber auch erwarten, dass er sein Konzept der *informatio* mit derselben, gelehrte ›Leser‹ berücksichtigenden Sorgfalt entwickelt hat. Ich beginne die Lektüre nun unter dieser Perspektive am Anfang der Vorrede.

Peter setzt nach der *salutatio* mit einem Dank an den Fürsten ein, der gern höre, was geistlich erbaue (*quae aedificant ad salutem*), und fährt fort: ›Während ihr dem Schmelztiegel höfischer Sorgen und den Labyrinthen verdriesslicher Händel ausweicht, denkt ihr gern über das Gesetz Gottes nach und holt Atem nach den alltäglichen Mühen bei der Lektüre der Heiligen Schrift‹ (*meditamini in lege Domini et de diurnis laboribus in lectione sacrae paginae respiratis*; xix f.). Glorreich sei es, wenn ein Fürst seine täglichen Geschäfte in dem beginne und auch beende, der Anfang und Ende ist.

In seinem ›Nachdenken über das Gesetz des Herrn‹ (*in lege domini meditari*) wird Heinrich aber zu einem neuen David, dessen Psalter mit dem Preis des *Beatus vir* einsetzt, und dessen Bildnis als zur Harfe singender König in zahllosen Psalter-Handschriften die B-Initiale füllt oder begleitet. Der *beatus vir* meidet den Rat der Unfrommen, geht nicht den Weg der Sünder und setzt sich nicht auf den Thron der Pestilenz, sondern tut den Willen des Herrn und denkt Tag und Nacht über sein Gesetz nach: *sed in lege Domini voluntas eius / et in lege eius meditabitur die ac nocte.* (Ps 1, 2) Vor diesem Hintergrund soll Heinrich nach dem Hiob-Traktat verlangt, und will Peter diesen so eingerichtet haben, dass er den Fürsten

---

58 Selbstverständlich sind Gregors ›Moralia‹ bzw. einige wenige Kapitel aus ihnen seine Hauptquelle. Zu den beiden Traktaten Peters vgl. Cotts, The Clerical Dilemma, bes. S. 214–230.

an Geduld und anderen Tugenden vollkommener zu machen vermöge (*plenius informare*).

Peter hält es daher für gewiss, dass Gott Heinrichs Herzen eingegeben habe, dass er – und hier gibt er eine genaue Umschreibung dessen, was er unter *meditare* versteht – die Vita des Hl. Hiob und anderer Altväter (*veterum Patrum*) sich gern vor die Augen seines Geistes führen lasse, damit er durch sie gebildet werde (*erudiri*), womit er sich erneut an David orientiert:[59]

> Hoc sane aestimo cordi vestro divinitus instillatum – cor enim regis in manu Dei est et quocumque voluerit vertit illud – ut vitam sancti Job et aliorum veterum Patrum libenter velitis deducere ante oculos mentis vestrae quatenus erudiri possitis in eis, secundum quod Dominus praecipit per Prophetam: Erudimini, qui judicatis terram.

Die Orientierung an den ›Vitae patrum‹ – wie die hier umrissene *meditatio* an sich – steht freilich wieder in der Tradition jener monastischen Bildungsvorstellungen, die bei Petrus Damiani galten und gerade in der eremitischen, als *imitatio* der Anachoreten verstandenen Lebensform Ausdruck fanden.[60] Dementsprechend führt Peter nun aus, dass nämlich durch das Beispiel (*exemplo*) solcher Väterleben nicht nur die drei theologischen Tugenden gefestigt, der Hochmut (als Wurzel aller Laster) niedergedrückt und die Demut (als Wurzel aller Tugenden) bewahrt würden, sondern auch die Frömmigkeit vermehrt und das Verlangen, sie in gutes Handeln zu überführen, wach gerufen werden.[61]

> Exemplo siquidem talium confirmatur fides, spes erigitur, nutritur charitas, deprimitur superbia, humilitas custoditur, augetur devotio, et bene operandi desiderium excitatur.

---

59 Ps 2, 10: *et nunc reges intellegite / erudimini qui iudicatis terram.* Das folgende Zitat aus Petrus, Compendium in Job, prologus, S. xx.

60 Nach der Benediktinerregel sollen die ›Vitaspatrum‹ zur Erbauung aller nach dem Abendessen vorgelesen werden: […] *sedant omnes in unum et legat unus collationes vel vitas patrum aut certe aliud, quod aedificet audientes* […]; Regula Benedicti. Die Benediktusregel, lat. – dt., hg. i. A. d. Salzburger Äbtekonferenz, 2. Aufl., Beuron 1996, XLII, 3, S. 174. Und die Dominikanernovizen sollen nach den Anweisungen Humberts de Romans unter vielen anderen aszetischen Texten die ›Collationes‹, ›Vitae‹ und ›Dicta Patrum‹ *ad informationem, et inflammationem et corroborationem* lesen; Humbertus de Romanis, Instructiones de officiis ordinis, in: id., Opera de vita regulari, ed. cur. Joachim Joseph Berthier, vol. 1–2, Rom 1888–89, Bd. 2, S. 179–371, hier: V, xviii, S. 230. Vgl. Kunze, Williams und Kaiser, Information und innere Formung, S. 129.

61 Petrus, Compendium in Job, prologus, S. xxf.

Darauf verankert er die Orientierung an den Vorbildern im Gesetz Gottes selbst, indem er die (christliche) Nachahmung der (christlichen) Wüsten-väter auf das Vorbild der jüdischen Nachahmung der Patriarchen zurück-führt, die von Gott selbst Moses geboten worden sei. Denn Gott habe Moses die Namen der zwölf Söhne Jakobs auf das *rationale iudicii*, die hohepriesterliche Lostasche, schreiben lassen (Ex 28, 21.29), damit sich die Nachfahren das Leben und den Wandel der heiligen Väter zum Vorbild und Beispiel nähmen. Damit wird auch das Sich-vor-Augen-Führen der Viten Hiobs wie der Wüstenväter in die *meditatio* der *lex domini* zurückgebun-den, die Peter einleitend als im Vorbild Davids gründende Übung Heinrichs herausgehoben hatte.

Zu zeigen, wie sich das Leben Hiobs zum Gegenstand eines heilsförder-lichen Nachdenkens machen lässt, stellt Peter als eine schwierige Aufgabe und grosse Bürde dar; er bedürfe der Inspiration, zumal in seiner Situation – und hier endet er mit einem geistreichen Matthäus-Pasticcio, das er Christi Ankündigung von Verfolgungen seiner Jünger entnimmt und damit im-merhin Gott selbst in den Mund legt: ›Wenn ihr vor Königen oder Statt-haltern steht, denkt nicht darüber nach, was oder in welcher Weise ihr antworten werdet; es wird euch eingegeben werden, was ihr redet.‹ *Cum steteritis ante reges et praesides, nolite cogitare quid aut qualiter responde-atis; dabitur enim vobis in illa hora quid loquamini.*[62]

Das scheint mir bezeichnend für ein Schreiben, das – ganz im Sinn der Adressierung des Königs und der gelehrten *lectores* in der Vorrede – mit verschiedenen Rezipienten rechnet, solchen, die der gelehrten Pointe ge-wachsen sind, und eben den anderen.[63] Der Hiob-Traktat selbst bezieht in seine Kritik und seine Ermahnungen zu einer christlichen Lebensführung den ganzen Hof ein:[64] Könige und Fürsten, Herren und Damen, Kleri-ker, Mönche und Regularkanoniker. Was Peter dem König in der Vorrede

---

62 Mt 10, 17 ff.: *Cavete autem ab hominibus / tradent enim vos in conciliis / et in synagogis suis flagellabunt vos / et ad praesides et ad reges ducemini propter me in testimonium illis et gentibus / Cum autem tradent vos / nolite cogitare quomodo aut quid loquamini / dabitur enim vobis in illa hora quid loquamini.*
63 Vgl. dazu besonders unten, zum Hof Friedrich Barbarossas, Kapitel 3.10, S. 198–210.
64 Dieselbe Schreibhaltung bestimmt auch Peters Busstraktat, in dem er die zu Tränen rührende *compassio* höfischer Hörer mit den Helden weltlicher Erzäh-lungen des Tristan- oder Artus-Stoffs kritisiert. Dazu Katharina Mertens Fleu-ry, Leiden lesen. Bedeutungen von *compassio* um 1200 und die Poetik des Mit-Leidens im ›Parzival‹ Wolframs von Eschenbach (Scrinium Friburgense 21), Berlin/New York 2006, S. 6 f.

attestiert, eine meditative Aneignung, tritt im Text selbst – wie in den Briefen Petrus' Damiani – hinter der Kritik zurück, die meditative Aneignung wird nicht vorgeführt, sondern allenfalls auf den Weg gebracht. Das ist in einem zweiten Text Peters für Heinrich anders, der das diskursive Moment schon in der Form betont, auch wenn der Verfasser selbst hinter einem – unbekannten – Stellvertreter zurücktritt.

Der kurze ›Dialogus inter regem Henricum secundum et abbatem Bonevallis‹[65] muss in den letzten Monaten vor dem Tod Heinrichs († 6.7.1189) entstanden sein, in einer Situation zunehmender Isolierung und politischer und militärischer Ohnmacht, in der anhaltenden und erneut sich zuspitzenden Auseinandersetzung mit seinen Söhnen Richard Löwenherz und Johann Ohneland und deren Verbündetem, Philipp II. August von Frankreich.[66]

Dabei ist unerheblich, wie man sich das Zustandekommen des Textes denken will, ob es tatsächlich einen Dialog zwischen dem König und dem Abt von Bonneval gab;[67] ob Peter darüber berichtet wurde und von wem; wieviel und was auf ihn selbst zurückgehen mag; oder ob das Gespräch fiktiv ist, eine geschickte Invention auf der Basis der Vertrautheit Peters mit dem König.[68] Ein Gesprächsprotokoll ist der Text sicher nicht, sein Status dürfte wohl dem entsprechen, was die Predigtforschung als ›Lesepredigt‹ bezeichnet,[69] also dem Status eines Textes, der sich an vorangegangener tatsächlicher, an nur gedachter oder an intendierter mündlicher Umsetzung

---

65 Dialogus inter regem Henricum secundum et abbatem Bonevallis. Un écrit de Pierre de Blois réédité [par] R. B. C. Huygens, in: Revue Bénédictine 68 (1958), S. 87–112. Dazu jetzt Cotts, The Clerical Dilemma, S. 218–230.

66 Vgl. das anschauliche Schlusskapitel von W. L. Warren, Henry II, London 1973, S. 594–630, und, unter strategischem Aspekt, John D. Hosler, Henry II. A Medieval Soldier at War, 1147–1189 (History of Warfare 44), Leiden/Boston 2007, S. 98–101. Zu Warren jetzt Nicolas Vincent, Introduction: Henry II and the Historians, in: Henry II. New Interpretations, ed. by Christopher Harper-Bill and N. V., Woodbridge 2007, S. 1–23, hier: 17f.

67 Huygens, ebd., nimmt einen 1188 belegten Abt Chrétien de Bonneval an (95).

68 Huygens, ebd., hat jedenfalls die Durchsetzung des Textes mit Bibelzitaten und zahlreiche Übereinstimmungen mit anderen Schriften Peters von Blois nachgewiesen, vgl. S. 94 und den Apparat.

69 Vgl. René Wetzel u. Fabrice Flückiger, Einleitung, in: Die Predigt im Mittelalter zwischen Mündlichkeit, Bildlichkeit und Schriftlichkeit. La prédication au Moyen Age entre oralité, visualité et écriture, hg. v. René Wetzel u. Fabrice Flückiger (Medienwandel – Medienwechsel – Medienwissen 13), Zürich 2010, S. 13–23, hier: 13–16, und René Wetzel, *Dûr daz wort, in daz wort, an daz*

orientiert oder schlicht deren Suggestion als Stützung eines Lesevorgangs zum Ziel hat. Wenn Heinrich am Ende des Dialogs der Gedanke an den Kreuzzug naheliegt, dann entspricht das zwar dem, was er tatsächlich vorhatte – wie Philipp August gelobte er 1187 (wie schon 1172) seine Teilnahme. Aber der Gedanke ist nur Ausdruck der inneren Wandlung, die der Text demonstriert, die er exemplarisch vor Augen führt, also dem (meditativen) Nachvollzug empfiehlt.[70] Was diesen Dialog interessant macht, ist die Vorführung eines Denkprozesses, einer psychologisierend-personalisierenden und zugleich auf andere übertragbaren Erneuerung des Denkens, der Position, der Haltung eines Menschen, die Vorführung seiner ›Konversion‹. Allein darum geht es mir im Folgenden. Dass man ihn mit Jaeger in eine lange Tradition der Beschwichtigung des Zorns von Fürsten durch die Hofkleriker stellen kann, sei hier nur angedeutet.[71]

Auch hier ist das Bildungskonzept, für das der Begriff der *informatio* stehen kann, tragend und daher überall latent da. Aber nur an einer Stelle wird es deutlicher konturiert, freilich an einer für den Verlauf des Gesprächs wie für das Konzept entscheidenden – ich nehme sie deshalb vorweg.

---

wort. Die Engelberger Lesepredigten zwischen *lectio, meditatio, contemplatio* und Mystagogik, in: Lesevorgänge, S. 403–419, hier: 409–413.

70 Die Bedeutung des Armutsgedankens und der inneren Reform für Peters späte kreuzzugsbezogene Texte betont Michael Markowski, Peter of Blois and the Conception of the Third Crusade, in: The Horns of Ḥaṭṭīn, ed. by B(enjamin) Z. Kedar, Jerusalem etc. 1992, S. 261–269.

71 Zur einschlägigen, mit dem Ende des 11. Jh.s auslaufenden »orphic poetry« vgl. Jaeger, Envy of Angels, S. 144–158. Unter dem allgemeineren Gesichtspunkt der *correctio* des Fürsten behandelt Jaeger den Traktat in seinen Origins of Courtliness, S. 226 f. Zur Hofkritik Peters im allgemeinen: Envy of Angels, S. 58–87 passim. Zur (historisch bezeugten) Erregbarkeit Heinrichs II. vgl. Nicholas Vincent, The Court of Henry II, in: Henry II. New Interpretations, S. 278–334, hier: 311 ff. Ein besonders eindringliches Beispiel für die Überwindung fürstlicher *ira* unter gelehrt-philosophischem Einfluss ist die Ursprungsgeschichte des Schachspiels, wie sie Jacobus de Cessolis (und nach ihm Konrad von Ammenhausen) erzählt; beide Texte in: Kunrat von Ammenhausen, Das Schachzabelbuch, nebst den Schachbüchern des Jakob von Cessole und des Jakob Mennel hg. v. Ferdinand Vetter (Bibl. älterer Schriftwerke der deutschen Schweiz. Erg.bd.), Frauenfeld 1887–1892. Dazu Wolfgang Dittmann, Zur Erfindung des Schachspiels im ›Schachzabelbuch‹. Die erzählte Primär-Rezeption bei Konrad von Ammenhausen, in: Erzählungen in Erzählungen. Phänomene der Narration in Mittelalter und Früher Neuzeit (Forschungen zur Geschichte der älteren deutschen Literatur 19), München 1996, S. 303–326.

Das Gespräch hatte unvermittelt, also ohne jede paratextliche Rahmung, mit der von Empörung bestimmten Klage des Königs eingesetzt, dass alle, auf die er meinte zählen zu können, undankbar von ihm abgefallen seien. Der Abt weist die Rede des Königs zurück und versucht, seine Haltung zu verändern, indem er mit ihm spricht. Und tatsächlich wird der König so – über Vorhaltungen, Argumente, Fragen und Einwände – rasch zur Erkenntnis gelangen, dass es ihm an der verlangten Geduld (*pacientia*)[72] und Demut (*humilitas*) fehle: Der Abt müsse ihm zeigen, wie er sie erwerben und wie er dann beiden Tugenden handelnd gerecht werden könne (*seruare*).

> Cum hanc pacientiam et humilitatem in corde meo, sicut dictum est, inuenire non possim, loqueris et laboras in uacuum, nisi uelis ostendere quibus modis uirtutes illas obtinere debeam et seruare. (194 ff.)

Diese Einsicht und dieses Verlangen aber werden ausgelöst durch die sich auf Paulus berufende Vorstellung des Abtes, der Mensch dürfe zwar zürnen, aber den Zorn nicht in Hass umschlagen lassen (*irascimini et nolite peccare*; Eph 4, 26). Dafür sei uns das Beispiel des Hl. Stephanus gegeben, der für seine Verfolger betete und dann im Herrn entschlief. Übertroffen werde es durch ein zweites, das Beispiel Christi selbst, der am Kreuz für seine Kreuziger vom Vater Vergebung erbitte:

> Ille etiam, *qui docet hominem scientiam* [Ps 93, 10], suo docet nos et informat exemplo, dum pro suis crucifixoribus orans, *pater*, inquit, *dimitte illis, quia nesciunt quid faciunt* [Lc 23, 34]. Si maledixerimus hominibus, maledictio conuertetur in sinum nostrum, et ira quam habemus erga illum, qui *dei imago* [cf. II Cor 4, 4] est, deum nobis reddet iratum. (146–150)

Erst wenn Christus uns – erfolgreich – durch sein Beispiel belehrt (*docet*) und in unserem Verhalten bestimmt oder prägt (*informat*), scheint in uns die *imago dei* auf. Wo wir uns, einen Menschen verfluchend, gegen die *imago dei* wenden, zerstören wir diese in uns selbst und ziehen den Zorn Gottes auf uns. Damit liegt das Ziel der *informatio* fest, es ist aber auch das hervorgehoben, was Heinrich noch von ihm trennt. Um die Distanz zu überbrücken,[73] werden auch hier – wie im ›Compendium‹ – die Beispiele der Altväter (*exempla ueterum patrum*; 182 f.) empfohlen.

---

72 Die Vermittlung von *patientia* war schon das erklärte Ziel des ›Compendium in Job‹, ebd., S. xxi.

73 Heinrich wendet noch ein, wie er denn sein Herz zur Barmherzigkeit erniedrigen (*humiliare ad misericordiam*) könne, wenn er sehe, wie sich seine Feinde im Zorn gegen ihn überhöben (164–167).

Die Bedeutung dieser Stelle lässt sich noch besser ermessen, wenn man nun die den Dialog auslösende Klage des Königs einbezieht, die gewissermassen den Zustand seiner Seele offenlegt und sein Gegenüber zum Ausruf veranlasst: ›Was ist das, allerweisester Fürst, welche Verwirrung deines Geistes (*turbatio mentis*), dass du der Schöpfung Gottes fluchst und vor allem dem Menschen, der doch das Ebenbild Gottes (*dei forma*) und das Abbild des Höchsten (*imago Altissimi*) ist?‹ (17ff.) Dem, was später zum Gegenstand der *informatio* erklärt wird, dem Erreichen der dem Menschen bestimmten Gottebenbildlichkeit über das *exemplum* Christi, über die Angleichung an ihn in *pacientia*, *humilitas* und *misericordia*, steht hier die *turbatio mentis* gegenüber, die bewusst werden muss, bevor sie durch eine neue Prägung ersetzt werden kann. Wie wird dieser Prozess in Gang gebracht?

Heinrichs Rede hatte so begonnen: ›Ich habe Söhne gross gezogen und erhöht, sie aber haben mich verachtet.‹ (*Filios enutriui et exaltaui, ipsi autem spreuerunt me.* 1) Diese Aussage ist – angesichts der Erhebung Richards und Johanns gegen ihren Vater – ihrem Inhalt nach historisch unbestreitbar,[74] und auch für die Einbeziehung von Freunden, Nächsten und Gefolgsleuten, die zu Feinden geworden seien, liessen sich (zumindest subjektiv wahre) Belege geben.[75] Zumindest nachvollziehen lässt sich auch die Hoffnung, die Heinrich anschliesst, dass Gott seine Feinde, die seine Schande wünschten, selbst zu Schanden werden lasse – denn Heinrich beruft sich auf Gott als Herrn der Rache (*deus ultionum dominus*; 6 – Ps 93, 1) und ergeht sich dann in Bildern des Untergangs seiner Feinde, die nichts anderes sind, als ein ›Gebet‹. Denn er spricht in Worten Davids, beginnt mit Versen des 108. Psalms, lässt andere einfliessen, bedient sich noch bei Markus,[76] um seine Feinde schliesslich dorthin zu wünschen, wo Dathan und Abiram,[77] wo Kain und Judas seien (5–16). Mehr noch, schon die eröffnende Aussage Heinrichs über seine Söhne ist ein Ausspruch Gottes selbst, es sind die ersten Worte der Anklage seines eigenen Volkes, die Gott durch Jesaja sprach (Is 1, 2).

Die Diagnose einer *perturbatio mentis* meint also mehr als die Absenz von Selbstbeherrschung, Barmherzigkeit und Feindesliebe, die den König

---

74 Zur Thematisierung des Hasses Heinrichs gegen seine Söhne bei Peter von Blois vgl. auch Vincent, The Court of Henry II, S. 302 ff.

75 Vgl. die oben, Anm. 66, genannte Literatur.

76 Die Nachweise nach Huygens, Ausgabe, S. 97: Ps 108, 5.6–8.9.13.12.15; Ps 34, 6; Ps 82, 18; Ps 54, 16; Mc 9, 43.45.

77 Vgl. Num 16, 1–34.

das christliche Ideal des Menschen als *imago dei* verfehlen lässt. Heinrich setzt sich an die Stelle Gottes und seines Propheten und bildet zugleich David als König ab. Er scheint damit durchaus dem Muster der *imitatio* der biblischen Beispielfigur (der Könige) verpflichtet, die ihm der Abt dann tatsächlich mehrfach ausdrücklich empfehlen wird.[78] Doch die Rede Heinrichs will eben nichts anderes, als die Übertragung der den Feinden des Gottesvolks geltenden göttlichen Rache auf seine eigenen Feinde erzwingen. Seine Anmassung (oder eben *perturbatio mentis*) besteht also in der missbräuchlichen Benutzung der Schrift aus einer Haltung heraus, die keine christliche ist.

Nur dieses Ergebnis thematisiert der Abt. Dass er Heinrichs Verfahren, sich unausgesprochen und einseitig der Worte Jesajas und Davids zu bedienen, durchschaut hat, geht nicht aus einer expliziten Entgegnung, sondern nur aus seiner Widerlegung in der Sache hervor. Sie bezieht sich nun ihrerseits wieder – und zwar explizit – auf Jesaja (*crede Ysaie*; 21) und auf David, die beide wüssten, dass Böses nur nach dem Willen des Herrn geschehe: Wenn Heinrich also wirklich David imitieren wolle (*Si uis, o rex, esse imitator Dauid*; 30), müsse er sich auch mit David zu dieser Einsicht bekennen.

Hier wird gewiss keine tatsächliche Disputation aufgezeichnet, es wird vielmehr in gelehrter Manier am Beispiel Heinrichs ein falsches Lesen in der Schrift konstruiert und demonstriert, ein Nachdenken über sie, bei dem aufgrund der falschen Prägung des Lesers die göttliche Ordnung verkannt und pervertiert wird. Dieses Verfahren hätte aber besondere Brisanz, wenn Heinrich tatsächlich gern das ›Gesetz des Herrn‹ meditiert und sich von den Mühen des Tages bei der Lektüre der Heiligen Schrift erholt hätte, wie Peter es ihm schon im ›Compendium‹ attestiert hat (*libenter meditamini in lege Domini, et de diurnis laboribus in lectione sacrae paginae respiratis*[79]), wenn also eine auf Bibelstellen gestützte Disputation mit ihm, wie Peter sie hier entwirft, zumindest in Ansätzen denkbar gewesen sein sollte. Was man von Heinrich weiss, spricht nicht dagegen.[80]

---

78 *Si uis, o rex, esse imitator Dauid*; 30. Als Zitat (Ps 131, 1): *memento, domine, Dauid et omnis mansuetudinis eius*; 129f. *Exemplum penitentie habes David*; 435f.

79 Peter von Blois, Compendium, Sp. 795C.

80 Zum Hof Heinrichs vgl. jetzt Vincent, The Court of Henry II, und Short, Literary Culture at the Court of Henry II, beide in: Henry II. New Interpretations (2007), S. 278–334 bzw. 335–361, zu seiner Bildung Short, ebd., S. 341–345, ausserdem unten, Kapitel 3, S. 145ff. und 157–163.

Allerdings durchbricht die Argumentation – zumindest von Seiten des Königs – rasch die Schranken einer bibelgestützten Disputation. Schon die Aufforderung des Abtes, mit David einzugestehen, dass es der Herr sei, der ihm diejenigen gesandt habe, die ihn schmähten (31 f.), kontert Heinrich mit der Frage, weshalb der Herr denn nicht (umgekehrt) ihn gesandt habe, um denen zu schaden, die nun ihm Übles tun? (32–36) – Sehe er denn nicht, entgegnet der Abt, dass er damit Gott die Möglichkeit nähme, ihn zu strafen? Und nehme er nicht, wenn er seine Feinde strafe, Gott die Möglichkeit, diese zu strafen? Wer dem Gericht Christi entkommen wolle, müsse sich selbst, nicht andere richten. (37–48) – Noch einmal beruft sich Heinrich auf das Alte Testament, in dem er gelesen habe (*lego in veteri testamento*; 49), dass Herzöge, auch Könige und Propheten häufig an ihren Feinden härteste Rache geübt hätten, ja dass der Herr selbst Moses geheissen habe, die Übeltäter nicht leben zu lassen usw.: Das läse man doch nicht in der Heiligen Schrift und es stünde nicht darin (*non legerentur ista in sacro eloquio neque scripta fuissent*; 55 f.), wenn man seinen Feinden tatsächlich nicht fluchen oder schaden dürfte.

Mit dieser erneuten Berufung auf die Schrift, auf das Alte Testament, als Rechtfertigung des eigenen Handeln, ist der Punkt erreicht, an dem die Forderung nach einer grundlegenden Erneuerung des Denkens einsetzen kann: es geht um nichts Geringeres als die paulinische *conversio*. So lässt Peter den Abt entgegnen: ›Beachte, König, dass du nicht dem jüdischen Volk angehörst oder ein Schüler Mosis bist, Du gehörst dem losgekauften Volk an und bist ein Schüler und Bekenner Christi.‹ (*Attende, rex, quia non es de populo Iudeorum aut discipulus Moysis, sed de populo adquisitionis Christique discipulus et professor.* 58 f.) Christus aber habe verlangt, die eigenen Feinde zu lieben. Die Antwort des Königs bestätigt nur die Notwendigkeit der Bekehrung: Was der Abt da im Evangelium oder der übrigen Schrift finde, davon könne er, Heinrich, in seinem Herzen nichts finden – dem eigenen Verfolger Gutes zu tun oder den eigenen Feind zu lieben, das gehöre zu einem vollkommeneren Leben: *hoc uite perfectioris est* (77). Er sei von Natur ein Kind des Zornes, zitiert er Paulus (*natura sum filius ire*; 81 f. – Eph 2, 3), entnimmt die Aussage freilich einer Stelle, in der Paulus den Zustand charakterisiert, in dem die Menschen waren, bevor Gott sie aus Barmherzigkeit und Liebe durch Christus lebendig machte (*convivificavit* [...] *Christo*; Eph 2, 5): Dem König selbst ist also die Formulierung des Defizits in den Mund gelegt, das nun der Prozess einer im Dialog sich vollziehenden *conversio* erledigen wird, in einem Vorgang, der den König von der *turbatio mentis* befreien und seinem Geist jene neue Prägung geben wird, die sich an dem orientiert, was Christus *suo docet nos et informat exemplo* (147).

Diese bereits besprochene zentrale Zielvorgabe der *informatio* wird vorbereitet durch die Aufforderung an Heinrich, seine Leiden für Christus zu ertragen (*te oportet sustinere pro Christo*; 89), wenn er nicht unendliche und unerträgliche Schmerzen in der Hölle leiden wolle. Auch David sei in seinem Zorn nicht von *misericordia* und *mansuetudo* abgewichen (130). An dieser Stelle fällt nun die (einleitend behandelte) Aufforderung, sich am belehrenden und prägenden Beispiel Christi und der Altväter auszurichten, und das noch einmal wiederholte Bekenntnis Heinrichs, dass er weder *pacientia* noch *humilitas* in seinem Herzen finde, also der Belehrung darüber bedürfe, wie er sie erwerben und brauchen könne (194 ff.).

Das Eingeständnis Heinrichs löst nun statt einer einfachen Unterweisung eine psychologisch subtile, von Freundschaft getragene (*amice et domine reuerende*; 197), doch zugleich schonungslos offene Gewissenserforschung aus; ich deute – stark raffend – wenigstens an: Der Abt stellt fest, die Betrachtung der Herkunft des Menschen, der Mühen seines Lebens und der Schrecken des Todes und des Gerichts müssten zu *humilitas* führen. Mehr noch erreiche man durch das Gebet. – Warum er vom Gebet spreche; fragt Heinrich zurück. Der Abt sehe doch, dass er, der König, bei all seinen Geschäften und Sorgen selbst in der Messe kaum für ein Paternoster Zeit finde. – Er lade sich seine Geschäfte selbst auf, höre tausend Leute an. – Und nur die kämen, die ungerechtfertigte Bitten hätten. – Er solle sich nicht selbst betrügen: in seinen eigenen Angelegenheiten handle er rasch, in fremden zögerlich; und die meisten Fürsten seien stolz auf den vollen Hof und den Andrang. – Der König entgegnet, er könne reinen Gewissens sagen (*secura conscientia dicere*; 233), dass er lieber allein oder unter wenigen als in der Menge sei, aber er könne nicht zurückgezogener leben. In der Messe bedrängten nicht nur Laien, sondern auch Kleriker und Mönche ihn respektlos mit ihren Bitten. – Er sei selbst für diese Unsitte verantwortlich und müsse nur die Verletzung seines Gewissens durch sie empfinden, um sie zu beseitigen. Gefährlich sei es eben, wenn in der Todesstunde Christi die Menschen sich vom Gebet ab- und leerem Gerede zuwendeten (*auertantur ab oratione uanisque fabulacionibus occupentur*; 243 f.). Wenn der König Messe und Stundengebet respektiere, könne er auch in der Kirche die Sorgen der Armen anhören und da, wo er selbst *misericordia* erbitte, anderen *misericordia* erweisen. Wenn er Erben haben wolle, möge er die Armen Christi zu seinen Erben machen, und sie würden ihn zum Miterben des Himmelreichs machen. – Er wolle seine Söhne nicht enterben, obwohl sie

die Waffen gegen ihn erhoben hätten und das Gesetz sie vom Erbe aus-
schlösse. – Warum er vom Erbe seiner Söhne rede, überhaupt nicht auf das
Erbe der Armen eingehe? – Es sei seine Absicht, den grössten Teil seines
Vermögens für die Befreiung des Heiligen Landes einzusetzen, einen Teil
aber den Armen zu geben. – Der König möge geduldig annehmen, was er
ihm sagen werde, es gehe um sein Seelenheil: Alles, was er habe, habe der
Herr ihm anvertraut; wenn er nicht alles zurückgeben könne, was er ihm
schulde, dann doch so viel wie möglich, damit die Welt ihn nicht von
Christus ablenke. – Wenn der Abt wüsste, um wieviel er sein Leben lang das
Vermögen der Kirche vermehrt habe, würde er ihn nicht so heftig tadeln. –
Er wisse es, doch der Herr sehe nicht darauf, wie viel, sondern von wie
vielem, nicht wohin er gegeben, sondern woher er es genommen habe usw.
    Ich breche hier ab: Nach seinem Sündenbekenntnis (*peccavi* [...] *supra
modum*; 422), dem Rat, auch in der Busse dem Beispiel Davids zu folgen,
und der Frage, ob die Teilnahme am Kreuzzug (*uia Ierosolimitana*; 453)
nach wahrer Beichte und Busse als Wiedergutmachung genüge, erhält der
König eine für die Konzeption des Traktats bezeichnende Antwort: Der
Abt hoffe, dass diejenigen, die es nicht verstanden hätten, auf andere Weise
Busse zu tun, Gott auf diesem mühevollen Weg Genugtuung leisten würden
(455ff.). Das ist eine Antwort, die noch einmal unterstreicht, dass der Akzent auf der Umkehr liegt, auf dem inneren Weg, den der Verlauf des
Gesprächs illustriert. Nur unter der Voraussetzung der Bussfertigkeit ist der
Kreuzzug für den einzelnen sinnvoll, er ist aber eben auch nur eine mög-
liche Form der Wiedergutmachung.[81]
    Es kommt deshalb weniger auf die Themen und Gesichtspunkte an, die
der Dialog berührt, als auf seinen Verlauf, der zwar nicht natürliches Ge-

---

81 Welche Bedeutung Peter der Befreiung des Heiligen Landes an sich beimisst,
    geht aus weiteren Traktaten hervor, die in Rom unter dem Eindruck der
    Berichte von der Niederlage der Christen gegen Saladin in der Schlacht von
    Ḥaṭṭīn (1187) entstanden: der ›Passio Raginaldi principis Antiochiae‹ und der
    ›Exhortatio ad eos qui nec accipiunt nec predicant crucem‹ (1187/88) sowie der
    am Ende des ›Dialogus‹ angekündigten, weitgehend selbständigen und allein
    breiter überlieferten ›Conquestio de dilatione vie Ierosolimitane‹ (1188/89), die
    bei Huygens keine Erwähnung findet und bei Migne getrennt gedruckt ist
    unter dem Titel: De Hierosolymitana peregrinatione acceleranda (PL 207),
    Paris 1904, Sp. 1057–1070. Vgl. Gillette Tyl-Labory, Pierre de Blois, in: Dic-
    tionnaire des lettres françaises. Le Moyen Age, sous la dir. de Geneviève
    Hasenohr et Michel Zink, Paris 1992, S. 1162–1166, hier: 1164, Markowski,
    Peter of Blois, S. 265–268, und jetzt Cotts, The Clerical Dilemma, S. 226–230,
    der die konzeptuelle Einheit von ›Dialogus‹ und ›Conquestio‹ betont (226).

sprächsverhalten mimetisch abzubilden sucht, aber doch einen stringent ausgeführten exemplarischen Gedankengang mit Elementen eines quasi-natürlichen Gesprächs durchsetzt. Die stillschweigende Benutzung biblischer Rede durch den König zu Beginn, deren Identifizierung durch den Abt zugleich die Grundhaltung des Sprechers offenlegte (*conturbatio mentis*), ist bezeichnend für das Arbeiten an der neuen, christlichen Identität. Es verlangt neben dem Willen zu hören und zu lernen die Bereitschaft zur Selbstbefragung, zur Einsicht in vielfältige Varianten der Selbsttäuschung und des selbstbezogenen Urteils, zu wiederholtem Nachdenken und zur Revision von Ansichten (*attende et recogita*; 328); und es verlangt schliesslich den Willen, nicht nur zu hören, sondern zu beherzigen (*meis queso sermonibus non solum aures corporis, sed auditum cordis appone*; 365 f.).

Erst so wird die Einsicht möglich, dass der Weg vom Rächer zum Christen einen Prozess der Erneuerung des Denkens, der *informatio*, voraussetzt, die zunächst dem Adressaten anhand der im Text konstruierten Figur des eigenen Ich zum meditativen Nachvollzug aufgegeben ist; und zugleich lässt der Dialog erkennen, wie dieser Prozess konkret (und exemplarisch) zu denken ist.

1.4 Bildung als Leitvorstellung

Die Ausarbeitung des *informatio*-Konzepts im ›Dialogus‹ Peters von Blois gilt mit König Heinrich II. zugleich einem der wichtigsten Zentren der höfischen Kultur der Zeit, einem Hof, dessen Fürst mit lateinischer Bildung und mit deren Vertretern vertraut war, mit vielen von ihnen verkehrte. Zu seinen Erziehern am väterlichen Hof gehörte auch Wilhelm von Conches, und dessen ›Dragmaticon‹ entwirft als Lehrdialog zwischen *dux* und *magister*, zwischen Heinrichs Vater Gottfried von Anjou und Wilhelm selbst, ein Modell des Wissenstranfers am Hof, eines gebildeten und bildenden Austauschs.[82] Dieses Modell war Heinrich nicht nur als Leitvorstellung

---

82 Guillelmus de Conchis, Dragmaticon philosophiae, cura et studio I. Ronca Summa de philosophia in vulgari, cura et studio L. Badia et J. Pujol (CCCM 152), Turnhout 1997. Dazu Kathrin Müller, Visuelle Weltaneignung. Astronomische und kosmologische Diagramme in Handschriften des Mittelalters (Historische Semantik 11), Göttingen 2008, vor allem S. 93–181, und Eric Ramírez-Weaver, William of Conches, Philosophical Continuous Narration, and the Limited Worlds of Medieval Diagrams, in: Studies in Iconography 30 (2009), S. 1–41.

vertraut, es charakterisiert die gelehrte, publizistische und literarische Tätigkeit im Ausstrahlungsbereich seines Hofes, ganz gleich, wie man im
Einzelfall, von Text zu Text, den Anteil des Hofes oder des Königs selbst an
der jeweiligen Entstehung beurteilen mag.[83]

Die bei Petrus Damiani wie bei Peter von Blois und anderen mit dem
informatio-Begriff verbundene Vorstellung eines den Menschen tiefgreifend
verändernden Prozesses, einer Erneuerung seines Denkens, Redens und
Handelns, ist also – obwohl zunächst Kleriker sie formulieren – nicht an
bestimmte Lebensformen gebunden. Ihre Orientierung an der paulinischen
conversio, schon bei Augustinus, macht sie für jeden Christen, gleich welchen Standes, relevant, ja verbindlich. Theoretische Äusserungen zum Konzept wird man allerdings vor allem in Texten finden, in denen sich Kleriker
an Kleriker wenden, in für den Hof gedachten Texten kann man – und auch
das zeigt das Beispiel des ›Dialogus‹ Peters von Blois – eher mit Anwen-
dungen rechnen, die nur ansatzweise reflektiert werden. Dasselbe gilt bekanntlich für die Literaturtheorie überhaupt, ich komme darauf später zurück.[84]

Die Reihe der bisher besprochenen Texte liesse sich natürlich verlängern.
Ich will aber nur noch zwei Äusserungen Bonaventuras (1221–1274) heranziehen, die zeitlich bereits aus dem Rahmen meiner Untersuchungen
fallen. Beide stammen aus den Predigten, die erste aus einem ›Sermo de
s. patre nostro Francisco‹, die zweite aus der 28. Sonntagspredigt.

In seiner Franziskus-Predigt[85] unterscheidet Bonaventura zwischen *informatio* und *excitatio* als zwei Qualitäten, die derselben Aussage eigen
sind. Wenn Christus sage: *Venite ad me omnes qui laboratis et onerati estis /
et ego reficiam vos / tollite iugum meum super vos / et discite a me quia mitis
sum et humilis corde* (Mt 11, 28 f.), sei das *discite a me* als (rhetorische)
einleitende Aufforderung an die *auditores* zu verstehen (*exordium*); und sie
könne sich entweder auf die Annahme der Rolle (*forma*) von Schülern
beziehen oder auf die Annahme der Lehre – beides treffe auf Franziskus zu,
das erstere in Bezug auf den Status der Bekehrung (*conversio*), also der
Bereitschaft zu lernen, das letztere in Bezug auf den Status der Vollendung

---

83 Dazu die oben, Anm. 80, genannten Arbeiten und Verweisungen auf Kapitel 3.
84 Zuerst eindringlich thematisiert durch Walter Haug, Literaturtheorie im deut-
    schen Mittelalter von den Anfängen bis zum Ende des 13. Jahrhunderts [1985],
    2., überarb. u. erw. Aufl., Darmstadt 1992. Vgl. ausserdem unten, S. 213 f. Und
    die Theorie der Literatur stellt selbstverständlich keinen Sonderfall dar.
85 Saint Bonaventure, Sermons *de diuersis*, nouv. éd. crit. par Jacques Guy Bou-
    gerol, vol. 1–2, Paris 1993, sermo 59, vol. 2, S. 789–812, hier: 1, 8–17, S. 789.

(*consummatio*). Dazwischen liegt der Weg, und für ihn gilt das *documen-tum*, die inhaltliche Angabe *mitis sum et humilis corde*, die das Ziel des am Vorbild sich orientierenden Veränderungsprozesses (*informatio*) vorgibt: *ad meum exemplum sitis humiles et mites.*

> In hoc autem verbo duo tanguntur, scilicet exordium et documentum: in exor-dio fit auditorum excitatio, in documento auditorum informatio. Excitat cum dicit: *Discite a me*, sed informat cum subdit: *quia mitis sum* etc., id est, ad meum exemplum sitis humiles et mites. Potest autem excitatio dupliciter intelligi cum dicit: *Discite a me*, vel ut sit sensus: formam discipulorum assumite, vel: *Discite a me*, id est, doctrinam a me accipite; et uterque sensus competit beato Fran-cisco secundum duplicem statum, scilicet conversionis et consummationis.

Diese Differenzierung Bonaventuras unterstreicht noch einmal die Not-wendigkeit, die auch von Petrus Damiani und Peter von Blois kombinierten Begriffe *docere* und *informare* als komplementäre, aber nicht synonyme zu verstehen, also den Prozess zu betonen, der sie verbindet.

In der 28. Sonntagspredigt[86] über die Perikope Lc 6, 36 – *Estote miseri-cordes, sicut Pater vester misericors est* – geht Bonaventura weiter, setzt er zu einer scholastisch-systematischen Einordnung des Begriffs an, die erkenn-bar werden lässt, wie er sich den Prozess der *informatio* denkt. Er geht zunächst von der Feststellung aus, dass keine menschliche Handlung richtig sein könne, wenn sie nicht an dem Richtscheit der göttlichen Vor- und Urbildlichkeit ausgerichtet werde: *nulla nostra operatio potest esse recta, nisi secundum regulam divinae exemplaritatis dirigatur.* Wie in der Franziskus-Predigt unterscheidet Bonaventura dann auch hier zwischen der Auffor-derung, dem bedürftigen Nächsten zu helfen (*estote misericordes*), die das Mitgefühl anspreche (*primo hortatur nos ad subventionem alienae necessi-tatis, excitando affectum*), und dem Vorschlag der Einbildung (*informatio*) der göttlichen Vor- und Urbildlichkeit (*sicut et Pater vester misericors est*), die den Verstand lenke (*secundo proponit nobis informationem divinae ex-emplaritatis, dirigendo intellectum*; 28, 1). Schon die an das Gefühl gerich-tete Aufforderung bereitet auf den Vorschlag der Einbildung vor, denn sie schliesst dreierlei ein:

---

86 Bonaventura, Sermones dominicales, textus lat. ad fid. cod. nunc denuo ed., studio et cura Jacques Guy Bougerol, trad. di Eliodoro Mariani, introd., note e ind. di J. G. B. (S. Bonaventurae Opera 10), Roma 1992, Sermo 28, S. 332–341. Bonaventura dürfte die zum Teil älteren Predigten 1267/68 in Mantes bei Paris mit Unterstützung seiner Sekretäre, unter ihnen Marco da Montefeltro, über-arbeitet und zum Zyklus ergänzt haben (Introduzione, S. 9).

Primum enim est benigna informatio divinae exemplaritatis, rationalem dirigentis; secundum est magna promissio multiplicis utilitatis, concupiscibilem
allicientis; tertium est acerba punitio divinae severitatis, irascibilem concutientis;
ut sic quos non movet ad misericordiam divinum exemplum, moveat utile
promissum vel saltem terribile supplicium.

Primo movet nos ad misericordiam benigna informatio divinae exemplaritatis, dirigentis rationalem, quae in tribus aliquo modo apparet: primo in gra-
tuitae vocationis instantia, secundo in diuturnae exspectationis patientia, tertio
in benignae susceptionis clementia. Unde misericors Deus peccatores instanter
vocat, patienter exspectat et clementer suscipit. (28, 2f.)

Bonaventura unterscheidet also zunächst zwischen der *informatio* oder Ein-
bildung der göttlichen Urbildlichkeit (*divina exemplaritas*), die den Verstand (*rationale*) lenke, der Verheissung (*promissio*) vielfältigen Nutzens, die
das Begehren (*concupiscibile*) locke, und der harten Bestrafung (*punitio*) mit
göttlicher Strenge, die der Erregung (*irascibile*) zusetze: Wen nicht das
göttliche Beispiel bewege (und verändere), den solle das Versprochene oder
doch wenigstens die Strafe bewegen (und verändern). Zuerst sei es die
gütige Einwirkung oder *informatio* des den Verstand lenkenden göttlichen
Vorbilds, des Urbilds der *misericordia*, die uns dieser *misericordia* zuführe
(*movet nos ad misericordiam*). Diese *informatio* trete ihrerseits in dreifacher
Hinsicht in Erscheinung, erstens in der Energie, die uns eine unverdiente
Berufung verleihe, zweitens in der Geduld, die bei langem Erwarten erfor-
derlich sei, drittens in der Aufnahmebereitschaft, die erst williges Annehmen ermögliche. Weshalb der barmherzige Gott die Sünder dringlich rufe,
geduldig erwarte und milde empfange. Es ist also die Einflussnahme Gottes
selbst, die sich in den Reaktionen des Menschen spiegelt – seine Hinwen-
dung aus *misericordia* hat begonnen, den Menschen neu und nach seinem,
Gottes, *exemplar* zu bilden. Die *informatio* wirkt, und sie ist eine eminent
psychologische.

Was Bonaventura theoretisch-abstrahierend beschreibt, den von Christus
selbst eingeforderten Vorgang der Angleichung des Menschen an das Vorbild des barmherzigen Gottes, hat Peter von Blois als einen auf den Augenblick und die Person Heinrichs II. als ersten Adressaten bezogenen
Prozess des Umdenkens, der geistig-seelischen Erneuerung, entworfen; als
einen Prozess, dessen erfolgreicher Verlauf an ein kontroverses, offenes und
psychologisch anspruchsvolles Gespräch zwischen dem König und einem
geistlichen Berater gebunden ist. Diesem Text ist die Erwartung seiner Wirkung eingeschrieben, sie ist an der Form des Dialogs, der Verteilung der
Rollen und den argumentativen Strategien und ihren Erfolgen ablesbar und
gibt die Bedingungen der ›Wiederholbarkeit‹ des Vorgangs vor. Sie legt den

je neuen Nachvollzug der *informatio* im Text an, suggeriert einen delibe-
ratorischen Verlauf durch die dialogische Form und sichert so das mediale
Potential des ›Dialogus‹.

Unter den im Folgenden behandelten Autoren spricht nur einer von
informatio, Otto von Freising, aber er tut es an exponierter Stelle und im
Rahmen eines Gesamtkonzepts, das sich den bisher angerissenen zur Seite
stellen lässt.[87] Was alle angesprochenen Autoren verbindet, ist die Vorstellung, über die Texte, die sie produzieren, im Sinn eines als *informatio*
verstehbaren, emphatischen Bildungsbegriffs und eines in seinem Zeichen
entworfenen Einschreibungsprozesses auf andere, und zwar auf bestimmte
Personen (und / oder Gruppen) Einfluss nehmen, sie ›formen‹ oder bilden
zu können; und bei allen besteht die erklärte Absicht, es auch wirklich zu
tun. Auf eine generalisierende inhaltliche Füllung des Bildungsbegriffs
kommt es dabei nicht an; und wo Bildungskanones hereinspielen mögen
(und welche), ist ein Problem für sich. Beides ist von Fall zu Fall zu
untersuchen; den hier gebrauchten Bildungsbegriff tangiert es nicht.

1.5 Spielarten des Gesprächs als Zielvorstellung

Damit ist die Perspektive für diesen letzten Abschnitt der Einleitung vor-
gegeben: Es geht hier nicht um ›das‹ Gespräch an sich (was auch immer man
darunter verstehen mag),[88] sondern um genau jene Qualitäten verschiedener
Spielarten mündlicher Kommunikation, die das in Texten eingeschlossene
mediale Potential freizusetzen vermögen, indem sie das zur Sprache bringen
(oder kommen lassen), was einen Prozess der *informatio* – auf welcher
Ebene auch immer – auslöst oder eben: bildet, verändert. Die von den
Schreibenden intendierten, den Texten als Rezeptionshorizont eingeschriebenen Formen der mündlichen Erschliessung reichen dabei von der Rezitation über die gemeinschaftliche Auslegung zur Vermittlung durch gelehrte
Interpreten oder zum philosophischen, fazeten und geselligen Gespräch.[89]

---

87 Vgl. dazu unten, Kapitel 3, S. 198–210, hier: 206.
88 Zur Wortgeschichte jetzt Caroline Emmelius, Politische Beratung, Zwiege-
    spräch, gesellige Unterhaltung. Zur Wortgeschichte von ›Gespräch‹ im 15.
    Jahrhundert, in: Im Wortfeld des Textes. Worthistorische Beiträge zu den
    Bezeichnungen von Rede und Schrift im Mittelalter, hg. v. Gerd Dicke u. a.,
    Berlin/New York 2007, S. 107–135.
89 Seit wann letzteres als ›Gespräch‹ bezeichnet worden ist, untersucht Emme-
    lius, Politische Beratung, in Hinblick auf ihre Dissertation: Gesellige Ord-

Alle setzen schulisch-gelehrte, religiöse oder höfische Bildung in verschiedenem Mass voraus. Die Texte sprechen sie an, fordern sie ein und tragen selbst zu ihrer Förderung bei. Die Formen des texterschliessenden Gesprächs, die in den hier behandelten Texten auftreten, sind gewiss nicht repräsentativ, aber bereits so vielfältig und so vielfach interferent, dass deutlich wird, dass mit der definitorischen und heuristischen Ausgrenzung bestimmter Formen nichts gewonnen wäre. Ich deute nur an.

Am nächsten bei der informatorischen Disputation, die Peter von Blois im ›Dialogus‹ des Abtes mit Heinrich II. entwirft, näher noch bei seinem nicht-dialogischen Hiob-Traktat stehen die ›Gesta Friderici‹ Ottos von Freising und die ›Otia imperialia‹ des Gervasius von Tilbury, die ihre kaiserlichen Adressaten – Barbarossa bzw. Otto IV. – ebenso unmittelbar adressieren. Freilich gehen beide, anders als Peter von Blois, von Rezipienten aus, die – dem Grad ihrer lateinischen Bildung entsprechend – auf *interpretes* angewiesen sind, die den Text erschliessen. Das sollte da geschehen, wo er selbst Fragen aufwirft, also Nachfragen und Antworten, im besten Fall Diskussionen initiiert. Hier ist von Konfigurationen auszugehen, in denen bekannte, namentlich genannte Personen zwischen dem vorgelesenen Text, dem abwesenden Autor und dem ersten Adressaten (und seiner Entourage) vermitteln. Das Potential aber, das die Erkenntnisprozesse in Gang zu setzen vermag, ist dem Text inhärent, also immer neu (und immer anders) aktivierbar.

Ähnlich wie Otto und Gervasius verfährt ein Jahrhundert früher Baudri de Bourgueil, der seinem Carmen für die Gräfin Adela von Blois ausdrücklich einschreibt, dass sein Überbringer es rezitieren werde und es kommentieren könne. Doch Baudri geht weiter, wenn er verspricht, selbst zum Gespräch (*colloquium*) bereit zu sein. Welche Möglichkeiten das eröffnet, zeigen andere Lieder, in denen das Spektrum der denkbaren Formen der mündlichen Erschliessung der Texte vom freundschaftlich-verstehenden wechselseitigen Deklamieren eigener Texte (des einen wie des andern) über das Erklären schwieriger Gedanken bis zum freien, thematisch verwandten Gespräch reicht; oder – nun in Abwesenheit des Autors – bis zur vergleichenden Lektüre seiner Lieder und ihrer Kritik nach Inhalt und Form (*collatio*).

---

nung. Literarische Konzeptionen von geselliger Kommunikation in Mittelalter und Früher Neuzeit (Frühe Neuzeit 139), Berlin/New York 2009. Dass ihr semasiologischer Ansatz anders bezeichnete Vorformen des ›geselligen Gesprächs‹ nicht zu erfassen vermöchte, ist ihr bewusst (133).

Die Einbettung von Liedern in unterschiedliche Formen des Gebrauchs verbindet Ulrichs ›Frauendienst‹ mit Baudri, aber die Formen unterscheiden sich. Ulrich kennt verschiedene Schattierungen des intimen Gesprächs zwischen (höfisch gebildeten) Liebenden, das Lieder anregen oder auf Lieder reagieren kann; er kennt Reaktionen, die musikalische und poetische Kennerschaft voraussetzen, er weiss aber auch vom erfolglosen Rätseln anderer über den Inhalt seiner Lieder – Lyrik ist Teil eines gesellschaftlichen Diskurses über die Liebe, ihre Produktion Teil einer Lebensform, die er philosophisch begründet und die den Liedern informatorische Bedeutung gibt. Wo man über Ulrichs Lieder spricht und kennerschaftliche Urteile fallen, liesse sich an gesellige Gespräche denken (beschrieben werden sie nicht); in solche Gespräche könnten auch die *mirabilia* des Gervasius eingehen, kaum erklärbare Wunder der Schöpfung, die Neugier befriedigen und Erholung (*recreatio*) gewähren, auch wenn sie im Kontext geographischer, genealogischer und politischer Unterweisung, wie sie die ›Otia‹ bieten, zunächst einen anderen Status haben.

Damit ist freilich nur ein Aspekt der vorliegenden Untersuchungen angesprochen: Deren Ziel ist gerade nicht der systematisierende Überblick über Formen des Gesprächs[90] oder die Inhalte der Bildung. Ihr Ziel ist

90 Rüdiger Schnells geradezu antipodisches Ausgehen von einem vorausgesetzten, also vorab definierten Konversationsbegriff, auf den hin dann das historische Material selegiert und an dem es gemessen wird, bleibt trotz allen Reichtums an Kenntnis und trotz aller Differenzierungsabsichten unbefriedigend: Konversationskultur in der Vormoderne. Geschlechter im geselligen Gespräch, hg. v. Rüdiger Schnell, Köln 2008, bes. die »Einleitung« (1–30, hier bes. 1–9) und sein Beitrag »Konversation im Mittelalter. Bausteine zu einer Geschichte der Konversationskultur« (121–218), dazu die skeptische Rezension von Caroline Emmelius in den Beiträgen 133 (2011), S. 182–188. Ich gestehe zugleich, ganz allgemein einer Wissenschaft, in der Definitionen nötig sind, um Texte »als ›Munition‹ für oder gegen« wissenschaftliche Thesen einsetzen zu können (20), wenig abgewinnen zu können. Fragestellungen, Befunde und Begrifflichkeiten sind auf vielfache Weise interdependent und sollten beweglich bleiben, sich den Gegenständen anpassen – der Preis der Unschärfe wiegt gering, wenn man den Vorteil offener Denkprozesse bedenkt. Auch Baudri (152) und Gervasius (179) werden von Schnell punktuell zur Argumentation ›benutzt‹, nicht mehr, Ulrich entgeht diesem Los, er bleibt unerwähnt. Gegen eine mittelalterliche Vorgeschichte der Konversationskultur an sich ist natürlich nichts einzuwenden; vgl. meinen Aufsatz: Literatur, Kunst und Gespräch. Hamilton, La Fontaine und Baudri de Bourgueil, in: DVjs 81 (2007), S. 163–192. Zur Begriffsgeschichte im selben Band (Konversationskultur) die grundlegende Arbeit von Seraina Plotke, Conversatio / Konversation: Eine Wort- und Begriffsgeschichte, S. 31–120.

vielmehr das beschreibende Eindringen in die einzelnen Texte und Textensembles wie in das Gefüge der Bedingungen, unter denen sie ihre Wirkung tun sollten. Was mich fasziniert, sind die Bewusstheit und das Geschick, mit der die – sehr unterschiedlichen – Autoren unter den je spezifischen Bedingungen, für die sie ihre – sehr unterschiedlichen – Texte schaffen, die Bedingungen ihrer Rezeption selbst zu bestimmen und ihre Wirkung vorzubereiten, Verstehensprozesse auszulösen und zu begleiten verstehen. Diese Perspektive erlaubt es, diese (und andere) Texte anders zu lesen und ihren Status im Kontext von durch Formen des mündlichen Austauschs bestimmten Rezeptionsgemeinschaften besser gerecht zu werden. Die Literatur wird zwar entthront,[91] aber gerade erst so werden ihre spezifischen Qualitäten in Prozessen des Erkennens und der gemeinschaftlichen Bewusstseinsbildung sichtbar.

Wie man auf ganz anderen Wegen zu ähnlichen, komplementären Ergebnissen gelangen kann, zeigt jetzt der beeindruckende Aufsatz des kanadischen Anglisten Geoff Rector,[92] der von der Frage ausgeht, wie bis zur Mitte des 12. Jahrhunderts eine voll entwickelte anglonormannische literarische Kultur entstehen konnte. Er sieht die Voraussetzungen in Formen eines freundschaftlich-literarischen Umgangs antiken, dann monastischen Ursprungs, in den im ausgehenden 12. Jahrhundert der Laienadel und namentlich Damen einbezogen werden. Er habe in der *camera* seinen Platz, dem auch durch die Architektur favorisierten Ort elitär-repräsentativen Umgangs an den Höfen des Adels, und sei zunächst an lateinische Texte gebunden. Was sich bei Mathilde von Schottland, der Frau Heinrichs I. von England, noch im Bereich des Lateinischen fassen lässt und bei Adela von Blois, der Tochter Wilhelms des Eroberers, mit Baudris de Bourgueil Carmen 134 zum »most poetically complex example of aristocratic chamber literature in the period« führt (101f.), lässt sich dann in der Volkssprache besonders eindrucksvoll am Beispiel von Geffrei Gaimars ›Estoire des

---

91 Das gilt freilich ganz generell für kulturwissenschaftlich orientierte Bemühungen um Höfe und ihre Literatur; vgl. Ursula Peters, Die ›Gesellschaft‹ der höfischen Dichtung im Spiegel der Forschungsgeschichte, in: ZfdPh 128 (2009), S. 3–28, hier: 5 u. ö.

92 Geoff Rector, *En sa chambre sovent le lit*: Literary Leisure and the Chamber Sociabilities of Early Anglo-French Literature (c. 1100–1150), in: Medium Ævum 81 (2012), S. 88–125. Die Druckfahne dieses Artikels hat mir Nigel F. Palmer (Oxford) während der Schlusskorrektur meines Manuskripts im Juli 2012 zugänglich gemacht, wofür ich ihm sehr dankbar bin. Ich konnte allerdings nur noch gelegentlich darauf verweisen.

Engleis‹ für Constance fitz Gilbert beschreiben: »Gaimar holds up the pursuits of a sociable leisure – the manners and largesse of a cultured aristocracy, the refined desires and conversation of *fin'amor* – as the proper subject of poetry.« (113) Und: »The chamber is, in effect, a model of the literary community, in the way that the salon was in the eighteenth century.« (116) Die »chamber sociabilities« aber spiegelten nur die sie tragenden regionalen Netzwerke des Adels von dynastisch-politischer Bedeutung. Über den vergleichbaren Momenten (chamber sociability – Salonkultur) sollten allerdings andere Ausprägungen der (auch) literarisch interessierten Geselligkeit nicht übersehen werden. So sind Konzeption und Rezeption von Heinrich Wittenwilers ›Ring‹ (um 1410) wohl in Kreisen anzusetzen, in denen der Übergang von adliger Amtsführung zu neuem Berufsbeamtentum zu reden gibt und verfehlte Formen der Unterhaltung ebenso thematisiert werden wie die Aneignung und rechte Anwendung eines Wissens, das erst regimentsfähig macht.[93]

Die Fragestellungen, von denen die hier vorliegenden eigenen Untersuchungen ausgingen und die sich an und mit ihnen weiter entwickelten, waren immer interdisziplinär. Am Anfang stand der Versuch, ein sehr schlichtes literarisches Produkt – das in Diessenhofen aufgefundene Liederblatt mit Texten und Melodien – in einem Netzwerk von Bezügen zu situieren, ein Versuch, der nicht eine schlüssige Erklärung für das Dasein des Blattes geben, aber eben doch die historischen Bedingungen der Möglichkeit seiner Herstellung bzw. seines Gebrauchs umschreiben sollte. Gerade weil hier die Bindung an den Fundort ganz ephemerer Natur gewesen sein konnte, schien es lohnend, ein Projekt zu beginnen, das von Material ausgehen sollte, dessen Bindung an den Ort seiner Entstehung gesichert ist: von *in situ* erhaltener (oder für einen Ort sicher bezeugter) Wandmalerei, wie sie schon in Diessenhofen Teil der Rekonstruktion des kulturellen Gefüges war.[94] Wo Literatur und Wandmalerei oder von Texten beeinflusste Wandmalerei auf dieselben Auftraggeber oder Trägergruppen zurückzufüh-

---

93 Vgl. demnächst Armin Brülhart, *Vexatio dat intellectum*. Studien zur Konstruktion und Funktion paradoxer Textstrukturen in Heinrich Wittenwilers ›Ring‹, Dissertation 2009, erscheint in der Reihe »Scrinium Friburgense« (Berlin/Boston: de Gruyter). Dazu von historischer Seite Gerrit Deutschländer, Dienen lernen, um zu herrschen. Höfische Erziehung im ausgehenden Mittelalter (1450–1550) (Hallische Beiträge zur Geschichte des Mittelalters und der Frühen Neuzeit 6), Berlin 2012.
94 Lutz, Das Diessenhofener Liederblatt. Ein Zeugnis späthöfischer Kultur (1994).

ren wären, sollte sich besser verstehen lassen, was diese Kreise an beiden Formen der Repräsentation höfischer Bildung interessiert haben mochte, wie Texte und Bilder sich funktional ergänzten und doch in vielem unterschieden.[95] Verbindend schienen vor allem die Konventionalität der visuellen wie der verbalen Aussagen und als Medium der Verständigung über sie das Gespräch.[96] Nachdem früh schon René Wetzel den Fall Runkelstein in diesen Zusammenhängen untersucht hat,[97] bezog Johanna Thali neben dem anders gelagerten Fall der Ausmalungen auf Lichtenberg die Rolle der Wandmalerei im gegenreformatorischen Luzern ein und konnte so neben dem höfischen Interesse an der Literatur als Statussymbol politische und religiöse Implikationen herausarbeiten.[98] Die Vielfalt möglicher Beziehungen zwischen verbalen und visuellen Ausdrucksformen und deren Konventionalität warfen aber auch Fragen der Textualität auf, der Bedeutungskonstituierung durch Kontexte, Kompositionen und Konfrontationen von Text und Text und Text und Bild, wie sie in der handschriftlichen Überlieferung begegnen[99] – Fragen nach Lesevorgängen[100] und Schreibprozessen,[101] die

---

95 Literatur und Wandmalerei I: Erscheinungsformen höfischer Kultur und ihre Träger im Mittelalter (2001). Zu einem der schönsten Beispiele (2. Drittel des 13. Jh.s) demnächst die Dissertation von Joanna Mühlemann, Artus in Gold. Der Erec-Zyklus auf dem Krakauer Kronenkreuz (Petersberg: Imhof 2013).

96 Literatur und Wandmalerei II: Konventionalität und Konversation (2005).

97 René Wetzel, Die Wandmalereien von Schloss Runkelstein und das Bozener Geschlecht der Vintler. Literatur und Kunst im Lebenskontext einer Tiroler Aufsteigerfamilie des 14./15. Jahrhunderts, Habilitationsschrift, Freiburg/ Schweiz 1999.

98 Johanna Thali, Schauliteratur. Historische Formen und Funktionen literarischer Kommunikation in Text und Bild, Habilitationsschrift, Freiburg/ Schweiz 2006, erscheint demnächst als Band 20 der Reihe »Medienwandel – Medienwechsel – Medienwissen« (Zürich: Chronos).

99 Text und Text in lateinischer und volkssprachiger Überlieferung des Mittelalters (2006). Von hier aus erschliesst jetzt Nicole Eichenberger erstmals systematisch das Feld der kurzen geistlichen Verserzählungen: Geistliches Erzählen. Erscheinungsformen und Überlieferungsgeschichte mittelhochdeutscher religiöser Kleinepik, Dissertation, Freiburg/Schweiz 2012.

100 Lesevorgänge. Prozesse des Erkennens in mittelalterlichen Texten, Bildern und Handschriften (2010), eine Tagung im Rahmen des NFS »Medienwandel – Medienwechsel – Medienwissen«.

101 Finden – Gestalten – Vermitteln. Schreibprozesse und ihre Brechungen in der mittelalterlichen Überlieferung (2012). Dafür, dass dieses wie schon das in Anm. 95 genannte Thema aufgrund der Zustimmung von Vorstand und Mitgliederversammlung der Wolfram von Eschenbach-Gesellschaft als Tagung ausgeschrieben werden konnten, bin ich sehr dankbar.

sich in den Manuskripten spiegeln und sich unter günstigen Bedingungen als Teil medialer Bemühungen erkennen lassen, die auf die Veränderung der Rezipienten hinarbeiten.[102] Hier schliessen die folgenden Kapitel an, die den Anteil von unterschiedlichen Formen des Gesprächs an der Medialisierung von Texten herausarbeiten, während das Buch von Stefan Matter zu Minnereden und Minnebildern diese beiden Darstellungsbereiche aufgrund von zunächst dezidiert getrennten – literatur- bzw. kunstwissenschaftlichen – Untersuchungen in den Zusammenhang von Spielformen literarischer Bildung stellen kann.[103]

Eine wesentliche Voraussetzung der hier angedeuteten allmählichen Entwicklung der ursprünglichen Fragestellung war die Offenheit der von Anfang an leitenden, die Untersuchungen begleitenden und immer wieder reformulierten Vorstellung, dass Texte und Bilder für eine zwar unter dem Einfluss gelehrter, schriftgebundener Bildung stehende, aber vor allem mündlich und unter den Bedingungen eines formalisierten geselligen Umgangs sich bildende höfische Gesellschaft ihre eigentliche Relevanz erst im Reden über sie entfalten, erst im – wie auch immer von Fall zu Fall sich ergebenden – Gespräch medial werden. So gesehen, sind Texte und Bilder grundsätzlich ›flüchtige‹ Erscheinungen, die Umgang, Bildung und Gespräch voraussetzen, aus ihnen emergieren und sich mit ihnen verändern (können), wie die vielfältigen Formen der Variation und der Varianz es deutlich machen.

---

102 Lutz, Arbeiten an der Identität. Zur Medialität der *cura monialium* im Kompendium des Rektors eines reformierten Chorfrauenstifts (2010).

103 Stefan Matter, Reden von der Minne. Untersuchungen zu Spielformen literarischer Bildung zwischen verbaler und visueller Vergegenwärtigung anhand von Minnereden und Minnebildern des deutschsprachigen Spätmittelalters, Habilitationsschrift, Freiburg/Schweiz 2011, erscheint demnächst in der Reihe »Bibliothcca Germanica« (Tübingcn: Franckc).

ut colloquium fiat

Bildung und Freundschaft, erotische Dichtung und gelehrtes Gespräch: Baudri de Bourgueil

Nach 1366 Versen beendet Baudri de Bourgueil vermutlich 1096 sein panegyrisches Briefgedicht an Gräfin Adela von Blois (Carmen 134) mit der Bitte um eine Belohnung, die ihrer würdig sei und deshalb zu Ruhm und Glanz der Fürstin beitragen werde – *erit lausque decusque tuum.* Aber er setzt noch ein letztes Distichon hinzu, das als *clausula* die Übergabe des Gedichts festschreibt, ob sie nun so stattfand oder nicht: *Misi qui nostrum reddat recitetque libellum / Ipseque, si tandem iusseris, adueniam.* (1367 f.) Er habe jemanden gesandt, der das Büchlein übergeben, es vielleicht auch einführen (*reddere*), jedenfalls aber die Verse rezitieren (*recitare*) solle; er, Baudri, werde sich selbst einfinden, sobald Adela es verlange. Wozu? An dieser Stelle (und in den Carmina Baudris an sich) ist das Angebot unmissverständlich: Es gilt einem jener *colloquia*, in denen sein Konzept freundschaftlichen Umgangs unter Gebildeten seinen Fluchtpunkt hat. Die Präsenz dieser von Briefgedichten stimulierten Gesprächskultur im Œuvre Baudris ist aber, trotz der Bedeutung, die seinen Carmina inzwischen für das Verständnis der Entstehung der höfischen Kultur eingeräumt wird, weitgehend unbeachtet geblieben.

2.1 Die Überlieferung Baudris und das Interesse an seinem Œuvre

Das literarische Profil Baudris (1045/46–5.1.1130), des gelehrten Abtes von Saint-Pierre-de-Bourgueil an der Loire (ab 1080/82), dann Erzbischofs von Dol-de-Bretagne (ab 1107), beruht vor allem auf seinem dichterischen Werk, seinen gut 250 Carmina;[1] Baudri selbst scheint das erwartet und so

---

1 Baudri de Bourgueil, Poèmes, t. 1–2, texte établi, trad. et comm. par Jean-Yves

gewollt zu haben. Denn er hat 153 dieser Gedichte in eine geordnete und gut betreute Autorsammlung aufgenommen und veröffentlicht:[2] *Vade manus multas subiturus et atria multa* [...] (c. 1, 1) – eine Sammlung, die er als nach Umfang und Wortlaut vorläufige, als erst mit seinem Tod und durch seinen Tod ›vollendete‹ verstand.[3] Die Überlieferung der Carmina beschränkt sich freilich auf den Codex unicus, der mit der Bibliothek Christinas von Schweden in den Vatikan gelangte (Cod. Reg. lat. 1351).[4] In ihn sind neben der Autorsammlung die übrigen 103 heute bekannten Carmina in drei weiteren Faszikeln eingegangen, die nicht mehr unter der Aufsicht Baudris entstanden, aber alle noch der ersten Hälfte des 12. Jahrhunderts angehören.[5]

Tilliette (Auteurs Latins du Moyen Âge), Paris 1998–2002 (künftig Tilliette I bzw. II), ersetzt die (im Text zuverlässige) Ausgabe: Baldricus Burgulianus, Carmina, hg. v. Karlheinz Hilbert (Editiones Heidelbergenses 19), Heidelberg 1979. Baudris – der Überlieferung nach weit erfolgreicheres – Prosawerk umfasst vor allem historiographische und hagiographische Schriften, aber auch eine noch und besonders im späten Mittelalter erfolgreiche Ars moriendi; seine Predigten und eine (vielleicht unvollendete) Genesis-Dichtung, die er selbst erwähnt (c. 1, 59; 200, 165 f.) sind verloren. Vgl. Tilliette I, S. X–XV. Zu Baudris Lebensdaten ebd., S. V–X. Autobiographische Aussagen in seinem Brief an die Mönche der Abtei Fécamp: Itinerarium sive Epistola ad Fiscannenses, in: Baldricus Dolensis, Opera omnia (PL 166), Paris 1894, Sp. 1173–1182. – Auszüge aus diesem Kapitel sind in meinen Beitrag: Literatur, Kunst und Gespräch. Hamilton, La Fontaine und Baudri de Bourgueil, in: DVjs 81 (2007), S. 163–192, übernommen.

2 Genauer: die heute als Carmina 1–153 bezeichneten Gedichte und eine unbekannte Anzahl weiterer, die auf (wenigstens) einer verlorenen Lage standen. Vgl. Tilliette I, S. XXXIX und LV f. Zur Ordnung der Sammlung ebd., S. XLII–XLV.

3 Er betont das mit denselben Worten im ersten wie im letzten der aufgenommenen Carmina und gibt so zugleich der Sammlung Konturen: *Donec ego uiuo, clauderis limite nullo; / »Explicit« apponet mors mea, nil aliud.* (c. 1, 19 f.) Und: [...] *librum* [...] *meum, / Cui mea dumtaxat mors »explicit« appositura est* (c. 153, 14 f.). Unbekannt ist, wie die *libelli* (Teilsammlungen?) aussahen, die er gelegentlich Partnern zur kritischen Durchsicht zugesandt haben will; vgl. unten, S. 84 f. mit Anm. 103.

4 Zwei Pariser Handschriften des 14. bzw. des 13./14. Jahrhunderts geben die Beschreibung des Orbis terrarum aus c. 134, 748–946 (BNF lat. 4126) bzw. die beiden Hymnen Baudris an Samson, den ersten Bischof von Dol (c. 215 und 216; BNF lat. 5350), den Baudri als sein Nachfolger im Amt (1107–20) auch durch die Abfassung seiner Vita ehrte; vgl. Tilliette I, S. XLV f.

5 Ausführliche Beschreibung bei Karlheinz Hilbert, Studien zu den Carmina des Baudri von Bourgueil, Heidelberg, Diss. phil. 1967, S. 7–25; vgl. seine Ausgabe,

Das Interesse an Baudris Carmina blieb lange begrenzt. Es konzentrierte sich zunächst auf einzelne Texte, die man als Quellen verstand – der allgemeinen Geschichte, der Geschichte der Kunst und Architektur, der Hymnik, der Astronomie u.s.w. – und deshalb zugänglich machte.[6] Und dieses (begründete) kulturgeschichtliche Interesse an Baudris Carmina hält an, seine Entdeckung für die Geschichte der »écriture« ist nur ein Beispiel.[7]

Früh, noch vor Erscheinen der ersten vollständigen Edition seiner Lieder,[8] hat aber auch Hennig Brinkmann unter literaturgeschichtlicher Perspektive Baudri in seine Untersuchungen zur Entstehungsgeschichte des Minnesangs einbezogen,[9] denen seine Studie zur lateinischen Liebesdichtung vorausging.[10] Sein »Dichterkreis von Angers« – Baudri, Marbod von Rennes und Hildebert von Lavardin –,[11] die »école de la Loire« Reto R. Bezzolas,[12] hat sich zwar als Konstruktion erwiesen (und für das »Minnesangphänomen« erwartet niemand mehr einfache Erklärungen),[13] aber die Frage nach der literaturgeschichtlichen Bedeutung Baudris war gestellt und wurde von Brinkmanns Freund Otto Schumann entschieden aufgegriffen.[14] In seinen weitgefassten Untersuchungen zu den Ursprüngen der hö-

S. 306–317, und jetzt Tilliette I, S. XXXVIII–XLVII. – Zur Autornähe des Vaticanus vgl. Jean-Yves Tilliette, Note sur le manuscrit des poèmes de Baudri de Bourgueil, in: Scriptorium 37 (1983), S. 241–245.

6   Vgl. den editionsgeschichtlichen Abriss bei Tilliette I, S. XLVII–LIII.

7   Roger Chartier, Inscrire et effacer. Culture écrite et littérature (XIe–XVIIIe siècle), Paris 2005, S. 17–31; ›Entdeckung‹: 18.

8   Baudri de Bourgueil, Les œuvres poétiques, éd. crit. publ. d'après le ms. du Vatican par Phyllis Abrahams, Paris 1926.

9   Hennig Brinkmann, Entstehungsgeschichte des Minnesangs (DVjs, Buchreihe 8), Halle/Saale 1926.

10 Hennig Brinkmann, Geschichte der lateinischen Liebesdichtung im Mittelalter, Halle/Saale 1925.

11 Ebd., S. 12, 36; bes. Entstehungsgeschichte, S. 13–36, hier: 26.

12 Reto R. Bezzola, Les origines et la formation de la littérature courtoise en Occident (500–1200), t. 2, La société féodale et la transformation de la littérature de cour (Sciences historiques et philologiques 313), Paris 1960, S. 366–391.

13 Charakteristisch ist Brinkmanns diffuse Bezeichnung »Schule von Angers«, die sich mal auf seinen ›Dichterkreis‹, mal auf die Kathedralschule (19), mal auf die Klosterschule von Notre-Dame-du-Ronceray als ›gelehrte‹ (28), mal auf sie als eine Schule bezieht, »in der junge Mädchen das Dichten lernen« (28). Vgl. die grundsätzlichen Einwände bei Tilliette I, S. XXXIII ff., und Vie culturelle, S. 74 f. und 84 ff.

14 Otto Schumann, Baudri von Bourgueil als Dichter, in: Studien zur lateinischen Literatur des Mittelalters. Ehrengabe für Karl Strecker, Dresden 1931, S. 158–170; vgl. Brinkmann, Entstehungsgeschichte, S. 18, Anm. 1.

fischen Kultur und ihren Wertvorstellungen hat dann C. Stephen Jaeger
einzelne Lieder Baudris – als frühe lateinische Beispiele für die den Mann
vervollkommnende Liebe zur Frau – dort angesetzt, wo das traditionelle
Konzept eines an freundschaftliche Beziehungen unter Männern gebunde-
nen *cultus virtutum* in der entstehenden volkssprachigen Liebeslyrik in
neuer Form aufgegriffen wird.[15] Und ähnlich hat Gerald A. Bond im Zusammenhang seiner Studien zur Entstehung eines personalen Selbst-Be-
wusstseins in der Kultur der höfischen Eliten die Lyrik Baudris als frühes
Zeugnis für die Herausbildung einer »Ovidian subculture« im 12. Jahrhundert untersucht und ihren Spielcharakter betont, die Pflege eines Austau-
sches von »letter-poems«, in dessen gedanklichem Zentrum *amicitia* und
amor stehen und bei dem Lieben und Dichten nicht zu trennen sind.[16] Und
gerade eben hat Geoff Rector in dem oben zitierten Carmen Baudris an
Adela den Inbegriff (oder das ›beste Beispiel‹) der »aristocratic chamber
literature« seiner Zeit gesehen.[17] Folgt man Jean-Yves Tilliette, der Baudris
lyrisches Werk kennt wie kein zweiter, zeichnet sich schliesslich das komplexe Profil eines Autors ab, der auf der Grundlage ungewöhnlich breiter und intensiver Belesenheit an einem monastischen Bildungsideal (dem
»vieux ›monachisme de culture‹ carolingien«) festhält, das unter dem Einfluss der Verwissenschaftlichung der Studien an den Kathedralschulen rasch
an Bedeutung verliert; das Profil eines monastischen Autors zugleich,
der sich als Vorläufer der Ovid-Rezeption auf eine literarisch überhöhte

---

15 C. Stephen Jaeger, The Envy of Angels. Cathedral Schools and Social Ideals in
    Medieval Europe, 950–1200 (The Middle Ages series), Philadelphia 1994,
    S. 318f.; id., Ennobling Love. In Search of a Lost Sensibility (The Middle Ages
    series), Philadelphia 1999, S. 100f.

16 Gerald A. Bond, *iocus amoris*. The Poetry of Baudri of Bourgueil and the
    Formation of the Ovidian Subculture, in: Traditio 42 (1986), S. 143–193; Neu-
    fassung in id., The Loving Subject. Desire, Eloquence, and Power in Roma-
    nesque France, Philadelphia 1995, S. 42–69. Auch er betont die Verbindungen
    zur entstehenden volkssprachigen Literatur, S. 193 bzw. 67. Vgl. weiter Bern-
    hard Pabst, Die Rolle von Frauen in literarischen Freundeskreisen des Mit-
    telalters, in: *Mentis amore ligati*. Lateinische Freundschaftsdichtung und Dich-
    terfreundschaft in Mittelalter und Neuzeit. Festgabe für Reinhard Düchting
    zum 65. Geburtstag, hg. v. Boris Körkel u. a., Heidelberg 2001, S. 347–362, mit
    Forderung nach Erforschung dieser Kultur, und Jean-Yves Tilliette, La vie
    culturelle dans l'ouest de la France au temps de Baudri de Bourgueil, in:
    Robert d'Arbrissel et la vie religieuse dans l'ouest de la France. Actes du
    colloque de Fontevraud 13–16 décembre 2001, éd. par Jacques Dalarun, Turn-
    hout 2004, S. 71–86.

17 Rector, *En sa chambre*, S. 101f.; dazu oben, Kapitel 1, S. 54f.

Freundschaftskultur konzentriert, damit aber in Gegensatz zu den asketischen Idealen des Reformmönchtums gerät.[18] Pointiert: Ein Mann, der Freunde gehabt, aber keine Schule gemacht habe.[19]

Im übrigen hat sich das Interesse an Baudri früh auf das oben zitierte Briefgedicht an Gräfin Adela von Blois konzentriert (c. 134: ›Adelae comitissae‹, 1096?).[20] Das hat verschiedene Gründe. Das Gedicht ist nicht nur das bei weitem umfangreichste[21] – es zählt 1368 Verse in elegischen Distichen –, und es wendet sich nicht nur an die ranghöchste unter allen von Baudri adressierten Persönlichkeiten: eine regierende Fürstin von königlichem Rang, Tochter Wilhelms des Eroberers, des ersten anglonormannischen Königs von England. Dieses Gedicht entwirft vielmehr auch, indem es die reiche Bildausstattung von Adelas Saal so zu beschreiben vorgibt, wie es der Fürstin angemessen sei, den von Autor und Adressatin geteilten enzyklopädischen Bildungshorizont. Solange man das Gedicht im wesentlichen als Schilderung eines (verlorenen) fürstlichen Repräsentationsraumes las, standen gerade auch hier die ›archäologischen Befunde‹ im Vordergrund:[22] Deckenmalerei, Fussbodenmosaik und Elfenbeinskulpturen, besonders aber die Tapisserien, und unter ihnen vor allem jener Alkovenbehang, dessen früh bemerkte inhaltliche Nähe zum Wandteppich von Bayeux ein unmittelbar abbildendes Verhältnis zwischen Bildwerk und Text nahezulegen schien.[23]

---

18 Vgl. Tilliette I, S. XXXVI ff., und Vie culturelle, S. 81 f., zuvor schon: Savants et poètes du moyen âge face à Ovide: Les débuts de l'*aetas Ovidiana* (v. 1050-v. 1200), in: *Ovidius redivivus*. Von Ovid zu Dante, hg. v. Michelangelo Picone u. Bernhard Zimmermann, Stuttgart 1994, S. 63–104, vor allem zu den ›Pseudo-Heroiden‹ Baudris.

19 Tilliette I, S. XXXVII f.: »Baudri, quant à lui, n'eut pas de disciples. Seulement des amis.« Und das unterscheidet ihn von Marbod oder Hildebert.

20 Zur Datierung Tilliette II, S. 165, n. 18 (vor 1102) und Bond, Loving Subject, S. 260, Anm. 56 (1096, überzeugend). Kimberly A. LoPrete, Adela of Blois. Countess and Lord (c. 1067–1137), Dublin 2007, S. 482 f., tritt zumindest für die Möglichkeit einer Entstehung zwischen 1102 und 1107 ein – an ihr hängt wesentlich die Überzeugungskraft ihrer funktionsbezogenen Interpretation von c. 134; dazu unten, S. 135–138.

21 Die fragmentarisch überlieferte Fulgentius-›Paraphrase‹ (c. 154, erhalten sind 1242 Verse) bleibt hierbei ausser Betracht.

22 Hierher gehört schon der Abdruck des Gedichts bei Julius von Schlosser, Quellenbuch zur Kunstgeschichte des abendländischen Mittelalters (Quellenschriften für Kunstgeschichte und Kunsttechnik des Mittelalters und der Neuzeit N. F. 7), Wien 1896, S. 218–231.

23 Zuletzt Shirley Ann Brown and Michael W. Herren, The ›Adelae Comitissae‹

Dass Baudri selbst seine Beschreibung von Adelas Gemach unmissverständlich für fiktiv erklärt hat,[24] schliesst eine Anregung durch die Ausstattung eines historischen Raumes (oder durch verschiedene historische
Bildträger) natürlich nicht grundsätzlich aus.[25] Daher sind verschiedene, den
Wirklichkeitsbezug voraussetzende, aber zugleich relativierende Zugriffe
möglich. So liest der Architekturhistoriker Cord Meckseper diesen Entwurf als »ein hochkomplexes Gesamtprogramm«, das, »auch wenn seine
Realexistenz bezweifelbar ist, doch eine einzigartige Vorstellung von den
räumlich konzeptionellen Denkmustern mittelalterlicher Profanwandbilder
gibt.«[26] Und der Historiker Peter Johanek versteht das Gedicht als Entwurf,
der »ein umfassendes historisch-geographisches Weltbild« vermittelt, in
dessen Zentrum mit dem die Eroberung Englands zeigenden Alkovenbehang »eine weltliche Memoria der Dynastie und ihres Ruhmes gestellt ist.«
Dabei gebe Baudri freilich »keine exakte, der materiellen Realität dieser
Bilder entsprechende Beschreibung«, sondern seine »Lesung des Memori-
albildes, das Ergebnis [seines] Dialogs mit dem Bild, gewonnen mit dem
literarischen Instrumentarium der Ekphrasis« und natürlich so formuliert,
dass es den Intentionen der Adressatin entsprach.[27]

---

of Baudri of Bourgueil and the Bayeux Tapestry, in: Anglo-Norman Studies 16
(1993), S. 55–73; vgl. Tilliette II, S. 170f., n. 86.

24 V. 567–572 und 1351–1354.

25 Xavier Barral i Altet, Poésie et iconographie. Un pavement du 12ᵉ siècle décrit
par Baudri de Bourgueil, in: Dumbarton Oaks Papers 41 (1987), S. 41–54, und
id., Le plafond cosmologique de la chambre de la comtesse Adèle de Blois
d'après Baudri de Bourgueil, in: Bulletin de la Société nationale des antiquaires
de France 1988, S. 85–92.

26 Cord Meckseper, Wandmalerei im funktionalen Zusammenhang ihres architektonisch-räumlichen Orts, in: Literatur und Wandmalerei I. Erscheinungsformen höfischer Kultur und ihre Träger im Mittelalter. Freiburger Colloquium 1998, hg. von Eckart Conrad Lutz u. a., Tübingen 2002, S. 255–281, hier:
261; unter anderer Akzentuierung: Nutzungsstrukturen baulicher Raumsysteme an hochmittelalterlichen Herrschaftssitzen, in: Zentren herrschaftlicher
Repräsentation im Hochmittelalter. Geschichte, Architektur und Zeremoniell,
hg. v. Caspar Ehlers u. a. (Deutsche Königspfalzen 7), Göttingen 2007, S. 197–
219, hier: 208.

27 Peter Johanek, Geschichtsüberlieferung und ihre Medien in der Gesellschaft
des späten Mittelalters, in: Pragmatische Dimensionen mittelalterlicher Schriftkultur. Akten des Internationalen Kolloquiums 1999, hg. v. Christel Meier
u. a. (Münstersche Mittelalter-Schriften 79), München 2002, S. 339–357, hier:
348 und 350.

Dennoch hat Arwed Arnulf in seiner (kunsthistorischen) Behandlung der antiken und mittelalterlichen Kunstbeschreibungen noch einmal versucht, Adelas Raum und seine Ausstattung als reale Gegenstände der Architekturgeschichte zurückzugewinnen.[28] Paradoxerweise macht aber gerade seine ausführliche, gründliche und durchaus auch philologisch ambitionierte Besprechung des Textes deutlich, in wie engen Grenzen sich bewegt, wer aus Baudris Beschreibungen Rückschlüsse auf einen tatsächlich von ihm gesehenen Raum ziehen will.

Immer wieder konstatiert Arnulf – gelegentlich ausdrücklich ›enttäuscht‹ (321, 334) –, dass in Baudris Beschreibungen die Aufteilung der Szenen unklar sei (318), dass er kein »einheitliches Beschreibungsschema« verwende (319), dass keine Rückschlüsse auf die Zahl der Szenen möglich (319) und Bildtraditionen nicht zu bestimmen seien (321), ja dass es »unmöglich« sei, den ›tatsächlichen Bildbestand […] zu rekonstruieren« (323) usf. Offenbar sei es Baudri, wie Arnulf zurecht betont, mehr auf die »lebendige Gestaltung des Textes« als auf die »exakte Beschreibung des Dargestellten« angekommen (319), sei er mehr an der »Herstellung eines stilistisch anspruchsvollen Gedichtes« als an einer »rekonstruierbar genauen Beschreibung« des Vorhandenen interessiert gewesen (327). Kurz: »Die bildliche Darstellung liefert den Stoff, den der Dichter mit seinen literarischen Mitteln gestaltet.« (350) Es hätte unter diesen Umständen an sich der Schluss nahegelegen, dass es Baudris Beschreibungen allein nicht zulassen, darüber zu urteilen, ob es Adelas Saal gab und wie er gegebenenfalls ausgesehen haben mochte. Die dennoch folgende (stellenweise polemische) Erörterung des Anteils des Fiktionalen an Baudris Beschreibung entbehrt denn auch nicht nur stichhaltiger Einwände, sie verzerrt gelegentlich auch die Argumente, die für einen hohen Fiktionalitätsanspruch Baudris sprechen:[29] Man mag zu Arnulfs Spekulationen über die Grösse des (›realen‹) Raumes und der (›realen‹) Teppiche stehen wie man will – nicht nur die Wiedergabe der von Baudri (über tatsächlich Dargestelltes hinaus) beschriebenen Szenen und Figuren auf irgendwelchen Wandbehängen ist schwer vorstellbar; vielmehr ist der fiktionale Charakter der Objekte überhaupt da evident, wo Baudri etwa behauptet, auf dem den *orbis terrarum* zeigenden Mosaikboden sei die Loire mit einem *titulus* von zehn Versen Länge versehen gewesen, den er zitiert. Wo aber Arnulf diese Stelle bespricht (340f.), unterschlägt er die Distichen und deutet den sie ankündigenden Vers 882 – *hunc Ligeri titulum desuper apposuit* – so,

---

28 Arwed Arnulf, Architektur- und Kunstbeschreibungen von der Antike bis zum 16. Jahrhundert, München/Berlin 2004, S. 312–351.

29 Arnulf wendet sich fast ausschliesslich gegen Jean-Yves Tilliette, La chambre de la comtesse Adèle: Savoir scientifique et technique littéraire dans le c. CXCVI [134] de Baudri de Bourgueil, in: Romania 102 (1981), S. 145–171, und – flüchtiger – gegen Christine Ratkowitsch, Descriptio picturae. Die literarische Funktion der Beschreibung von Kunstwerken in der lateinischen Grossdichtung des 12. Jahrhunderts (Wiener Studien 15; Arbeiten zur mittel- und neulateinischen Philologie 1), Wien 1991, bes. S. 344–351.

als bezöge sich *titulus* allein auf den »Namen« Loire, nicht auf die nachfolgenden Verse (*hunc titulum*).[30] Unverständlich ist, dass der für Tilliettes Ansicht, Baudri »habe den fiktiven Charakter seiner Beschreibung selbst formuliert,« entscheidende Vers so zitiert und übersetzt wird, dass er eher Arnulfs eigene Auffassung stützt als diejenige Tilliettes.[31]

Es kommt also darauf an, den (vom Autor beanspruchten) Anteil des Fiktiven an der Beschreibung eines Raumes zu bestimmen, dessen Bildausstattung Schöpfung, Welt- und Heilsgeschichte, Kosmologie und Geographie so ausbreitet, dass sie sich mit Hilfe der Sieben freien Künste (deren Statuen das Prunkbett der Fürstin in diesem Raum umstehen) schauend verstehen lassen; es fasziniert der fiktionale Impetus eines Programms, das Adela, die Adressatin selbst, über die Schilderung der Eroberung Englands durch ihren Vater Wilhelm auf dem Alkovenbehang und durch die Darstellung der Wissenschaften um sie herum als historisches Individuum und als urteilendes Subjekt definiert.

Jean-Yves Tilliette hatte Baudris Gedicht in einer ersten gründlichen Untersuchung als »compilation de compilations«, als »*summa*« gelesen, die allerdings so fragmentarisch und unsystematisch unterrichte, ja gelegentlich so hermetisch bleibe, dass ein »texte ésotérique« entstehe, »dans et par lequel l'élite cultivée se reconnaît comme telle« – ein Text, der die Weite des Wissens der Gräfin ermessen lasse[32], der aber vor allem Sprachkunstwerk sei, »travail de l'auteur sur son langage et sur celui de ses modèles« (170). Dagegen hat Christine Ratkowitsch gerade die symbolische Konzeption des

---

30 Gerade er müsste das besser wissen: Arwed Arnulf, *Versus ad picturas*. Studien zur Titulusdichtung als Quellengattung der Kunstgeschichte von der Antike bis zum Hochmittelalter (Kunstwissenschaftliche Studien 72), München/Berlin 1997. – Zur Stelle vgl. unten, S. 119 f.

31 Arnulf, Architekturbeschreibung, S. 347. V. 1354 lautet in der Ausgabe von Hilbert: *At plus, q u o d decuit, quam quod erat, cecini.* Also etwa (in meiner Übersetzung): »Aber eher das, was (zu Adela) passte, als das, was (da dargestellt) war, habe ich mitgeteilt.« Oder in der neuen Übertragung Tilliettes (die bei Arnulf nicht mehr eingearbeitet ist, vgl. sein Vorwort, S. 8): »[…] mais j'ai chanté plutôt ce qui eût été digne d'elle que ce qui existait réellement.« Bei Arnulf steht: *at plus, q u a m decuit, quam quod erat, cecini.* »[…] aber darüber hinaus habe ich mehr als sich schickte [Anm. 236: Man könnte auch übersetzen: »… mehr als das Gemach schmückte …«], mehr als vorhanden war, besungen.« – Die Behauptung schliesslich, Adela selbst habe »auf die Bilddekoration und deren Bedeutung zur Einschätzung ihrer Person hingewiesen« (347), entbehrt jeder Grundlage in den als Beleg angeführten, (hier) nicht übersetzten Versen (89–93).

32 Tilliette, Chambre, S. 160 f.

Panegyrikus betont, der die »Darstellung der sich allmählich durchsetzenden göttlichen Ordnung im gesamten Kosmos« mit dem »Aufzeigen der Wege [...] zur Erkenntnis dieser Ordnung« verbinde.[33] Neben diesen Gesamtdeutungen des Textes wurden neuerdings Versuche unternommen, die eigen-, ja einzigartige Konzeption des Gedichts zu erklären und sie in unterschiedlichen Argumentationszusammenhängen zu nutzen.

So hat es Mary Carruthers in ihrem wichtigen Buch über Verfahren und Bedeutung mittelalterlicher Meditationspraxis als »a type of picturing poem closely associated with monastic orthopraxis« interpretiert und etwa deren Einfluss auf Baudris Beschreibung des Himmelsgewölbes deutlich gemacht.[34] So überzeugend dieser Hintergrund an sich ist, die Reduktion des Briefgedichts auf »a sort of anthology of basic matters to be learned« (213), die Adela bestellt und die es ihr erlaubt habe, ihre Kinder zu unterweisen,[35] aber auch über »the rich matters which the images of her chamber bring into her heart« nach Belieben zu meditieren (216), setzt wieder die Existenz des Raumes voraus und trägt weder der fehlenden didaktischen Eignung des Textes genügend Rechnung,[36] noch seinem literarischen Anspruch, noch der Komplexität der sozialen und funktionalen Beziehungen, die den von Bond so anschaulich beschriebenen Austausch (von Gedichten) im Umkreis Baudris tragen.[37] Auch Monica Otter sieht zwar in der knappen Einleitung zu ihrer kommentierten Übersetzung von c. 134 den Text als »a kind of memory theatre for all standard knowledge«, sie fügt aber hinzu:

---

33 Ratkowitsch, *Descriptio picturae*, S. 109.
34 Mary Carruthers, The Craft of Thought. Meditation, Rhetoric, and the Making of Images. 400–1200 (Cambridge Studies in Medieval Literature 34), Cambridge 1998, S. 213–220, hier: 213 (Zitat) und 217f.
35 Auf eine Auftragsarbeit mit dieser Funktion schliesst Carruthers – kaum zu Recht – aus V. 55–65 und 1360–68 (ebd., S. 213).
36 Tilliette, Chambre, bes. S. 160f.
37 Bond, *iocus amoris*. C. 134 wird bei ihm freilich nur gestreift (150; 180f.). – Zur wichtigen Interpretation des Schlusses durch Carruthers vgl. unten, S. 98f. Ihr Baudri-Kapitel hinterlässt im übrigen den irritierenden Eindruck von Flüchtigkeit. So wird Baudri schon als »bishop of Bourgeuil [sic!]« eingeführt (213), der Diana-Vergleich (für Adela, V. 88) ist missverstanden (216), vor allem aber führt die mnemotechnische Perspektive zu Verzerrungen: Aus Baudris Blendung durch die Schönheit Adelas (V. 75–88) lässt sich wohl kaum jenes von der einschlägigen Theorie bevorzugte unscharfe Sehen ableiten: »He ›sees things‹ in the darkness of Adela's chamber, with the clouded eyes of his (uncorrected) myopia.« (215); und die Behauptung, jeder Wandteppich werde von Baudri als *locus*, also als Gedächtnisort, eingeführt (216), geht schlicht ins Leere: der Text spricht nur von *opus* (95, 139, 168, 227).

»and a concretization of Adela's mind« und betont »the teasing play with reality and fiction«, das der Tradition der Ekphrasis von jeher eigen sei.[38]

Die verkürzende Perspektive von Carruthers bestimmt auch noch die Behandlung Baudris durch Haiko Wandhoff im Rahmen seiner (literaturwissenschaftlichen) Geschichte der Kunstbeschreibung im Mittelalter.[39] Er hebt zwar zurecht als Merkmal des Textes hervor, dass er zwei Traditionen verbinde, »die zweidimensionale Ekphrasis des antiken Epos und die dreidimensionalen *mental buildings* der monastischen Mnemotechnik« (im Sinne Carruthers'), begreift jedoch den so entstehenden »komplett bebilderten, in sich geschlossenen, dreidimensionalen Schauraum« (207) als »Denk- und Imaginationsmaschine« (208) und damit wieder nur als »kognitives Hilfsmittel zum Erwerb wichtigen kulturellen Basiswissens« (209) im Zusammenhang der »gelehrten Laienunterweisung« (203).

Man mag unter diesen Umständen die Ansicht Tilliettes teilen, dass heute – nach der weitgehenden Klärung der Quellenfrage und auf der Grundlage des von ihm erstellten Kommentars[40] – erneut die Frage nach der Absicht Baudris, nach der Begründung für sein Konzept, zu stellen sei: »Aussi [...], le vrai problème posé par ce texte est-il celui de l'*intentio auctoris* – panégyrique? didactique? allégorique? artistique? [...]« (163). Abgesehen davon, dass wohl an die Festlegung des Textes auf (nur) einen der genannten Aspekte nicht zu denken ist, scheint mir die *intentio auctoris* – um ›die Antwort‹ vorwegzunehmen – deutlich über die poetischen Kategorien hinauszuweisen: Der Text ist nicht nur so konstruiert, dass er unterschiedlichstes Wissen und Erfahrung im Umgang mit verschiedensten Texten voraussetzt, sondern auch die Bereitschaft, sich auf einen ganz spezifischen Umgang mit Carmina einzulassen, wie ihn Baudri propagiert; und dieser Umgang zählt auf die Bereitschaft zum freundschaftlichen Gespräch unter

---

38 Monica Otter, Baudri of Bourgueil, ›To Countess Adela‹, in: The Journal of Medieval Latin 11 (2001), S. 60–141. Entsprechend sieht nun auch Haiko Wandhoff den *thalamus* Adelas »auf einer zweiten Ebene« als »vorbildlich ausstaffierte Innenwelt seiner Bewohnerin« und zugleich als »modellhaften Herzensinnenraum« zur Orientierung der Leser: In der Klause des Herzens. Allegorische Konzepte des inneren Menschen in mittelalterlichen Architekturbeschreibungen, in: anima und sêle. Darstellungen und Systematisierungen von Seele im Mittelalter, hg. v. Katharina Philipowski u. Anne Prior (Philologische Studien und Quellen 197), Berlin 2006, S. 145–163, hier: 154–157.
39 Haiko Wandhoff, Ekphrasis. Kunstbeschreibungen und virtuelle Räume in der Literatur des Mittelalters (Trends in Medieval Philology 3), Berlin/New York 2003.
40 Tilliette II, S. 163–217.

gleichgesinnten Gebildeten, auch wenn sich immer konkrete Anlässe und Absichten mit dem Grundanliegen verbinden können.[41] Begründen lässt sich das nur unter Einbeziehung von Baudris Carmina an sich.

2.2 *amor* und *iocus* und *cultus uirtutum* – die Briefgedichte, ihre Adressaten und ihre Funktionen

Carmen 134 ist zwar der längste und komplexeste poetische Text Baudris, er vertritt jedoch eine der grossen Gruppen und sicher die wichtigste seiner Sammlung, das Briefgedicht,[42] und damit den (erneuerten) »Typus des kultivierten Freundschaftsbriefes«, wie er den »Gebildeten« schon in augusteischer Zeit als »Inbegriff der Epistolographie« galt.[43] Daneben stehen vor allem verschiedene Arten der gelehrten Gelegenheitsdichtung, Epitaphien und Rotelgedichte, Tituli für Häuser, Räume, Bilder(folgen) und Gegenstände des sakralen wie des profanen Gebrauchs, aber auch Lehrgedicht, Hymnus, Planctus, Satire und Rätsel kommen vor. Oft sind die Übergänge fliessend, haben etwa Briefgedichte kasual-lyrischen Charakter (›Ad iuuenem qui heremita fieri cupiebat‹, c. 94: ›An einen jungen Mann, der Einsiedler weden wollte‹; oder ›Ad eum qui Ouidium ab eo extorsit‹, c. 111: ›An den, der ihm seinen ›Ovid‹ entwendete‹), und in beiden Bereichen können fiktive Sujets neben authentischen stehen: Die ›Carmina‹ Baudris in seiner eigenen Sammlung sind literarisches Œuvre zunächst, aber als solches zugleich ein soziales Phänomen, Spiegel eines Personenkreises und einer Lebenswelt, die durch lateinische Bildung und Poesie geprägt sind. Besonders Gerald Bond hat dieses Umfeld Baudris beschrieben, ohne das seine Briefgedichte nicht zu verstehen sind:[44] einen Kreis von Adressaten vor

---

41 Sie können von der Bitte um die Rückgabe eines Buches über persönliche Ratschläge bis zum Bemühen um Protektion reichen, wie es LoPrete, Adela of Blois, gerade für c. 134 annimmt; vgl. dazu unten, S. 135–138.

42 Die Inscriptio ›Adelae comitissae‹ hält die Waage zwischen Widmung und Adresse, ›nichtssagend‹ ist sie nur, wenn man den Text als etwas anderes nimmt als er ist – vgl. Carruthers, Craft of Thought, S. 213: »a disappointingly vague title«. Den deutschen Begriff ›Briefgedicht‹ überträgt Bond, Loving Subject, S. 45 f. als »letter-poem«, Tilliette spricht von »lettre en vers«, z. B. I, S. XVII, oder »épître en vers«, Vie culturelle, S. 72.

43 Er steht im Mittelpunkt der Untersuchungen von Klaus Thraede, Grundzüge griechisch-römischer Brieftopik (Zetemata 48), München 1970, Zitat S. 3.

44 Bond, *iocus amoris*; vgl. jetzt auch Pabst, Rolle von Frauen, und Tilliette, Vie culturelle.

allem im Raum zwischen Seine und Loire, von Orléans, Angers und Bayeux, besonders im Umfeld von Kathedral- und Klosterschulen, von Lehrern und Schülern, Mönchen, jungen Männern und jungen (meist geistlichen) Frauen, einen Kreis, der weniger an Schulen gebunden als durch sie geprägt ist, der daher auch Adela, die Gräfin von Blois, oder Roger (Borsa), Herzog von Apulien,[45] einschliessen kann.[46] Was diese Personen mit Baudri (und zum Teil untereinander) verbindet, ist eine Form der Freundschaft, die gelegentlich als *fedus amicitie* bezeichnet werden kann,[47] die Bildung (*littera*)[48] und Musse (*otium*) voraussetzt und im Medium halb privater, halb öffentlicher Freundschaftsbriefe, der Briefgedichte oder *carmina*, zum Ausdruck kommt.[49] Diese Gedichte sind durchdrungen von einer Rede, die Aussagen und Anliegen der Freundschaft in der Sprache Ovids formuliert, als *amor* ausgibt, was *amicitia* meint.[50] Sie erschliesst damit einerseits den Briefgedichten den Zugang zu philosophischen Dimensionen des Liebes- und Freundschaftsdiskurses,[51] sie setzt sich aber andererseits auch dem Missverständnis aus, erotische Rede zu sein,[52] ja sie nutzt diese Ambiguität ovidischer Sprache und Bildlichkeit in sublimem poetischem Spiel.[53] Baudri spricht von *iocus* (oder *ludus*) und rückt dieses Umspielen

---

45   Zu seiner Identiät vgl. Tilliette II, n. 2, S. 273.

46   Bond, *iocus amoris*, S. 187–190. Auch Cecilia, eine ältere Schwester Adelas, Nonne und ab 1113 Äbtissin von La-Trinité-de-Caen, ist Adressatin eines Briefgedichts (c. 136); vgl. unten, S. 77f.

47   Ebd., S. 152f., 172f; Loving Subject, S. 65.

48   Bond, Loving Subject, umschreibt sie treffend als »a liberal education based on the *auctores* and the learning and eloquence associated with such an education« (S. 222, Anm. 6); sie »enables to be *facetus* and *iocundus* in verse and conversation« (id., *iocus amoris*, S. 146, Anm. 7).

49   Bond, *iocus amoris*, bes. S. 156–160.

50   Bond, *iocus amoris*, S. 161–165; Loving Subject, S. 50–53.

51   Bond, *iocus amoris*, S. 162f., 168–172; Loving Subject, S. 49ff. Einen Überblick über den Freundschaftsbrief in der Literatur des 12. Jahrhunderts gibt Wim Verbaal, L'amitié et les lettres: le douzième siècle et le cas de Bernard de Clairvaux, in: La société des amis à Rome et dans la littérature médiévale et humaniste. Études réunies par Perrine Galand-Hallyn et al. (Latinitates 2), Turnhout 2008, S. 351–381.

52   Vgl. die wiederholten apologetischen Stellungnahmen Baudris, bes. in den c. 99, 193 und 194, aber auch schon in c. 1.

53   Bond, *iocus amoris*, S. 166ff. Zur politischen Auffassung und Einbindung der *amicitia* in den Briefen Ciceros vgl. Jacques-Emmanuel Bernard, Le langage de l'*amicitia* dans les lettres de Cicéron à Appius Claudius, in: La société des amis à Rome, S. 95–112.

der Empfindungen der Freundschaft in erotischer Rede ins Zentrum eines auf der Auseinandersetzung mit Ovid beruhenden gebildeten Aus-tauschs,[54] den Bond als »proposal for an internal aristocracy of the heart« verstanden hat – »established through participation in the subleties of poetic and amatory gaming.« (191) Dabei ist ein Bildungsbegriff vorausgesetzt, der – in bezeichnender Spannung zum ein Jahrhundert jüngeren Begriff der *edelen herzen* bei Gottfried von Strassburg[55] – jeden ›Bekennenden‹ als *clericus* versteht: *format tibi littera mores. / Moribus es qualis clericus esse solet, / Scilicet urbanus, alacer, iocundus, amicus […].*[56]

Damit wird, um noch einmal Bond zu zitieren, wohl tatsächlich der individuelle Akt des Dichtens für Baudri und die um ihn entstehende »tex-tual community« (Brian Stock) »the central and the defining act of human virtue, simultaneously metaphor and reification of the divine act of the *auctor Deus*«. (192) Gerade auch c. 134, auf das Bond kaum eingeht, legt hiervon beredtes Zeugnis ab. Allerdings scheint mir damit allzu einseitig das Vergnügen an der Poesie als Movens und Ziel des Austauschs betont:[57] Wie Stephen Jaeger eindringlich gezeigt hat, ist für die Zeit Baudris noch von einem Liebesbegriff auszugehen, der Freundschaft als Liebe zur Tugend im anderen menschlichen Wesen verstand, und von einer angewandten Ethik,

---

54 Zu den verschiedenen Dimensionen von Baudris *iocus*-Begriffs vgl. Bond, *iocus amoris*, S. 172–178, und Loving Subject, S. 54 ff., zur Auseinandersetzung mit dem Werk Ovids *iocus amoris*, S. 178–185, und Loving Subject, bes. S. 53–66, zustimmend Tilliette I, S. XIX, und schon Savants et poètes mit einer Zusammenstellung der *iocus*-Belege und der Synonyme bei Baudri, S. 101. Zum *genus iocosum* des (Prosa-)Briefs bei Cicero, in dem *iocari* dem Inhalt gilt, also das ›Plaudern‹ meint, vgl. Thraede, Grundzüge, S. 27–38; zum Brief als Gespräch bei Ovid ebd., S. 47–52.

55 Gottfried von Strassburg, Tristan und Isold, hg. v. Friedrich Ranke, Dublin/ Zürich 1968.

56 Tilliette I, c. 130, 1–3; vgl. Bond, *iocus amoris*, S. 190; Loving Subject, S. 67 f.

57 Die grundsätzliche Bedeutung der artistischen Seite der *aemulatio* bei Baudri wird deutlich, wenn man neben seine ovidianische Lyrik die (fragmentarische) Abschrift eines Briefes stellt, den er in den 1120er-Jahren an den (nicht be-zeugten) Prior Pierre de Jumièges schreibt, eine ›Confessio poenitentialis‹, wie er sie (schematischer) auch in c. 122 gibt, die sich aber hier – höchst gekonnt – am asianischen Stil Augustins (und besonders der ›Confessiones‹) orientiert und trotz der Verurteilung der *vita iocosa* (seiner eigenen Carmina) zwischen Sprachspiel und Ermahnung steht. Vgl. Jean-Yves Tilliette, Une lettre inédite sur le mépris du monde et la componction du cœur adressée par Baudri de Bourgueil à Pierre de Jumièges, in: Revue des Études Augustiniennes 28 (1982), S. 257–279.

deren Ziel die Entwicklung von Tugend war. Beide wurden an den Höfen gelebt, und beide kommen in Freundschaftsbriefen und -gedichten zum Ausdruck. Und gerade Baudri gilt Jaeger als Beispiel für die Benutzung des Briefgedichts (hier c. 3) als pädagogisches Instrument, zur Korrektur der *improbitas morum*: »Whatever play with erotic motives is present, the accepted, normative, legitimate discourse at work here is that of *cultus virtutum*.«[58] Dass Baudri dieses Konzept auf Beziehungen zwischen Männern und Frauen überträgt, ist neu und auch an der Konfiguration Adela – Baudri in Carmen 134 abzulesen;[59] und sie eben belegt zugleich die neue Austauschbarkeit von »court, cathedral, convent, and monastery« als Milieus, in denen »ennobling love« nun eine Rolle spielte.[60]

Die von Bond behauptete (und von Jaeger stillschweigend vorausgesetzte) Dominanz der Poesie muss aber wohl noch in einem weiteren, in unserem Zusammenhang entscheidenden Punkt eingeschränkt werden. Gerade wenn man, wie Jaeger es tut, von einer älteren Form des Lehrens und Lernens (»old learning«) ausgeht, in der die Persönlichkeit, das Charisma des Lehrers, sein Vorbild und die Liebe zu ihm entscheidend sind, von einer Pädagogik, die das Insistieren auf der Verbindung von *amicitia / amor* und *cultus virtutum* erst erklärt; wenn man weiter mit Jaeger annimmt, dass diese Form des Lehrens und Lernens zu Beginn des 12. Jahrhunderts von den Kathedralschulen aufgegeben wird, zugleich aber die weltlichen Höfe erreicht,[61] dann ist doch hier wie dort, an Höfen und Schulen, ein die Schriftlichkeit begleitender mündlicher Umgang zu erwarten. Es ist mit Formen des Gesprächs zu rechnen, in denen das Charisma des Lehrenden und die Aufnahmebereitschaft des (oder der) Lernenden auf der Grundlage von Wissen (*littera*), Tugend (*virtus*) und Reinheit der Sitten (*probitas morum*) eine Vervollkommnung erlauben, die Lehrende und Lernende einschliesst und in Freundschaft und Liebe verbindet. Jaeger hat die Übernahme des charismatischen Lehrens von der Kathedralschule an den Fürstenhof am Beispiel des Wechsels Wilhelms von Conches als Erzieher des künftigen Königs Heinrich II. von England von der Kathedralschule von Chartres an den Hof Gottfrieds von Anjou konkretisiert,[62] er hat das Beispiel Thomas Beckets als Lehrer Heinrichs d. J. (Sohn Heinrichs II.) und des anglonor-

---

58 Jaeger, Envy, S. 310–316, hier: 316.
59 Ebd., S. 317ff.; id., Love, S. 94–101.
60 Jaeger, Love, S. 100.
61 Jaeger, Envy, vgl. insbes. Kap. 5, S. 118–179.
62 Ebd., S. 131 und 293f.

mannischen Adels an der erzbischöflichen Kurie in Canterbury ausführlich
behandelt,[63] und er hat die Schilderung, die Gottfried von Strassburg von
der Erziehung Isoldes durch Tristan entwirft, eingehend untersucht.[64] Aber
immer liegt bei ihm der Akzent auf der Existenz einer ethischen Erziehung
an sich, auf dem *cultus virtutum* und der Ausstrahlung, die er bewirkt, nicht
auf der colloquialen Unterweisung. Vom Gespräch als dem Medium der
Bildung ist bei Jaeger selbst dort nicht die Rede, wo es die von ihm zitierten
Quellen ausdrücklich erwähnen.[65] Es geht ihm um das Ergebnis, nicht um
die Formen und Wege der Vermittlung.

Bei Bond ist das etwas anders. Er betont – nun für Baudri –, dass »the
culminating act of *amor* […] is the meeting and discourse of friends (*colloquium*) which takes on various forms.«[66] Die Palette umfasse das ›quasi-
erotische Treffen‹ mit einem jungen Mann (c. 129), das keusch-freudige
Treffen unter Freunden, in dem Griffel, Täfelchen und Boten fehlen und die
Freunde selbst für einander sind, was sonst jene Hilfsmittel für sie waren:
*Jam stilus et tabule, iam nuncius omnis abesto; / Nos simus nobis ista, quod
esse solent.* (c. 102, 5 f.); und diese Palette schliesse das *convivium* ein, wie es
Baudri in der Schilderung des zu Erwartenden – »good food, good com-
pany, and good reading« – vorwegnehme (c. 208). Es ist evident, dass dieses
Wissen über das *colloquium* als den »culminating act of *amor*« ausschliesslich aus den Briefgedichten stammt,[67] und hier liegt ein zweifaches Problem:
Das Wissen über das Gespräch bleibt so begrenzt, und es erscheint per-
spektivisch gebrochen – die Gedichte thematisieren vor allem sich selbst,
ihre Entstehung und den Umgang mit ihnen, den – seit der Antike topischen[68] – Austausch unter Abwesenden also, und hinterlassen so den Eindruck, dass eben doch nicht das *colloquium*, sondern »literary exchange has
become the ultimate object of all drives, sexual as well as religious, the
moment of central importance«, und dass *amor / amicitia* »as the mediating
and unifying force of human existence« vor allem an die Poesie gebunden

---

63　Ebd., S. 297–308.
64　Ebd., S. 170 ff.
65　Etwa bei der Behandlung eines Briefes aus der Hildesheimer Sammlung
　　(1075/83?), ebd., S. 313 f., oder im Zusammenhang mit Thomas Beckett (299)
　　und seinen Banketten (301–308).
66　Bond, *iocus amoris*, S. 174; dort auch die folgenden Zitate.
67　In *Loving Subject*, S. 53, betont Bond, es sei »surprising and significant that
　　the culminating act of *amor* for Baudri is the meeting and discourse of friends
　　(*colloquium*)«, und rekonstruiert seine Umrisse aus c. 129, 208, 137 und 99.
68　Vgl. wieder Thraede, Grundzüge, passim.

sei – »his concept remains inseparable from the poetic medium which gives it voice[!].« Die Konsequenz ist klar: »and to this medium we now must turn.«[69]

Selbstverständlich will ich mich nicht über die Evidenz von Baudris Autorsammlung hinwegsetzen, sein immer wieder ausgesprochenes Verlangen nach *carmina*, und die kommunikative und rekreative Bedeutung, die er ihnen zumisst, ignorieren. Aber es scheint mir eben doch verfehlt, das ebenso manifeste Interesse Baudris (und anderer) an den *colloquia* als dem primären Moment der freundschaftlich-liebenden Erfahrung des Anderen als eines ›Verwandten‹ zu übergehen: Erst im *colloquium* kommt persönliche Ausstrahlung in all ihren Komponenten – von der körperlichen Schönheit, über Kleidung, Gestik und Mimik, Stimme und Ausdruck bis hin zu ›Tugend‹, ›Sitte‹ und Bildung – simultan zur Geltung.

Auch in der Erscheinung Tristans und – mehr noch – Isoldes, die Jaeger treffend interpretiert,[70] spielt eben nicht nur die Ausstrahlung als Folge des *cultus virtutum*, sondern wieder die höfisch-gebildete Rede eine (oder die?) entscheidende Rolle – schon bei der Entführung Tristans, und wieder bei der Wirkung Isoldes auf Tristan.[71] Und auch der kommentierende Erzähler fordert gerade diese Bejahung der unmittelbaren liebenden Annahme jedes freundschaftlich Verbundenen, ohne Ansehung des Geschlechts:

> so guot, so lonbære
> triuwe under vriunden wære,
> war umbe lieben wir si niht?
> ein blic, ein inneclich gesiht
> uz herzeliebez ougen,
> der leschet ane lougen
> hundert tusent smerzen
> des libes unde des herzen.
> ein kus in liebes munde,
> der von des herzen grunde
> her uf geslichen kæme,
> ohi waz der benæme
> sener sorge und herzenot![72]

---

69 Ebd., S. 53.
70 Jaeger, Envy of Angels, S. 170ff.
71 Eckart Conrad Lutz, Einspielung von Wissen und gebildeter Umgang – Texte und Bilder im Gespräch, in: Literatur und Wandmalerei II: Konventionalität und Konversation. Burgdorfer Colloquium 2001, hg. von E. C. Lutz u. a., Tübingen 2005, S. 361–391, hier: 366–371.
72 Gottfried, Tristan, V. 12183–12357, hier: 12345–57. – Wenn man Walthers Neuerungen im Minnesang vor dem Hintergrund der »Tugendfreundschaft«

Hier ist, das sei noch einmal betont, nicht von *amor* in seiner erotischen
Komponente, sondern wieder von *amor/amicitia* die Rede.

Es geht also im Folgenden darum, am Beispiel von Baudris Carmen 134
›Adelae comitissae‹ zu zeigen, dass und wie dieses Briefgedicht ›ein Gespräch‹ vorbereitet, ja – in mancherlei Hinsicht – vorwegnimmt, es voraussetzt, wie es einen gebildeten und (deshalb) zugleich auch bildenden Austausch zu fördern versucht, auf den es Baudri nicht weniger, aber vielleicht
auch nicht mehr, angekommen sein dürfte als auf den brieflich-literarischen
Verkehr – nur wurde die Seite des Gesprächs bisher weitgehend ignoriert.
Aber: »Dans le monde scripturaire de Baudri de Bourgueil, l'échange le plus
fondamental demeure celui des paroles vives.«[73] Ich sehe c. 134 (und die
Briefgedichte Baudris an sich) also als Teil eines Dichtung u n d Gespräch
einbeziehenden Umgangs, der es für die von Bond umrissenen Kreise zu
dem macht, was Tilliette treffend als einen (im ursprünglichen Wortsinn)
›esoterischen Text‹ bezeichnet hat, »dans et par lequel l'élite cultivée se
reconnait comme telle«.[74] In diesem Umgang lebt nicht nur der von Klaus
Thraede beschriebene ›kultivierte Freundschaftsbrief‹ der Antike wieder
auf,[75] Bedingungen und Implikationen dieses Umgangs erinnern auch an die
enkomiastisch-freundschaftlichen, rivalisierend-polemischen, immer aber
ambitioniert-kennerschaftlichen Briefgedichte, wie sie für die Kultur am
Hof Karls des Grossen im Lustrum vor dessen Krönung charakteristisch
waren.[76]

---

im Sinne Jaegers liest, wie es Ralf-Henning Steinmetz tut (Walthers Neuerungen im Minnesang und die Freundschaftsliteratur des 12. Jahrhunderts, in:
Lit.wiss. Jb. 44 [2003], S. 19–46), dann passt auch dazu Gottfrieds Bevorzu-
gung des Minnesangs und eben Walthers: unter seinem Einfluss *müezen* die
Sänger künftig *so gesingen, daz si zu vröuden bringen ir truren unde ir senedez
clagen: und daz geschehe bi minen tagen!* (4816–20).

73 Das betont jetzt ausgerechnet der Buchhistoriker Roger Chartier am Ende
eines Kapitels, das der »obsédante présence de la matérialité de l'écrit dans les
poèmes de Baudri de Bourgueil« gewidmet ist, aber auch dem Weg der »écriture« von der Abfassung der Verse bis zu ihrer Rezeption: Inscrire et effacer.
Culture écrite et littérature (XIe–XVIIIe siècle), Paris 2005, S. 17–31, hier: 41
und 18.

74 Tilliette, Chambre, S. 161.

75 Thraede, Grundzüge, passim.

76 Dieter Schaller, Vortrags- und Zirkulardichtung am Hof Karls des Grossen, in:
Mittellateinisches Jahrbuch 6 (1970), S. 14–36, und: Der junge ›Rabe‹ am Hof
Karls des Grossen (Theodulf. carm. 27), in: Festschrift Bernhard Bischoff zu s.
65. Geburtstag, hg. v. Johanne Autenrieth u. Franz Brunhölzl, Stuttgart 1971,

Selbstverständlich ist aber dort wie auch hier das literarisch relevante Beziehungsnetz nur als Teil eines komplexen Systems von Vernetzungen zu denken, an dessen Ausformung familiäre, wirtschaftliche, politische und andere Interessen beteiligt sind.[77] Dass sich das im Fall Baudris konkretisieren lässt, ist den Untersuchungen der irischen Historikerin Kimberly LoPrete zu Adela von Blois zu verdanken: Ihr geht es gerade um die Einbettung der in c. 134 sich verdichtenden Beziehung zwischen Baudri und Adela in ein Gefüge und Zusammenspiel von Interessen, das erst die Existenz des Gedichtes erklären soll.[78] Historisch greifbar wird dabei vor allem die Behauptung Adelas als Regentin in einem Spannungsfeld, an dem neben den Theobaldinern, also dem Haus Blois, das sie als Witwe vertritt, unter anderen ihre Verwandtschaft, die Könige von England und Herzöge der Normandie, aber auch die Könige von Frankreich und die Grafen von Anjou und Herzöge von Aquitanien beteiligt sind – im Einflussbereich des Hauses Anjou liegt Bourgueil. Freilich lassen sich die Netze – das poltische und das literarische – nur an wenigen Stellen verknüpfen, Schlüsse sind nur mit aller Vorsicht zu ziehen.

Nicht ohne Grund sendet Baudri sein Gedicht (wie seine Sammlung, vgl. c. 1, 1) als Boten aus in die festlichen Säle von Königen und Grafen – *Vadis, ut insolitos, uideas, mea cartula, fastos, / Vt regum thalamos et comitum uideas* (1 f.)[79] –, der Text ist offen: panegyrischer Gesang und Einladung zum Gespräch, orientierende und personalisierende Weltsicht und dynamischer Aufriss der Strukturen enzyklopädischen Wissens, Bekenntnis zu einem Bildungskonzept und Anregung zu seiner Erprobung. Tilliettes Frage nach der *intentio auctoris* stellt sich so neu, aber sie lässt sich nicht mehr in der Konzentration auf diesen Text allein beantworten.

S. 123–141; beide wieder in: Ders., Studien zur lateinischen Dichtung des Frühmittelalters (Quellen und Untersuchungen zur lateinischen Literatur des Mittelalters 11), Stuttgart 1995, S. 87–109, 110–128, Nachträge auf S. 412ff., und Peter Godman, Poets and Emperors. Frankish Politics and Carolingian Poetry, Oxford 1987, S. 38–92.

77 Zur selben Einschätzung gelangt jetzt auch Rector, *En sa chambre*, für die anglonormannische Literatur der 1. Hälfte des 12. Jh.s (S. 116f. u. ö.).

78 Dazu ausführlich unten, S. 135–138.

79 Zur Adressierung des Gedichts als *cartula* vgl. unten, S. 98.

2.3 Die Konstituierung eines Kreises von Freunden: Gedichte, Rezitation, Kritik und Gespräch

Es scheint mir daher wichtig, der Behandlung des Briefgedichts ›Adelae comitissae‹ (c. 134) einige Beobachtungen voranzustellen, die sich an anderen Texten Baudris machen und dann auf c. 134 übertragen lassen. Ich konzentriere mich dabei zunächst auf diejenigen Briefe, die Baudri an – ausschliesslich geistliche – Frauen richtet,[80] und setze voraus, dass die Beziehungen der Typisierung und Stilisierung unterliegen, aber eben doch – im Rahmen der Voraussetzungen – zumindest grundsätzlich realitätsnahe Muster bilden, vermutlich mehr.[81]

Wie sich das Knüpfen des Netzes denken lässt, zeigt exemplarisch Carmen 136, das an Cecilia, die ältere Schwester Adelas, gerichtet ist. Die mit Ovid als *Regia virgo* Angesprochene[82] wurde von ihrem Vater sehr jung der

---

80 Sie bilden in der weitgehend assoziativ geordneten Autorsammlung eine durch c. 134 eröffnete ›Gruppe‹, zu der noch das ursprünglich letzte Gedicht (c. 153) und die ohnehin einen Sonderfall bildenden Carmina 200 und 201 hinzukommen; vgl. Tilliette I, S. XLV.

81 Die Authentizität der »Einbeziehung von Frauen in den grösseren Kontext eines literarischen Freundeskreises« betont noch einmal Pabst, Rolle von Frauen, und sieht den sogenannten Loirekreis »geradezu als Paradebeispiel für ein literarisches *commercium*« dieser Art; dazu S. 350 f. mit den historischen Belegen für den Austausch mit Notre-Dame-du-Ronceray. Das entspricht der Position von Peter Dronke, Women Writers in the Middle Ages. A Critical Study of Texts from Perpetua († 203) to Marguerite Porete († 1310), Cambridge usw. 1984, S. 84–91. Tilliette, Vie culturelle, hat zuletzt noch einmal mit aller Vorsicht festgehalten, dass »la preuve textuelle que ces jeunes femmes aient pris une part active aux jeux poétiques de leurs savants et parfois audacieux correspondants« fehle (77), ohne sie zu negieren. Wenn das von Bond, Loving Subject, S. 166–169, (nach André Boutemy, Recueil poétique du manuscrit Additional British Museum 24199, in: Latomus 2 [1938], S. 30–52, hier: 42 ff.) wiedergegebene und übersetzte anonyme Gedicht einer Frau nicht fingiert ist (wovon er ausgeht), verteidigt es eindringlich den Anspruch einer Nonne auf Bildung (*littera*), auf Kenntnis der Autoren (sie nennt Vergil, Ovid) und auf das Verfertigen von Versen gegen die Ansicht: *Non est sanctarum mulierum frangere uersus, / quaerere nec nostrum quis sit Aristotiles.* (V. 45 f.) Bond schlägt die Konjektur *frangere] fingere* vor.

82 Alle Sachinformationen, insbesondere aber die Nachweise von Quellen und Parallelstellen aus der klassischen und mittelalterlichen Literatur (soweit sie in unserem Zusammenhang von Bedeutung sind) entnehme ich hier (und künftig dort, wo nichts anderes angegeben wird) dem Kommentar von Tilliette, hier: II, S. 218: Met. 2, 570; vgl. auch unten, Anm. 127.

von ihm gegründeten Abtei La-Trinité-de-Caen übergeben, der sie ab 1113
als Äbtissin vorstand. Sie erscheint gelegentlich auch in anderen Briefen der
Zeit, auch als Adressatin eines Gedichts Hildeberts von Lavardin. Baudri
rühmt ihre königliche Herkunft, ihre Schönheit (*species formae*, 5) und ihre
Sitten (*morum probitas*, 6), ihren Bildungseifer (*sollicitudo legendi*, 7) und
ihr Bekenntnis zu ihrem geistlichen Stand: ihren *amor uirginitatis* (5) in
Bindung an ihren (himmlischen) Bräutigam. Diese Cecilia hat damit die
typischen Merkmale der Frauen, die als Partnerinnen Baudris in Frage
kommen. Dass er sie hier adressiert, kann als Einladung zum Austausch
gemeint sein, auch wenn er sie ausdrücklich nur um den Namen einer
Nonne ihres Konvents bittet, mit der er Kontakt aufnehmen will: Er hat
diese schon gesehen, vor allem aber von ihrem Ruf (ich ergänze: im Sinn der
Eigenschaften Cecilias selbst) gehört. Eigener Eindruck und fremder Bericht stimmen soweit überein, dass Baudri es für möglich hält, in ihr eine
(weitere) Partnerin gefunden zu haben.[83]

Eine unbekannte Agnes (c. 138) soll ihn um *tabulae* gebeten haben (35),
also wohl um ein Briefgedicht im Sinn des *iocus amoris* – Baudri will zur
Zeit keines zur Hand haben, antwortet aber mit seinem *carmen* 138, ›Agne
ut uirginitatem suam conseruet‹, das ihr nicht nur die *uirginea integritas* (9)
ans Herz legt, die sie beide gelobt hätten, sondern auch das Studium.
Allerdings soll die *recreatio* in ihrem Fall von der *lectio sancta* ausgehen, sie
solle beten, schreiben und lesen, auch *carmina* dichten, aber eben geistliche
(wie auch Baudri sie verfasste, vgl. c. 1, 55–68). Sie sollen das Wort Gottes
zur *materies* haben – vom Austausch der üblichen *nugae* schliesst er sie aus:
*Leniat interdum curas tibi lectio sancta, / Ora, scribe, lege carminibusque
stude. / Sit tibi materies diuini pagina uerbi, / Ut fugias nugas, de Domino
loquere* (31–34). Das setzt Vertrautheit mit der Partnerin voraus (oder fingiert sie), eine Beziehung, die gestaltet werden muss.[84]

In seiner Einladung zu vertiefter Freundschaft, die er an Emma (c. 139)
richtet, vermutlich *Emma grammatica* oder *magistra*, die zwischen 1100
und 1118 an der Schule der Abtei Notre-Dame-du-Ronceray in Angers
lehrte, stehen ihre Tugenden im Vordergrund, ihre *specialis honestas* (5), ihr
Leben nach der *lex bene vivendi* (6). Sie waren ihm nur aufgrund ihres Rufs
bekannt, allenfalls etwas durch ein Gespräch mit ihr in der Öffentlichkeit

---

83 Dass schon eine einmalige Begegnung zur Erwartung von Freundschaft und
   Austausch Anlass gibt, zeigen auch c. 95 und c. 119 und c. 120 (mit Enttäuschung), auch die Kenntnis von Gedichten des anderen genügt (c. 87, c. 102).
84 Hierher gehören auch jene Briefgedichte, die – wie c. 91 – zur Konversion
   auffordern.

(*communi colloquio*, 8). Kennen gelernt hat er Emma aber erst jetzt durch die Lektüre ihrer *carmina*, die er offenbar gemeinsam mit Gedichten anderer Nonnen ihres Konvents erhielt[85] – so bittet er denn nicht nur Emma um ihre Liebe (*sub amore tuo me collige*, 19) und versichert sie seiner Gegenliebe, er grüsst auch alle Mitschwestern, die er liebt, und nimmt eine aus, Orieldis, mit der er nur direkt verkehren wolle.

Werden hier Schattierungen der Intimität[86] und Grade der Öffentlichkeit erkennbar, die für diesen Austausch bezeichnend sind, lässt das kurze, tadelnde Briefgedicht an eine unbekannte Beatrix (*Beatricem reprehendit*, c. 140) erneut – wie jenes an Agnes – den erzieherischen, bildenden Charakter des freundschaftlichen Verkehrs erkennen, dem sich die Angesprochene (noch) entzieht. Trotz all seiner Bitten hat sie ihn kaum angesehen, sich dann gar hinter ihrem (durchbrochenen) Schleier ›verborgen‹, ihren Finger auf die Lippen gelegt, ja sich verhalten wie der Esel mit der Leier – das Gedicht ist beherrscht von einer »ironie toute ovidienne«.[87] Wichtiger ist mir hier allerdings, dass Beatrix mit ihrem Schweigen das verhindert, was Baudri von ihr erbeten haben will – die Rezitation ihrer Gedichte wie die seiner eigenen (an beiden fehlte es nicht). Hier wird ein Stadium des einander Kennenlernens suggeriert, das Vertrautheit mit den wechselseitigen Gedanken schon voraussetzt, die persönliche Begegnung einschliesst, aber einen weiteren Grad der Intimität verweigert, nämlich die Belebung der – noch nicht freundschaftlich gewidmeten – Gedichte durch die eigene Stimme, das Zusprechen der eigenen, das Sich-Aneignen der fremden Worte über das Ohr und im Blickkontakt. Baudri schreibt so auch nicht an sie, sondern über sie, spricht sie nur indirekt an, und seine abschliessende Bitte um eine Antwort fordert bezeichnenderweise noch nicht Freundschaft, sondern (nur) literarische Kritik – im Briefgedicht: *Carminibus laudet uel damnet carmina nostra* (25).[88]

Was Beatrix verweigert, hat Muriel bereits gewährt, bevor Baudri ihr sein Briefgedicht c. 137 widmet. Sie ist Nonne in der Abtei Wilton bei Salisbury und Empfängerin weiterer Briefgedichte, von Hildebert von Lavardin, der sie *virgo vates* nennt, und von Serlon von Bayeux; Hermann von Tournai

---

85 Baudri sagt *michi carmina uestra legenti* (13), was Tilliette (II, S. 49) wohl zu Unrecht mit »je lisais tes poèmes« wiedergibt.

86 Eine (genaue) Rangordnung unter den Freunden wird mehrfach thematisiert, besonders in c. 119 und 120.

87 Tilliette II, S. 222.

88 Nach c. 141 hätte Beatrix ganz unzureichend reagiert: der Berg habe eine Maus geboren.

hat sie in seinem Epitaph als *inclyta versificatrix* bezeichnet. Auch hier geht (wie bei Emma u. a.) der ersten Begegnung mit Baudri ihr guter Ruf voraus. Die persönliche Bekanntschaft wird also gesucht. Und die Begeisterung, die dann ein Gespräch mit ihr auslöst (*gratia colloquii*, 2)[89], übertrifft noch bei weitem ihren Ruf: Mit eigenen Augen und Ohren hat Baudri nun die Süsse ihrer Worte (*uerba*) und den Wohlklang ihrer Stimme beim Rezitieren ihrer Carmina wahrgenommen[90] – ihre Rezitation war zwar für den (harten) Kritiker gedacht, doch ihre Frauenstimme hat den Mann in ihm berührt (9 f.). Prosodie und Metrik reihen Muriel unter die ersten Dichter ein.[91] Ruf, Aussehen und Stimme, verbunden mit dem Ausdruck eigener Gedanken in der vollendeten Form gebundener Rede: hier ist die ganze Persönlichkeit als gebildete präsent und erlebbar. Der Eindruck, den sie macht, wird noch gesteigert durch die Vorstellung, dass sie alles habe, um Männern zu gefallen: Sie sei jung, schön und von hoher Geburt und habe Vermögen und Bildung – und bekenne sich doch zur Jungfräulichkeit! So liegt der Wunsch nach einem weiteren Gespräch nahe (*alterum colloquium*, 22), in dem sich beide in intensivem Austausch von Fragen und Antworten einander hingeben könnten (*animum dare*, 23). Bis dahin mögen sie beide ihren *carmina* ihre Geheimnisse anvertrauen.[92]

Baudri erklärt seinen eigenen harten Stil (*durum tenorem dictandi*, 31), benennt seine stilistischen Vorlieben und entschuldigt seine Unsicherheit, da er zum ersten Mal einer jungen Frau schreibe: Muriel solle damit Aufnahme finden in jenen Kreis von Männern, von Freunden, die sich bisher – spielend – Gedichte geschrieben haben: *scripsimus ad socios, sat lusimus inter amicos*. Sie sei es, die ihn auf eine neue Bahn führe, und er sei bereit zu folgen: Von ihrer Begabung erwarte er die Korrektur seiner Irrtümer (*erratus*, 44), wie er ihre korrigieren wolle – mit beidseitiger Nachsicht. Man wird diese *erratus* wohl (wie in c. 252, 23 f.) im Bereich der Wortwahl und der Metrik zu suchen haben, immerhin ist auch hier mit gewolltem

---

89 Die *gratia colloquii* kann man bei Baudri als ›Gabe‹ empfangen haben, Adela besitzt sie neben *decor* und *uenustas* (134, 67 f.); sie kann einem aber auch gelegentlich durch einen Freund (103,16) als ›Geschenk‹ gewährt werden, das erbaut. Hier, bei Muriel (137, 2) ist beides möglich.
90 *O quam mellito tua sunt lita uerba lepore! / O quam dulce sonat uox tua dum recitas!* (137, 7 f.).
91 *Verborum positura decens seriesque modesta / Te iam praeclaris uatibus inseruit.* (137, 11 f.)
92 Auch an dieser Stelle wird die *virgo* noch einmal auf ihre Lebensform verpflichtet: *fac quod facis, auspice Christo* (29).

Doppelsinn, mit fliessenden Grenzen zu rechnen, mit Korrekturen in Fragen der poetischen Form und im Ausdruck jener Angelegenheiten des Herzens, die den Versen anvertraut sind und über die nun hier eine Frau urteilen soll.

Wie immer dem sei, das Briefgedicht an Muriel lässt keinen Zweifel an der Einbettung von Begegnung und Gespräch, Dichtung und Kritik in einen vielschichtigen spielerischen Umgang mit Sprache,[93] der Personen verbindet, die sich durch Tugend und Bildung auszeichnen (wollen). Gespräch und Dichtung, freie und gebundene Rede ergänzen einander, in Rezitation und unmittelbarem Austausch, im Wechselspiel von Frage und Antwort und ihrer Aufnahme in die Dauer beanspruchende und daher besserungswürdige Fassung der Carmina: *amicitia/amor* und die geistliche Lebensform, Dichtkunst und Kritik zeichnen sich als Gegenstände ab, die als ›Liebe‹ erfahrene Übereinstimmung in Wissen und Können, in Gaben und Bildung als Ziel. Ohne Sympathie ist keine dieser Beziehungen denkbar, und Sympathie ist immer grundsätzlich offen für erotische Empfindungen.

Beziehen wir hier an Männer gerichtete Briefgedichte mit ein, etwa dasjenige an einen Guillelmus (c. 89), in dem die Erwartung des Gesprächs in Fortsetzung des Austauschs von *carmina* der eigentliche Gegenstand ist: ›Ad eum cuius colloquium expetebat‹: ›An den, mit dem er ein Gespräch führen wollte‹. Von der *prospera colloquii commoditas* erwartet Baudri sich *recreatio* (2), die notwendige Sammlung als Bedingung neuer Produktivität.[94] Die geteilte Freude unmittelbarer Gegenwart des jeweils Anderen – *Primum laetamur, quia possimus esse sumusque / Tuque mei compos, compos et ipse tui* (c. 102, 3 f.) – intensiviert eben die brieflich begründete Freundschaft. Die Rezitation des eigenen *carmen* vor dem Empfänger erhöht dabei die *gratia* der Verse: *Colloquium de te, de te desidero carmen*, schreibt Baudri dem Mönch Bernerius (c. 114, 5 ff.), der ein Antwortgedicht verfassen und es – als Anlass oder im Rahmen eines Gesprächs – rezitieren soll.

Ein erstes gelehrtes Gespräch mit Maiolus hat ihn so beeindruckt, dass er das in einem Briefgedicht festhält – *multa uenustauit littera colloquia* (c. 117, 10) – und ihn, den Jüngeren, inständig bittet, sich ein neues Gespräch mit ihm zu erbitten: *Ortor et opto / Et precor exoptes altera colloquia* (18). Sich ohne viele Worte zu verständigen, war schon ein Vorzug dieses Gesprächs (*plurima conicimus de nobis pauca loquuti*; 9).

---

93 Zu den verschiedenen Ebenen des Sprachspiels bei Baudri sei noch einmal an Bond, *iocus amoris*, S. 175–186, erinnert.

94 Oder, bei Herzog Roger: für politisches Handeln (c. 192, 42–46).

Auch mit dem Mönch Stephanus, von dem er nun weit entfernt lebt, verband ihn die Erfahrung, dass oft der eine schon aussprach, was der andere gerade erst dachte: *Dum loquimur, / persepe fuit quod cogitat alter / Alterius sermo quatenus anticipet* (c. 90, 13 f.). Jener gab Baudris Worten Gestalt, und dieser legte ihm dann oft sein daraus entstandenes *carmen* zur Beurteilung vor (17 f.).[95] Unvergesslich ist Baudri aber vor allem die Wirkung des Gedichts ›De talpa‹,[96] das Stephan selbst – als ›neuer Ovid‹ – ihm vortrug: *O quam iocundo tunc carmine sum recreatus, / Cum michi de talpa Naso nouus recitas* (21 f.). Der Wunsch, dass *altera colloquia* sie neu verbinden mögen (*reconciliare*), liegt da nahe (27 f.).

Die Bedeutung des Rezitierens betont Baudri – und zwar berichtend, nicht fingierend – in seinem wichtigen Briefgedicht ›Ad Godefredum Remensem‹ (c. 99), an den Domscholasten von Reims, der alle in jener Kunst übertreffe (13–24); er selbst – Baudri – trage seine eigenen Gedichte vor, lasse sie aber auch andere seinen Freunden vortragen; und er trage selbst die Gedichte von Freunden vor (210 ff.). Steht hier die Kunstübung des sorgsam feilenden Dichtens (172) und des adäquaten, mit angenehmer Stimme, sachkundig, verstehend und emphatisch vermittelnden Vortragens im Vordergrund, kommen in der Einladung an Avitus, Baudri zu besuchen (›Ad Auitum ut ad eum ueniret‹; c. 129), auch das Atmosphärische des geselligen Rezitierens, die *dulcedo* der Konversation, zur Geltung: komm und verweile, *ut nostrorum dulcedine colloquiorum / Condelectemur, laetum quoque tempus agamus* (5 f.), ›damit wir uns gemeinsam an der Süsse unserer Gespräche erfreuen und heiter unsere Zeit verbringen‹.

Ort der *recreatio* ist hier der Garten, der *ortus iocundus* (7–24) – vom Duft der Kräuter und von den Farben der Blumen erfüllt, vom Murmeln des klaren Bächleins und vom Schatten der fruchttragenden Bäume, wo jede Nacht Philomela verführerisch ihren alten Liebesschmerz besingt. Während die Ausmalung des idyllischen Ortes alle Sinne anspricht, wird das intellektuelle Vergnügen am Gedicht selbst noch durch Anspielungen auf Vergils zweite Ekloge erhöht[97] – so vorbereitet (*iocundo situ recreentur pectora nostra*; 26) finden die Freunde zum Ausdruck ihrer selbst und zum Erleben des andern in Vortrag und Gleichklang von ihrer beider Liedern.

---

95 Von ganz entsprechenden Abläufen geht Ulrich von Liechtenstein aus; vgl. unten, Kapitel 4.

96 Die *talpa* erscheint in c. 107 und c. 131 wieder, ohne dass klar würde, was oder wer darunter zu verstehen sei. Vgl. die Überlegungen von Tilliette I, S. 200.

97 Vgl. Tilliette I, S. 233 ff.

An dieser Stelle wird das konventionelle (und gerade als solches leistungsfähige)[98] Bild durchbrochen. Baudri hält eine ganze Sammlung von (eigenen und fremden?) *carmina* bereit, die Avitus vortragen möge,[99] da er die Kunst des Rezitierens beherrsche. Wenn er es wünsche, wolle auch Baudri selbst eigene Verse vortragen. Die Auswahl an *delitiae* (47), die er skizziert, macht nun noch einmal deutlich, dass es hier auf das neidlos geteilte Vergnügen[100] an der Kunst des andern ankommt, auf das im eigenen und, mehr noch, im verstehenden, kongenial mitgestaltenden Vortrag des einfühlenden Kenners und Freundes Zur-Sprache-Kommen der Dichtung.

Das Spektrum des (durch viermaliges *si uis* strukturierten) Angebotes reicht von Baudris Versbearbeitungen der Genesis (verloren) und der ›Mythologiae‹ des Fulgentius (c. 154, fragmentarisch) über eine Auswahl von tändelnden Liedern (*in iuuenem quaedam nugabimur odis*; 35) bis zu Auszügen aus dem langen Carmen 134 für Adela – er könne die Schlachten Wilhelms, ihres Vaters, schildern, oder Avitus, wenn dieser denn wolle, ›mit Worten‹ in den Saal der Gräfin einführen, die alle Welt überrage:[101] *Si uis, in thalamos illius te comitissae / Inducam uerbis quae toti praeminet orbi.* (40f.) – es ist die Vielfalt der Herausforderungen, des Dichters wie des Rezitators, die Vielfalt der Stile, Modelle und Wissensbestände,[102] die beide beherrschen müssen, die ihnen gemeinsames Vergnügen verspricht: *Has tibi delitias, si uis ita deliciari, / Dimidiabo tibi, tibi conseruantur, Auite* (47f.) –

---

98 Ich erinnere an die Inszenierung des Sich-Findens der Liebenden im *locus amoenus* der Minnegrotte; Gottfried, Tristan, V. 17139–17274.

99 Er solle sie vor Alexis rezitieren, der seine Fähigkeit oft besonders gelobt habe. In »ce mystérieux Alexis« (Tilliette I, 150, vgl. 234) scheint mir Baudri sich selbst zu geben, hier in erneuter Annäherung an die zweite Ekloge Vergils, in c. 3, 3, indem er sein Alter ego als Gewährsmann für seine Kritik am Typus des schönen, aber hochmütigen Jünglings zitiert. Hier, in c. 129, weist im Übrigen nichts auf die Beteiligung eines Dritten an der Begegnung hin, im Gegenteil.

100 So ausdrücklich in c. 90, 23 in Bezug auf das besonders bewunderte Gedicht ›De talpa‹.

101 Dem auszugsweisen Vortrag aus c. 134 entspricht die separate Überlieferung der Verse 748–946 (Beschreibung des Orbis terrarum) in der Pariser Handschrift BNF lat. 4126 (14. Jh., aus York); vgl. oben, Anm. 4. Zur Schilderung der Schlacht von Hastings (c. 134, 233–566) vgl. Nunzia Bartolomucci, Il registro epico di Baudri de Bourgueil. *Adelae comitissae*: vv. 207–582, in: Annali della facoltà di lettere e filosofia di Bari 39 (1996), S. 73–87.

102 Zum Spektrum der von Baudri beherrschten Stile und Textsorten vgl. Tilliette I, S. XVIf.

›all diese Wonnen, wenn du denn Wonnen erleben willst, werde ich mit dir teilen, für dich habe ich sie bewahrt, Avitus‹.

Was hier zur Geltung kommen kann und soll, ist der Erfolg eines Dichtens, das Baudri wieder gegenüber Gottfried, dem sachkundigen Domscholasten von Reims, besonders eindringlich (und authentisch) beschrieben hat (c. 99): als edlen Zeitvertreib (*ocia nobiliora*; 165), der das *ingenium* erhalte (168) in einem Tun, in dem man es nur durch ständige Übung (*res assiduata*; 169) zur Meisterschaft bringe, das Zeit und sorgsames Feilen verlange (172) und doch nur in einem von hundert Fällen zu einem vollendeten Vers führe (173 f.). Sollte auch nur der zehnte Teil seiner Verse bestehen können, wäre sein Schweiss nicht umsonst geflossen (175 f.). Dichten schärfe den Verstand, zumal, wenn man, wie er es tue, dabei in Büchern nachschlage: *Nam dictare acuit ebetatum mentis acumen; / Dictando siquidem sepe reuoluo libros* (177 f.). Auch Liebesgedichte zu schreiben, ist da eben nur Übung, die Liebe an sich nicht vorausgesetzt: *Exercere meum sic placet ingenium* (196); das erotische Tändeln reizt, weil es einen besonders facettenreichen Schliff erlaubt: *Pectine cantatur lucidiore iocus* (198). Oder, wie er es in seinem apologetischen Carmen ›Qua intentione scripserit‹ (c. 85) formuliert, er wollte einfach wissen, was er könne: *Dicere quod poteram? Temptando probare uolebam* (18), und fand jene Gattung der Carmina unterhaltsamer, vergnüglicher: *Genus hoc iocundius esse putaui* (44).

Dass sich die *dulcedo colloquii* in der Begegnung mit Avitus einstellt, weil dieses Wissen sie verbindet, bedarf unter Freunden nicht der Erwähnung. Baudri spricht das aber an anderer Stelle an, in seinem Briefgedicht an Emma (c. 153), die *magistra* oder *grammatica* der Schule von Notre-Dame-du-Ronceray in Angers. Hier, wo sich offenbar mehrere Nonnen am Austausch von Briefgedichten mit Baudri, Marbod und anderen beteiligten, kann sich Baudri verschiedene Arten der Aufnahme seiner Gedichte vorstellen, die er Emma bereits als Sammlung, als *totum nostrum libellum* (9) zukommen lässt.[103] Von Emma selbst erwartet er, dass sie als Kritikerin (*Forma censoris*; 11) das Buch gründlich studiere (*vt studiosa legas, sollicite uideas*; 10), nicht freundlich übergehe, was zu tilgen sei (*quod resecare*

---

103 In vergleichbarer Form (*nostra poemata, libellus, codex*) unterbreitet Baudri seine Gedichte auch Marbod von Rennes (c. 86) zur kritischen Lektüre, erwartet von ihm freilich daneben eine wertende Antwort in Form eines ihn lobenden Briefgedichts (41). Ähnliches gilt für Galo, der zunächst Baudris *nugosum libellum* erhält (c. 193, 109), später auch Schriften in Prosa (c. 252, 31 f.)

decet; 12). Durchlesen solle sie es, gutheissen, verbessern und ergänzen (*perlegat, extollat, corrigat, adiciat*; 24). Er spielt die Grösse des Aufwandes herunter (ein Tag genüge; 28), bittet sie aber zugleich, gelegentlich einige Mitschwestern – welche und so viele sie wolle – zu versammeln, Uneinsichtige und Redselige aber auszuschliessen. (Geschwätzigkeit, vorlautes Reden und Missgunst fesselten nämlich die Harmlosen, und Verleumdung schade.) Mit den so Ausgewählten soll Emma über seine Gedichte reden und sie dabei selbst immer wieder lesen: *Inter philosophos ualuit collatio multum, / Idcirco confer solaque multa lege* (21 f.). Das heisst aber doch, dass unter der sachkundigen Leitung der zuständigen Lehrerin die Gedichte Baudris jener gemeinschaftlichen, Meinungen sammelnden und kritisch prüfenden Lektüre unterzogen werden sollen, deren besonderen Rang etwa schon Isidor in seinen ›Sententiae‹ unterstreicht: *Cum sit utilis ad instruendum lectio, adhibita autem collatione majorem intelligentiam praebet. Melius est enim conferre quam legere.* [...] *Quod enim obscurum aut dubium est, conferendo cito perspicitur.*[104] Und Hugos von St. Viktor Schilderung der Entstehung seines Traktats ›De archa Noe‹ aus einer *collatio*, die er in seinem Konvent geleitet haben will, gibt zumindest ein idealtypisches Bild von Verlauf und Ertrag der Gespräche, die sich in diesem Rahmen denken liessen.[105]

2.4 Mythologie und *amor uerus* – integumentale Rede im Zeichen Ovids und des Hohen Liedes

Die Bedingungen dieses Austauschs (oder doch Baudris Vorstellungen davon) lassen sich noch genauer fassen im ›Briefwechsel‹ mit Constantia, die offenbar demselben Konvent von Notre-Dame-du-Ronceray in Angers angehört hat; Baudri hat ihr zwei Briefgedichte[106] und ein Epitaph (c. 213) gewidmet; in der Conclusio des ersten Carmen (c. 142, 51) grüsst er Emma,

---

104 Isidorus Hispalensis, Sententiae (PL 83), Paris 1850, III, XIV, 1–2, Sp. 688 B.

105 Hugo de Sancto Victore, De archa Noe. Libellus de formatione arche, vol. 1–2, cura et studio Patricii Sicard (CCCM 176–176A), Turnhout 2001, ›De archa Noe‹, I, 1, S. 3. Auf eine ähnliche Gesprächssituation als *occasio scribendi* bei Augustin weist Sicard im Apparat seiner Ausgabe hin (De divinatione daemonum I, 1 [PL 40]), wo sich freilich *fratres laici Christiani* mit Augustin zum Gespräch (*sermo*) zurückgezogen haben.

106 Die Carmina 142 und 200. C. 201 ist als Antwort Constantias an Baudri gefasst, muss aber wohl als fingiertes, Constantia unterschobenes Gedicht verstanden werden; dazu anschliessend.

die *magistra* in Le Ronceray, von der eben die Rede war. Im Zentrum dieses Gedichts steht die Verpflichtung der ›geistlichen Tochter‹ auf ihr Brautschaftsverhältnis zu Christus, dessen Formulierung in einem vom Hohen Lied inspirierten, Constantia vorgeschlagenen Bekenntnis gipfelt (31–38). Auch hier ist damit der Rahmen gesetzt, in dem sich der Austausch zwischen Baudri und Constantia abspielen kann, ein Austausch, an den er mit den Worten *scribens alludo* (7) erinnert.[107] Zugleich erklärt Baudri, dass er oft auf das Mittel seiner *carmina* zurückgreife, weil es ihm in ihnen gelinge, seine *rusticitas in factis* (5 f.) zu verbergen – die (sorgsam gesetzten) Gedichte erlauben also, Unsicherheiten, wie sie in der spontanen mündlichen Rede, im unmittelbaren Umgang unvermeidlich sind, zu vermeiden. Unter der Voraussetzung ihrer Bindung an Gott und der Erinnerung an seine Ermahnungen, kann Baudri seine Partnerin dann um die Erneuerung ihres *foedus amicitiae* (44) bitten – einander zu schreiben stehe ihnen wohl an, doch möge sie ihm auch ihre süsse Rede (*dulcia alloquia*, 50) gewähren.

Die Carmina 200 und 201 sind als Briefgedicht Baudris ›Ad dominam Constantiam‹ und deren Antwort an ihn eng aufeinander bezogen[108] und aufgrund der Perspektivendoppelung besonders aufschlussreich: Dieser Perspektivenwechsel ist im übrigen so konsequent und schlüssig durchgeführt, dass man c. 201 meist als authentische Antwort Constantias gelesen hat.[109] Dass dies, wie Tilliette gezeigt hat,[110] unwahrscheinlich ist, man

---

107 Dass sich *alludo* hier – doppelsinnig – zugleich auf das anschliessende Umspielen des Verhältnisses zwischen Baudri und Constantia als Verwandtschaft zu Gott bezieht, legt Tilliette im Kommentar dar, S. 223 f.

108 Dies schon formal: beide zählen 89 Distichen.

109 So hat Dronke, Women Writers, eindringlich herausgearbeitet, wie Constantias Brief als »a deftly calculated histrionic performance« zu lesen sei, »in which the personal expression is the sum of the incongruous conventions, Patristic and Ovidian, modifying one another.« (107) Ob daraus, wie er meint – »I would suggest« – auf »deep and sensitive feeling, and great delicacy« (90) bei Constantia oder auf Baudris Fähigkeit zu schliessen ist, ihre Rolle so zu konstruieren, ist nicht entscheidbar; und keines der Argumente Dronkes sticht. Ähnliches gilt für Bond, Loving Subject, S. 63, der die Konstruiertheit ihres »desiring self« aufdeckt (S. 143) – warum nicht durch Baudri? Annahme der ›Echtheit‹ zuletzt noch, diskussionslos, bei Pabst, Rolle von Frauen, S. 352 f.

110 Vgl. Jean-Yves Tilliette, Hermès amoureux, ou les métamorphoses de la Chimère. Réflexions sur les *carmina* 200 et 201 de Baudri de Bourgueil, in: Mélanges de l'École française de Rome. Moyen Âge 104 (1992), S. 121–161, bes. 139–144 und 160 f. Dafür plädierte schon mit stilistischen Argumenten Christine Ratkowitsch, Io und Europa bei Baudri de Bourgueil, in: *Arbor*

vielmehr von Baudris Verfasserschaft für beide Texte ausgehen sollte, be-
einträchtigt die Aussagekraft des Briefpaares nicht, im Gegenteil: Baudri
entwirft hier beispielhaft und stimmig sein Modell des spielerisch-freund-
schaftlichen Austauschs (*iocus*) aus der Perspektive beider Geschlechter und
erhöht so den Reiz der raffinierten erotischen Einkleidung für alle Leser
erheblich.[111] Diese (immer vorauszusetzende) Einbeziehung Dritter wird
hier ausdrücklich erwogen: Carmen 200 beginnt mit der Aufforderung, den
Brief (*carta*, 1) nach der Lektüre sorgfältig ›am Herzen‹ zu bergen, damit
keine *lingua maligna* (2) dem Ruf des Schreibers schade – der Brief sei
freilich harmlos (14 f.), offenbar so harmlos, dass es Baudri denn in den
letzten Versen freistellen kann, ihn zu verbergen oder mitzuteilen (177 f.).
Damit ist die Brisanz einer erotisch-doppelsinnigen Rede umspielt, die dann
ganz selbstverständlich Constantia und alle Leser apostrophiert – *crede mihi
credasque uolo credantque legentes* –, und zwar gerade da (und mit wört-
licher, rahmender Wiederholung: 37 und 47), wo Baudri schwört, dass sie –
Constantia und er –, obwohl sie Frau und Mann und beide jung seien,
einander nur in Freundschaft (*amicitia*, 44) verbunden sein wollen: Ihre
Herzen mögen vereint, ihre Körper geschieden sein, *sit pudor in facto, sit
iocus in calamo* (46). Im Sinn dieses Spiels kann Baudri die Liebe (*amor*) als
Gegenstand des Briefes und den Brief selbst als Liebesgedicht (*carmen
amoris*, 7) deklarieren, freilich als eines, das kein Gift enthalte: an Gorgo
oder Medea, an Ydra oder Chymera[112] müsse man hier nicht denken. Damit
ist gleich zu Beginn das Œuvre Ovids nach Form und Inhalt präsent, und
die Verbindung von Liebesthematik und griechischer Mythologie wird nun
mehrfach variierend aufgegriffen.[113]

---

    amoena comis. Festschrift zum 25jährigen Bestehen des Mittellateinischen
    Seminars der Universität Bonn, hg. v. Ewald Könsgen, Stuttgart 1990, S. 155–
    161, hier: 155 f.

111 Schon Winfried Offermanns, Die Wirkung Ovids auf die literarische Sprache
    der lateinischen Liebesdichtung des 11. und 12. Jahrhunderts (Beihefte zum
    Mlat. Jb. 3), Wuppertal usw. 1970, betont, dass »nur die Erwartung möglicher
    Realität […] den besonderen ästhetischen Reiz von Liebesdichtung empfin-
    den lasse« – wenn bei Baudris Constantia wie bei Ovids Corinna die »Span-
    nung« bleibe, ob es sie gegeben habe, dann zeige sich darin ihre »gemeinsame
    Meisterschaft« (18).

112 Die Rolle der Chymera entschlüsselt Tilliette, Hermès amoureux, S. 153 f.

113 Vgl. Tilliette II, S. 288 (mit der einschlägigen Literatur). Er unterscheidet drei
    Register: »ascétisme«, »courtoisie« und »humanisme classique«; Hermès
    amoureux, S. 144.

Gerald Bond hat den Briefwechsel zwischen Baudri und Constantia in c. 200/201 als letzte Stufe in der Aneignung Ovids durch Baudri interpretiert.[114] In den beiden vorangegangenen Briefpaaren lag nach Bond das Gewicht zunächst auf der *imitatio* Ovids unter neuer Akzentuierung in c. 7/8 (Paris – Helena),[115] dann auf der Auseinandersetzung Baudris mit dem verfolgten Dichter und seiner Selbstrechtfertigung aus den eigenen Verhältnissen heraus in c. 97/98 (Florus – Ovid),[116] während das letzte Briefpaar einen tatsächlichen Austausch Baudris mit einer historischen Partnerin fortsetzt (vgl. c. 142 und c. 213, ihr Epitaph), in dem sich beide als Liebende und Dichtende selbst konstruierten – »a new textual voice emerges as a game of selves, a playing with one's self.« (104)[117] Mit welcher Subtilität das, in ständigem Rückgriff auf Ovid, geschieht, hat Tilliette gerade auch im Hinblick darauf gezeigt, dass es Baudri sei, der sich in beiden Briefen bespiegele.[118] Hier wird der Akt integumentalen Schreibens selbst nachvollziehbar, dessen Ergebnis dann jener gelehrten Entschlüsselung bedarf, an der sich – zumindest für den Kenner: pikanterweise – Absender und Empfängerin zu beteiligen hätten. Wie weit eine Entschlüsselung von Fall zu Fall gehen mochte, in der die Spannung zwischen erlaubter und unerlaubter Liebe, zwischen sinnlichem Verlangen und spirituellen Ambitionen hätten zum Austrag kommen sollen?[119]

---

114 Gerald A. Bond, Composing Yourself. Ovid's Heroides, Baudri of Bourgueil and the Problem of Persona, in: Mediaevalia 13 (1989 [for 1987]), S. 83–117, wieder, in überarbeiteter Form, in: Loving Subject, S. 60–64.

115 Dazu auch Christine Ratkowitsch, Die keusche Helena. Ovids Heroides 16/17 in der mittelalterlichen Neudichtung des Baudri de Bourgueil, in: Wiener Studien 104 (1991), S. 209–236.

116 Zum möglichen historischen Zusammenhang vgl. Bond, Composing Yourself, S. 96. Christine Ratkowitsch, Baudri de Bourgueil – ein Dichter der ›inneren Emigration‹, in: Mittellateinisches Jahrbuch 22 (1987), S. 142–165, geht davon aus, dass hier nicht nur »der Mönch Baudri in der Persona des antiken Dichters« spricht (149) und seine ovidische Dichtung verteidigt, sondern er zugleich seine ›Verbannung‹ nach Dol beklagt.

117 Dass dieses Spiel erst in c. 200 und 201 gemeinsam und auf komplementäre Weise realisiert wird, spricht gerade für die von Bond erwogene, aber ohne zwingende Gründe abgelehnte Verfasserschaft Baudris für beide Texte (vgl. Anm. 37, S. 114 f.). Für unseren Zusammenhang ist die Entscheidung ohne Belang. Schreibt Constantia selbst, beherrschen beide die Raffinessen des literarischen Spiels kongenial – schreibt Baudri, steigert das noch die Subtilität der Konstruktion aus weiblicher Perspektive.

118 Tilliette, Hermès amoureux, S. 144–159.

119 Dies in Übereinstimmung mit Tilliettes (ebd., S. 156) Verständnis von c. 200 –

Baudri verfährt so: Zunächst erklärt er, ihr – von *foedus amor* (38), ›von schmählicher Liebe‹ freies – Liebesbündnis (*foedus amoris*)[120] beschwörend (15–36, hier 34), seine Liebe zu Constantia für grösser als diejenige antiker Liebhaber zu ihren Geliebten – freilich sei durch einen Nebel verhüllt, was die *fabula greca* (25) eigentlich berichte: *Nam nebula quadam res adoperta uenit* (26). Seine eigene Liebe sei ein *uerus amor* (27), doch ist auch sie durch *nugis nebulisque* verschleiert (27). Damit bekennt sich aber Baudri nicht nur zu der für die Aufnahme Ovids in den Kanon der Schulautoren grundlegenden Auffassung der griechischen Mythologie als fiktiver, doch als *integumentum* zu lesender Rede,[121] er nimmt vielmehr zugleich auch für sein eigenes Dichten den Status uneigentlichen, metaphorischen, ja allegorischen Sprechens in Anspruch: Sein *carmen amoris* erfordert eine Deutungsleistung, die derjenige verweigert, der Baudris *nugae*, sein als *iocus*, als Spiel, gedachtes Dichten, wörtlich nimmt und ihn – *maligna lingua* (2) – verleumdet.

Dem entspricht das anschliessende Bekenntnis zu einer Liebe, die sich als *amicitia* versteht und auf *virginitas* setzt (39):[122] *pudor in facto* und *iocus in calamo* (46). Was ihm Constantia verbinde, sei ihre Bildung (*littera*, 51), ihre Muse (*musa*, 52), sie sei seine Sibilla (54).[123] Dieses Ineinander-Aufgehen von Liebe und Dichtung bei Ovid und die ihn überbietende Erneuerung Ovids durch Baudri bestimmt auch den anschliessenden Schönheitspreis *de capite ad calcem*, der mit der Überbietung des Glanzes der Venus (als Stern) durch den Glanz der Augen Constantias beginnt, aber bald mit der Versicherung abbricht, die Schönheit ihres Körpers habe der des Gesichts entsprochen: Jupiter hätte – wenn die *fabula greca* über ihn denn wahr wäre – um ihretwillen wer weiss welche Metamorphose auf sich genommen und sie damit unsterblich gemacht (65–70).[124] Wäre ihr also früher die Unsterblichkeit über Ovid, den Sammler aller Metamorphosen, sicher gewesen, so wird ihr nun – so kann man fortfahren – in Baudris von wahrer Liebe getragenem

---

sein Thema sei »la tension, dans l'imaginaire de son auteur, entre amour licite et amour illicite, entre le désir nié (*numquam foedus amor*) et la loi proclamée, entre les brûlures de la chair et l'idéal spirituel.«

120 Den ›ovidischen‹ Doppelsinn erläutert Tilliette, ebd., S. 154ff. Vgl. schon Offermanns, Wirkung Ovids, S. 106–111, hier: 107f.

121 Er bezeichnet sie als *grecas nugas* (121) oder *gentiles nugas* (125), griechische oder heidnische Fabeleien.Vgl. Bond, Loving Subject, S. 57f.

122 Als *foedus amoris* wird ihre Beziehung in V. 36 bezeichnet.

123 Als *dia Sibilla* bezeichnet Baudri Constantia, die *littera diues,* auch in seinem Epitaph, c. 213.

124 Den Topos bespricht Tilliette, Hermès amoureux, S. 149.

Gedicht die eigentliche literarische ›Unsterblichkeit‹ zu Teil: Denn sein
spetialis amor (79) als Liebe zu ihrer Jungfräulichkeit hat ihre körperliche
Schönheit im Gedicht nur festgehalten, um die (innere) Schönheit ihrer
Sitten abzubilden – *Propter id ergo tuam depinxi carmine formam, / Vt
morum formam extima forma notet* (85 f.). Damit legt Baudri nun aber
zugleich das Prinzip seiner ›integumentalen‹ Rede offen, die sich der *nugae*
oder *nebulae* ovidischer Sprache und Bildlichkeit im Spiel (*iocus*) bedient,
um zu fassen, was sich auf der Ebene der ›Herzen‹ abspielt – eine Beziehung
betrifft, die durch Bildung bestimmt ist, durch Verstehen von (antiker)
Literatur und durch Inspiration und Kritik (neuer) literarischer Produktion,
der *carmina* Baudris und seiner Partner (und seiner übrigen poetischen
Werke).[125]

Weshalb er aber in sein dichterisches Schaffen die Dichtung der Heiden
(*gentilis pagina*, 89) integriert, führt Baudri weiter aus: Er tue es nur, damit
ihr, Constantia (wie allen andern Lesern …), die Heiden und ihre Dichtung
(als solche) wertlos erscheinen, damit nicht junge Männer mit ihr, deren
(äussere und innere!) Schönheit (*forma venusta*, 95) doch *imago Dei* (96)
sei, erfolgreich zu spielen (*ludere*, 97) versuchten, Männer, die doch – unter
Voraussetzung der euhemeristischen Perspektive – nur (neue) *Ioues* und
Martes seien (100 f.). Die *libri ueterum* enthielten allerdings *exempla* bösen
wie guten Verhaltens (105 f.), wie etwa Diana für ihre Jungfräulichkeit gerühmt werde. Alle Beispiele haben freilich für den Wissenden allegorischen
Sinn (*mistica sunt*, 110). So möge sie, um ganz ›ihm‹ zu leben, dem Beispiel
Dianas auf dem Weg der Tugend folgen. In der christlichen Literatur (*libri
nostri*, 119) weise jede Zeile diesen Weg, doch habe er die *grecas nugas*
deshalb einsetzen wollen, damit uns alle Schriften dieser Welt (*quaeuis
mundi littera*, 122) wie mit einer Zunge unterweisen. Gefangen seien nun
die *gentiles nugas*, er, als Sieger, freue sich darüber:[126] der Grieche und der
Hebräer bereicherten nun die lateinische Dichtung.

Nachdem gerade diese Parallelisierung der Exegese des Alten Testaments
mit der integumentalen Deutung der griechischen Dichtung noch einmal die

---

125 Unklar bleibt die Konzeption der von ihm mehrfach erwähnten, aber nicht
     erhaltenen, vielleicht nie vollendeten Genesis-Bearbeitung in Versform (vgl.
     c. 1, 59; 129, 33; c. 200, 163–166).
126 Im Anschluss an die entsprechende Deutung von Dt 21, 11 ff. durch Hiero-
     nymus; vgl. Ernst Robert Curtius, Europäische Literatur und lateinisches
     Mittelalter, 4. Aufl., Bern / München 1963, S. 50, der Baudri erstmals in die-
     sem Zusammenhang heranzieht, S. 367, und Tilliette, Hermès amoureux,
     S. 158.

Benutzung Ovids absichert, hebt Baudri schliesslich die Schriftdeutung überhaupt in einer Definition der *doctrina legendi* auf, die schlicht alles, was ist, als Buch versteht und einer (allegorischen) Deutung unterzieht: *In nullis nobis desit doctrina legendi, / Lectio sit nobis et liber omne quod est* (133f.).

Unter diesen Voraussetzungen kann er als *summa* seines Liebesbriefes Constantia in der Tonlage des Hohenliedes ein jungfräuliches Leben empfehlen: als *sponsa domini* sieht er sie, als *aula* und *thalamus* ihres Bräutigams (137f.), keusch sollen Baudris eigene Begegnungen mit ihr sein, keusch ihre Gespräche: *Sint casti accessus castaque colloquia* (142).[127] Indem er unmittelbar darauf noch einmal apologetisch betont, dass alles, was er tue, Spiel sei (*quicquid ago iocus est*, 144), von Constantia Vertrauen auf seine Schriften und Lehren verlangt (158) und sie zur Antwort ermuntert (169), betont er noch einmal das, was er hier als Gegenstand der Gespräche und Lieder umrissen, systematisch erschlossen und gerechtfertigt hat: Was die *fabula greca* in der Bearbeitung durch Ovid zur Verfügung stellt, kann als Bildungswissen erinnert und moralisch erschlossen werden, es kann aber auch neue erotische Rede im Stil Ovids inspirieren, die dann den der *fabula greca* zugestandenen Rang integumentalen Sprechens in Anspruch nimmt. Dieses

---

127 In seinem ersten Carmen an Constantia (c. 142) hat er sie deutlicher noch als die schwarze Braut des Hohenliedes (Ct 1, 5) angesprochen (31–35). Dazu auch Tilliette, Hermès amoureux, S. 145f. Diese ›Sprache der Nähe‹ hat ihr genaues Gegenstück in den Bemerkungen, mit denen Hildebert von Lavardin, dessen Rolle als *magister elegantiarum* Peter von Moos, Hildebert von Lavardin 1056–1133. Humanitas an der Schwelle des höfischen Zeitalters (Pariser historische Studien 3), Stuttgart 1965, S. 147–178, hier: 147, betont hat, die Anrede Adelas von Blois(?) als *domina* und *dilecta* in der *intitulatio* eines Briefes an sie erklärt: *Sponsa domini mei domina mea est. Hinc est quod te puro et simplici amore complector, quod aemulor te Dei aemulatione*. Natürlich bleibt Hildebert damit in der Tradition des Hohen Liedes, die verwitwete Fürstin wird nun als *sponsa Domini Jesu Christi* geistlich auf das neue bräutliche Leben vorbereitet: *Ad Regis amplexus de cubiculo militis traducta es. Uxor hominis, uxor Dei facta es*. Hildebertus Turonensis, Epistolae (PL 171), Paris 1854, I, vi, Sp. 149–153, hier: 149 B–C (Typ A, 42 bei von Moos, ebd., S. 366). Bei der Allgemeingültigkeit aller Aussagen hat der Brief in unserem Zusammenhang seine Bedeutung, gleich ob er an Adela von Blois gerichtet ist oder nicht; von Moos lässt die Frage offen (324): Der Brief verweist einmal mehr auf das besonders von Jaeger, Envy of Angels, und Ennobling Love, beschriebene Verständnis von *amicitia* als *amor* und seine Umschreibung. Vgl. von Moos, ebd., zur Stelle S. 228–234, zur Gottesbrautschaft auch 222; ausserdem Kimberly A. LoPrete, Adela of Blois: Familial Alliances and Female Lordship, in: Aristocratic Women in Medieval France, ed. by Theodore Evergatcs (Middle Ages series), Philadelphia 1999, S. 7–43, hier: 29.

neue erotische Sprechen besitzt freilich eine Unmittelbarkeit, die der Mythologie der Griechen fehlt: Denn im *iocus*, im Rollenspiel in Gespräch und
Gedicht, lassen sich Partner auf eine Verständigung ein, die umfassende
Bildung und kultiviertes Verhalten voraussetzt, beide nutzt und so erweitert
und über sie einen freundschaftlichen Umgang pflegt, der erotischen Empfindungen gegenüber offen ist, ja sie in sublimem Umgang mit ambiguer
Rede fruchtbar werden lässt.

Der Antwortbrief Constantias (c. 201) ist nun frei von Beteuerungen der
Harmlosigkeit. Er spielt die verschiedenen Register des Verhaltens weiblicher Liebender durch,[128] vom betont-naiven und zugleich pikanten Bergen
des Briefes an der blossen Brust über die in den ›Heroides‹ vorgeprägten
Regungen des Verdachts, der Geliebte könne ihr untreu sein, bis zu raffinierten Vorschlägen, wie er sich den Weg zu ihr freimachen könne. Aber es
kommt mir hier auf etwas anderes an – auf die Constantia attestierten
Erwartungen an den Austausch mit Baudri, ihre (fiktive) Einsicht in die
Bedingungen des ›Spiels‹ und in dessen gelehrte Voraussetzungen.

Constantias Antwort nimmt zunächst unmittelbar auf das Briefgedicht
Baudris Bezug, auf den Empfang, die Lektüre und die Bergung bei Ein-
bruch der Nacht (1–18). Ein zweiter Abschnitt zeichnet protokollartig die
nächtlichen Gedanken auf (19–108), während ein dritter Teil (109–178) sich,
nach Constantias Entschluss, ihre Gedanken in Versen den Wachstäfelchen
anzuvertrauen, erneut direkt an den Adressaten wendet. Dieser dritte Teil
bekennt sich zur Gottesbrautschaft (114), zur *uita pudica* als Voraussetzung
ihrer beider Spiele (*ioci*, 122), äussert Befürchtungen bezüglich seiner Treue
wie Hoffnungen, er werde neue Aufgaben nicht weit entfernt übernehmen,
und bittet schliesslich mit sich steigernder Dringlichkeit um seinen Besuch.
Mit dem Wunsch, einen solchen Propheten (*propheta*, 19: den Verfasser des
– integumentalen – Briefgedichts) sehen zu dürfen (*dabitur* […] *spectare*, 19)
und eine kurze Unterhaltung mit ihm gewährt zu bekommen (*dabitur
colloquii morula*, 20), setzt aber schon der zweite Abschnitt ein. Er rühmt
Baudri als *uates*, als *preditus poeta* (21), rühmt seine göttliche Stimme (22),
die Kraft seiner Sprache und die Gelassenheit seiner Rede (23), die Klugheit
seines Schreibens (24) und noch mehr seines Handelns (25): in allem handle
und rede er weise (26).

---

128 Die verschiedenen in ›ihrer‹ Rede verbundenen Stimmen (»voices«) und Dis-
     kurse (»nun [wife of God], educated writer / reader, and noblewoman«)
     analysiert Bond, hier Loving Subject, S. 143.

Natürlich haben wir es hier zunächst mit einem Gegenstück zum ebenso idealtypischen Schönheitspreis der Frau in Baudris Brief zu tun. Allerdings setzt Constantia gleich bei den ›inneren‹ Qualitäten ein und stellt den eigentlichen Schönheitspreis zurück. Unter den Römern hätte er Cicero (aufgrund seiner Rede) und Cato (aufgrund seines Handelns) ersetzt, er habe Aristoteles übertroffen und sei ein *alter Homerus*: Inbegriff also antiker Bildung und Lebenstüchtigkeit, vor allem aber Dichter (und Prophet), der in ›homerischen‹ Versen (31 f.) die mythologische Überlieferung der Griechen zu erschliessen, mit neuem Sinn zu füllen vermag: *Hystorias Grecas et earum mistica nouit / Atque quid hec aut hec fabula significet; / Vtque mihi credas, metro mandauit idipsum, / Adsensus fecit copia multiplices.* (33–36). Constantia bestätigt damit das von Baudri (c. 200, vgl. oben) in Anspruch genommene Verfahren der mythen-allegoretischen Durchdringung der *fabulae*, der *nugae grecae* und ihrer Erneuerung in der eigenen, wieder ›integumentalen‹ Dichtung; seine im Zeichen des *iocus* formulierten erotisch-doppelsinnigen Carmina machen ihn für Constantia zum *propheta* (19) und *vates* (21). Als David sieht sie ihn denn auch in ihrer Replik auf Baudris Erklärung als Sieger über die (mythologischen) Schätze der Alten (*gentiles nugas*) wie über Beute verfügen: Wie David Goliath mit dessen eigenem Schwert enthauptet habe, habe Baudri die heiligen Stätten und Wohnungen der Griechen geplündert und ihre Fallstricke und ihre zweischneidigen Schwerter gegen sie selbst gebraucht (*decipulas ensesque suos detorsit in hostes*, 41) – in seinem *carmen* habe er diese *nugae* und *spolia* uns dargeboten (42 ff.).

Damit wird sehr anschaulich und präzis ›durch Constantia‹ die von Baudri formulierte Poetik seiner Carmina reformuliert und approbiert: Orientiert an der Technik der christlichen (typologischen) Exegese des Alten Testaments (des gemeinsam mit dem Griechen, der *fabula greca*, dienenden Hebräers bei Baudri, c. 200, 132), im Bild von Davids Sieg über Goliath und seiner Deutung praktisch vorgeführt, werden die – nun als Täuschung und Übervorteilung verstandenen – griechischen Techniken verhüllenden Erzählens und ambiguer Rede in den Carmina Baudris benutzt. Zugleich aber werden sie gegen ihre Urheber gewandt, wenn Baudri im Kleid ovidisch durchdrungener erotischer Rede einen *amor uerus* unter Menschen propagiert, der die Bindung der Partner, ihre geistliche Brautschaft mit Gott, respektiert oder doch respektieren soll.

Dem entsprechend fasst Constantia noch einmal zusammen: Baudri kenne die Schar der (griechischen) Götter (*turba deorum*, 45), wisse, was sie alle bedeuten, und lege diese Bedeutungen dar (*significare, exponere*, 46). Er beherrsche aber nicht weniger die Exegese des göttlichen Wortes: *Si de diuinis insurgat quæstio dictis, / Nectareo nodos explicat eloquio* (47 f.). Ja, man frage sich, was eigentlich seinem *sensus*, seinem *ingenium* überhaupt entgehe (49)?

Wird nun auf einen eigentlichen Preis der Schönheit Baudris – ›aus Unfähigkeit‹ – verzichtet, so wird doch sein Glanz betont, der selbst den der Sonne überstrahle. Er, dessen Art und dessen Grösse ihr jetzt nur sein Carmen ›bezeichne‹ (*significare!*, 57), er, den sie jetzt nur in seinen Versen ›schaue‹ (*uidere!*, 58),[129] den sie oft zu sehen wünsche und schon ein Jahr lang nicht gesehen habe, dieser Geliebte (*dilectus*) möge kommen und sein eigenes Gedicht auslegen (*sensum proprii carminis exprimeret*, 70), also jenes Gedicht, das an ihrer Brust geborgen sei. Natürlich würden dann Freundinnen sie umstehen, obwohl seine *fides* an sich genüge …

In besonders dichter Form wird hier noch einmal (›durch Constantia‹) in praxi vorgeführt, wie Baudris Spielen mit den Elementen heidnisch-griechischer und biblisch-hebräischer Tradition, mit Sprache und Bildlichkeit Ovids wie des Hohenliedes, zu einer neuen, bedeutungstragenden (und daher deutungsbedürftigen) erotischen Dichtung führt, die über das Sprachspiel hinaus eine Freundschaftskultur geprägt haben soll, in der die Begegnung, das gebildete Gespräch zentral waren: ein Gespräch unter Partnern, die nicht nur über vergleichbare Bildungsvoraussetzungen verfügen, sondern sich auch im teils ernsten, teils spielerischen Gebrauchs dieser Bildung treffen, aus deren Besitz heraus Beziehungen und Kreise gestalten, eine elitäre Kultur entstehen lassen.[130]

2.5 ›Adelae comitissae‹ – Lobpreis der Fürstin und Einladung zu gebildetem Gespräch

Stellt man nun die Frage nach der *intentio auctoris* für Carmen 134 ›Adelae comitissae‹ erneut, wird man auch hier den Anspruch Baudris auf die Aufnahme, eher Fortsetzung eines gebildeten Austauschs betonen können. Allerdings adressiert Baudri hier eine Fürstin und passt seine Argumentation

---

129 Hier erfährt die Auseinandersetzung mit dem παρουςία-Motiv im spätantiken Brief (vgl. Thraede, Grundzüge, S. 146–161) eine weitere Zuspitzung durch seine Integration in das Konzept integumentalen Schreibens.

130 In diesem Fluchtpunkt laufen die Deutungen Tilliettes und Bonds wie meine eigene bei aller Unterschiedlichkeit der Interessen und Akzentuierungen zusammen.

der Adressatin an, situiert sie in Orbis, Weltgeschichte und Genealogie, sieht sie als Mäzenin und bemüht sich um ihre Gunst; der Ton dieser Annäherung ist offizieller, ja zeremonieller als in den an Nonnen gerichteten Briefgedichten, die erotische Färbung tritt zurück, und zugleich weitet sich der Kreis, den die panegyrische Rede erreichen soll:

> Vadis ut insolitos uideas, mea cartula, fastos
> Vt regum thalamos et comitum uideas.
> Vadis ut egregiam michi gratifices comitissam,
> Si tamen ipsa prius gratificeris ei. (1–4).

Selbst wenn man die *regum thalamos et comitum* nur am Hof Adelas selbst suchen will,[131] weitet sich hier der Blick. Das Gedicht als Baudris Bote (*mea cartula*) wird auf einen offiziellen Empfang, eine quasi-diplomatische Mission vorbereitet, und in diesen Rahmen passt die Einführung Adelas als Tochter Wilhelms des Eroberers, dessen Herrschaft (*imperium*, 18) den Erdkreis (*orbis*, 17) erzittern liess – jetzt ist es das Mäzenatentum Adelas, das diesen *orbis* erfüllt (49) und Menschen aus den entferntesten Gegenden anzieht. Ausdrücklich sagt Baudri, dass Adela in einer Hinsicht ihrem Vater überlegen sei: *Versibus applaudit scitque uacare libris* (38) – sie schätzt Gedichte und versteht, mit Büchern, mit gelehrter Bildung umzugehen. Sie honoriert die Dichter, ja sie dichtet eifrig selbst und hat ein sicheres kritisches Urteilsvermögen: *Rursus inest illi dictandi copia torrens / Et preferre sapit carmina carminibus.* (41 f.). Baudri rühmt ihre *probitas morum* und ihre Reinheit (*castum pectus*), ihre wohlgeratenen Kinder und ihre Liebe zum Ehemann, ihre seltene Anmut und unvergleichliche Schönheit (*decor insolitus et inequiperanda uenustas*, 67) und schliesst mit der Betonung ihres Gesprächstalents (*gratia colloquii*, 68).[132]

Baudris Carmen 134 ist aber nur e i n Panegyrikus auf Adela unter andern, nicht der erste, aber der umfangreichste unter den erhaltenen. Und er hat Teil an der Konstruktion eines Profils, für das die Adressatin, die nach-

---

131 So liest Tilliette II, S. 2, die ersten beiden Verse. Zum halb-öffentlichen Charakter der Briefgedichte Baudris (wie aller Briefe der Zeit) Bond, Loving Subject, S. 48. Schaller, Vortrags- und Zirkulardichtung, hier S. 93, unterscheidet für den Hof Karls des Grossen zwischen »Zirkulargedicht«, das »an einem Ort von Hand zu Hand« geht, und »Stationsgedicht«, dem »auf einen langen Weg mit mehreren Stationen geschickten Brieftyp«, dem dann c. 134 entspräche. Die Vorstellung eines öffentlichen Gebrauchs gerade von c. 134 belegt das Angebot seiner auszugsweisen Rezitation in c. 129; vgl. dazu oben, S. 83.

132 Tillette spricht vom »agrément de sa conversation«, II, S. 4.

weislich sehr früh *ioculatores* und *versificatores* – Berufssänger und gelehrte Dichter – beschäftigte, sicher mit verantwortlich war.[133] Wenn Bond zurecht 24 anonyme *optimi versus* eines Ingelramnus, späteren Archidiakons von Soissons, als frühes Preisgedicht auf Adela identifiziert,[134] das Gottfried von Reims kritisch erwähnt,[135] wird sie dort als Förderin der Dichtkunst, als Leserin Ovids und Catos, als in der Volkssprache beredt und als im Versedichten versiert gepriesen:

> Diceris et merito regali digna corona,
> Cuius dextra cito tribuit largissima dona.
> Lectio Nasonis non te latet, o veneranda,
> Sed neque Catonis [ed: Platonis] sententia vera probanda.
> Tu quoque barbarico nosti sermone profari:
> Ordine mirifico didicisti versificari.[136]

Geht man davon aus, dass eine solche Charakterisierung auf die historische Adela grundsätzlich zutrifft (und Zweifel daran wurden nirgends laut),[137] bezieht man ausserdem für ihren Umgang mit Büchern (Baudris

---

133 Vgl. die überzeugenden Überlegungen von Bond, Loving Subject, Kap. 5, S. 129–157, hier: bes. 136, 144 f., der im Übrigen zeigt, wie dieses »trait set« für Adela um die Wende zum 12. Jahrhundert ersetzt wird, wie »Adela's textual person« ausgetauscht wird, an die Stelle der höfischen *domina* die christliche *matrona* tritt (bes. 150 f., 153).

134 Vorsichtig zustimmend LoPrete, Adela of Blois, S. 23, zur Identität des Ingelramnus ebd. u. S. 554 f.

135 Zu Gottfried († 1095), dem Baudri sein c. 99 widmet (vgl. oben, S. 84, und unten, Anm. 145), vgl. Bond, Loving Subject, S. 144–148, mit Abdruck (nach Wilhelm Wattenbach, Lateinische Gedichte aus Frankreich im 11. Jahrhundert, in: SB der Preuss. Akad. der Wiss. zu Berlin 7 [1891], S. 97–114, hier: 107 ff.) und Übersetzung seines wohl für Adela gedachten, genau 100 Verse zählenden, raffinierten Schönheitspreises auf S. 194–201, und LoPrete, Adela of Blois, S. 554 ff.

136 Bond, Loving Subject, S. 145 ff. und 259 (lateinischer Text) nach Wilhelm Wattenbach, Beschreibung einer Handschrift mittelalterlicher Gedichte, in: Neues Archiv 17 (1892), S. 349–384, hier: 362. – Die Konjektur *Cato* durch Bond leuchtet ein, weshalb er von »poetry in the vernacular« ausgeht (147), verstehe ich hingegen nicht; ich halte ein *barbarico sermone profari* und ein *ordine mirifico versificari*, das an die gerade genannten lateinischen Vorbilder anschliesst (Ovid, Cato) für naheliegender.

137 Zur historischen Adela, insbesondere zu ihrer politischen und repräsentativen Rolle als zunächst mit-, dann alleinregierende Fürstin und Verantwortliche für die Erziehung ihrer Kinder vgl. Kimberly A. LoPrete, Adela of Blois as Mother and Countess, in: Medieval Mothering, ed. by John Carmi Parsons and Bonnie Wheeler (The new Middle Ages 3), New York 1996, S. 313–333,

scitque uacare libris; 38) Hildeberts Aufforderung an sie ein, in einem Brief Augustins nachzulesen, was sie über die Vollendung des Lebenswandels (*cursus*) durch *humilitas* nicht wisse,[138] dann verfügt sie in besonderem Mass über all das, was ›Gebildete‹ im Sinne Jaegers auszeichnet. Sie verfügt dann zugleich über alle Voraussetzungen, die den Personenkreis verbinden, den der Austausch von Carmina im Sinne Baudris konstituiert und der in persönlichen Begegnungen und Gesprächen Höhepunkte des freundschaftlichen Umgangs, der wechselseitigen, liebenden Erfahrung des anderen erlebt (oder erleben will). Und der Vorbereitung einer solchen Begegnung, der Förderung einer solchen Beziehung dient auch das Briefgedicht c. 134. Denn es endet – wie einleitend erwähnt – mit den (nun direkt an die Gräfin gerichteten) Worten: *Misi, qui nostrum reddat recitetque libellum / Ipseque, si tandem iusseris, adueniam* (1376f.).

Man hat durchaus gesehen, dass Baudri hier zwei Rezeptionsmodi unterscheidet, die von einer resümierenden bzw. einführenden Erklärung begleitete Übergabe des zum *libellus* gewordenen Gedichts (*reddere*) und die (vielleicht zugleich kommentierende) Rezitation des Textes durch seinen (sachkundigen) Überbringer (*recitare*).[139] Damit ist die Erläuterungs-, die Diskussionsbedürftigkeit des Textes deklariert. In diesem Zusammenhang scheint mir nun aber gerade das Angebot Baudris, auf Verlangen selbst zu erscheinen, wichtig: Er bietet hier doch offensichtlich das an, was in c. 201 Constantia von ihm verlangt (bzw. was er selbst, als Verfasser dieser fingierten Antwort, für notwendig hält) – die (gemeinsame) Auslegung (und Auskostung) des in der Tradition ambiguer Rede stehenden Gedichts: *sensum proprii carminis exprimere* (c. 201, 70), mündliche Selbstauslegung war dort die Erwartung an den Autor, und sie gilt (in modifizierter Form) auch hier.

---

bes. 314ff. und 318, und nun ihr umfassendes Buch: Adela of Blois. Countess and Lord (c. 1067–1137), Dublin 2007, bes. S. 22–34, das Adelas eigene Bildung vor dem Hintergrund der Bildung ihrer Familie (Vorfahren, Geschwister und Kinder) sieht und so auch die Zuverlässigkeit von Baudris Aussagen in c. 134 plausibel zu machen sucht. Ihre Schulbildung könnte sie in La-Trinité-de-Caen, dem von ihren Eltern um 1059 gestifteten Frauenkloster, erhalten haben, dem ihre ältere Schwester Cecilia als Nonne angehörte und ab 1113 als Äbtissin vorstand; so zusammenfassend noch einmal auf S. 165.

138 Hildebertus, Epistolae, I, iv, Sp. 145–148 (Typ A, 75, dat. 1122/5 bei von Moos, Hildebert, S. 367, zur Echtheit: 324), hier: 146: *Si nescis quis iste cursus sit, Augustinum lege, his ad Macedonium scribentem verbis* [...]. Adela war 1120 als Nonne in Marcigny eingetreten.

139 Tillette II, S. 217, und Carruthers, Craft of Thought, S. 219.

Dass auch c. 134 trotz seiner Sonderstellung als für Adela bestimmtes, aber nur im Schlussteil unmittelbar an sie gerichtetes Gedicht in derselben Tradition ovidisch bestimmter Rede steht, signalisiert zwar schon die Adressierung der *cartula* in Vers 1, die auf die ›Tristien‹ zurückgeht,[140] auch die zu Beginn ausführlich geschilderte Begegnung des Autors mit Adela, auf die ich gleich zurückkomme,[141] diese Tradition wird aber gerade auch im Schlussteil selbst greifbar (1343–68). Hier benutzt Baudri, indem er sein Gedicht als ›nackt‹ bezeichnet (*cartula nuda*, 1357), einen Bescheidenheitstopos. Er verwendet die Metapher aber zugleich in der antiken Tradition des ›Mantelgedichts‹ und damit der *nugae*.[142] Gegenüber einer Empfängerin, die er als Dichterin und Kritikerin schätzt (41 f.), wird man den Hinweis auf die Nacktheit des eigenen Gedichts jedoch als Aufforderung verstehen müssen, zu bessern, was sie bessern kann (wie aufrichtig das auch immer gemeint sein mag), oder eben selbst dichtend zu antworten. Die Aufforderung zur Korrektur an sich (*erratus attenuare*) stand am Ende des Briefgedichts an Muriel (c. 137, 43–46) und im Zentrum des Gedichts an Emma (c. 153). In dem programmatischen Gedicht ›Ad Galonem‹ stellt Baudri seinen eigenen *carmina nuda* (c. 193, 67) Galos von ihm bewunderte Gedichte gegenüber, die *cum tunicas* erschienen, sich durch *ornatus*, durch *colores*, auszeichneten.[143] Anschliessend ist auch dort von der kritischen Lektüre von Baudris Schriften durch Galo die Rede, und Baudri bietet an, auch Galo – wie

---

140 Vgl. Tilliette I, S. 145 (zu c. 1, 1). Sie wird auch schon am Hof Karls des Grossen mehrfach aufgegriffen, von Angilbertus in seinem c. 2, das zunächst an Karl selbst (als David) gerichtet ist: *Cartula, curre modo per sacra palatia David, / Atque humili cunctis caris fer voce salutem* (72 f.) – das Lied solle singend die Räume (und den Garten) der Pfalz durchlaufen und die Mitglieder des Hofes und der Schule ›grüssen‹ (Poetae latini aevi carolini, rec. Ernestus Duemmler, t. 1 [MGH. Poetae 1], Berlin 1881, S. 360–363), und zuvor schon und wiederholt von Alkuin. Dazu Schaller, Vortrags- und Zirkulardichtung, S. 92 f. u. 102–109, und Godman, Poets and Emperors, S. 46 u. 64–70.

141 Siehe unten, ab S. 101.

142 Vgl. Tilliette II, S. 216 f., und Therese Latzke, Der Topos Mantelgedicht, in: Mlat. Jb. 6 (1970), S. 109–131; sie hält Hugo von Orléans für den mittelalterlichen Erneuerer der auf Martial zurückreichenden Tradition (123).

143 Carruthers, Craft of Thought, S. 219 f., denkt zwar zunächst an die rhetorische »*venustas*, the ›clothing‹ of the invented material and its arrangement«, die Einkleidung des Gedichts, die Baudri Adela überlasse. Sie versteht dann aber, in weiterem Sinn, Baudris Gedicht als Grundlegung der Bildung (»foundation«), die Adela und ihre Kinder sich anzueignen hätten, als »*formae*, the elementary devices and machines with which his students can build the fabric

Emma – den *liber* (106) vorzulegen, in dem die Produkte seiner *musa iocosa* (102) gesammelt seien. So gesehen, unterstriche Baudris Selbstbezeichnung als *uates nudus* (c. 134, 1357) noch einmal seinen Wunsch nach einer Unterredung mit Adela, die dann nicht nur die Gegenstände seines Carmens, sondern eben auch sein Gedicht als Dichtung zum Inhalt hätte. Damit entspricht aber das Spektrum der Gegenstände des gelehrten Gesprächs vermutlich weitgehend demjenigen der modernen Kommentierung mit ihren Nachweisen von Zitaten und Anspielungen, formalen und inhaltlichen Erläuterungen wie ihren literaturkritischen Anmerkungen. Und eben das war auch das Programm des Grammatikunterrichts der Schulen.[144]

Die Einforderung der *cappa* oder *tunica* hat aber ein ›Nachspiel‹ mit c. 135 ›Ad eandem pro cappa quam sibi promiserat‹: ›Derselben, der *cappa* wegen, die er sich (von ihr) versprochen hatte‹, das unsere Überlegungen noch stützt. Wolle Adela ihm die erbetene *cappa* schenken und werde diese der Geberin wie dem Beschenkten gleich wohl anstehen, dann werde er, Baudri, durch seine *carmina* ihren Namen in aller Welt (*orbis*) bekannt machen (1–6). Sie möge ihn, ihren hier sprechenden Dichter, aufsuchen und möge ihm, dem Schreibenden, zum Lohn die *cappa* bringen. Wie sie selbst alle Königinnen und Gräfinnen übertreffe, so solle dieses Werk (*opus*), die ›cappa‹, alle (gestifteten) Chormäntel aller Königinnen und Gräfinnen übertreffen, um ihr ewigen Ruhm einzubringen – *quod te super astra perennet* (24). Wenn Baudri hier dieselbe Formulierung gebraucht, die er an anderer Stelle zur Umschreibung des Strebens nach wechselseitigem unvergänglichem Dichterruhm benutzt (c. 99, 73 f.),[145] spricht doch noch einmal viel dafür, die *cappa*, die er von Adela erwartet, nicht im wörtlichen Sinn[146] als Chorkappe, sondern als Antwort in Form eines eigenen

---

of their further education.« Ausgewogen der Kommentar von Otter, To Countess Adela, S. 135.

144 Anschaulich herausgearbeitet durch Nikolaus Henkel, Text – Glosse – Kommentar. Die Lektüre der römischen Klassiker im frühen und hohen Mittelalter, in: Lesevorgänge. Prozesse des Erkennens in mittelalterlichen Texten, Bildern und Handschriften. Freiburger Colloquium 2007, hg. v. Eckart Conrad Lutz u. a. (Medienwandel – Medienwechsel – Medienwissen 11), Zürich 2010, S. 237–262.

145 Im Zusammenhang mit seiner Bitte an Gottfried von Reims, mit ihm in einen dichterischen Austausch zu treten, der ihn, Baudri, wenn Gottfried ihn nenne, unsterblich machen und zu Gegengaben veranlassen werde: *Me uelles utinam super astra locare beatum* (73).

146 Von ihm geht etwa Tilliette, Vie culturelle, S. 78, aus.

Briefgedichts zu verstehen,[147] als Beginn eines Austauschs, auf den dann auch der Schluss des Carmens 135 zu beziehen wäre: *Sic mihi responde iuri ut faueas utriusque* (31) – anzuerkennen wäre also das *ius* des Spiels, des *iocus*, das ein Antwortgedicht verlangt, und in dessen Stil Baudri auch hier schreibt: ›... und vergiss mir die Fransen an der *cappa* nicht‹ – wohl doch eine »pointe pleine d'ironie, dans le goût des goliards«, wie Tilliette zu erwägen gibt.[148]

In dieselbe Richtung spielerisch-doppelsinniger Rede gingen dann auch die Betonung seines Bemühens um das Gedicht (und um Adela selbst!) in c. 134 und die ambigue Umschreibung seiner Bitte um Lohn, *cuique laboraui, non michi sis sterilis* (1350): ›Du, für die ich mich abgemüht habe, trage mir Frucht‹, ein Spiel mit ambivalenten Formeln, das sich im (marianischen) Gruss ›*flos specialis, ave*‹ (1356), den die *cartula nuda* (1357) formulieren soll, fortsetzt. Diese spielerische Dimension seines Gedichts betont gleich in der ersten Zeile des Schlusses das mit der ersten Apostrophe der Empfängerin verbundene Signalwort *nugor* (1343), dem gleich darauf der Vers *vrbana tumuit garrulitate liber* (1348) entspricht, mit dem Baudri ironisch die Arbeit an seinem Gedicht umschreibt – ›von höfischem Geschwätz (d. h. Sprachspiel und gebildeter Rede) schwillt das Buch an‹. Wie dies zu nehmen ist, deuten die Bezeichnungen *fabella* (1345) und *fabula* (1346) für sein Carmen an: Dessen Inhalt ist die ›Schilderung‹ des schönen Saales der Adela in Versen – *Depinxi pulchrum carminibus thalamum* (1344) –, eine Beschreibung, die *laus* und *decus* sein will und sich daher soweit der Fiktion bedient, also *fabula* ist, wie Ruhm und Schönheit Adelas es verlangen: *Ecce coaptauit thalamum tibi pagina nostra / Inque tui laudem sollicitata fuit. / Nempe decet talem talis thalamus comitissam. / At plus quod decuit quam quod erat cecini.* (1351–54) – eher das habe er dargestellt, was ihr wohl anstand, als das, was (wirklich) war. Dafür soll freilich auch Adelas Lohn höher sein, als seine Anstrengungen es verdienen (1360). Und dann fährt Baudri fort: ›Adela, mögest du mich doch einmal heiteren Blickes ansehen; wenn du mich ansehen wirst, wird mir das (als Lohn) genügen!‹ Damit setzt er zu Ende seines Carmens noch einmal einen Akzent, der an das erotische

---

147 Daran ändert auch der Umstand nichts, dass unter den Prosa-Briefen Hildeberts von Lavardin an Adela eine kurze Erinnerung erhalten ist, sie möge ihm die versprochenen Kasel schicken: *Planeta indigeo. Eam mihi promisisti.* (Schenke sie doch sonst bereitwillig selbst nicht Versprochenes.) Hildebertus, Epistolae III, ii, Sp. 284 C (Typ A, 20 bei von Moos, Hildebert, S. 365, auf 1101 datiert und als authentisch angesehen, S. 324).

148 Tilliette II, S. 218.

Substrat der Briefgedichte erinnert (und lässt konsequent sogleich das Thema der Anfeindungen anklingen, die ihm seine *nugae* eintrugen, 1363f.),
bevor er resümiert, dass ihr Lohn für seine Arbeit (*labor*) so ausfallen möge,
wie ihr Ruhm und ihre Schönheit es verlangen – *lausque decusque tuum*
(1366): Dann fielen in der Tat das Ziel seines Tuns und das Ziel ihres
Handelns – *laus* und *decus* – in eins: Adela würde sich als die bestätigen, als
die er sie über die Beschreibung ihres Raums entworfen hat. Das ist freilich
nur eine Seite dieses Schlusses, auf eine andere komme ich später zu
sprechen.[149]

Die Erwägung des freundlichen Anschauens als Lohn für das Gedicht
verweist zugleich zurück auf die Begegnung Baudris mit Adela, die Anlass
des Gedichts geworden sein soll, und damit auf den Anfang des Textes.
Dort betont Baudri, dass zwar er Adela kenne, nicht aber sie ihn, weil seine
rustica simplicitas (im Umgang) ihn ihr verborgen habe. Er würde es auch
nicht wagen, ihr dieses Gedicht zu senden, wenn sie ihm nicht den Auftrag
dazu gegeben hätte – sie habe gelobt, was immer sie neuerdings von seinem
Lied gehört habe, und ihn ermuntert, weiter zu dichten.[150] *Ipsa michi nota
est, nec ego sum cognitus illi, / Occuluit sibi me rustica simplicitas / Nec nunc
auderem præmittere carmen ad illam, / Sed uoluit mandans carmen habere
meum. / Quidlibet audiuit nuper de carmine nostro, / Innuit applaudens
quatenus adiciam.* (51–56)

Diese Stelle ist wichtig, weil sie einerseits an Baudris Aussage gegenüber
Constantia erinnert, dass er *rusticus in factis* sei und daher oft Carmina
dichte, *vt saltem lateat sic mea rusticitas* (c. 142, 5f.), um so seine Unbe-
holfenheit (in der persönlichen Begegnung) zu verbergen (oder auszuglei-
chen). Andererseits lässt Baudri Constantia sagen, dass sie ihn in seinen
Gedichten zu sehen versuche, weil sie keine andere Möglichkeit habe –
versibus hunc uideo, namque aliter nequeo (c. 201, 58) –, und das entspricht
dem von Baudri immer wieder formulierten Wunsch, eine durch den

---

149 Unten, S. 134f.
150 Baudri hätte also Teile vorgetragen, ähnlich wie er sie – nach dem Abschluss –
Avitus vorzutragen bereit ist; vgl. oben, S. 83. *Carmen* könnte hier freilich
auch (mit Tilliette II, S. 3) für seine Liedproduktion an sich stehen, womit zu
lesen wäre: »Sie habe gelobt, was immer sie neuerdings von seinen Liedern
gehört habe, und ihn ermuntert, weitere zu dichten.« Vgl. auch Patrick Gautier-Dalché und Jean-Yves Tilliette, Un nouveau document sur la tradition du
poème de Baudri de Bourgueil à la comtesse Adèle, in: Bibliothèque de
l'École de chartes 144 (1986), S. 241–257.

Austausch von Carmina begründete Freundschaft durch Begegnung und Gespräch zu vertiefen.[151] Wenn Adela also Baudris Gedichte schätzt und fördert, ihn aber dennoch nicht kennt, ist damit unmissverständlich festgehalten, dass erst die Erfahrung des anderen als eines gegenwärtigen, lebendigen und mit allen Sinnen und in all seinen Ausdrucksmöglichkeiten wahrnehmbaren Menschen wirklich mit ihm bekannt macht. Kennt er Adela, ohne dass sie ihn kennt, so liegt das an seiner Befangenheit (*rustica simplicitas*), seinem (behaupteten) Versagen in der persönlichen Begegnung mit ihr, von der er wenig später berichtet (75 ff.). Doch hier kommt es auf den Zusammenhang an: Baudri hat zuvor Adelas Anmut, ihre Schönheit und ihr Gesprächstalent gerühmt (67 f.) und betont die Wirkung dieser Eigenschaften in einigen Versen, die man seit langem mit den Anfängen der volkssprachigen Liebeslyrik in Verbindung gebracht hat: Selbst ohne Aussicht auf irgendeinen Erfolg freue man sich daran, Adela anzusehen; man halte sie (ihren Besitz) für einen hohen Preis und könne sich doch keine Hoffnungen machen; so starre man sie an, dass man sich die Augen verderbe – kein Wunder, sei sie doch von so strahlender Schönheit, dass sie alle jungen Mädchen übertreffe (69–74).

Hier geht Baudri nun zur Beschreibung seiner eigenen Reaktion über: Er hätte sie gesehen, wenn er nicht – als *rusticus* – ›ovidisch‹[152] errötet wäre; weil er sie ansah, während er zu ihr sprach, sei er errötet, und er hätte ganz die Sprache verloren, wenn er nicht weggeblickt hätte.[153] Wenn nun Baudri diese Wirkung mit der bannhaften Wirkung vergleicht, die der Anblick Medusas und Circes (nach den ›Metamorphosen‹) auslöst, wird auch hier die fabulöse, aber grundsätzlich deutbare Welt der griechischen Mythologie eingeblendet, zwar ohne ausdrückliche Reflexion,[154] aber eben doch nicht absichtslos. Denn gerade hier charakterisiert Baudri nun sein Sehen und

---

151 Dass er damit zugleich auf die antike Topik rund um die Vergegenwärtigung des andern über seinen Brief, sein Briefgedicht zurückgreift, lässt sich der Bestandsaufnahme von Thraede, Grundzüge, passim, entnehmen.

152 Baudri greift Met. 5, 583 f. auf, wo die keusche Arethusa sagt: *rustica* [...] *erubui.*

153 Das Verstummen unter dem Eindruck des Anblicks weiblicher Schönheit hat auch Hildebert von Lavardin; vgl. von Moos, Hildebert, S. 232.

154 Hier scheint mir eine über die unmittelbare Wirkung – Blendung der Betrachter – hinausgehende Deutung mit Hilfe von Baudris Allegorese der beiden Figuren in seiner Fulgentius-Bearbeitung (c. 154, hier: 251–292 zu Medusa, 677 f. und 712 f. zu Circe) schwer denkbar; Medusa bleibt *monstrum* (255); anders Bond, Loving Subject, S. 150, dessen Folgerung, dass Baudri hier einen »allegorical reader« einfordere, ich natürlich zustimme: er müsse

Doch-nicht-Betrachten Adelas, das er doch zuvor immerhin als Grundlage seiner Kenntnis ihrer Person von ihrer Unkenntnis seiner eigenen abgesetzt hatte: *Ipsa michi nota est, nec ego sum cognitus illi / Occuluit sibi me rustica simplicitas* (51 f.). Er bezeichnet sein Sehen als ein Kaum-Sehen (*vix videre*, 83, 86, 87), auf dessen Erklärung er sechs volle Verse verwendet, bevor die Umschreibung in einem erneuten Vergleich Adelas mit einer weiteren Gestalt der ›historiae grecae‹ ausläuft: ihre Schönheit sei derjenigen Dianas überlegen. Die Wahl fällt nun aber sicher nicht nur wegen ihrer äusseren Schönheit auf Diana, sondern weil sie – im Sinn einer moralischen *lectio*, wie sie Baudri gegenüber Constantia gerade am Beispiel Dianas erläutert hat, zugleich als *bonum exemplum*, als Verkörperung der Keuschheit verstanden werden kann: *Laudatur propria pro uirginitate Diana* (c. 200, 107). Keuschheit hatte Baudri aber Adela ausdrücklich attestiert,[155] ja er hatte ihr *castum pectus* als einzige Tugend aus der umfassenden *probitas morum* eigens hervorgehoben (61) und diese gerade noch durch die Beschreibung des erfolgreichen Widerstands unterstrichen, den Adela den verlangenden Blicken der Männer entgegensetzt: *Sed quis tam duram silicem mollire ualeret?* (69)

Baudris divinatorisches Schauen, das er zweimal als ›erinnerndes‹ Sehen umschreibt (*reminiscor uidisse* [83], *recordor uidisse* [85]) und dem Erinnern von Träumen (*vt reminiscor ego somnia uisa michi*, 84) vergleicht, ist ein Sehen dessen, was da ist, was aber flüchtig (und doch bedeutend) ist wie ein Traum oder doch zeitweilig verhüllt ist: So erinnere er sich, oft den Mond als Neumond gesehen zu haben, oder glaube er (noch) ihn zu sehen, da er ihn doch kaum sieht. Auch dieser Vergleich ist gezielt gewählt: Wie er oft im nur schemenhaft wahrnehmbaren Neumond – ›erinnernd‹ – Luna ganz zu ›erkennen‹ vermochte, so vermochte er nun im flüchtig wahrgenommenen äusseren Glanz Adelas, der doch den Dianas übertrifft, ›erinnernd‹ ihr Wesen zu ›erkennen‹, ihre *probitas morum*, ihre Bildung – eine Bildung, die ihr gerade seine mythologisch durchsetzte, ihre Lesefähigkeit voraussetzende Rede attestiert; sollte sie doch etwa auch wissen, dass die Dichter Luna selbst zuweilen Diana nennen: *Scriptores lunam uocitant aliquando Dianam* (c. 154, 961).

---

die dunklen Anspielungen auflösen und über »the politics and poetics of the gaze« reden, statt sich zu ärgern.

155 Auch Hildebert von Lavardin rühmt ihre Keuschheit in einem Brief an sie: *Defers enim feminae cum colis in pulchritudine castitatem* […]: Hildebertus Turonensis, Epistolae (PL 171), Paris 1854, I, iii, Sp. 144 A.

Seinen Anspruch auf die Übertragung des Modells integumentalen Schreibens auf den Schönheitspreis der Frau als Ausdruck ihrer inneren Schönheit hat Baudri in seinem Briefwechsel mit Constantia ausdrücklich dargelegt. Ich denke, die entsprechenden Aussagen in der laudativ sich gebenden, aber zugleich poetologisch gemeinten[156] Einleitung zur Beschreibung von Adelas Saal sind so zahlreich und so raffiniert und beziehungsreich vernetzt (›Constantia‹ nannte das: *adsensus fecit copia multiplices* ›kraft seines Wissens und Ausdrucksvermögens hat er vielfältige Sinnbezüge hergestellt‹, c. 201, 36), dass wir auch hier davon ausgehen können, dass seine Beschreibung äusserer Vollkommenheit als Beschreibung innerer Qualitäten gelesen werden soll. Die Betonung der Fiktionalität der Beschreibung des Saales gegenüber Adela selbst im Schlussteil unterstreicht diese Erwartung, und Baudri äussert sich noch einmal ähnlich dort, wo er Adelas Bett mit der Darstellung der Eroberung Englands durch ihren Vater umhängt; dazu später.[157] Bezeichnend ist aber auch die nun folgende Überleitung zur Beschreibung des Saales selbst. Um sie würdigen zu können, ist hier ein Blick auf ihre Position im Ganzen des Textes notwendig.

2.6 Zugang zu Adelas Saal – Einblick in ihre Bildung

Carmen 134 beginnt mit dem Auftrag des Autor-Ichs (Baudris) an sein Gedicht (*mea cartula*, 1), die *comitissa* aufzusuchen, der es gewidmet ist. Baudri unterrichtet dann ›seinen Boten‹ über den Rang der Adressatin, ihre Abstammung, ihre Bildung und ihr Dichter- und Mäzenatentum, über ihre Schönheit und ihren Charakter und über ihre Ausstrahlung als Wirkung ihres Wesens. Zweimal unterbricht er diese wohlgeordnete Abfolge ›neutraler‹ Informationen: Erstmals nach der Erwähnung von Adelas Interesse an der Dichtung. Hier versichert er der *cartula*, sie werde bei ihr gute Aufnahme finden, und erklärt – begründend –, dass sie bestellt sei: *uoluit mandans carmen habere meum* (54). Wie beiläufig geht dem die Bemerkung zu seiner Bekanntschaft mit Adela voran, die durch seine *rusticitas* gestört, einseitig sei. Zum zweiten Mal unterbricht Baudri die

---

156 Beides geht ineinander auf, insofern im Rahmen des Anspruchs von Baudris Carmina gerade das verborgene Lob der Lese- und Gesprächsfähigkeit Adelas den höchsten Rang einnimmt und seine Wahrnehmung beides bei ihr voraussetzt.

157 Vgl. unten, S. 112–116.

neutrale Unterrichtung des Boten nach der Schilderung der Ausstrahlung Adelas, um erneut auf seine Bekanntschaft mit ihr und seine eigene *rusticitas* zu sprechen zu kommen. Und hier gibt er Aufschluss über seine ›Sicht‹ auf Adela, die durch ihre (im Wortsinn) blendende Erscheinung bestimmt ist: Er sieht sie ›kaum‹ (*vix videre*) und ›erinnert‹ sie doch. Erst jetzt scheint Baudri zum eigentlichen Bericht über seine Begegnung mit Adela überzugehen (ab 89), doch nach nur acht Versen kehrt er (ab 97) zur Adressierung der *cartula* zurück: Mit ihr unternimmt er dann – seinen eigenen Besuch erinnernd[158] und ihn zugleich in die Vorausschau ihres Besuches umsetzend – eine gemeinsame virtuelle Besichtigung des Saales. Sie wird erst mit der unmittelbaren Adressierung Adelas (statt der Cartula) zu Beginn des kurzen Schlussteils abgebrochen (1343–68), der seinerseits noch einmal den fiktionalen Charakter der vorangegangenen Beschreibung des Saales betont. Denn er macht deutlich, dass sich ›das Gedicht‹ (die *cartula*) und seine Hörer oder Leser an der Hand des Autor-Ichs durch jenen Raum bewegten, den er sich dort zu betreten anschickte, wo sein Bericht von seinem eigenen Besuch bei Adela einsetzte: *Participaturus uerbis ipsius* [sc. Adelae], *ad ipsam / Accedo et thalamos ocius ingredior.* (89f.)[159]

Baudri eilt also – nun im Praesens historicum – zu Adela in der Erwartung von ihr an ihn gerichteter Worte, also eines Gesprächs mit ihr; er tritt in dieser Erwartung in den Saal und gesteht: *Obstupui, fateor, substans in limine primo, / Elisios campos esse ratus thalamos.* (93f.) Erstarrt ist er an der Schwelle des Raumes stehen geblieben, im Glauben, die Elysischen Gefilde vor sich zu haben, bevor er in der für den Hauptteil charakteristischen Mischung fortfährt, in einer Kombination von (seltenen) Aussagen in Berichtsform (im Präteritum) und Ankündigungen dessen, was die Cartula (wie der Leser) sehen und erfahren werde (im Konjunktiv des Präsens).

Das heisst doch: Baudri eilt zu Adela in der Erwartung eines Gesprächs, aber er findet nicht sie selbst vor, sondern ›nur‹ ihren Saal – und jede Erklärung dafür bleibt aus. Freilich sind zwischen Eintreten und staunendes Erstarren zwei Verse eingeschoben, in denen noch einmal von Adela die Rede ist: *De me quippe suis, ueluti praesaga, ministris / Dixerat; hac de re promptius excipior.* (91f.) Sie hatte – wie eine Hellseherin – ihrer Entourage

---

158 Gelegentlich steht der Bericht im Präteritum.

159 Dementsprechend kann er Avitus anbieten, er werde ihn, den Text rezitierend, mit Worten in den Saal Adelas einführen: *Si uis, in thalamos illius te comitissae / Inducam uerbis quae toti praeminet orbi* (c. 129, 40f.). Hier erhöht die Adressierung der *cartula* in der 2. Pers. Sing. die Wirkung auf den unmittelbar ›mitangesprochenen‹ Hörer.

von ihm gesprochen, so dass er ohne Umstände vorgelassen wird. Was Adela über Baudri weiss, weiss sie aus seinen Gedichten (53–56), aus denen sie ihrer Umgebung – schauend – sein Bild entwirft. So gesehen sind die sechs Verse, mit denen Baudri zur Deskriptio des Saales überleitet, nichts anderes als eine erneute metaphorische Umsetzung jener Begegnung, die er zunächst in der erotischen Sprache Ovids beschrieben hat. Die Wirkung Adelas ist in beiden Fällen analog gefasst: Wo dort die Blendung durch die ›äussere‹ Schönheit zur ›erinnernden‹ Schau der durch sie bezeichneten ›inneren‹ Schönheit führte (Diana!), wird nun die staunende Begegnung des schauenden Baudri mit der durch die Aufnahme seiner Lieder vorbereiteten (*ueluti praesaga*, 91) ›Innenwelt‹ Adelas möglich, mit ihren Gedanken, den Inhalten und Formen ihres Wissens, mit ihrem Denken, ihrer Bildung.[160] Die physische Erscheinung Adelas tritt völlig zurück, mit keinem Wort mehr ist von ihr die Rede. Baudris Blick fällt in sie. Und sein Carmen öffnet jedem Gebildeten die Augen, dem von ihr vorbereiteten Kreis um sie wie allen wissenden, gebildeten Lesern.

Es scheint mir hier doch angebracht, daran zu erinnern, dass Baudri Constantia als *sponsa domini* und zugleich als dessen *aula* und *thalamus* bezeichnet, jeden verflucht, der dieses *templum* des Herrn zerstöre, und zugleich betont, dass seine Gespräche mit ihr *casta colloquia* seien (200, 137 ff.); sie gefährden also den bräutlichen *thalamus* nicht, sie ändern nichts an der inneren Haltung Constantias. Wenn er dort zugleich sagt, er ›male‹ dichtend ihre äussere Schönheit (*tuam depinxi carmine formam*, 85), um so ihre innere Schönheit zum Ausdruck zu bringen (*vt morum formam extima forma notet*, 86), dann werden dort die Zierden des *thalamus*, die ›innere Constantia‹, nur indirekt wahrnehmbar. In c. 134 hingegen wird im ›Bild‹ des *thalamus* die ›innere Adela‹ einsehbar – die Welt aus dem Blickwinkel ihres (idealisierten) Wissens und ihrer (idealisierten) Erfahrung, ihrer Bildung.

Lässt man sich auf diese Konstruktion ein, dann wird man eine Beschreibung des Saales erwarten, die mehr ist als die Beschreibung eines üppigen Dekors und seiner enzyklopädischen Inhalte. Baudris Versicherung, abzusehen von dem, was ist, zugunsten dessen, was Adelas Schönheit

---

160 Die *praesaga* Adela, die Baudri ›schaut‹, und der *propheta* und *vates* Baudri, der Constantia ›schaut‹, gehören zusammen: die Carmina (und Reden) Baudris (und seiner Partner und Partnerinnen) sollen ja im andern lesen, in Worte fassen, was jener erst denkt: *Dum loquimur, / persepe fuit quod cogitat alter / Alterius sermo quatenus anticipet.* (c. 90, 13 f.)

und Ruhm entspricht (1351–54; 569–572), gibt die Richtung an. Und seine Behauptung, dass nicht er dichte, was ihrer *probitas* entspreche, sondern seine Dichtung aus ihrer *probitas* lebe (*sed uigeat ex probitate suo,* 58), dass sie die *materies grandis* sei, die seine Dichtung adle (59), schliesst hier an. So wird seine Beschreibung zum ›Gespräch‹, zur Reihung von Bildern, deren Lebendigkeit nicht nur betont, sondern vermittelt wird, von Bildern, die sichtbar und beschreibbar sind oder sich erst in der Rede je neu konstituieren und wieder verflüchtigen; Bilder, die nur im Text existieren und doch als Gegenstände und Szenen ›anschaulich‹ werden, ergänzt werden durch Tituli, Inscriptiones und direkte Rede; ein Apparat, der die Vergegenwärtigung, die Erfahrung der Prozesshaftigkeit des Erkennens[161] und der Dynamik des Wissens im Gespräch erlaubt – sofern denn jene Übereinstimmung in Voraussetzungen und Zielen unter den Beteiligten gegeben ist, jenes Fluidum der Bildung, das Baudris Lyrik immer wieder beschwört.

2.7 Tapisserien – Weltgeschichte:
Stoff, Arbeit und lebendiges Wissen

Es ist nun hier nicht an eine kursorische Lektüre des ganzen Briefgedichts gedacht. Es scheint mir wichtiger, an einigen Stellen Baudris bisher nur angedeutete, erwartete Technik der Beschreibung genauer anzusehen. Dabei geht es mir ausschliesslich um die Möglichkeiten, die Verfahren, die Baudri nutzt, um Bildungshorizonte aufzurufen, Wissen zu erinnern und beide so ins Spiel zu bringen, dass eine Verständigung über sie und durch sie stimuliert wird; eine Verständigung, die der gemeinschafts-, ja freundschaftsstiftenden Selbst- und Fremderfahrung Gebildeter dient, einen Umgang fördert, in dem Dichtung und Gespräch sich fruchtbar ergänzen, wobei das Gespräch der Dichtung das lebendige, ganz unmittelbare und umfassende Erleben des andern (und seiner selbst) voraus hat.

---

161 Grundlegend Christel Meier, Malerei des Unsichtbaren. Über den Zusammenhang von Erkenntnistheorie und Bildstruktur im Mittelalter, in: Text und Bild, Bild und Text. DFG-Symposion 1988, hg. von Wolfgang Harms (Germanistische Symposien. Berichtsbände 11), Stuttgart 1990, S. 35–65; dies., Über den Zusammenhang von Erkenntnistheorie und enzyklopädischem Ordo, in: Frühmittelalterliche Studien 36 (2002), S. 171–192.

Baudri beginnt seine Instruktion des Gedichts, der Cartula, wie die des Hörers bzw. Lesers[162] bei den an den Wänden des Saales[163] umlaufenden Teppichen, die sich durch Material (*materies*) und Arbeit (*opus*) gleichermassen auszeichneten (96); hingegen wird hier wie auch später grundsätzlich nicht zwischen handwerklicher und künstlerischer Tätigkeit unterschieden. Mit der Betonung der Gleichwertigkeit von Stoff und Gestaltung überbietet Baudri zugleich sein Vorbild Ovid, in dessen Beschreibung des Sonnenpalasts im zweiten Buch der ›Metamorphosen‹ die Gestaltung den Stoff noch übertraf (*materiam superabat opus*; Met. 2, 5).[164] Wichtiger als die Darstellung von *terrarumque orbem caelumque quod inminet orbi* im Sonnenpalast, die Ovid eben nur andeutet (Met. 2, 7), ist aber seine Beschreibung der Erschaffung der Welt aus dem Chaos (Met. 1, 1–88), die Baudri wie viele andere gelehrte Autoren mit dem Bericht der Genesis harmonisierte.[165]

162 Tilliette entscheidet sich leider in seiner Übersetzung, die Verben in der 2. Person des Singulars im Konjunktiv, die gleichzeitig »l'interlocuteur fictif de Baudri (son poème), le lecteur et l'indéfini ›on‹« bezeichnen, um diese »ambiguïté volontaire« zu bewahren und zugleich »un effet de monotonie« zu vermeiden, mal so, mal anders zu übertragen – womit die Ambiguität an der einzelnen Stelle gerade aufgehoben wird. Vgl. II, n. 30, S. 166.

163 Wie irreführend die noch in allerjüngsten Publikationen (Carruthers, Wandhoff, Arnulf [u. a.]) übliche Rede vom ›Schlafgemach‹ Adelas ist, zeigt schlagend der Wortgebrauch bei Geoffrey of Monmouth, Historia Regum Britanniae, I: Bern, Burgerbibliothek, MS. 568, ed. by Neil Wright, Cambridge 1985, cap. 152, S. 107, wo von Guenhuuara gesagt wird, dass sie an einem Fürstenhof erzogen worden sei – *in thalamo Cadoris ducis educata*. Und dem entspricht Baudris erster Gebrauch des Wortes in c. 134, *Vt regum thalamos et comitum uideas* (V. 2). Zur architektonischen Neuerung der *camera* (oder des *thalamus*), ihrer Ausstattung und ihrer Funktion als Ort der »chamber sociability« jetzt Rector, *En sa chambre*, bes. S. 98 ff. und passim. Nebenbei: Unter der differenzierten volkssprachlichen Begrifflichkeit, mit der Wace an entsprechender Stelle Guenièvres Bildung umreisst, wird ihre Fähigkeit, Gespräche zu führen, besonders betont: *Bele esteit e curteise e gente* [...] *Mult fu de grant afaitement / E de noble cuntienement, / Mult fu large e buene parliere*. Wace, Le Roman de Brut, t. 1–2, éd. par Ivor Arnold (Soc. des anciens textes français), Paris 1938–40, V. 9647–9655. Vgl. Laurence Mathey-Maille, De ›Facetia‹ a ›curteisie‹: Wace traducteur de Geoffroy de Monmouth, in: Bien dire et bien aprandre. Revue de Médiévistique 13 (1995), S. 189–199, hier: 196 f.

164 Tilliette II, n. 28, S. 166.

165 Simone Viarre, La survie d'Ovide dans la littérature scientifique des XIIᵉ et XIIIᵉ siècles (Publications du C. E. S. C. M. 4), Poitiers 1966, S. 37 f., 46–54 (»Style poético-scientifique imité d'Ovide«, 51), 89 f., 94 f. Tilliette II, S. 167 ff.

Baudris Kosmogonie zeichnet sich freilich aus durch einen besonderen Grad an Unmittelbarkeit, durch eine Belebung, die bei Ovid, wo *quisquis deorum* tätig ist, kein Vorbild hat. Baudri bedeutet seinem Boten (und dem Leser) nicht nur im allgemeinen, er werde auf den neuen Teppichen alte Geschichten so neu dargestellt sehen, dass er sie für lebendig halten werde, *quod uiuere credas* (97). Er lässt vielmehr gleich an der Beschreibung des Kosmos erkennen, dass sich hier die Kosmogonie im Bild je neu ereignet – ein (angeblich) visueller Vorgang, der in Wahrheit nur in der Entstofflichung seiner verbalen Wiedergabe, also allein in der Vorstellung der Rezipienten möglich (und stets neu wiederholbar) ist. Baudri macht das so: Er (sein Bote und Gedicht) werde die Elemente zunächst ausgewogen, in neuer Ordnung (*nouo moderamine iuncta*, 99) sehen; und dann das alte Chaos (*antiquumque chaos*, 101), Luft und Erde und Feuer und Wasser durchmischt. Gerade hier nun schiebt er die Erklärung ein: *ipsa*, also Adela selbst, hätte den Seidenstickerinnen anordnend (*dictans!*) beigestanden und mit ihrer Nadel gezeigt, was sie zu tun hätten (103 f.). Und da nun ›geschieht‹ es, ›bricht der Himmel (aus dem Chaos) heraus, verharrt die Erde, und schon entweichen Feuer und Luft wie aus je eigener Kraft, und zugleich bilden sie (alle) gemeinsam Körper, und die Körper leben‹: *Erumpit caelum, tellus manet, ignis et aer / Iam uelut euadunt mobilitate sua; / Corpora iuncta simul faciunt et corpora uiuunt;* (105 ff.). Und erst jetzt heisst es: *Desuper, ut decuit, est Opifex operi*, ›darüber thront, wie sich's gehört, der Schöpfer des Werks‹ – statisch nur er! Die ständige Erneuerung seines Werks vollzieht sich im lebendigen Bild, in der (visuellen) Vorstellung und – vor allem – im Wort (*iterare*, 98): Adela ist es, die als handelnde Urheberin (*dictans*) dieser neuen Kosmogonie erscheint, und Baudri verleiht dem Vorgang als solchem dichtend Dauer in seiner Wiederholbarkeit, er sichert seine Lebendigkeit. In derselben Manier sieht man nun die Wasser vom Land sich scheiden, die Tiere leben, und über allen steht der Mensch (*superest*, 112), damit er herrsche.

Es ist bezeichnend für Baudris Darstellungsweise, dass er nun auf das Medium der Schrift verweist, das dort überbrückend die Kontinuität seiner Erzählung sichert, wo er den Blick der Cartula (und des Lesers) zeitraffend Bilder überspringen lässt: *Hinc ac diluuium protendit linea patrum / Nomina scripta legas, gesta recensa notes* (113 f.). Es sind freilich nicht nur Tituli, die es erlauben werden, die Reihe der Väter von Adam bis Noah lesend zu erinnern, vielmehr ist die Geschichte der Väter schriftlich nachlesbar, aufgezeichnet, und damit öffnet sich die Folge der (in Baudris Text beschriebenen) Bilder auf eine andere Ebene der Schriftlichkeit hin, auf das

Buch, das ausführlich berichten kann, was im Medium des Bildteppichs allenfalls abbreviaturhaft in Inscriptiones verzeichnet werden könnte: Wie offen die Grenzen zwischen Bildbeschreibung (im Gedicht), erwähnten und zitierten Tituli und Inscriptiones und jenem Buchwissen zu denken sind, auf das Baudri immer wieder als auf den Fundus verweist, auf den behauptete Bilder, Beschreibungen, aber eben auch Vorwissen der Leser, Kommentare und Dialoge zurückgreifen (müssen), das wird an anderen Stellen noch deutlicher. So dort, wo Baudri (wenig später) den Leser, oder doch den allgemeinen Wissensstand darüber entscheiden lässt, welche jener Führer und Königreiche der Juden, die auf die Richter gefolgt seien, erinnerungswürdig und eines Berichtes wert erscheinen – eben das, was der Leser erwarte, sei auf den Teppichen dargestellt: *Quae memoranda putes et claro digna relatu / In ueli serie singula conspiceres* (159 f.). Oder dort, wo (viel später) Baudri versichert, er müsste ganze Bücher schreiben, wenn er alle Inhalte der Grammatik wiedergeben wollte (*singula si recitem*, 1248), ja, hundert Zungen oder mehr müsste er haben, wenn er alle ihre Geheimnisse wiederholen wollte (*repetam*, 1250). Wie also dort das Buch das lebendige Wort der Heiligen Schrift repräsentiert, so vertritt es hier die je neue Formulierung des Wissens in der Mündlichkeit des Unterrichts. Aber Baudri fährt fort: Nach seinem kurzen Abriss wolle er weglassen, was nur belasten würde – man müsse nur wissen, dass das Standbild der Grammatik so gemacht war, dass man daran ihre Aufgabe in Kurzfassung hätte lesen können: *Ipsius ut breuiter officium legeres* (1254). Hier ist es nicht mehr möglich, zu entscheiden, was an der Statue ›abzulesen‹, ihr als Inschrift beigegeben, was von Wissenden aus dem Gedächtnis zu ›rezitieren‹ oder was in jenen Büchern nachzulesen, in jenem Unterricht zu hören wäre, von denen Baudri spricht. Diese Auflösung des (angeblich) bildlich Dargestellten und des ihm inschriftlich Mitgegebenen in Beschreibung und Bericht Baudris, die sich ihrerseits auf ein quasi unbegrenztes Wissen hin öffnen, zeigt meines Erachtens deutlich, wie Baudri in ständigem Wechsel zwischen Reduktion und Abstraktion, Beschreibung und Erzählung, Ordnung und Veranschaulichung, Konzentration und Öffnung Einsichten vermittelt, die weniger dem Wissen an sich dienen als seiner Verfügbarkeit und seinem Gebrauch, dem verständigen Umgang mit ihm; Einsichten, die Verstehen und Verständigung als Prozess erkennbar und erfahrbar machen und so Bildung vermitteln. Hier vollzieht sich *informatio*, im Text und damit auch im Leser oder Hörer.

Geradezu als Aufforderung, von Bild und Inschrift des fiktiven Raumes durch Vermittlung des Gedichts zum Studium von Büchern zu gelangen (dem *uacare libris*, das Adela gleich zu Beginn attestiert wurde, 38, bzw. dem *reuoluere libros*, das Baudris eigenem Dichten vorausgeht, c. 99, 177f.), lässt sich eine letzte Stelle lesen, die ich hier, vorgreifend, heranziehen will. Nachdem Baudri bei seiner Behandlung der Medizin mehrfach sein Nicht-wissen betont (*nequeat calamus meus*, 1295; *quis numerare queat?* [...] *si temptarem dicere, deficerem*, 1305f.) bzw. seine Unzuständigkeit erklärt hat (*has non officii sit recitare mei*, 1308), sagt er, die Cartula bzw. der Leser hätte (in seiner Begleitung) dort tausend Fläschchen sehen und (auf ihnen) lesen können, gegen welche Krankheiten die Arzneien gebraucht würden. Und er hätte lesen können, welche Diäten jeweils einzuhalten seien, welche Orte gesund und ungesund seien und welche Salbe welchen kranken Glie-dern hülfe und welcher Trank welchen Organen nütze (1313–18). Man kann wohl mit Tilliette sagen, dass Baudri »nous introduit ici dans l'infirmerie d'un monastère«, wenn er so offensichtlich von der Lektüre der ›Etiketten‹ bei der Empfehlung der Diätvorschriften zur Lektüre eines Buches über-blende. Aber man wird ihm das nicht als Versehen anlasten dürfen – »ou-bliant un temps la fiction qu'il élabore«.[166] Hier, kurz vor Abschluss des Textes, erreicht vielmehr jene von Anfang an praktizierte Technik ihre Voll-endung: die gezielte Öffnung und Dynamisierung der Bilder und ihrer Beschreibungen, die Herstellung eines Wissensflusses, der mediale Schran-ken entschieden und bewusst ignoriert, ja gezielt aufhebt und so gerade erst Medialität zur Geltung bringt.[167]

Angelegt ist dieses Verfahren in der Tradition der Ekphrasis seit ihren antiken Anfängen. Bei Homer wie bei Vergil gehen die Beschreibungen

---

166 Tilliette II, n. 509, S. 214f.

167 Ganz ähnlich betont Gottfried von Viterbo in seinem ›Speculum regum‹ für Heinrich VI. den Übergang von der Betrachtung der *historia* lehrenden Wandmalereien der kaiserlichen Pfalz zu Hagenau zu den Codices der kai-serlichen Bibliothek, die Dichtung, Recht und Medizin vermitteln: *Cesaris authorum sibi scrinia sunt meliorum. / Si petis hystorias, conferet aula forum. / Leges aut artes ibi sunt, omnisque poeta, / Magnus Aristoteles, Ypocras, Ga-liena dieta / Dant tibi consilia digna, cavenda vetant.* Nach Loris Sturlese, Die deutsche Philosophie im Mittelalter. Von Bonifatius bis zu Albert dem Grossen (748–1280), München 1993, S. 247f. – Zum Medialitätsbegriff vgl. Christian Kiening, Medialität in mediävistischer Perspektive, in: Poetica 39 (2007), S. 285–352. Eckart Conrad Lutz, Arbeiten an der Identität. Zur Me-dialität der *cura monialium* im Kompendium des Rektors eines reformierten Chorfrauenstifts. Mit Edition und Abbildung einer Windesheimer ›Forma investiendi sanctimonialium‹ und ihrer Notationen (Scrinium Friburgense 27), Berlin/New York 2010.

der Szenen, die Hephaistos gerade erst schafft, oder jener, die Aeneas
gerade betrachtet, in (im Präsens gegebene) Szenen aktuellen Geschehens
über.[168] Aber erst Baudri wendet das Verfahren an auf Formationen des
Wissens und auf Prozesse des Erkennens und erschliesst ihm so eine neue,
epistemische Dimension.

2.8 Die Fiktionalität des Saales und der Wahrheitsanspruch seiner Beschreibung

Ich komme zurück auf den Anfang der Saalbeschreibung, auf die mehrere
Behänge umfassende Thematisierung der Geschichte, der die Kosmogonie
vorausging. Noch auf der sie darstellenden ersten Tapisserie an der Stirn-
seite des Saales ist auch das erste (der sechs) Weltalter behandelt, aus dem
Baudri nur den Sündenfall, den Brudermord Kains und die Sintflut beschreibend herausgreift. Mit der Sintflut erreicht seine Verlebendigung des
bildlich Dargestellten einen ersten Höhepunkt in der Entsetzen auslösenden
Beschreibung der Tiere, die schwimmend ermüden und verenden, dann in
Verwesung übergehen und als stinkende Kadaver dahintreiben, und doch
gerade eben noch lebten: Sie anzuschauen, sagt Baudri, war grauenhaft und
ein sinnliches Vergnügen zugleich. Und er versichert: ›All dies wirst du so
sehen, so dass du es für so gut wie wahr halten wirst‹ – *Haec quoque*
deficiunt, uita sibi deficiente; / Quae modo uiuebant putida tabe fluunt. /
His inhiare fuit horrorque et grata uoluptas, / Omnia sic uideas ut quasi
uera putes (127–130).
Eine zunächst vergleichbare Wahrheitsbeteuerung schliesst die Darstellung der Einnahme Englands durch den Vater Adelas, Wilhelm den Eroberer, ab, auf die ich deshalb (unter vorläufiger Übergehung der jüdischen
Geschichte an einer der Langseiten des Saales und der griechischen und
römischen an der anderen) schon hier eingehen will. Denn an dieser zentralen Stelle des Gedichts greift Baudri den oben eingeführten Wahrheits-
begriff zwar wieder auf, er relativiert ihn aber zugleich, indem er den
fiktionalen Charakter seines Textes zu bedenken gibt.
Die Geschichte Wilhelms und der Eroberung Englands steht im Fluchtpunkt des geschichtlichen Abschnitts von Baudris Briefgedicht. Hier wird
über die Geschichte ihres Vaters Adelas eigener historisch-genealogischer

---

168 Homer, Ilias, XVIII, 478–616; Vergil, Aeneis, VIII, 626–728. Vgl. Wandhoff,
      Ekphrasis, bes. S. 54–57.

Ort definiert. Dieser Bericht füllt deshalb gerade jene Behänge, die das Bett Adelas umgeben, das der Betrachter, die alte – jüdische, griechische und römische – Geschichte zu beiden Seiten durchschreitend, am Ende des Saales erreicht. Ausgezeichnet ist das *mirabile uelum* (207) des Alkoven-behangs aber auch durch die Qualität von Stoff und Arbeit: Die *materia* besteht aus Fäden von Gold, Silber und Seide, sie sind aber auch, wie Baudri sagt, dank einer *ars noua* so verarbeitet, ›dass du kaum glauben wirst, dass das existiert, von dem du doch (durch Augenschein) wissen wirst, dass es existiert‹ – *vt uix esse putes quod tamen esse scias* (210). In ›angemessener‹ Paradoxie ist also das, was doch nur Ausdruck von Adelas Bildung ist, aus den kostbarsten Stoffen genommen und entstofflicht zugleich – wahr-nehmbar nur als Wirkung, im Glanz ihrer Erscheinung. Ähnlich wie bei der Einführung Adelas selbst (79–88) greift Baudri wieder auf die griechi-sche Mythologie zurück, hier auf die *fama uetusta* (221) vom Wettstreit von Pallas und Arachne als Weberinnen, deren Werke das *presens opus et precio et studio* übertroffen hätte (227f.) – an Glanz sei es selbst *Phebus* überlegen (wie dort Adela selbst, in analoger Weise, Diana an Schönheit übertraf).

Wie aber das *presens opus* (227) dank der *ars noua* (208), die es her-vorbringt, die *artes suae* (222) der mythischen Weberinnen überbietet, so werden auch die *historiae* (224), die jene ins Bild setzten, durch *uerae historiae nouae* überboten, durch die neuen und wahren Geschichten von Wilhelm. Sie könnte Baudris Bote durchlaufen, wenn er die Texte der *tituli* lesen würde (233f.). Diese letzte Überbietung ist in der Tat eine zweifache (*uerae* – *nouae*), steht die Geschichte der Eroberung Englands doch ganz grundsätzlich den *ambages ueterum Grecaque fictitia* (178), den rätselhaften Geschichten der Alten und den erfundenen Erzählungen der Griechen gegenüber, der griechischen Geschichte auf der Längswand also, die einen Abriss der ›Metamorphosen‹ bietet, vom Goldenen Zeitalter bis zu den Anfängen Roms, und somit die alten und zugleich ›unwahren‹ Geschichten. Unwahr sind sie freilich nur in historischem Sinn, hier wie sonst gesteht Baudri ihnen hingegen eine verhüllte, moralische ›Wahrheit‹ zu, bezeichnet sie ausdrücklich als *Grecas umbras et sua sacra* (169f.). Mit ihren wahren Inhalten sind aber auch die neuen Geschichten – also die Bilderzählung, die er, Baudri, in Versen schafft – den alten Erzählungen (Ovids) überlegen.

Jean-Yves Tilliette hat der immer wieder in verschiedenen Varianten ver-tretenen Auffassung, dass Baudris Alkovenbehang den Teppich von Bayeux aufnehme, entgegen gehalten, dass »un poème épico-panégyrique n'est pas

un inventaire de trésor d'église«.[169] Auch in diesem Abschnitt bemüht sich
Baudri gerade um eine unmittelbare, die sinnliche Wahrnehmung betonende
Vergegenwärtigung des Geschehens, die weit über das hinausgeht, was in
Bildern und Beischriften darstellbar wäre: Das gilt natürlich für die in
direkter Rede gegebenen Ansprachen Wilhelms,[170] die keine Inscriptio zu
fassen vermöchte, aber eben auch für die hyperbolische ›Ausmalung‹ des
Anschwellens eines *clamor mixtusque tumultus* der beim Auslaufen der
normannischen Flotte Zurückbleibenden, ein Aufschreien, das man eben
jetzt (*nunc*, 374) vor sich hat und hört und das selbst damals (*tunc*, 367, 371,
373) bei der Zerstörung Trojas und bei der Eroberung Roms durch Cäsar[171] nicht erreicht worden sei und wohl selbst durch das Schreien beim
Untergang der Welt dereinst nicht übertroffen würde.

Nachdem, so vorbereitet, die Eroberung Englands vollzogen und Wilhelm zum König gemacht, zum neuen Cäsar geworden ist (*Guillelmus
consul rex est de consule factus* […] *et sic nomen Caesaris obtinuit*, 553/556),
der an Grösse alle Cäsaren übertrifft,[172] fasst Baudri noch einmal zusammen, was auf dem Bettbehang zu sehen ist: *Regis diuitiae, sua gloria, bella,
triumphi / In uelo poterant singula uisa legi* (561 f.). Wie schon hier auf der
Verbindung von Bildern und Texten insistiert wird – auf dem Behang konnte alles, was man (im Bild) sah, auch (in Beischriften) gelesen werden –, so
wird auch im Folgenden zwischen beiden einander ergänzenden Medien
unterschieden. Da sind einerseits *figurae, imagines* und *res*, die jeder sehen
kann (*uidere*) und die Baudri beinahe für wirklich (*uerus*) und lebendig
(*uiuus*) gehalten hätte, würde ihnen nicht das Fleisch und die Begabung mit
Sinnen gefehlt haben. Und da ist andererseits *littera*, ein (begleitender) Text,
der jedes Ereignis und jede Person so umschrieb, dass ihn (noch) jeder, der
ihn sieht und sich darauf versteht, lesen wird: *Veras crediderim uiuasque
fuisse figuras, / Ni caro, ni sensus deesset imaginibus. / Littera signabat sic
res et quasque figuras, / Vt quisquis uideat, si sapit, ipsa legat* (563–566).

---

169 Tilliette II, n. 86, S. 170 f.
170 C. 134, 205–285, 291–328 und 497–518; vgl. ebd., n. 97, S. 172.
171 Erwägung von Tilliette II, n. 125, S. 174.
172 *Cunctis Caesaribus altior*, 558. Auch hier liegt natürlich eine Überbietung der
     Antike vor, es mag aber auch die Reduktion der (erzählten) römischen Ge-
     schichte auf die blosse Erwähnung der auf dem Teppich ausführlich darge-
     stellten *res Romanas, et centum nomina regum* (205) der Überhöhung Wil-
     helms dienen, der gleich anschliessend (ab 207) eingeführt und als künftiger
     Cäsar (*mox* […] *de duce Cesar erit*, 242) vorgestellt wird: Seine Geschichte
     nimmt so den Platz der römischen Geschichte ein.

Mit den Bildern ist also der Eindruck von ›Wahrheit‹ und ›Lebendigkeit‹ verbunden, sie wirken wirklichkeitsnah, entbehren aber der Realität. Anders ist es mit der Schrift, mit dem, was der Gebildete neben den Bildern lesen kann:[173] *Haec quoque, si credas haec uere uela fuisse, / In uelis uere, cartula nostra, legas. / Sin autem, dicas:* »*Quod scripsit debuit esse, / Hanc diuam talis materies decuit. / Ipse coaptando quae conueniant speciei / Istius dominae scripsit et ista decent.*« (567–572) Das Gewicht dieser Aussage ist deutlich genug betont – Baudri spricht hier nicht nur erneut und ausdrücklich sein Gedicht als *cartula nostra* an, sondern er legt ihm (als seinem Boten an Adela wie an alle Leser) auch zugleich nahe, zwischen zwei Wegen der Rezeption zu wählen, zwischen dem ›naiven‹ Glauben (*credere*) an die Existenz (*uere fuisse*) der Behänge (wie des Saales an sich) und der gebildeten Einsicht in den fiktionalen Charakter der (oder: seiner, sc. des Boten) eigenen Aussagen, also der Einsicht in seine (des Textes) Rolle in dem von Baudri und seinem Kreis betriebenen literarischen Spiel (*iocus* etc.). Die Entscheidung für die ›naive‹ Rezeptionshaltung erlaubt die ›gläubige‹ Vertiefung in Baudris Gedicht als faktischen Bericht über die Wiedergabe der authentischen Geschichte Wilhelms in Bild und Text des Alkovenbehangs. Nahegelegt wird dem Leser freilich die Wahl der anderen Rezeptionshaltung, die Baudri nachstellt und in direkter Rede formuliert: Wer an der Existenz des Behangs zweifelt, also die Fiktionalität von Baudris Beschreibung erwägt,[174] wird doch (in Kenntnis Adelas) sagen, dass er (Baudri) schreiben musste, was er schrieb, weil dieser Göttlichen (Adela) ein solcher

---

173 Zur viel diskutierten einschlägigen gregorianischen Formel vgl. Michael Curschmann, *Pictura laicorum litteratura?* Überlegungen zum Verhältnis von Bild und volkssprachlicher Schriftlichkeit im Hoch- und Spätmittelalter bis zum Codex Manesse, in: Pragmatische Schriftlichkeit im Mittelalter. Erscheinungsformen und Entwicklungsstufen. Akten des internationalen Kolloquiums 1989, hg. v. Hagen Keller u. a. (Münstersche Mittelalter-Schriften 65), München 1992, S. 211–229, und zuletzt Lawrence G. Duggan, Was Art Really the »Book of the Illiterate«?, in: Reading Images and Texts. Medieval Images and Texts as Forms of Communication, hg. v. Mariëlle Hageman und Marco Mostert (Utrecht Studies in Medieval Literacy 8), Turnhout 2005, S. 63–107, und ders., Reflections on »Was Art Really the ›Book of the Illiterate‹?«, ebd., S. 109–119.

174 Zweifel an der Existenz des *velum* weckt Baudri ganz ähnlich schon in V. 385 f.: Alle Schiffe der Invasionsflotte habe die Tapisserie dargestellt, alle Anführer und ihre Namen – wenn's das *velum* denn überhaupt gab: *Naues et proceres procerumque uocabula uelum / Illud habet, uelum si tamen illud erat* (385 f.). Die Zweifel werden interessanterweise an einer Stelle laut, wo sie sich wegen der Fülle des angeblich Dargestellten ohnehin einstellen konnten.

›Stoff‹ (*materies*) zustand: In Angleichung an sie hat er geschrieben, was ihrer Schönheit, ihrer Bildung angemessen sein soll; und das, was er auf diese Weise geschrieben hat, steht ihr (wirklich) zu. Es kommt also nicht mehr auf die Unterscheidung von allgemein zugänglichen Bildern und nur dem Lesekundigen zugänglichen Texten, den Beischriften an. Sie ist aufgehoben in der Unterscheidung zwischen der metaphorischen, der Ekphrasis sich bedienenden Rede, die Baudri seine Cartula vortragen lässt, und der mit ihrer Hilfe verhüllt gemachten Aussagen über die inneren Qualitäten Adelas: die Wahrheit jeder panegyrischen Rede aber beruht auf der Prämisse der Preiswürdigkeit ihres Gegenstands. Die *probitas morum* als Grundlage von *amicitia* und *amor*, ihre Pflege und ihre Förderung, stehen im Mittelpunkt des (literarischen) Spiels im Umfeld Baudris.

Baudris Insistieren auf dem fiktionalen Status des Raumes (den Adela gestaltet haben soll) und des Gedichts (in dem Baudri das von ihr Gestaltete betrachtet, versteht und, teils kürzend, teils ergänzend, bearbeitet haben will) stellt natürlich weder Adelas Bildung und Ausstrahlung in Frage noch Baudris dezidiertes Interesse an einem gelehrten Austausch mit ihr und erst recht nicht die Inhalte selbst. Dieses Insistieren auf der Willkürlichkeit der Darstellung unterstreicht vielmehr die Offenheit des Umgangs mit dem Wissen an sich und damit den spielerischen Charakter des gebildeten Gesprächs. Insofern gehören die Betonung der Lebendigkeit und Offenheit des Dargestellten und seine Fiktionalität zusammen. Wissen lebt erst in der Aneignung auf, im Prozess des Verstehens, den Baudri mit immer neuen Mitteln stimuliert und anregt. Indem er den (angeblich) von Adela ausgestalteten Saal beschreibt, ›erkennt‹ er ihr Wissen und ihre Fähigkeit, es zu ordnen und zu nutzen, an; und indem er ihr beschreibend zu antworten vermag, attestiert er sich und ihr jene Gesprächsfähigkeit oder *gratia colloquii*, die den freundschaftlich-gebildeten Umgang erst möglich macht. Dieses wechselseitige formende Erschliessen des Welt- und Selbstverständnisses des Gegenübers und das antwortende Einbringen seiner selbst sind Gegenstand dieses Textes.

2.9 Saaldecke und Boden – Himmel und Erde:
›Colloquiale‹ Verschränkung von Bildern und Texten,
von Adelas Entwurf und Baudris Gedicht

Nach der Positionierung Adelas in der historischen Welt über die Folge der Tapisserien und mit besonderer Betonung der Memoria ihres Vaters im Alkovenbehang (*patris sui monimenta*, 582) sind die Beschreibung von Decke und Boden des Saales der Orientierung im kosmischen und geographischen Raum gewidmet. Baudri eröffnet den Abschnitt mit der rhetorischen Frage, wer denn nun noch in angemessener Weise die Decke, die Balken, den Boden, wer so vieles beschreiben solle? Unmittelbar nach der Betonung der Fiktionalität des *velum* wird die Erklärung, er wolle und müsse die *res tanta magis* (580) nun kürzend darstellen, wohl auch als Hinweis auf die Fortsetzung der fiktionalen Rede zu verstehen sein. Auch hier, wo nun zunächst das Himmelsgewölbe als Deckenmalerei zu schildern ist, wird gleich die Dynamik der Darstellung betont. Am ›Himmel‹ des Raumes liessen sich die Bewegungen des Sternenhimmels erkennen. Obwohl er fest war, hatte es der Künstler so eingerichtet, dass er sich zu bewegen schien: *At, quamuis staret, tamquam tamen ipsa rotabat / Machina; sic studium fecerat artificis* (585f.). Während nun die Sternbilder, Tierkreiszeichen und Planeten offenbar so dargestellt sind, wie es auf erhaltenen Himmelskarten üblich ist (Abb. 1),[175] und Baudri das in Beischriften eingetragene Sachwissen betont (über den Sternbildern standen

---

175 Vgl. auch das Beispiel bei Carruthers, Craft of Thought, Pl. 5 und S. 24–29. Zu den Voraussetzungen der antiken Himmelsgloben (Abb. 2) und den Anfängen der Planisphären als »le parent pauvre du globe« (213) siehe Barbara Obrist, La cosmologie médiévale. Textes et images. I. Les fondements antiques (Micrologus' Library 11), Firenze 2004, S. 211–226, wonach alle mittelalterlichen Planisphären auf einen antiken Archetypus zurückgehen (und mehr oder weniger entstellt sind): Globen als pl. 8 (2. Jh. v. bis 3. Jh. n. Chr.) und fig. 75 (2. Jh. n. Chr.), Planisphären als fig. 81f. (9. Jh. bzw. 15. Jh.). Dieter Blume, Regenten des Himmels. Astrologische Bilder in Mittelalter und Renaissance (Studien aus dem Warburg-Haus 3), Berlin 2000, S. 18ff., geht davon aus, dass sich die »bildlichen Vorstellungen« Baudris »an den Illustrationsfolgen der Sternbilderhandschriften«, also an Folgen von Einzelbildern orientierten, obwohl er bemerkt, dass »die Sternbilder in topographisch geprägter Ordnung« beschrieben würden (20). Planisphären (und Baudri) sind auch in seinen jüngeren Publikationen nicht berücksichtigt, etwa: Dieter Blume, Sternbilder des Mittelalters, in: Natur und Geist. Von der Einheit der Wissenschaften im Mittelalter, hg. v. Oliver Auge u. Matthias Müller (Mittelalterzentrum Greifswald), Ostfildern 2008, S. 115–137.

ihre Namen, zugleich waren die Anzahl der sie bildenden Sterne, ihre
Zeiten und ihr Umlauf notiert, ferner waren Erklärungen ihrer Namen,
ihrer Bahn, ihrer Zeit und ihrer Aufgabe [*officium*] beigegeben, 669–672),
bezieht er andererseits in pseudo-naiver Beschreibung die Sternbilder aufeinander: Der weisse Schwan scheint zu entfliegen; Perseus hält das Haupt
der Medusa in der Hand und tritt mit der Ferse auf den Kopf des Fuhr-
manns, sein anderer Fuss steht – weit entfernt – auf dem Stier; der Vogel, der
Jupiter als Waffenträger dient, versuche offenbar ständig, den Schwan in den
Kopf zu beissen usw. (611, 617ff., 627). Gelegentlich spricht Baudri –
warnend – ein Sternbild direkt an: ›Wassermann, dein Stern strahlt; deinen
Schwanz, Steinbock, will er berühren.‹ (653f.) Wenn Mary Carruthers
Recht hat, sind hier Methoden des Unterrichts wirksam, dient die Verbindung der Zeichen zu einer Bilderkette ihrer Memorierbarkeit; auch wenn
ihr Beleg für dieses Verfahren erst von Thomas Bradwardine (um 1330)
stammt,[176] schliesst das alte mündliche Praxis nicht aus. Einen lehrge-
sprächsartigen Zusammenhang deuten aber auch Bemerkungen Baudris an,
so etwa die, dass er etwas, was der Maler weggelassen habe, nicht ergänzen
werde (598, vgl. 673f.). Hier werden Rückfragen geradezu nahegelegt, das
Dargestellte bleibt offen, vorläufig. So auch da (wenn wir schon hier die auf
dem Fussboden eingelegte Weltkarte einbeziehen), wo jene Gebiete Afrikas
erwähnt werden, in denen die Sonnenhitze niemandem mehr zu leben erlaubt ausser (gerade noch) der kalten Schlange, dem *frigidus serpens* (942):
*Res est inde magis quam carmina testis et index, / Quod potes indiciis ipsa
probare suis* (943f.) – ›dieses ›Wunder‹ wird mehr durch den (auf der Karte)
dargestellten Gegenstand selbst als durch das Gedicht bezeugt und nachgewiesen, wie du anhand der Inschriften ja selbst überprüfen kannst‹. Hier
wird in der Tat, wie Tilliette bemerkt, in subtiler Weise die Beziehung
zwischen Worten und Dingen verwischt, wenn Baudri zur genaueren Betrachtung auf einen Gegenstand verweist, der ja nur in seiner fingierten
Beschreibung existiert.[177] Aber auch hier scheint mir die Erklärung nicht zu
sein, dass er die Sache »faute de documentation« nicht beschreiben kann.
Vielmehr wird hier auf besonders raffinierte Weise das Adela (als Urheberin
des Raumes) attribuierte lebendige Wissen zum eigenen Wissen des Dichters so in Beziehung gesetzt, dass es ausgesprochen werden muss. Die
Lücke schliesst – potentiell – das gebildete Gespräch, genauer: die Leerstelle
verweist auf die Diskursivität alles Wissens.

---

176 Carruthers, Craft of Thought, S. 217f.
177 Tilliette II, n. 370, S. 196f.

Diese Ergänzungs- und Differenzierungsbedürftigkeit der im Gedicht nur angerissenen Themen wird gleich darauf noch einmal unterstrichen, wenn Baudri für die Gesamtheit des in die Mappa mundi des Fussbodens aufgenommenen Wissens erneut auf die Lektüre der Bilder und Texte selbst verweist, weil er – im Gedicht – nicht alles wiedergeben könne: *Cetera, que nequeo cuncta referre, leges.* (948) Oder, wie er zu Beginn des Abschnitts nach der Beteuerung seiner Unfähigkeit, den Fussboden zu besingen, schön formuliert hat: Wer könnte schon die Welt in einem Lied begreifen: *Quis siquidem mundum comprendere carmine posset?* (721).

Der Boden ist als *altera mappa mundi* bemalt und durch eine *uitreum mare*[178] benannte Beschichtung aus einem Spezialglas geschützt.[179] Darunter entfaltet sich wieder beinahe wirkliches Leben – das Wasser des Meeres scheint zu fliessen (734), die Fische meint man, mit den Händen fangen zu können (740). Oder, mit nochmaliger Steigerung des Täuschungsgrades: Da, wo Baudri auf seinem Gang durch die gemalte Welt das Meer erreichte und, um auch Afrika (*Libia*) zu sehen, hätte übersetzen müssen, ergriff ihn Furcht, weil das Kunstwerk zu wogen schien: *Mox quasi per pelagus nobis fuit ire necesse / Credideram timidus, quod fluitaret opus.* (905 f.) Er erschrak heftig, doch bald milderte Zuversicht die Furcht, als er sich klar machte, dass doch fester (Saal-) Boden sei (906 f.), was er fürs Meer gehalten hatte. Damit nicht genug, es wird, wenige Verse weiter, der Cartula vorausgesagt, dass sie erschrecken werde, sobald ihr die wilden Tiere Afrikas zu Gesicht kämen (927 f.).

Es wird kaum überraschen, dass der Verfertiger der *mappa mundi* auch die Loire nicht vergisst. Freilich nimmt sie schon nach Euphrat und Tigris neben dem Po (*Eridanus*) einen der Plätze ein, die sonst den Paradiesesflüssen gehören – der *summus moderator*, Gott selbst, habe ihren Lauf bestimmt (749 f.). Da, wo die Loire als einer der vier Ströme Europas wieder genannt wird (nach Po, Rhein und Donau), geschieht das nicht ohne den Hinweis, dass die Alten (*scriptores antiqui*, 879) sie, diesen schönsten der Ströme, aus Neid übergangen hätten – er, Baudri, wolle das nicht tun (*non ego praetereo*, 880). Tritt er hier selbst als Kritiker einer gelehrten Schrifttradition hervor, greift er gleich darauf wieder auf die Fiktion eines *auctor picture* (881) zurück, der die Loire so wenig wie er vergessen und über dem Fluss auf seiner Karte einen *titulus* angebracht habe, den der Dichter in

---

178 In Apc 4, 6 breitet sich gleichsam ein kristallartiges *mare vitreum* vor dem Thron Gottes aus; vgl. Tilliette II, n. 286, S. 187.

179 Ebd., n. 288, S. 187 f.

seiner ganzen Länge von fünf Distichen ›zitiert‹. Dass nach dem Preis des
hellen Sandes und der wohlschmeckenden Fische unter den bedeutenden
Zuflüssen der Loire dem Changeon de Bourgueil als einem *fluuius non
parui nominis* eines der fünf Distichen gewidmet ist, verrät mit feiner Selbstironie deutlich genug deren Verfasser:[180] *Est et adhuc fluuius non parui
nominis, undas / Qui sociat Ligeris, Cambio Burgulii.* (889f.) Diese – natürlich bewusste – Vermengung von (in 881 ausdrücklich erwähntem) *auctor picture* und *auctor carminis* besiegelt nur das längst beobachtete Überspielen der Grenzen zwischen Bildern und Beischriften einerseits und dem
Gedicht als getreuer Wiedergabe und ergänzender Darstellung andererseits:
Hier werden nun die Verse des Dichters, der auch sonst gern seine Carmina
als Burgulianus signiert,[181] als Inschrift auf der Mappa mundi deklariert, um
so – in einer Spielart der Mise en abyme – als ›Zitat‹ dort zu erscheinen, wo
sie wirklich entstanden sind: im Gedicht. Deutlicher lässt sich das ›collo-
quiale‹ Ineinander des Adela attribuierten, ›in ihrem Raum‹ (›in ihr‹) geschauten wie des von Baudri aufgegriffenen und neu formulierten Bildungswissens kaum versinnbildlichen.

Blickt man von hier aus zurück auf den Beginn der Beschreibung des
Bodens, wird man auch dort die Darstellung der *cura sagax* des malenden
artifex (726) von Baudris eigener dichterischer Leistung nicht trennen können. Dies umso weniger, als diese Sorgfalt des Künstlers hier gerade den
nomina gilt, mit denen er die Dinge bezeichnet: *Res designabant superad-
dita nomina rebus, / Sic ea cura sagax pinxerat artificis.* (725f.) Diese offenbar in Anlehnung an Gn 1, 28 (*replete terram et subicite eam*) und 2, 19f.
(*appelavitque Adam nominibus suis cuncta animantia*) als Inbesitznahme
durch Benennung gedachte Betätigung wird nun geradezu als Teil seines
Beitrags zur – künstlerischen, von Maler (Adela) und Dichter (Baudri)
gemeinsam nachvollzogenen – Gestaltung der Erde verstanden und in Analogie zur Tätigkeit des Schöpfers gesehen, und diese nachschaffende Aneignung bestimmt ganz wesentlich diesen Abschnitt. Beruht die Schönheit der
Erde auf der Vielfalt der Geschöpfe, so verstärkt menschliche Arbeit (*humanus labor*, 746) noch diesen Eindruck: *Diuinus siquidem quedam con-
struxerat ordo, / Quedam uero manus fecerat artificum.* (747f.) Manches
also geht auf die göttliche Ordnung zurück, manches auf das Wirken der
(menschlichen) ›Künstler‹. Wird Gott, dem *summus moderator* (749), die

---

180 Ebd., n. 344, S. 193.
181 Daneben erscheinen immer wieder Bourgueil, der Changeon, die Loire als
     ›versteckte‹ Signaturen. Alle Belegstellen bei Tilliette II, S. 346 und 348.

Einrichtung des *orbis terrarum* (752) zugeschrieben (Gewässer, Berge, Tiere und Menschen), gehen auf den Menschen (*labor humanus*, 779) die Städte zurück, denen er Namen gab, wie es ihm gefiel (780). Namen aber gab er auch den Gewässern, er grenzte die Kontinente ab (und bezeichnete sie …). Unter dieser Perspektive geht nun die Beschreibung der Erde immer wieder in Kataloge von Namen über, die Baudri aufzählt oder die er statt dessen der Karte zu entnehmen empfiehlt (805 f., 864, 948).

Dieses Verfahren an sich entspricht sehr genau demjenigen der Weltkarten in Handschriften (Abb. 3) wie solcher im monumentalen Format, etwa der Ebstorfer Karte.[182] Dass hier nicht mehr als ein Ansatz gegeben ist zur Erfassung der Vielfalt der Erscheinungen dieser Welt, versteht sich von selbst – und Baudri betont immer wieder die Unvollständigkeit des Beschriebenen. An einer Stelle allerdings durchbricht er das Prinzip der *brevitas*, da, wo er im letzten Vers der sieben anaphorisch verbundenen Distichen zur *dispositio* der Schöpfung durch den *summus moderator* den Asphaltsee genannt hat (747–762). Hier schon geht diese knappe Darstellung des Schöpfungswerks zu den Mirabilia über (mit dem *monstrorum genus*, 754), die Gervasius von Tilbury ein Jahrhundert später in seinen ›Otia imperialia‹ geradezu zu d e m Zugang zur gelehrten Erschliessung, zur Aneignung des *orbis terrarum* im gebildet-höfischen Gespräch gemacht hat.[183] Baudris Ausführungen zu den wunderbaren Eigenschaften des Asphaltsees (des Toten Meeres)[184] ist das

---

182 Spaltenbildende bzw. fortlaufend geschriebene Namenlisten (der *gentes* bzw. der *provinciae*) stehen in einer O-T-Karte von Lamberts ›Liber floridus‹ (Gent, UB, Ms. 92, fol. 19ʳ; Autograph um 1120). Die Namen in der kombinierten O-T- und Zonenkarte der Arnsteiner Bibel (London, British Library, Ms. Harley 2799, fol. 241ᵛ; 12. Jh., Abb. 3) halten grundsätzlich an der Listenform fest, berücksichtigen aber z. T. auch die geographische Lage. Abbildungen bei Jörg-Geerd Arentzen, *Imago mundi cartographica*. Studien zur Bildlichkeit mittelalterlicher Welt- und Ökumenekarten unter besonderer Berücksichtigung des Zusammenwirkens von Text und Bild (Münstersche Mittelalter-Schriften 53), München 1984, Abb. 19 und S. 91 bzw. Abb. 26 und S. 102 f. u. 106 f. Die Ebstorfer Weltkarte. Kommentierte Neuausgabe in zwei Bänden, Bd. 1: Atlas; Bd. 2: Untersuchungen und Kommentar, hg. v. Hartmut Kugler u. a., Berlin 2007, setzt in das Kartenbild neben Tituli in mehr oder weniger ausgeprägter Form eigentliche Textspalten. Zu den ›Aussenlegenden‹ Bd. 2, S. 30 ff.

183 Siehe unten, Kapitel 3.

184 Baudri lehnt sich hier eng an Isidor an: Isidorus Hispalensis, Etymologiarum sive originum libri XX, t. 1–2, recogn. brevique adnot. crit. instr. W(allace) M(artin) Lindsay (Scriptorum Classicorum Bibliotheca Oxoniensis), Oxford 1911, Bd. 2, XIII, xix, 3–4; vgl. Tilliette II, n. 298, S. 188 f.

ausführlichste, nicht das einzige Beispiel für die Vorgeschichte solchen Gebrauchs der Mirabilia in Baudris Gedicht (763–778). Auch wenn seine moralische Deutung des Sees als *figura* des *crimen uetus* der Sodomiter,[185]
deren Stadt an der Stelle des Asphaltsees untergegangen sei, eine etwas
jüngere Interpolation sein könnte (nicht muss),[186] zeigt sie den ganz generell
zu erwartenden Umgang mit diesem Wunder (wie mit anderen) an. Dass der
Untergang der *urbs Sodomorum* (775) unmittelbar der Gründung der Städte
und ihrer Benennung durch den *labor humanus* vorausgeht (779), mag
übrigens eher für die Authentizität der Verse sprechen.

Baudri hatte seine Beschreibung der in Adela ›erkannten‹ und sie beide
verbindenden Bildungswelt mit den erwähnten drei kosmologischen Bildern begonnen. Sie stellten das Chaos, das schematisch-analytische Modell
der geordneten Elemente und den Prozess ihrer in der Kosmogonie ange-
stossenen und sich stets erneuernden, Leben stiftenden und erhaltenden
Vereinigung dar. Baudri hatte diesen Prozess seinem Gedicht geradezu mimetisch eingeschrieben und so mit jedem Vortrag neu wiederholbar gemacht. Zugleich hatte er aber die Verlebendigung des ›Geschauten‹ zum
Darstellungsprinzip erhoben, das sich dann in unterschiedlichen Formen
beobachten liess. Das galt für den angeblich unter Anleitung Adelas ver-
bildlichten und von Baudri nach ihren Bildern beschriebenen Vorgang der
Eroberung Englands, der sich als panegyrische Umschreibung von Adelas
historisch-genealogischer Identität in fiktionaler Rede lesen liess. Ihr war
die Situierung in der allgemeinen Geschichte vorangegangen, die – wie auch
sonst bei Baudri – als allegorisch deutbare Bilderfolge immer moralische
Aktualität behält. Der kosmologischen und geographischen Verortung der
Gegenwart (Adelas und seiner eigenen) dienten die durch lange Traditionen
autorisierten Bilder des Himmels und des Orbis terrarum, die – wie Him-
mels- oder Weltkarten – über beide Räume orientierten, aber zugleich auch
Wissensbereiche umrissen und abbreviaturhaft, andeutungsweise verfügbar
machten, die ihrerseits allegorisch erschliessbar waren. Das gilt für den
Einfluss der Sterne auf den Menschen wie für den mythologischen Gehalt
der Sternbilder, aber eben auch für Wunder der Schöpfung wie den Asphaltsee. Dass diese Deutungen selbst nicht Gegenstand des Gedichtes sind,
hängt mit dessen Konzeption zusammen. Wie in den aufeinander bezoge-

---

185 In Auslegung von Gn 19, 5 (*cognoscere*) als intendiert homosexueller Hand-
     lung.
186 Im Vaticanus sind die Verse 775–778 von anderer, etwas jüngerer Hand mar-
     ginal nachgetragen worden; vgl. Tilliette II, n. 299, S. 189.

nen Briefgedichten an bzw. von Constantia (c. 200 und 201), in denen
Baudris Kenntnis der antiken Mythologie und seine Fähigkeit, sie – wie
Spolien – in den eigenen Gedichten zu verarbeiten, zur Erwartung führt,
man werde sie im gemeinsamen Gespräch besprechen, erschliessen können,[187] so wird man sich auch hier die Deutungsleistung als wesentlichen
Inhalt gemeinsamer mündlicher Bemühungen, potentieller Gespräche denken müssen. Der (konstruierte) Rahmen von Baudris Ekphrasis sprach ja
für sich: Scheitern des Gesprächs zu Beginn, Verständigung durch das Gedicht, Angebot eines neuen Gesprächs zum Schluss. Dabei ist nicht entscheidend, ob und in welcher Form das ›Gespräch‹ tatsächlich zustandekommt oder was es zur Sprache bringt, entscheidend ist die gemeinsame
Überzeugung, dass man sich versteht, Wissen und Bildung, Haltung und
Verhalten teilt, den diskursiven Charakter von Wissen und Wahrheit aner-
kennt und immer neu erprobt – verbunden durch eine spielerisch gelebte,
poetisch formulierte Sympathie, durch *amicitia/amor* und *iocus*.

2.10 Die belebten Skulpturen der Artes – Erfahrung der *harmonia mundi* im höfisch-gelehrten Austausch

Diese Profilierung des (virtuellen) Gesprächs ist freilich (naheliegender-
weise) am deutlichsten in dem noch nicht besprochenen letzten Teil des
Carmens, in dem das menschliche (Bildungs-)Wissen über das gängige Modell der Septem Artes systematisch aufgerissen wird.[188] Hier ist die Verlebendigung des Stoffs ›mit Händen zu greifen‹, wenn die Personifikationen
der Künste, die als Elfenbeinskulpturen Adelas Prunkbett umgeben, immer
wieder – wie Automaten – tätig werden und zugleich selbst das Wort
ergreifen. Dabei geht es aber gerade nicht um die Faszination durch Automaten oder belebte Statuen an sich, die das Mittelalter durchaus kannte,[189] sondern um die (exemplarische) Aktivierung des Austauschs zwischen

---

187 Vgl. oben, S. 85–94.
188 Zu diesem Komplex jetzt Michael Stolz, Artes-liberales-Zyklen. Formationen
     des Wissens im Mittelalter, Bd. 1–2 (Bibliotheca Germanica 47), Tübin-
     gen/Basel 2004, wo Baudri freilich nur gestreift wird: Bd. 1, S. 34.
189 Automaten in Kunst und Literatur des Mittelalters und der frühen Neuzeit,
     hg. v. Klaus Grubmüller und Markus Stock (Wolfenbütteler Mittelalter-
     Studien 17), Wiesbaden 2003; Berthold Hinz, Statuenliebe. Antiker Skandal
     und mittelalterliches Trauma, in: Marburger Jb. für Kunstwissenschaft 22
     (1989), S. 135–142.

Adela und Baudri (und zwischen ›Lesern‹) über die gemeinsame, denkende und gestaltende Erschliessung von Wissen über die Welt und sich selbst wie über die epistemologischen Voraussetzungen einer Verständigung unter Gebildeten, die sich als elitäres Spiel versteht.

Das Prunkbett Adelas, berichtet Baudri, ruhte auf kunstvoll bearbeiteten elfenbeinernen Füssen, und er fährt etwa so fort: An seinem Kopfende thronte eine Skulptur der – wenn ich's recht weiss – *Philosophia* mit so strahlenden Augen, dass du (Cartula oder Leser) sie für wirkliche Lichter halten könntest (*lumina uera putares*, 957). Sie hob wie eine *magistra* den rechten Zeigefinger, und ihrem Standbild waren sieben Schülerinnen untergeordnet. Drei von ihnen hatte die Lehrerin am Fussende des Betts unter ihren Augen, die vier übrigen folgten, aufmerksam auf ihre Worte und Gesten, ihren Schritten und Ausführungen. Schauend, sagt Baudri, nehme ich (nun) in mich auf, was ich als Kind schon gehört und worüber ich (seither) immer wieder nachgedacht hatte, das Quadrivium und das Trivium: *Quod puer audieram, de quo persepe putaram, / Haurio quadruuium uisibus et triuium.* (971f.) Zwei Künste allerdings zog Philosophia den andern vor, du wirst sie rechts zu ihren Füssen sehen, *Musica* (999) und Arithmetik, die *Numeratrix Virgo* (1039).

Was nun folgt, ist – den eben zitierten, programmatischen Versen entsprechend (971f.) – eine vom (angeblich) Sichtbaren ausgehende, Gesten und Handlungen, Tituli und Beischriften aufnehmende, aber vor allem aus der schulisch vermittelten Kenntnis ihrer Gegenstände schöpfende Darlegung des Beitrags jeder einzelnen Ars zu jener umfassenden Bildung (*littera*), wie sie Baudri Adela zu Beginn attestiert hat;[190] und immer wieder bedauert er die Fülle des Stoffs bzw. die Notwendigkeit der Beschränkung. Hier wird also zunehmend die Fiktion einer Beschreibung von tatsächlich Dargestelltem zugunsten eines freieren, strukturierenden, das Nachdenken und den Gedankenaustausch anregenden Gestaltens des Stoffes aufgegeben. So bleibt schon bei der Musik die Beschreibung an sich bei der Beobachtung stehen, dass sie schlagend, zupfend und blasend verschiedene Instrumente betätigte. Denn schon mit der Behauptung der Wirkung der harmonischen Klänge verlässt Baudri den Bereich des bildlich Dargestellten und geht über

---

190 Ob »über den üblichen Zeichenwert des Elfenbeins« auf die *castitas* Adelas angespielt wird, mag dahingestellt bleiben; Karin Lerchner, *Lectulus floridus.* Zur Bedeutung des Bettes in Literatur und Handschriftenillustration des Mittelalters (Pictura et Poesis 6), Köln usw. 1993, S. 492ff., hier: 494. »Persönlichkeit« und »Tugendhaftigkeit der Besitzerin« sind freilich gerade nicht an der konventionellen Ausstattung des Bettes abzulesen (ebd.).

zur Theorie – die Klänge bewirkten die *recreatio* der menschlichen Seele (*recreare hominis animam*, 983): Damit ist der erste Schritt getan zu einer dezidiert gelehrten, theoretisch fundierten Durchdringung der zuvor ›nur‹ schauend, beschreibend und erzählend wahrgenommenen Welt. Baudri schreibt dabei, soviel man heute weiss, nicht einfach eine Quelle aus,[191] sondern vereinigt Gedanken verschiedener Herkunft zu einem eigenen schlüssigen Modell der Makro- und Mikrokosmos verbindenden analogen Strukturen, Relationen und Kräfte, wie sie in variationsreichen Diagrammen breit überliefert sind.[192]

> Nam status humanae uigor et modulatio uitae
>> Quodam concentu, nescio quo, regitur,
> Vt de quadrata uideatur surgere forma
>> Quae formis reliquis amplius est solida;
> Nanque aer undis, terrae concordat et igni
>> Et neutrum in quadro dissonat a neutro.
> Quattuor his et sic concordat uiuificans uis,
>> Mensura ut parili singula uiuificet;
> Nec ueluti quinta uis adiectiua uidetur,
>> Sed nexu quodam tetragonum solidat. (981–990)

Zwischen der Modulation der Klänge und der des menschlichen Lebens besteht demnach ein innerer Zusammenhang, beide werden bestimmt durch eine geheimnisvolle Harmonie, die – nach Baudri – in der Figur des Qua-

---

191 Der von Bond vermittelte Eindruck, dass »the heart of [c. 134] consists of a digest of Martianus Capella's highly influential *Marriage of Philology and Mercury*«, ist irreführend; Loving Subject, S. 58. Zwar sind die sachlichen (und auch wörtlichen) Anlehnungen an Martianus Capella zahlreich, aber schon die Reihenfolge der Künste kehrt Martianus um, und gleich die Ausführungen zur ersten, der Musik, gehen auf eine andere, unbekannte Quelle zurück; die von Baudri besonders herausgehobene Medizin ist bei Martianus vom Sitz der Götter ausgeschlossen. Vgl. im einzelnen die Nachweise im Kommentar von Tilliette II, n. 372–519, S. 197–216.

192 Anna C. Esmeijer, *Divina quaternitas*. A Preliminary Study in the Method and Application of Visual Exegesis, Assen 1978. Die Bildwelt der Diagramme Joachims von Fiore. Zur Medialität religiös-politischer Programme im Mittelalter, hg. v. Alexander Patschovsky, Ostfildern 2003, darin bes. Steffen Bogen und Felix Thürlemann, Jenseits der Opposition von Text und Bild. Überlegungen zu einer Theorie des Diagramms und des Diagrammatischen, S. 1–22, und Christel Meier, Die Quadratur des Kreises. Die Diagrammatik des 12. Jahrhunderts als symbolische Denk- und Darstellungsform, S. 23–53. Kathrin Müller, Visuelle Weltaneignung. Astronomische und kosmologische Diagramme in Handschriften des Mittelalters (Historische Semantik 11), Göttingen 2008.

drats ihren Ursprung zu haben scheint, der stabilsten aller *formae*. Diese
Gestalt ermöglicht völlige Eintracht unter allen vier Elementen, eine Harmonie, die noch durch eine belebende Kraft (*uiuificans uis*) mitgetragen
wird, indem diese alle vier Elemente in gleichem Mass belebt; diese fünfte
Kraft erst festigt durch eine Art von Verschlingung der Elemente miteinander das Viereck.[193]

Baudri geht dabei von so etwas wie einem der Urharmonie zugrundeliegenden Zahlenverhältnis aus, das zugleich für die harmonische Bewegung
des Himmels gilt (*armonie typicalis compotus atque caelestis rithmus*,
991 f.).[194] Es wird aufgenommen in der Harmonie unserer menschlichen
Stimmen, auf ihm gründet das ganze Weltgebäude (*fabrica mundi*), der
Schöpfer legte es zugrunde, als er alles schuf:

> Hic armoniae typicalis compotus atque
> Caelestis rithmus corpora nostra regit.
> Huic uelut applaudit nostrae simphonia uocis;
> Ille quidem rithmus est prior, hic sequitur.
> Hoc quoque consistit tocius fabrica mundi,
> Omnia dum condit Conditor, hunc habuit. (991–996)

Daher kommt es, fasst Baudri, den Ausgangspunkt der Überlegungen in
Erinnerung rufend, zusammen, dass der innere Mensch erheitert wird,
wenn ein harmonischer Klang unsere Ohren erreicht: *Hinc est, si nostras
concentus percutit aures, / Quatenus interior exhilaretur homo.* (997 f.)

Die Einführung der Musik ist damit weit mehr als nur das. Sie enthält den
Schlüssel zum Verständnis der Erscheinungen dieser Welt, der grossen wie
der kleinen, sie legt die Erfahrbarkeit ihrer gemeinsamen Ordnung und der
ihr zugrundeliegenden Prinzipien des Schöpfers offen, die Verbindung der
Elemente und ihre Belebung nach dem überall geltenden Gesetz des ›Wohl-
klangs‹. Die so verstandene Musica ist daher die engste Vertraute der Philosophia – sie gibt allen Dingen Kraft, sie führt Einvernehmen unter allen
Artes herbei, dank ihrer erfüllt die Künste ein Geist der Harmonie (*consona
mens*, 1004).

---

193 Man kann hier an das bekannte, ein Jahrhundert ältere Diagramm des Byrhtferth denken, zuletzt bei Philippa Semper, Doctrine and diagrams. Maintaining the order of the world in ›Byrhtferth's Enchiridion‹, in: The Christian
tradition in Anglo-Saxon England. Approaches to current scholarship and
teaching, ed. by Paul Cavill (Christianity and culture), Woodbridge 2004,
S. 121–137. Vgl. Tilliette II, n. 382–384, S. 198 f.
194 Diskussion der schwierigen Stelle bei Tilliette II, n. 385, S. 199 f., und Jaeger,
Envy of Angels, S. 167 f.

Dementsprechend ist ihr, gleichfalls zur Rechten der Philosophia, die Arithmetik unmittelbar zugeordnet, die erst zu erklären vermag, weshalb für Musica das Zusammenspiel der Elemente in der *forma solida* des Quadrats begründet zu sein schien (982 ff.): die *Numeratrix Virgo* ordnet nun Gott die Monade zu, der Materie die Diade; die Triade stehe für die *figurae ideales*, die Tetrade aber für die festen Körper: *Est igitur tetras, que faciat solidum* (1036). Die beiden Artes zur Linken der Philosophia vermögen dann gemeinsam eben diese gestaltete Materie, die Schöpfung zu erklären, die Astronomie den Himmel, *Geometrica Virgo* (1087) den *orbis terrarum* (1088). Beide greifen damit unter theoretischer Perspektive zuvor bereits beschreibend behandelte Themen auf, die Gegenstände der Himmelskarte an der Decke des Saales und der Mappa mundi auf dessen Boden. Diese vier Artes, schliesst Baudri, vermittelten (*significare*, 1115) so klar das ihnen je Eigene, dass man leicht alles begreifen könne. Erst im Zusammenspiel der Künste ist das Verstehen der ganzen Schöpfung möglich. Nicht zufällig, erfährt man jetzt, hätten die Artes dort gestanden, wo die Gräfin ihren Kopf hinlegte, das Quadrivium habe für sie erstrangige Bedeutung gehabt – *capitale sibi fabula talis erat* (1120). Wenn Baudri hier zwar die räumliche Vorstellung betont (*hac in parte caput comitissa accline locabat*, 1119), andererseits aber die vier Artes gerade nicht als Figurengruppe bezeichnet, sondern ganz hinter den Gebieten, für die sie stehen, und deren Bedeutung zurücktreten lässt, und von *fabula* spricht (Tilliette übersetzt »allégorie«, ich würde von ihrer ›Auffassung‹ sprechen), wird einerseits die immer stärkere Akzentuierung des Wortes unterstrichen, andererseits erneut der metaphorische Charakter, das fiktionale Moment betont, die das Gedicht bestimmen. Als *fabula*, als *fabella* wird Baudri ja sein ganzes Gedicht Adela präsentieren, als Gemälde, das durch Verse entsteht (*depinxi carminibus*, 1344), als ein Vers-*opus* auf dem Pergament (1347), ein Buch (*liber*) voll höfisch-gebildeter Rede (*urbana garrulitas*, 1348), zu kundiger Rezitation bestimmt (*recitet libellum*, 1367) und als Anlass zu gebildetem Gespräch gedacht (1368).

Man wird wohl gerade da, wo so die gelehrte quadriviale Analyse der Schöpfung in der *fabula*, der (je neuen) Erzählung von ihr aufgeht, festhalten müssen, dass mit der Aufzeichnung der *harmonia mundi*, der Ordnung der elementaren Welt, und dem Bericht von ihrer Belebung und Erhaltung durch jene *uiuificans uis* Baudri zugleich in seine eigene Poetik Einblick gibt.[195] Wenn Schöpfung und Geschichte und zugleich das Wissen

---

195 Bezeichnenderweise betont Baudri zu Beginn seiner Beschreibung der Phi-

über sie im Erzählen neu lebendig werden, dann wirkt auch dort jene eine, lebenspendende Kraft, und sie wirkt fort, über den Text hinaus. Der *opifex* der Kosmogonie und *summus moderator* des Erdkreises bildet vor, was der *artifex* der Bilder und *uates* und *poeta* des Carmens erneuert. Als Vermittler der Einsicht in die Harmonie der Schöpfung zeigt er auch den Weg zu jener *recreatio* und *hilaritas*, die beim Hören von Musik unmittelbar eintritt; er erreicht sie über das lebendige, das gesprochene Wort.

Die Verlebendigung des Dargestellten erreicht nun einen neuen, ihren höchsten Grad da, wo die Personifikationen der Artes dem Betrachter nicht nur lebendig scheinen bzw. in ihm die Vergegenwärtigung seines Wissens und Nachdenkens über ihre Gegenstände auslösen, sondern selbst mit ihm in Austausch treten: das ist bei der Astronomie der Fall. Baudri sah sie mit ihrem Stab die Sterne des Himmels berühren und ihnen Namen geben, die Umlaufzeiten von Sonne und Mond berechnen usw. Sie hielt aber auch in ihrer Linken einen Himmelsglobus (vgl. Abb. 2), der in vielen Farben bemalt war: Du hättest, sagt er, die Schlangen und die Bären und den faulen Ochsentreiber Bootes sehen können und vieles mehr. Da Bootes schon in der Beschreibung der Saaldecke so Erwähnung fand, hat Tilliette diese Stelle als gezielte Wiederholung verstanden: »garantissant l'unité de la description, elle suggère un subtil jeu de miroirs à travers lesquels le poème reflète son propre énoncé«[196] – sicher zurecht. Denn, während Baudri dort alles getan hatte, um die Sternbilder als belebte Wesen erscheinen zu lassen, hebt er nun hier hervor, dass nicht diese Wesen selbst, sondern nur ihre Abbilder an jener Sphaera entworfen waren: *Res ea non fuerant, magis exemplaria rerum / Instar stellati spera poli fuerat.* (1069f.) Während (die belebt gedachte) Astronomia jedes Zeichen besprach, will Baudri eingehend darüber nachgesonnen haben, ob es je derartige *figurae* gegeben habe: *In caelo tales fuerintne aliquando figurae / Mecum pensabam pensaque grandis erat.* (1073f.) Sie aber las ihm seine Zweifel von der Stirn ab und sprach ihn an: Nie habe es eine solche *figura* am Himmel gegeben, sie habe die *formae* und ihre *nomina* nur erdacht, damit die Schüler die erlernten *signa* nicht gleich wieder vergässen.[197] Und doch gebe es zwischen gewissen Sternen eine

---

losophia deren milchverströmende Brüste (955), obwohl er gleich darauf ausdrücklich die (naheliegende) Vorstellung zurückweist, die Statue (*imago*) sei nackt gewesen (961 f.): Das ›Sehen‹ des Milchflusses ist ein inneres Schauen und Verstehen – und eben das gilt ja für die ganze *descriptio* Baudris.

196 Tilliette II, n. 420, S. 204.

197 Zur Profilierung der neuen astrologischen Position des Michael Scotus zieht Wolfgang Metzger diese Stelle heran: Im Anfang war das Bild. Die Sternbilder

feststehende Abmessung (*dimensio certa*, 1079: eine Konfiguration, auf der die Sternbilder beruhen). Dies sei die *res*, die Gegenstand ihrer Unterweisung sei.

Tilliette hat Baudris erneuten Zugriff auf die Astronomie als *ars* (nach der vorausgegangenen Beschreibung des Himmels als Gegenstand des Deckengemäldes) vor allem als ein »problème de technique littéraire« gesehen, dem Baudri dadurch begegne, dass er hier einen theoretischen Zugang zur Astronomie (als Wissenschaft) wähle.[198] Der Hauptakzent wird, nimmt man beide Beschreibungen zusammen, aber wohl doch anders zu setzen sein: Die doch eher naive Frage, ob es tatsächlich einmal am Himmel solche Wesen gegeben habe, die sich Baudri hier gestellt haben will, hätte bei der Betrachtung des kunstvollen, belebt und beweglich scheinenden Himmels an der Saaldecke doch viel näher gelegen als beim Anblick des (kleinen) Himmelsglobus in den Händen der Astronomia. Wie aber dort ein deskriptiv-erzählender Zugang zur Welt galt, den die Kosmogonie auf dem ersten Teppich einleitete, so werden hier durch Baudris Zweifel nicht – wie eigentlich zu erwarten – astronomische Antworten ausgelöst. Vielmehr erfolgen diese ganz im Sinn der Eröffnung dieses zweiten, theoretischen Durchgangs durch die Schöpfung mit der Einführung des den Mikro- und den Makrokosmos verbindenden *compotus armoniae typicalis* (992). Ihm dürfte auch die *res* der festen *dimensiones* unter gewissen Sternen zuzuordnen sein – eine Erklärung erfährt diese *res* aber gerade nicht. Klar wird hingegen, dass auch hier, im Bereich der Astronomie (oder besser: bei Betrachtung des Sternenhimmels) gilt, dass die Erscheinungen dieser Welt lesbar sind: die Sternbilder sind *signa*, und es steht, wie Baudri sagt, den Menschen, die dereinst in den Himmel zurückkehren sollen, wohl an, vorläufig dessen ›äusseren Spiegel‹ zu betrachten (*exterius circueant speculum*, 1086) – Ausdruck einer »vulgate platonicienne«, wie Tilliette formuliert.[199]

Über den konkreten Umgang mit diesen Himmelszeichen erfahren wir hier nichts. Er wird sich nicht wesentlich von der Behandlung der griechischen Mythologie (mit der er sich ja weitgehend überschneidet) unterschieden haben, über deren Bedeutung für den literarischen wie den ge-

---

in der Astrologie des Michael Scotus, in: Transfert des savoirs au Moyen Âge. Wissenstransfer im Mittelalter. Actes Heidelberg 2008, publ. par Stephen Dörr et Raymund Wilhelm (Studia romanica 144), Heidelberg 2008, S. 149–161, hier: 153.

198 Tilliette II, n. 406, S. 202f.
199 Ebd., n. 428, S. 205.

sprächsweisen Austausch (wie für das Selbstverständnis der Gebildeten) die Briefgedichte um Constantia (c. 200; 201) Auskunft geben.[200] Immer sind solche Deutungsleistungen Teil einer allgegenwärtigen Auseinandersetzung des Gebildeten mit seiner Welt in ihren natürlichen wie in ihren historischen Erscheinungsformen. Diese Auseinandersetzung setzt Wissen voraus, sie ermöglicht einen gebildeten Austausch, der – vielleicht mit gelehrter Unterstützung – die Einsicht in die Ordnung der Schöpfung und die Erfahrung ihrer Harmonie im konsensuellen Gespräch erlaubt.

Auch die Artes des Triviums werden so behandelt, dass man von der Rede, ihren Teilen (Rhetorik) über die Argumentation (Dialektik) zum Umgang mit der Sprache an sich gelangt, zur Fähigkeit zu sprechen, zu lesen, zu schreiben und zu dichten (Grammatik). Dabei gilt für die Behandlung der drei trivialen Artes insgesamt, von der Erläuterung ihrer Attribute abgesehen, eine viel stärkere Betonung der Lehrinhalte, die teils – auf griechische und römische Vertreter der Disziplinen bezogen – ›historisch‹, teils ›systematisch‹ vorgetragen werden. Bezeichnend für diese Nähe zum Lehrvortrag ist die abschliessende Bemerkung Baudris, er könnte mit dem Stoff der Grammatik allein Bücher füllen, bräuchte hundert Zungen oder mehr, um all ihre Geheimnisse aufzuzählen (1248 ff.). Das *recitare* (1248) könnte sich dabei allenfalls noch auf (imaginäre) Beischriften beziehen, die der Grammatik mitgegeben wären (über der *ars medicina* soll ein solcher *titulus* angebracht sein, 1332), das *repetere* (1250) gilt klar dem Gedächtnis; und die abschliessende Aussage, die Figur sei eben so gemacht, dass man an ihr sogleich ablesen (*legere*, 1254) könne, was ihre Disziplin sei (um sich dann ihre Inhalte – wie Baudri – memorierend zu vergegenwärtigen, 971 f.), unterstreicht noch den Verzicht auf explizite Vermittlung des Wissens.

2.11 Die stupende Wirkung der Ars medicina und Baudris Hoffnung auf eine fruchtbare Begegnung

Bei der Medizin verfährt Baudri anders. Sie nimmt schon räumlich eine Sonderstellung ein, steht in Schulterhöhe seitlich des Bettes, ihre Selbständigkeit wird aber auch von Baudri ausdrücklich betont und begründet: Die nun nicht elfenbeinerne, sondern gipserne Statue unterschied sich auch durch ihr *officium* von allen anderen. Jene hätten gesungen, gezählt oder Sterne betrachtet und die Erde vermessen, disputiert, vorgetragen oder

---

200 Vgl. oben, S. 85–94.

dekliniert, diese aber pries keines der Werke, die jene verrichteten. Sie pries
ein Werk (*opus*), das sie selbst erfunden habe, ein göttliches[201] Werk, denn
ihr Bemühen war die Heilung der Körper und die Vertreibung der Krankheiten. Schon der Anblick des Kranken genügte ihr für ihre Diagnose, sie
griff aber auch den Puls und betrieb die Harnschau – ihre Macht ist derart,
dass sie dem Menschen, wenn sie denn wollte, dass er in Gesundheit lebe,
langwährenden Vollbesitz seiner Kräfte und ein beinahe unbegrenztes Leben geben könnte. Trotz der Betonung ihrer Selbständigkeit lässt Baudri die
Medizin erklären, dass die *conditio humana* auf der Grundlage der Zahl der
Elemente – *ex elementorum numero* (1277) – durch die vier Säfte bestimmt
sei, und beweisen, dass diese Säfte die Temperamente und die (Haar-)Farben
beeinflussten. Sie kannte auch die Organe.

Wie Baudri bei der Beschreibung der Erde nach der Erwähnung von
Gewässern und Gebirgen, Tieren, *monstra* und Menschen auf die ›Mirabilia‹
zu sprechen kam (754), so stehen nun auch hier am Ende der Beschreibung
der *conditio humana* die rätselhaften Unterschiede der Geschlechter, z. B.
die Beschränkung der Kahlköpfigkeit auf die Männer. Baudri präsentiert
gerade diese ›Mirabilia‹ in Frageform (eingeleitet durch ein neunmaliges *cur*,
z. T. anaphorisch, 1287–94) und schliesst damit an die gängige Form des
medizinischen Unterrichts an, wie sie über die ›Quaestiones salernitanae‹
den hochmittelalterlichen Lehrdialog begründet.[202] Gerade die hier formulierten Fragen haben alle nur unterhaltend-bildenden Charakter.

An dieser Stelle ändert sich nun der Darstellungsmodus in bezeichnender
Weise: Baudri berichtet nicht mehr angeblich Gesehenes, Abgelesenes oder
(von den sprechenden Personifikationen) Gehörtes, soweit es ihm Raum,
Zeit oder Geduld der Hörer erlauben, er ergänzt auch nicht aus der eigenen
erinnerten Wissensfülle, sondern betont das Mehrwissen der *ars medicina*
und begnügt sich mit dessen allgemeiner Umschreibung: Schon neben den
zitierten Fragen kannte sie alle (weiteren), auch diejenigen, die Baudris
Griffel nicht notieren kann. Sie hatte alle Kräuter der Erde gesammelt, sich
mit ihren Kräften befasst und sie verarbeitet: Wer könnte all diese Kräuter
aufzählen? Versuchte ich es, sagt Baudri, es würde mir nicht gelingen; und
ich kenne auch nicht die Zahl jener Präparate, man möge es mir (also)

---

201 Als *diua* (570) und *dea* (581) wird Adela selbst gerade dort bezeichnet, wo
   von der die Geschichte ihres Vaters darstellenden Tapisserie die Rede ist, die
   ihr Bett umgibt.

202 Tilliette II, n. 491 und 501, S. 212 und 214; eine unmittelbare Quelle Baudris
   fehlt hier wie für den ganzen Abschnitt über die Medizin. G(undolf) Keil,
   Salerno, in: LexMa 7 (1995), Sp. 1293–1300, hier: 1300.

erlassen, sie zu benennen. Sie kochte auch Salben aus tierischen Produkten – und tausend Fläschchen mit Arzneien hättest du sehen und darauf lesen können, gegen welche Krankheiten sie dienten, auch die Diäten, die es (in welchen Fällen auch immer) zu beachten gilt.[203]

Baudri tritt also hier als der Minderwissende zurück, überlässt der Medizin den Vorrang, bevor er betont, man hätte allein vom Duft der Kräuter, der den Saal (Adelas!) durchzog, lange leben können (1319f.). Das hier erneut anklingende Motiv der lebensverlängernden und verjüngenden Wirkung der Medizin, das Baudri schon zu Beginn des Abschnitts hervorhob (1273–76), wird nun deutlich dessen Abschluss, ja das Ende der Saalbeschreibung überhaupt bestimmen. Die Wahrnehmung des Kräuterduftes geht denn auch gleich in einer wunderbaren synästhetischen Erfahrung auf: In ihr verschmelzen – durch das dreimalige *miratus* betont – der komplexe, intellektuelle und ästhetische Regungen auslösende Eindruck des *thalamus*, die olfaktorische Wirkung der Kunst der Medizin und die (optische) Ausstrahlung Adelas, die von ihr selbst wie von allem ausgeht, was ihr Saal enthält. Denn ihre *cura sagax*, die mehr oder weniger deutlich die Ausstattung des Saales bestimmte, ist nun auch, wie Baudri wenige Verse später sagt, Verfasserin des Distichons, das dem Standbild der Ars Medicina beigegeben ist: *Cura sagax etenim comitissae praecipientis / Hunc super effigiem composuit titulum: / »Haec est de phisica quae disputat ars medicina, / Qua praeeunte magis corpora nostra ualent«.* (1331–34) Und Adela ist es auch, die dem Standbild der Medizin ausserdem zwei Begleiter beigesellt hatte, die sie zu erkennen gaben und von der sie beide hervorgebracht waren: Galen und Hippokrates.[204] Sie haben beide die Geheimnisse der

---

203 Zur Unwahrscheinlichkeit der ganzen Beschreibung – Medicina wurde als blosse Statue eingeführt – wie der ausladenden Beschriftung vgl. oben, S. 109 f.

204 Eine besondere Affinität Adelas zur Medizin und ihre Förderung von Ärzten betont LoPrete, Adela, S. 73 f., zieht dabei freilich auch c. 134 selbst als Zeugnis heran. Bei der Schlichtung eines Streits zwischen den Kanonikern von Saint-Martin und den Mönchen von Saint-Père in Chartres (1107) gehört ein *Albertus medicus* zu den sechs Personen, die Adela als Vermittlerin begleiten. In einer zweiten Urkunde (zwischen 1102 und 1122) wird festgehalten, dass ein *Bernardus medicus*, nachdem er die Schenkung einer Pfründe in Saint-Martin an Abt und Konvent von Saint-Père durch Adela anerkannt und gutgeheissen, selbst von Adela eine andere Pfründe in Saint-Martin übertragen bekommen habe; bis zu deren Freiwerden soll er die Hälfte der Einkünfte aus der Saint-Père geschenkten Pfründe erhalten. Cartulaire de l'abbaye de Saint-Père de Chartres, Bd. 1–2, publié par M. Guérard (Collection des cartulaires de France 2), Paris 1840, Bd. 2, LX, S. 454 f., bzw. LVII, S. 309 f.

Natur so dargelegt, dass sie beinahe die Menschen den Göttern gleich gemacht haben, indem sie durch ihre Schriften der menschlichen Natur eine um so viel längere Dauer beschieden, dass sie uns beinahe unsterblich machen.

Damit endet dieses Gedicht in der das Leben erneuernden, verlängernden, dem Menschen Dauer verleihenden Wirkung der Medizin, die auf der Kenntnis der Schöpfung beruht, die den geheimnisvollen, über die Vierzahl gegebenen Zusammenhang zwischen Makro- und Mikrokosmos kennt und daher die belebte Schöpfung, Pflanzen und Tiere, für den Menschen zu nutzen vermag. In ihr ist also jenes Wissen pragmatisch gebündelt und sinnlich wahrnehmbar, das Adelas Raum in Baudris Beschreibung präsentiert. Gerade diese Synthese wird aber von Baudri mit Adelas Urheberschaft verbunden: Adela selbst identifiziert die Ars Medicina durch den *titulus*, und sie gibt ihr die beiden Lehrer bei, die das Leben verheissende medizinische Wissen bereithalten.

Baudri geht aber noch einen Schritt weiter in der Profilierung der Rolle Adelas wie seiner eigenen: die Identifizierung der Statue als Bild der Medizin gelingt ihm erst ganz zum Schluss: Bevor ihn der *titulus* Adelas über ihre Identität aufklärt, geht von der synästhetischen Erfahrung des Saales, des Duftes und Adelas selbst jene belebende Wirkung auf ihn aus (*Vt solo posses uiuere odore diu*, 1320), von der schon die Rede war; er sieht das Standbild der Salbenbereiterin und beginnt nachzudenken: *Mente retractabam, quod puer audieram* – die Figur ruft Erinnerungen wach an die Geschichte der Medea, wie sie Ovid in den Metamorphosen erzählt: *Audieram siquidem Medeam Iasonis herbas / Nosse quibus senium subtraheret senibus, / Aegros curaret, morientes uiuificaret* (1325–27).[205]

Regesten der Urkunden bei LoPrete, ebd., S. 481 (n. 69) und 516 (n. 122). Lässt allenfalls die zweite Urkunde die Förderung eines Arztes erkennen (weil er Arzt ist?), erzählt die ›Vita S. Agili‹ (AASS Aug., t. VI, S. 591, 23) nur, dass die an heftigem Fieber erkrankte Adela einst nur durch St. Agilus Hilfe erlangte, *quae prius obtinere non potuit per multorum medicamenta*, obwohl *medici* aus den umliegenden Provinzen Galliens und Normanniens, ja von jenseits des Meeres herbeigeeilt waren. Regest bei LoPrete, S. 511 (n. 112).

205 Dass es schon Ovid selbst in seinem Brief der Medea in den ›Heroides‹ (XII) »vor allem auf die Evozierung von Medea-Bildern ankommt«, betont Bernhard Zimmermann, *Et vidi et perii*. Zu Ovids Medea-Epistel (Heroides XII), in: *Nova de veteribus*. Mittel- und neulateinische Studien für Paul Gerhard Schmidt, hg. v. Andreas Bihrer u. Elisabeth Stein, München/Leipzig 2004, S. 1–10, hier: 8f.

Das Standbild der salbenbereitenden Frau, der Duft der Kräuter und die
Empfindung der Belebung scheinen gemeinsam verantwortlich für die Assoziationen, die das Wissen über Medea heraufbeschwören, und für sie,
Medea, hält Baudri das Standbild. Bedenkt man aber, dass er das Bild unter
jenem synästhetischen Eindruck des Staunens über den Saal, den Duft und
Adela selbst sieht (*miratus* [...] *effigiemque uidens*, 1321 ff.), dürfte es naheliegen, für die Assoziation der Medea doch auch jene Eigenschaft verantwortlich zu machen, die er ihr (wie Circe) in seinem Briefgedicht an Beatrix
zuschreibt: den, der sie anblickt, sprachlos zu machen (c. 140, 17–20).[206]
Damit aber schlösse sich der Kreis: Mit Sprachlosigkeit wollte Baudri auf
den Anblick Adelas bei ihrer Begegnung reagiert haben; *miratus* ist er jetzt
und bedarf des von Adela gesetzten *titulus* der Medicina, um den ›Schlüssel
zum Saal‹, zur Aktivierung des erinnerten Wissens, zu finden. Im selben
Augenblick aber empfindet er jene belebende Wirkung, die er, über die
Assoziation mit Medea – erotisch ›erklärt‹, auch so führt der Bogen zurück
zur Wahrnehmung Adelas bei ihrer Begegnung. Freilich m ü s s e n sich diese
Kreise schliessen: der Einblick in den Saal, die Begegnung mit der Bildung
Adelas, ist ja die Sache eines ›Augen-Blicks‹. Wenn zugleich der Anblick der
schönen Dame den ›Greis‹[207] verjüngt, wird noch einmal die Ambiguität
dieser sich der erotischen Sprache und Bildlichkeit Ovids bedienenden,
freilich Bildung an sich ausspielenden, das *colloquium* suchenden Dichtung
deutlich. In ihr hat Baudri ein Bild Adelas entworfen, das seiner Behauptung, sie zu kennen, idealisierend nachkommt: *ipsa michi nota est* (51); er
hat zugleich sich selbst als *poeta* so präsentiert, dass Adela der Wunsch nach
erneuter Begegnung mit ihm naheliegen sollte – *si tandem iusseris, adueniam* (1368). Zu erwarten steht die fruchtbare Begegnung verschiedener,
komplementärer Formen der Welterfahrung: einerseits die stupende, wissenschaftlich kaum zugängliche Kenntnis der Schöpfung und ihrer medizinischen Relevanz bei Adela, andererseits der verstehende, Wissen und
Poesie verbindende, ordnende (und zugleich die Urheberschaft an dieser
Ordnung Adela zuschreibende) Zugriff bei Baudri. Gewiss spielt hier jene
complexu sacro vollzogene Vereinigung von Vernunft und Beredsamkeit mit
dem Streben nach Weisheit herein, die in Martians *fabella* von der Heirat

---

206 Es tut hier nichts zur Sache, dass er diese Eigenschaft dort, situationsbezogen,
     als Meinung junger Mädchen abtut.
207 Baudri war zwanzig Jahre älter als Adela, also Anfang Fünfzig, wenn man
     c. 134 zur Zeit der Regentschaft Adelas für Stephan von Blois ansetzt, also
     nach dessen Aufbruch zum Kreuzzug (1096).

Merkurs mit Philologia allegorisch gefasst ist, aber Baudris legt sich in seiner *fabella* gerade nicht fest.[208] Diese vielschichtig angelegte und beziehungsreiche Begegnung versinnbildlicht treffend Geist, Inhalt und Fluidum der von Baudri vertretenen gelehrt-ovidischen Gesprächskultur: *Nunc caue ne studii perea⟨t⟩ uigilantia nostri; / Cuique laboraui non michi sis sterilis.* (1349 f.)[209]

Früher oder später[210] nach der Abfassung seines panegyrischen Briefgedichts an Adela, des längsten, das er je schrieb, wurde Baudri de Bourgueil zum Bischof von Dol-de-Bretagne erhoben; das war 1107. Für Kimberly LoPrete hängt beides zusammen – der Panegyricus hatte seinen Preis, und ihn, durch ihr Eintreten für die Erhebung des Abtes zum Bischof, zu entrichten, sei Adela nicht schwer gefallen: ihrer beider Interessen kamen da zur Deckung.[211]

Schon zehn Jahre zuvor (1097) hatte sich Baudri um ein Bistum bemüht. Damals ging es um die Besetzung des Stuhls von Orléans, und Baudri soll die Unterstützung Bertradas, der Königin von Frankreich, erlangt (und sich dabei nach Yvo von Chartres der Simonie schuldig gemacht) haben – auch wenn sie sein Ziel nicht erreichten. Im Fall von Dol waren die Voraussetzungen offenbar günstiger: Wilhelm, der Abt des benachbarten Klosters Saint-Florent-de-Saumur, mit dem die Benediktiner von Saint-Pierre-de-Bourgueil seit 1096 eine Gebetsverbrüderung verband, gehörte der Familie der Herren von Dol-Combour an, in deren Händen die Domvogtei war; und ein Bruder des Abtes, der zunächst diese Vogtei von seinem Vater übernahm, trat dann als Mönch in Saint-Florent ein und wurde 1095 zum Bischof von Dol gewählt. Zwölf Jahre später, als Baudri seine Nachfolge antrat, war die Domvogtei in den Händen eines Neffen von Abt

208 Vgl. Stolz, Artes-liberales-Zyklen, Bd. 1, S. 19–32, zu Martian und seiner Rezeption, mit der pointierten Bemerkung zu Baudri: »Adele selbst aber, deren Qualitäten (vornehme Abstammung, *virtus, castitas,* Bildung) der Dichter panegyrisch hervorhebt, wird implizit zu einer Verkörperung der Philólogia stilisiert.« (32). Martianus Capella, ed. Adolfus Dick, add. et corrig. iterum adiecit Jean Préaux, ed. stereotypa corr. altera ed. anni 1925 (Bibliotheca Teubneriana), Stuttgart 1978, I, 1 und 2, S. 3.8 und 4.17.
209 Eine ›goliardische‹ Lesart der Stelle gibt Carruthers, Craft of Thought, S. 218 f.
210 Zur umstrittenen Datierung vgl. oben, Anm. 20.
211 Hierzu und zum folgenden Abschnitt vgl. die Ausführungen von LoPrete, Adela of Blois, S. 191–204.

Wilhelm. Auf dieser Ebene dürften die Voraussetzungen für Baudris Wahl gut gewesen sein.[212]

Von Bedeutung war das Bistum Dol vor allem im politischen Kräftespiel, bei der Sicherung des Einflusses in der Bretagne, besonders dann, wenn es gelingen sollte, Dol als Metropole durchzusetzen und so Einfluss auf die Besetzung der bretonischen Bischofssitze zu gewinnen.[213] Darum bemühten sich auch die Nachkommen Wilhelms des Eroberers, die englischen Könige und Herzöge der Normandie,[214] und Adela, als Tochter Wilhelms, unterstützte sie. Lag es ihr nicht nahe, Baudri zum Bistum Dol zu verhelfen, einem Mann, der, nach dem tödlichen Jagdunfall ihres Bruders Wilhelm Rufus, des englischen Königs (1100), vier Epitaphien auf ihn verfasste (c. 175–178), und der sich mit seinem Carmen 134 klar zu ihr und zugleich erneut zum Geschlecht Wilhelms des Eroberers bekannte?

Für LoPrete ist klar: »Whatever their wider artistic and intellectual merits, Baudri's verse epistles to Adela [sc. c. 134 und 135] thus appear to have been motivated in part by the poet's self-conscious search for a patron with enough influence to secure his departure from Bourgueil through elevation to a bishopric.«[215] Bei der Besetzung des Stuhles von Dol schienen alle Interessen zu konvergieren, so dass Adela ihren Einfluss zugunsten des gelehrten Abtes geltend gemacht haben werde.

Was ich hier unter starker Verkürzung wiedergegeben habe, ist – so sieht es LoPrete selbst[216] – ›nur‹ ein Indizienbeweis für die Absichten, die Baudri mit seinem Briefgedicht für Adela verband – mehr wird aber niemand

---

212 Auf seiner Rückreise von Rom wird Baudri 1107 als eben bestätigter Erzbischof von Dol in Saint-Florent de Saumur Halt machen, um der Abtei ihren Besitz in seiner Diözese zu bestätigen.

213 Tatsächlich sollte Baudri von seiner ersten Romreise mit dem erzbischöflichen *pallium* nach Dol zurückkehren.

214 Nachfolger Wilhelms wurden 1087 seine Söhne Robert Courteheuse als Herzog der Normandie und Wilhelm Rufus als König von England, die sich bis zum tödlichen Jagdunfall Wilhelms (1100) wiederholt befehdeten. Da Robert seit 1096 am Kreuzzug teilnahm, trat nun der dritte Sohn des Eroberers, Heinrich (I.), die Nachfolge des Königs an; 1106 nahm er auch die Normandie ein, den inzwischen zurückgekehrten Herzog, seinen Bruder Robert, hielt er fortan gefangen.

215 LoPrete, Adela of Blois, S. 201.

216 Ebd., S. 202: »Though the evidence remains circumstantial, it is both plausible and probable that Adela brought her influence to bear in the right places at the right time to see that Baudri of Bourgueil received his long-awaited bishopric, complete with special powers.«

erwarten können: Es entsteht so ein Bild von grosser Dichte und entsprechender suggestiver Kraft. Und es hat natürlich auch Folgen für die Interpretation der Texte Baudris, führt zu funktionsorientierten Vereindeutigungen. Das gilt schon, wenn die vier Epitaphien (c. 175–178) Baudris auf Adelas Bruder Wilhelm Rufus (1100) (nur) als Schritte innerhalb eines nach dem Misserfolg von Orléans eingeleiteten gezielten ›networking‹ verstanden werden, in dessen Fluchtpunkt die Gewinnung Adelas als Fürsprecherin durch Carmen 134 erscheint.[217] Baudri hat aber viele Epitaphien auf Personen ganz verschiedenen Standes verfasst, und wiederholt auch mehrere auf dieselbe Person, darunter sechs auf Cicero (c. 179–184): Variationen über ein Thema, bei denen der Akzent vor allem auf der Form liegt,[218] Texte also, die er wohl gerade wegen ihrer »artistic and intellectual merits« in seine Sammlung aufnimmt. Das schliesst Interesse an den Verstorbenen – Rufus wie Cicero – nicht aus, im Gegenteil, aber man wird mit komplexeren Motivierungen rechnen müssen. Das gilt natürlich um so mehr da, wo Baudri solch vielseitigen intellektuellen und poetischen Aufwand betreibt wie bei c. 134, aus dem er dann nicht zufällig – fern von allen denkbaren politischen Implikationen – Avitus Proben seines Könnens vortragen will (c. 129), das epische Szenen wie kunstreiche Ekphraseis umfasst und damit erst einen Ausschnitt aus dem Spektrum des Baudri poetisch Möglichen bietet, das in der Avitus vorgeschlagenen Begegnung etwa auch die Register der Mythenallegorese, des integumentalen Schreibens und des *iocari* einbeziehen soll.[219]

Man wird also wohl gut daran tun, den Anteil, den Baudris Anliegen, »his own career« zu befördern,[220] an seinem Dichten gehabt haben mag, nicht zu überschätzen. Es erscheint dann nicht zwangsläufig, seine an Adela gerichtete Bitte um eine neue *cappa* (c. 134 und 135) auf den bischöflichen Ornat zu beziehen,[221] den er sich wünscht, auch wenn das Mitschwingen solcher Assoziationen nicht ausgeschlossen ist. Und man wird – entsprechend – auch den Schlussvers, der ja als Steigerung des angekündigten Rezitierens und Kommentierens des Gedichts durch seinen Überbringer

---

217 LoPrete, Adela of Blois, S. 196: »a sign, perhaps, that he was seeking to widen his network of influential princely patrons« usw.

218 Alle vier Epitaphien auf Wilhelm bestehen aus je drei Distichen und formulieren in ihnen dieselben drei Motive: Macht und Fall des Verstorbenen; seine Abstammung von Wilhelm dem Eroberer; den Jagdunfall.

219 Vgl. dazu oben, S. 83 f.

220 Vgl. LoPrete, Adela of Blois, S. 194, und mehrfach ähnlich.

221 Ebd., S. 198 f.

gedacht ist, nicht auf den Abschluss einer »ingratiating petition, requesting a personal audience at a court whose magnificence he could well imagine« eingrenzen.[222] Die Komponente des eben doch vor allem auf die »artistic und intellectual merits« des Textes setzenden gebildeten Gesprächs kommt hier zu kurz. Auf eben diese Seite der Baudrischen Produktion kam es mir aber an, erst sie erklärt die Existenz von poetologischen Carmina (an und von Constantia; c. 200/201), den Entwurf eines sensiblen freundschaftlichen Umgangs mit der eigenen und des anderen Dichtung (an Avitus; c. 129) oder das literaturkritische Gespräch unter gebildeten Nonnen (an Emma *scholastica*; c. 153). Diese Seite seiner Dichtung halte ich für deren eigentliche Raison d'être, die freilich nur noch gewinnt, wenn man sieht, wie sich diese ästhetische Kultur – wie sonst auch – mit politischen und persönlichen Interessen verträgt, dass die ästhetische und intellektuelle Verständigung unter Gebildeten auch soziales und politisches Handeln beeinflussen mag – hier wie sonst auch.[223] Man sollte also nicht die eine gegen die andere Seite ausspielen: wichtiger als die Engführung so oder so ist (wie am karolingischen Hof auch) der Einblick in die natürliche Koexistenz von verschiedenen, politischen und persönlichen, literarischen und gesellig-freundschaftlichen Interessen.

---

222 Ähnlich auf S. 198: Es sei Baudris Ziel, »to gain access to Adela's inner circle in order to benefit from the favors she was widely reputed to bestow.«
223 So sieht das für die anglonormannische Literatur der 1. Hälfte des 12. Jh.s auch Rector, *En sa chambre*.

3

imperialibus auribus interpretetur

Die ›Otia imperialia‹ des Gervasius von Tilbury
für Otto IV. und die Chroniken Ottos von Freising
für Friedrich I. und Rudolfs von Ems für Konrad IV.[1]

3.1 *otia imperialia* – der Titel und was er auslöst[2]

In mittelalterlicher proverbieller Rede sind Zeiten der Musse fast immer be-
drohlich, sie verführen, gefährden Tugenden und Bestimmung, das menschliche Heil.[3] Das entspricht den wenigen Stellen, an denen in der Bibel

---

1 Eine erste Fassung von Teilen dieses Kapitels wurde 2005 vorgetragen: Eckart
  Conrad Lutz, Anschauung der Welt und vergnügliche Bildung. Die ›Otia imperialia‹ des Gervasius von Tilbury für Kaiser Otto IV., in: Innenräume in der
  Literatur des deutschen Mittelalters, XIX. Anglo-German Colloquium Oxford
  2005, hg. v. Burkhard Hasebrink u. a., Tübingen 2008, S. 383–407; auf das
  Konzept der Tagung geht die Verwendung des Begriffs ›Innenraum‹ zurück.
2 Was ich hier aus der Perspektive der zeitgenössischen Erwartungen, die der
  Titel der ›Otia‹ des Gervasius auslösen mochte, umrissen habe, wird jetzt
  von Rector, *En sa chambre*, bes. S. 89–103, durch einen konzisen Abriss der
  historischen Semantik des *otium*-Begriffs ergänzt, auf dem seine Darstellung
  der »chamber sociabilities« im anglonormannischen Raum in der 1. Hälfte des
  12. Jh.s aufbaut. Dementsprechend betont er den schon in der Antike wie in der
  monastischen Literatur mit dem *otium* als literarischer und meditativer Betätigung verbundenen Rückzug an Orte der Intimität (*camera*) wie der elitären,
  von Freundschaft getragenen Geselligkeit.
3 So sind etwa von den 35 Sprichwörtern mit dem Initium *Otia*, die Walther
  verzeichnet, 30 dieser Art: Proverbia sententiaeque Latinitatis medii aevi. Lateinische Sprichwörter und Sentenzen des Mittelalters in alphabetischer Anordnung ges. und hg. v. Hans Walther, Bd. 1–6; Proverbia sententiaeque Latinitatis
  medii et recentioris aevi. Nova series, hg. v. Paul Gerhard Schmidt, Bd. 7–9
  (Carmina medii aevi posterioris latina 2.1–9), Göttingen 1963–1969; 1982–1986,
  Bd. 2.3, Nr. 20483–20517.

von *otium* die Rede ist.[4] Wenn es dort nicht einfach um Inaktivität an sich geht,[5] ist eine Untätigkeit gemeint, die zu verwerfen ist, am grundsätzlichsten im Kontext der Formulierung von Leitsätzen guten (gerade auch fürstlichen) Regiments in den ›Proverbia‹: *qui operatur terram suam saturabitur panibus qui sectatur otium replebitur egestate* (28, 19):[6] ›Wer sein Land bestellt, wird sich am Brot sättigen, wer sich der Musse hingibt, wird Mangel leiden.‹

Im Mittelalter sprichwörtlich gebrauchte Aussagen, die eine positive Sicht vertreten, zitieren Ovid[7] oder Martial[8] und betonen die rekreative Wirkung der Musse, andere, offenbar auch genuin mittelalterliche, verstehen sie als Voraussetzung geistiger Produktivität: *Otia scriptor amat, pacem colit et fugit arma.* Und: *Otia sectantem non vidi philosophantem.*[9] Aber

---

4 Auf die antike, biblische und patristische Vorgeschichte des Begriffs und seines semantischen Umfelds geht Jean Leclercq, Otia monastica. Études sur le vocabulaire de la contemplation au moyen âge (Studia Anselmiana 51), Rom 1963, S. 27–41, ein. Ausserdem Jean-Marie André, L'*otium* dans la vie morale et intellectuelle romaine, des origines à l'époque augustéenne (Publications de la Faculté des lettres et sciences humaines de Paris. Recherches 30), Paris 1966.

5 Vgl. Mt 20, 3–6.

6 Ganz ähnlich schon: *qui operatur terram suam saturabitur panibus qui autem sectatur otium stultissimus est* (Prov 12, 11). Auf diese Stelle scheint der Prolog zu Wittenwilers ›Ring‹ zurückzugreifen, um grundsätzlich Weisheit und Torheit, rechtes und falsches Verhalten zu thematisieren: Heinrich Wittenwiler, Der Ring, nach der Meininger Handschrift hg. v. Edmund Wiessner (DLE. Realistik des Spätmittelalters 3), Leipzig 1931, V. 43–48; dazu Eckart Conrad Lutz, Spiritualis fornicatio. Heinrich Wittenwiler, seine Welt und sein ›Ring‹ (Konstanzer Geschichts- und Rechtsquellen 31), Sigmaringen 1990, S. 344 ff. Prov 12, 11 liegt noch einem Verspaar des Kapitels ›Von tragkeit vnd fulheit‹ im ›Narrenschiff‹ zugrunde: *Sellig der werckt mit synem karst / Wer müssig gat / der ist der narrst.* Sebastian Brant, Das Narrenschiff. Studienausgabe, hg. v. Joachim Knape (Reclams UB 18333), Stuttgart 2005, 97, 13 f., S. 445; vgl. TPMA 3 (1996), Art. ›Faul (träge)‹, S. 166–185, bes. 171–177: »Schlechte Folgen der Faulheit«; der Hinweis auf Brant (mit fehlerhafter Übersetzung) auf S. 170. Die (wenigen) sprichwörtlichen Parallelen zu Prov 12, 11 und 28, 19 im TPMA 1 (1995), S. 24, überzeugen hingegen nicht.

7 *Ocia corpus alunt, animus quoque pascitur illis, / Inmodicus contra frangit utrumque labor.* Walther 20485; Ovid, Epistulae ex Ponto, book 1, ed. with introd., transl., and comm. by Jan Felix Gaertner (Oxford Classical Monographs), New York 2005, i, iv, 21 f., S. 66.

8 *Otia me somnusque iuvant.* Walther 20497; Martial, Epigrams, ed. and transl. by D. R. Shackleton Bailey, vol. 3 (The Loeb Classical Library 480), Cambridge MA/London 1993, xii, 68, 5, S. 150.

9 ›Der Schriftsteller liebt die Musse, hegt den Frieden und flieht die Waffen.‹ Und:

auch sie formulieren schon antike Auffassungen neu.[10] Das gilt auch für die komplementäre Aussage, *eins lebenden menschen tôt und ein begrebde ist müessekeit âne kunst* (d. h. *otium sine litteris*), die Konrad von Ammenhausen (mit seiner Vorlage) auf Seneca zurückführt.[11] Boethius klagt der Philosophie, er habe doch nur das, was er *inter secreta otia* von ihr – durch Platon – gelernt habe, in politisches Handeln umsetzen wollen (*transferre in actum publicae administrationis*).[12]

In eindeutig christlicher Wendung begegnet man diesem Nutzen bringenden *otium* dann schon bei Augustin, als Freiraum meditativen Denkens und der Gotteserkenntnis.[13] So glossiert er Ps 45, 11 – *agite otium et agnoscetis, quia ego sum dominus*[14] – in ›De vera religione‹ so: *Non otium*

›Einen die Musse Fliehenden habe ich nie philosophieren sehen.‹ Walther 20509 und 20509a. Auf sie geht nicht ein Thomas Haye, *labor* und *otium* im Spiegel lateinischer Sprichwörter und Gedichte des Mittelalters, in: Arbeit im Mittelalter. Vorstellungen und Wirklichkeiten, hg. v. Verena Postel, Berlin 2006, S. 79–89.

10 Vgl. die differenzierten Artikel s. v. *otium* in: Thesaurus linguae latinae 9.2 (1981), Sp. 1175–1187 ([Eva] Baer), hier: 1178 f., und in: Novum glossarium medii latinitatis 3 (1983), Sp. 914–919; dagegen begnügt sich das Lexicon latinitatis nederlandicae medii aevi 5 (1994), S. O 343, mit der Angabe:»vrije tijd, nietsdoen; *libertas laboris*: passim«.

11 Seneca, ep. 82, 3. Kunrat von Ammenhausen, Das Schachzabelbuch, nebst den Schachbüchern des Jakob von Cessole und des Jakob Mennel hg. v. Ferdinand Vetter (Bibl. älterer Schriftwerke der deutschen Schweiz. Erg.bd.), Frauenfeld 1887–1892: *des selben Seneca vergiht sînem junger Lucillo* (V. 1566–72). Bezeichnenderweise weist Jakob Mennel das Zitat als *gbot* der (Heiligen) *gschrifft* zu und ersetzt die Einschränkung *sine litteris* durch die moralisierende Wendung: *Darausz entspringt viel üppigkeit* (ebd., S. 66). Vgl. TPMA 3 (1996), S. 170.

12 Boethius, Consolatio philosophiae. Trost der Philosophie. Lat. u. dt., hg. u. übers. v. Ernst Gegenschatz u. Olof Gigon, eingel. u. erl. v. O. G. (Sammlung Tusculum), München/Zürich 1990, I, 4.p., S. 16. Dieser Nutzen der Musse zeichnet sich schon bei Cicero ab, nicht aber bei Seneca; vgl. Leclercq, Otia monastica, S. 30 ff.

13 Zu Augustins früher, neoplatonisch beeinflusster Umdeutung des ciceronischen *ex otio fructus capere* (De re publ. I, 7) vgl. Jean Doignon, Le progrès philosophique d'Augustin dans l'*otium* de Cassiciacum d'après la Lettre 4, in: Fructus Centesimus. Mélanges offerts à Gérard J. M. Bartelink, publ. par A[ntonius] A. R. Bastiaensen et al. (Instrumenta Patristica 19), Steenbrugge/Dordrecht 1989, S. 141–151.

14 So zitiert Augustinus den Psalm-Vers. Die Vulgata (Biblia sacra iuxta vulgatam versionem, adiuv. B[onifatius] Fischer et al. rec. Robertus Weber, ed. quartam emend. cum sociis praepar. Roger Gryson, Stuttgart 1994) hat: *vacate et videte*

desidiae, sed otium cogitationis, ut a locis ac temporibus uacetis.[15] Und in ›De civitate Dei‹ sagt er: *In otio non iners uacatio delectare debet, sed aut inquisitio aut inuentio ueritatis*, und wenig später: *Itaque ab studio cognoscendae ueritatis nemo prohibetur, quod ad laudabile pertinet otium*[16] – die Musse wird fruchtbar gemacht, sie dient der Erkenntnis, wird heilsrelevant.[17] Bernhard von Clairvaux kann dann im Zusammenhang der Gegenüberstellung von Vita activa, dem *studium bonae actionis* (Martha), und Vita contemplativa (Maria) von einem *otium sanctae contemplationis* sprechen,[18] von heilsförderlichen Zeiten der Erholung und Erbauung, die man gezielt herbeiführt: *negotiis fatigatus exspectabat vesperam, libenter repetens otia contemplationis.*[19] Das entspricht der in der monastischen Literatur dominanten Auffassung.[20]

    Wenn Gervasius den Begriff *otium* gebraucht, wird man also an zweierlei Musse denken, an die leichte, zerstreuende Unterhaltung, aber auch an die gefüllte, genutzte freie Zeit. Höfische Musse ist aber vor allem gesellige

---

    quoniam ego sum Deus (iuxta LXX) bzw. *cessate et cognoscite quoniam ego sum Deus* (iuxta Hebr.), beide mit der Lesart: *Deus] Dominus*. Zu Ps 45, 11 vgl. Leclercq, Otia monastica, Register.

15 Aurelius Augustinus, De vera religione liber unus, cura et studio K.-D. Daur (CCSL 32.4, 1), Turnhout 1962, S. 169–260, XXXV, 65, 182, S. 229f.

16 Aurelius Augustinus, De civitate Dei libri XX, ed. Bernardus Dombart et Alphonsus Kalb (CCSL 48.14, 1–2), Turnhout 1965, XIX, 19, 15f. und 30f., S. 686f.

17 Ausgehend von Augustins Stellungnahme zur Frage, ob Mönche zur Seelsorge herangezogen werden durften, behandelt seine Position ausgiebig Bernard Bruning, *Otium* and *Negotium* within the One Church, in: Augustiniana 51 (2001), S. 105–149.

18 Bernardus Claraevallensis, De laude novae militiae, § 31: Bernard de Clairvaux, Éloge de la nouvelle chevalerie. Vie de Saint Malachie. Épitaphe, Hymne, Lettres, introd., trad, notes et index par Pierre-Yves Emery (SC 367), Paris 1990, S. 130.

19 Bernardus Claraevallensis, Sermones de diversis iii, 4: Bernard de Clairvaux, Sermons divers, t. 1, texte latin par J. Leclercq et al., introd. et notes par Françoise Callerot, trad. par Pierre-Yves Emery, rev. par Françoise Callerot (SC 496), Paris 2006, S. 124; auch hier geht es um die notwendige Verbindung der beiden Lebensformen (in Auslegung von Iob 7, 4), aber diesen Strang der heilsförderlichen meditativen Musse verfolge ich hier nicht weiter.

20 Auf dieses ›homogene‹, ja ›monotone‹ Bild, das sich in der monastischen Literatur vor allem bis zum Ende des 12. Jahrhunderts abzeichnet, konzentriert sich Leclercq, Otia monastica, und konstatiert: »[...] on ne discerne guère d'évolution.« (9); und: »[...] la conception de la vie monastique comme contemplative unifie tout l'ensemble.« (128)

Musse; und *otia*, das mögen zugleich die dargebotenen Inhalte sein[21] und die gemeinsame Beschäftigung mit ihnen. Der Titel, den Gervasius wählt,[22] setzt also die Ambivalenz des Begriffs voraus und gibt sie zu bedenken: Wo immer er von *otium* spricht, betont Gervasius selbst das Spannungsfeld zwischen blosser Unterhaltung, verdienter Erholung und sinnvoller Nutzung freier Zeit, in der die Auseinandersetzung mit dem stattfinden soll, was er anzubieten hat, um so des Kaisers ernste, bedrückende Gedanken durch den Eintrag von *otia* zu mildern, die überraschen, fesseln und fördern – *tue sollicitudinis seria parentesi ociorum temperare*, wie er (in wohl metonymischer Formulierung) sagt.[23]

In analoger und zugleich komplementärer Weise kann zur selben Zeit Gottfried von Strassburg in seinem Tristan-Roman *unmüezekeit* als geistig-seelische Aktivität verstehen wie auch auf ihre Gegenstände beziehen. Das geschieht hier nun im Kontext der Konstruktion eines höfisch-elitären Kreises von Gebildeten, die (sicher nur auch) an einem literarischen Liebesdiskurs interessiert sind.[24] Als *unmüezekeit* lässt sich also der Prozess der Auseinandersetzung mit dem Stoff und dessen Fassungen bezeichnen, aus dem Gottfrieds eigener Roman hervorgeht (*ich han mir eine unmüezekeit der werlt ze liebe vür geleit …*),[25] aber auch jener Prozess, den die erneute Verarbeitung durch den Leser (und in ihm)

---

21 So spricht schon Ovid von seinen Gedichten als von *otia nostra*: P. Ovidius Naso, Tristia, hg., übers. u. erkl. v. Georg Luck, Bd. 1: Text u. Übers., Heidelberg 1967, 2, 224, S. 80.

22 Für die Authentizität des Titels plädieren Banks/Binns, Introduction (2002), S. xli. Vgl. auch unten, Anm. 46.

23 Vgl. Gervase of Tilbury, Otia imperialia. Recreation for an Emperor, edited and translated by S[helagh] E. Banks/J[ames] W. Binns (Oxford Medieval Texts), Oxford 2002, III, lxxxiv, S. 716. Am besten erlauben es die ›Otia‹ selbst, den Begriff zu füllen, gerade auch in Verbindung mit der Betonung von *novitas* und *recreatio*, schon in der Einleitung (*aliquid auribus uestris ingerere quo humana recreetur ocupatio*; 14) und in der Vorrede zum dritten Buch (*mirabilia […] deliciosis auribus inferre, ut habeat […], quo suas recreet meditationes*; 558).

24 Dass den im Text konstruierten Gruppen interessierte Personen am bischöflichen Hof in Strassburg entsprochen haben, ist nur zu vermuten, wenn auch gut vorstellbar: Weiter unten (S. 165) wird – zufällig und in ganz anderem Zusammenhang – von der Entourage des Erzbischofs von Reims die Rede sein, in der Gervasius als junger Kleriker beim Anbändeln mit einem hübschen Mädchen ganz selbstverständlich seine *curialitas* ausspielt.

25 Gottfried von Strassburg, Tristan und Isold, hg. v. Friedrich Ranke, Dublin/Zürich 1968, V. 45 f.

auslöst;[26] *eine unmüezekeit* ist endlich auch der zentrale Bildungsinhalt (*kunst*), den Isolde aufnimmt, die *moraliteit* (8002–07):[27]

> under aller dirre lere
> gab er ir eine unmüezekeit,
> die heizen wir moraliteit.
> diu kunst diu leret schœne site:
> da sollten alle vrouwen mite
> in ir jugent unmüezic wesen.[28]

Was Musse (oder Unmusse) ist oder sein kann, ergibt sich also erst aus der Wertigkeit dessen, was sie füllt.[29]

---

26 Angedeutet schon im nächsten Vers (47): [...] *und edelen herzen ze einer hage,* dann präzisiert in 71 ff.: *der* [sc. *werlt*] *han ich mine unmüezekeit ze kurzewile vür geleit, daz si mit minem mære* [...] *ir not* [...] *geringe,* und theoretisierend aufgenommen in 81–122: *muoze* und *müezekeit* tun dem unglücklich Liebenden, also bei seelischer Belastung, nicht gut, auch körperliche Unrast hilft nicht; es gilt, die Bedingungen der Liebe selbst zu erwägen. In diesem Sinn sagt Gottfried: *waz aber min lesen do wære von disem senemære: daz lege ich miner willekür allen edelen herzen vür, daz si a mite unmüezic wesen* (167–171), wobei der vorgeschlagene Aneignungsprozess schliesslich in den berühmten ›eucharistischen‹ Umschreibungen aufgeht (230–240). Dazu Burghart Wachinger, Geistliche Motive und geistliche Denkformen in Gottfrieds »Tristan«, in: Der »Tristan« Gottfrieds von Strassburg. Symposion Santiago de Compostela 2000, hg. v. Christoph Huber u. Victor Millet, Tübingen 2002, S. 243–255, hier: 246f.

27 Eckart Conrad Lutz, *lesen – unmüezec wesen.* Überlegungen zu lese- und erkenntnistheoretischen Implikationen von Gottfrieds Schreiben, ebd., S. 295–315.

28 Der mit 8002 einsetzende Gedanke wird weiter geführt bis 8021 und von den Reimwörtern *unmüezekeit : moraliteit* in chiastischer Stellung (8003f. : 8019f.) eingeschlossen: *moraliteit das süeze lesen deist sælic unde reine. ir lere hat gemeine mit der werlde und mit gote. si leret uns in ir gebote got unde der werlde gevallen: sist edelen herzen allen zeiner ammen gegeben, daz si ir lipnar unde ir leben suochen in ir lere; wan sin hant guot noch ere, ezn lere si moraliteit. daz was ir meiste unmüezekeit der jungen küniginne.* Genau im Zentrum der 20 Verse steht die variierte, zweimal zwei Verse umfassende klassische Umschreibung der höfischen Ethik; auch die Begriffe *werlde* und *got* sind chiastisch angeordnet.

29 Vgl. dazu demnächst Burkhard Hasebrink, *muoze, kurzwîle, gemach.* Zum Imaginären freier Zeit im Mittelalter (Vortrag, Hamburg, 16. Juli 2010). Die grosse Studie von Brian Vickers, Leisure and idleness in the Renaissance: the ambivalence of *otium*, in: Renaissance Studies 4 (1990), S. 1–37 und 107–154, soll vor allem zeigen, dass diese »ambivalence of *otium*« bis ins 19. Jh. hinein eine gleichermassen positive Wertung von »work« und »leisure« in der Lite-

Im Titel der ›Otia imperialia‹[30] dürfte der Begriff zugleich an den englischen Hof unter Heinrich II. erinnert haben, und zwar nicht nur ihren Adressaten, Kaiser Otto IV., aber gerade auch ihn. Denn Otto war an diesem Hof – dem Hof seines Grossvaters – aufgewachsen und hatte hier seine Erziehung erhalten;[31] und Gervasius lebte vermutlich gerade noch an

ratur nicht zuliess – »the fear of idleness in Europe up to the eighteenth century was so strong that *otium* could only be accepted if strongly qualified as *honestum*, a leisure which yielded ›fruits‹ in works of literature, poetry, philosophy or history.« Darüber gerät die theologische Umwertung von *otium* gar nicht in den Blick, und Kirchenväter und Kirchenlehrer des Mittelalters erscheinen ausschliesslich als das *otium* als Laster verurteilende »moralists« (107–111).

30 Die Ausgabe von Banks/Binns nach dem vermutlichen Handexemplar (»a rough draft«) des Autors (Vat. Lat. 933; Abb. in der Ausgabe, S. xcviif., und in: Heinrich der Löwe und seine Zeit. Herrschaft und Repräsentation der Welfen 1125–1235. Katalog Braunschweig, hg. v. Jochen Luckhardt u. Franz Niehoff, Bd. 1–3, München 1995, Bd. 1, E 21, S. 327f.) als Leithandschrift, hat erst vor einigen Jahren die Edition von Gottfried Wilhelm Leibniz ersetzt (Gervasius Tilberiensis, Otia imperialia ad Ottonem IV. Imperatorem, in: Scriptores rerum Brunsvicensium …, t. 1–3, cura Godefride Gulilielmi Leibnitii, Hannover 1707–11, Bd. 1, S. 881–1004). In der umfassenden Einleitung auch die im Folgenden nicht im einzelnen nachgewiesenen Fakten; zur Überlieferung ebd., S. lxiii–lxxxv. Die Ausgabe der frühen französischen Übersetzungen (vor 1287 bzw. um 1320/30) gibt leider nur die dritte *decisio* der ›Otia‹ wieder: Traductions françaises des »Otia imperialia« de Gervais de Tilbury par Jean d'Antioche et Jean de Vignay, éd. de la 3ᵉ partie par Dominique Gerner et Cinzia Pignatelli (Publications Romanes et Françaises 237), Genève 2006. Auch die moderne französische Übersetzung: Gervais de Tilbury, Le livre des merveilles: divertissement pour un Empereur (troisième partie), trad. et comm. par Annie Duchesne, préf. de Jacques Le Goff (La roue à livres 15), Paris 1992, gibt nur das dritte Buch. Jetzt liegt auch die erste deutsche Übersetzung vor: Gervasius von Tilbury, Kaiserliche Mussestunden. Otia imperialia, eingel., übers. u. mit Anm. vers. v. Heinz Erich Stiene, Bd. 1–2 (Bibliothek der Mittellateinischen Literatur 6), Stuttgart 2009, deren Einleitung (S. IX–XLIV; Kenntnisstand 2005) und Anmerkungen erkennen lassen, dass sie sich auch an nicht wissenschaftlich interessierte Leser wenden (vgl. XLIII). Eine Teiledition gibt Hans Zimmermann, Die *Otia imperialia* des Gervasius von Tilbury. Prefatio und Decisio 1, cap. 1–9. Einl., Text, Übers. u. Komm., in: Mediaevistik 15 (2002), S. 51–183.

31 Wiederholt hat Bernd Ulrich Hucker auf die Verbindung der welfischen Herkunft Ottos mit seiner Prägung durch die englische Hofkultur hingewiesen, besonders pointiert: Der wiederentdeckte Kaiser. Eine Biographie (insel taschenbuch 2557), Frankfurt a.M./Leipzig 2003, und jetzt: Otto IV. – Kaiser und Landesherr. Burgen und Kirchenbauten 1198–1218. Vorträge Burg Lich-

diesem Hof, als der sechsjährige Otto dort eintraf. Das war 1182, als Heinrich der Löwe ins englische Exil ging.[32]

Johannes von Salisbury hatte schon dreissig Jahre früher (1156–59) im selben Umfeld seinen gelehrten ›Policraticus‹ verfasst und ihn Thomas Becket gewidmet. Er hatte das Werk mit dem Untertitel ›De nugis curialium et vestigiis philosophorum‹ versehen und hatte damit die auf den Hof bezogene Literatur um eine gelehrt-unterhaltende Richtung erweitert, die viele Gesichter haben kann[33] – in den ›Nugae curialium‹ des Walter Map ein anderes als bei Johannes oder eben bei Gervasius von Tilbury, in dessen ›Liber facetiarum‹ zunächst und (wenige Jahre später) in seiner Sammlung von *mirabilia*, die (noch viel später) zum Kern der ›Otia‹ werden.[34] Man hat es mit Wissen und Unterhaltung zu tun, mit philosophischem und ethischem Anspruch, mit Fürstenlehre, höfischem Leben und Hofkritik und immer wieder mit Erzählen und Kommentieren und mit der Nähe zum Gespräch.[35]

---

tenberg in Salzgitter 2009, hg. v. Bernd-Ulrich Hucker (Salzgitter-Jahrbuch 29), Salzgitter 2009, mit seinem Beitrag: Otto IV. – ein Plantagenêt auf dem Kaiserthron, S. 9–20.

32 Banks/Binns, Introduction, S. xxxi f. Jens Ahlers, Die Welfen und die englischen Könige 1165–1235 (Quellen und Darstellungen zur Geschichte Niedersachsens 102), Hildesheim 1987, S. 134–137.

33 Dazu Peter von Moos, Geschichte als Topik. Das rhetorische Exemplum von der Antike zur Neuzeit und die *historiae* im ›Policraticus‹ Johanns von Salisbury (Ordo 2), Hildesheim usw. 1988. Egbert Türk, *Nugae curialium*. Le règne d'Henri II Plantegenêt (1154–1189) et l'éthique politique (Centre de Recherches d'Histoire et de Philologie V: Hautes Études Médiévales et Modernes 28), Genève 1977; Gervasius selbst wird allerdings hier nicht behandelt. Vgl. jetzt auch Rector, *En sa chambre*, S. 101 f.

34 Zu dieser Entstehungsgeschichte vgl. unten, S. 151 f.

35 Eine umfassende Darstellung des englischen Hofes unter Heinrichs II., seiner Beweglichkeit und Zusammensetzung, seines Reichtums, seiner Bildung, seiner Formen und seiner Ausstrahlung gibt jetzt Nicholas Vincent, The Court of Henry II, in: Henry II. New Interpretations, ed. by Christopher Harper-Bill and Nicholas Vincent, Woodbridge 2007, S. 278–334; zur Literatur in seinem Umfeld immer noch grundlegend: Walter Schirmer und Ulrich Broich, Studien zum literarischen Patronat im England des 12. Jahrhunderts (Wiss. Abhandlungen der Arbeitsgemeinschaft für Forschung des Landes Nordrhein-Westfalen 23), Köln/Opladen 1962; ausserdem Peter Dronke, Peter of Blois and Poetry at the Court of Henry II, in: Medieval Studies 38 (1976), S. 185–235; Türk, Nugae curialium; Laurence Harf-Lancner, Les malheurs des intellectuels à la cour: les clercs curiaux d'Henri II Plantagenêt, in: Courtly Literature and Clerical Culture, 10th triennial congress of the ICLS Tübingen 2001, hg.

Es geht mir hier nicht um Gervasius als den (›leichtgläubigen‹[36]) Über-
lieferer von Motiven der europäischen Erzähltradition[37] (auch des Artus-

v. Christoph Huber u. Henrike Lähnemann, Tübingen 2002, S. 3–18, und jetzt
Ian Short, Literary Culture at the Court of Henry II, in: Henry II. New
Interpretations, S. 335–361, und Martin Aurell, Henry II and Arthurian Legend, ebd., S. 364–394. Der unfruchtbare Streit um das literarische Mäzenatentum bzw. die Auftraggeberschaft Heinrichs II. (und Eleanores) sollte längst
durch eine Auffassung abgelöst werden, die der Vielfalt und Kohärenz einer
spezifischen, lateinische und volksprachige, gelehrte und mündliche Traditionen einbeziehenden literarischen Kultur gerecht zu werden versuchte, die
ohne die Existenz jenes komplexen am englischen Hof und seinem Herrschern
orientierten personellen Gefüges nicht zu erklären ist – sie wäre also von den
Texten und Autoren her zu konstruieren, nicht von den sog. Mäzenen oder
Auftraggebern. (Der Aufsatz von Rector, *En sa chambre*, geht jetzt genau in
diese Richtung.) Zum weiteren Zusammenhang die Bücher von C. Stephen
Jaeger: The Origins of Courtliness. Civilizing Trends and the Formation of
Courtly Ideals 939–1210 (The Middle Ages), Philadelphia 1985, und: The
Envy of Angels. Cathedral Schools and Social Ideals in Medieval Europe,
950–1200 (The Middle Ages), Philadelphia 1994, bes. S. 292–324; seine Auf-
satzsammlung Scholars and Courtiers. Intellectuals and Society in the Medieval West, Hampshire 2002, und (auch darin) bes. der Artikel: Patrons and the
Beginnings of Courtly Romance, in: The Medieval Opus: Imitation, Rewriting
and Transmission in the French Tradition, ed. by Douglas Kelly, Amsterdam
1996, S. 45–58, Nikolaus Henkel, *Litteratus – illitteratus*. Bildungsgeschichtliche Grundvoraussetzungen bei der Entstehung der höfischen Epik in
Deutschland, in: Akten des 8. Internationalen Germanisten-Kongresses Tokyo
1990: Begegnung mit dem ›Fremden‹. Grenzen – Traditionen – Vergleiche,
Bd. 9, München 1991, S. 334–345, Walter Haug, Gibt es einen Zusammenhang
zwischen dem klerikalen Konzept der Curialitas und dem höfischen Weltentwurf des vulgärsprachlichen Romans?, in: Courtly Literature, S. 57–75, sowie
Rüdiger Schnell, *Curialitas* und *dissimulatio* im Mittelalter. Zur Interdependenz von Hofkritik und Hofideal, in: Zeitschrift für Literaturwissenschaft und
Linguistik 41 (2011), S. 77–137.

36 Gegen solche Charakterisierungen wandte sich deutlich schon Raoul Busquet,
Gervais de Tilbury inconnu, in: Revue historique 191 (1941), S. 1–20. Vgl. auch
Banks/Binns, Introduction, S. lix. Ferner Karin Fuchs, Zeichen und Wunder
bei Guibert de Nogent. Kommunikation, Deutungen und Funktionalisierungen von Wundererzählungen im 12. Jahrhundert (Pariser Historische Studien
84), München 2008.

37 Diesem Interesse entsprach schon die Teilausgabe von Felix Liebrecht, Des
Gervasius von Tilbury Otia imperialia. In einer Ausw. neu hg. u. mit Anm.
begleitet. Ein Beitrag zur deutschen Mythologie und Sagenforschung, Hannover 1856, es gilt aber auch noch für die neue Teilpublikation der altfranzösischen Übersetzungen der ›Otia‹ von Gerner/Pignatelli (2006) wie für die
neufranzösische Teilübersetzung von Duchesne (2002) im Kontext der von

stoffes[38] und der Melusine[39]), auch nicht um den Quellenwert seiner Aussagen zur französischen oder zur englischen Geschichte[40] und auch nicht um seinen Beitrag zur Diskussion um den Vorrang von Kaiser oder Papst.[41] Auch die Frage nach der welfischen Hofkultur um Otto IV. oder gar nach seinem braunschweigischen Mäzenatentum interessiert hier allen-

Jacques Le Goff angeregten Exempla-Forschung. Noch Stiene, Kaiserliche Mussestunden (2009), insistiert auf dem »reichen Schatz für den Volksglauben« (XXIII).

38 Vgl. den auch sonst sehr zuverlässigen Artikel von Wolfgang Maaz in der EdM 5 (1987), Sp. 1109–1122. Zum Artusstoff zusammenfassend etwa Volker Mertens, Der deutsche Artusroman (Reclams UB 17609), Stuttgart 1998, S. 9–24.

39 Bea Lundt, Schwestern der Melusine im 12. Jahrhundert. Aufbruchs-Phantasie und Beziehungs-Vielfalt in Texten von Marie de France, Walter Map und Gervasius von Tilbury, in: Auf der Suche nach der Frau im Mittelalter. Fragen, Quellen, Antworten, hg. v. Bea Lundt, München 1991, S. 233–253. Beate Kellner, Ursprung und Kontinuität. Studien zum genealogischen Wissen im Mittelalter, München 2004, S. 397–471, bes. 405–408, und: Melusinengeschichten im Mittelalter. Formen und Möglichkeiten ihrer diskursiven Vernetzung, in: Text und Kultur. Mittelalterliche Kultur 1150–1450. DFG-Symposion 2000, hg. v. Ursula Peters (Germanistische Symposien 23), Stuttgart/Weimar 2001, S. 268–295. Martina Backes, Fremde Historien. Untersuchungen zur Überlieferungs- und Rezeptionsgeschichte französischer Erzählstoffe im deutschen Spätmittelalter (Hermaea NF 103), Tübingen 2004.

40 Vgl. die Auszüge in den Historiae Francorum Scriptores, t. 3, opera ac studio Francisci Du Chesne, Paris 1641, S. 363–379 (De regibus Francorum et Anglorum), und die bezeichnenden, nationaler Geschichtsdeutung verpflichteten Teildrucke nach der Leibnizschen Ausgabe im französischen Recueil des historiens des Gaules et de la France, par Martin Bouquet et al., nouv. édition par Léopold Delisle, t. 9 [1757], Paris 1874, S. 45; t. 11 [1767], Paris 1876, S. 317f.; t. 14 [1806], Paris 1877, S. 13–16) bzw. in der britischen Rolls Series (›Excerpta ex Otiis imperialibus Gervasii Tileburiensis‹) als Anhang zur Ausgabe des ›Chronicon Anglicanum‹ des Radulphus de Coggeshall ex cod. mss. ed. Josephus Stevenson (Rerum Britannicarum Medii Aevi scriptores 66), London 1875, S. 417–449; vgl. Banks / Binns, Introduction, S. lxxxvif. Dagegen ist noch an den europäischen Dynastien interessiert: Gervasius Tilberiensis, De imperio Romano et Gottorum, Lombardorum, Brittonum, Francorum, Anglorumque regnis commentatio, nunc primum edita a Joachimo Johanne Madero, Helmstedt 1673.

41 Vgl. schon Karl Schnith, Otto IV. und Gervasius von Tilbury. Gedanken zu den Otia imperialia, in: Historisches Jahrbuch 82 (1963), S. 50–69, und zuletzt den Beitrag von Hans-Jürgen Derda, Päpstliche Autorität und weltliche Herrschaft. Der Machtanspruch von Papst Innozenz III. zur Zeit des deutschen Thronstreits, in: Otto IV. Traum vom welfischen Kaisertum (Katalog Braunschweig 2009), hg. v. Bernd Ulrich Hucker u. a., Petersberg 2009, S. 57–62.

falls mittelbar.[42] Vielmehr geht es um die ›Otia‹ an sich, um ihre Strukturen und ihre Leistung als Text, der Bildung und Weltsicht eines bestimmten Adressaten voraussetzt und gestaltend auf sie einwirken, sie verändern soll und um die dem Text eingeschriebenen Vorstellungen davon, wie das geschehen könnte. Und nur unter dieser Perspektive sollen schliesslich vergleichend auch die historiographischen, vor allem aber die medialen Konzepte Ottos von Freising und Rudolfs von Ems einbezogen werden, die auf Friedrich Barbarossa und Konrad IV. ausgerichtet sind.

3.2 Aussenwelt und Innenraum – Identitätsbildung im Gespräch

Auch in diesem Kapitel werden mittelalterliche Auffassungen von Gesprächen zu behandeln sein, in denen sich höfische Bildung zeigt und vollendet, in denen spezifische höfische Identitäten umrissen werden und zur Entfaltung kommen. Es geht um ›Gespräche‹ als (historische) Entwürfe der Bedingungen der Möglichkeit gelingender Bildungsprozesse und um den Einfluss von Texten, Bildern und Erzählen auf sie; um die Frage, wie sich über sie die Vorstellungen konstituierten, in denen sich zwischen erfahrener Welt und Wahrnehmung der Welt vermitteln liess; anders gesagt, um Entwürfe von ›Aussenwelten‹ und ›Innenräumen‹ in Texten und durch Texte, von Räumen, die Wissen, Denken und Handeln ihrer Adressaten im Sinne höfischer Bildung einbeziehen und zu verändern versuchen.

Das eindringlichste Beispiel[43] eines solchen Textes ist wohl das oben ausführlich behandelte Briefgedicht Baudris de Bourgueil für Adela von Blois (c. 134), das vor 1102 das gängige Wissen über Kosmos, Geographie und Geschichte wie die Kenntnis der Artes in lateinischen Distichen so wiedergibt, als ob Baudri die Ausstattung von Adelas Palas beschriebe.[44]

---

42 Zur Position Huckers (zusammenfassend etwa: Otto IV. [2003], S. 243–335, bes. 314–335) äussert sich kritisch-distanziert Hans-Joachim Behr, Der Hof Ottos IV. als literarisches Zentrum, in: Otto IV. (Katalog 2009), S. 207–218: der Kaiser »fällt als Förderer der mittelhochdeutschen Literatur aus« (217). Vgl. ausserdem Hans Martin Schaller, Das geistige Leben am Hofe Kaiser Ottos IV. von Braunschweig, in: Deutsches Archiv 45 (1989), S. 54–82, hier: 56f., Bernd Ulrich Hucker, Literatur im Umkreis Kaiser Ottos IV., in: Die Welfen, S. 377–406, id., Otto IV. (2003), S. 314–335, und Otto Neudeck, Erzählen von Kaiser Otto. Zur Fiktionalisierung von Geschichte in mittelhochdeutscher Literatur (Norm und Struktur 18), Köln usw. 2003, bes. S. 197–215.
43 So nun auch Rector, En sa chambre, S. 101f.
44 Baudri de Bourgueil, Poèmes, t. 1–2, texte établi, trad. et comm. par Jean-Yves

Freilich ist dieser Palas fiktiv, und der Akzent liegt nicht auf den Gegenständen an sich, sondern auf der Art ihrer Präsentation: Sie lässt kein Mittel aus, das Dargestellte lebendig erscheinen zu lassen, es so anschaulich, begreiflich und neu formulierbar, also der Aneignung verfügbar zu machen. Dabei bedient sich Baudri des alten Kunstgriffs, seine Beschreibung unter direkter Adressierung des als *cartula* verkörperten und als Bote gedachten Gedichtes selbst (und – über es – des Lesers) vorzustellen. Dort wird also das einer gebildeten Fürstin attribuierte Wissen so aufgerissen, dass ein Gesprächsraum entsteht, in dem die Spannung zwischen Aussen und Innen, zwischen Wissen und Verstehen so ausgetragen werden kann, wie es gebildetem Umgang entspricht. Ausdrücklich bietet sich der Autor an, den Austausch, den das Gedicht erinnernd inszeniert und auf diese Weise neu anregt, im tatsächlichen Gespräch mit Adela, der ersten Adressatin, fortzusetzen.[45]

Gervasius verfährt anders, obwohl er ›dasselbe‹ Wissen, ›dieselbe‹ Bildung voraussetzt; obwohl auch er für seinen Text mit colloquialen Formen des Gebrauchs rechnen will, den Kaiser immer wieder anspricht. Auch Gervasius bietet seinem Adressaten die Welt so dar, wie dieser sie sehen mag oder sehen soll. Aber er entwirft sie nicht als (fiktiven) Raum, den er betritt, in den er (staunend) Einblick nimmt, vielmehr öffnet er seinem Adressaten die Augen für eine Welt, die nur ihm eigen und doch die Welt aller ist: Schöpfung, Natur und Geschichte, wie sie der Kaiser sieht oder eben: sehen soll. Indem er so die Welt ›hereinholt‹, wird aber auch dieser Text selbst zum ›Innenraum‹, freilich ohne dass sich sein Verfasser (anders als Baudri) der Fiktion bedient, geschweige denn zu ihr bekennt. Geographisches, historisches und genealogisches Wissen, die Parameter fürstlicher Bildung, werden so verfügbar gemacht, dass leitende Prinzipien erkennbar und zugleich in immer neuen Verschränkungen der (gedanklichen) Erprobung und (gesprächsweisen) Erörterung aufgegeben sind.

Tilliette (Auteurs Latins du Moyen Âge), Paris 1998–2002, t. 2, S. 1–43 und 163–217. Jean-Yves Tilliette, La chambre de la comtesse Adèle: Savoir scientifique et technique littéraire dans le c. CXCVI [134] de Baudri de Bourgueil, in: Romania 102 (1981), S. 145–171. Id., La vie culturelle dans l'ouest de la France au temps de Baudri de Bourgueil, in: Robert d'Arbrissel et la vie religieuse dans l'ouest de la France. Actes du colloque de Fontevraud 13–16 décembre 2001, éd. par Jacques Dalarun, Turnhout 2004, S. 71–86.

45 *Misi qui nostrum reddat recitetque libellum / Ipseque, si tandem iusseris, adueniam.* (V. 1367f.) Zu Baudri und seinem Carmen 134 ausführlich oben, Kapitel 2.

Es war wohl im Jahr 1215, als die ›Otia imperialia‹ endlich in die Hände
Ottos IV. gelangten, im Jahr nach Bouvines, also an einem Tiefpunkt der
kaiserlichen Macht. Aber man sollte sie nicht einfach – mit zwei jüngeren
Handschriften – als *solacium*, als Trostschrift, verstehen,[46] denn ihr Konzept
geht im Kern auf die frühen 1180er-Jahre zurück. Damals hatte Gervasius
am Hof Heinrichs II. für dessen Sohn Heinrich (den Jüngeren) den erwähnten (verlorenen) ›Liber facetiarum‹ vollendet[47] und begonnen, für ihn jene
Mirabilia-Sammlung zusammenzustellen, die er noch jetzt als Hauptgegenstand und Anlass, als *primordialem materiam et causam* (556/8) seiner
›Otia‹ versteht. 1182 kam Otto als Kind zur Erziehung an den Hof seines
Grossvaters Heinrich. Im Jahr darauf starb Heinrich der Jüngere während
seiner Rebellion gegen den Vater, und Gervasius, der ihm anhing, mag nicht
mehr an den englischen Hof zurückgekehrt sein. Aber auch er hatte nach
seiner Schulzeit dort seine Erziehung erhalten. Beide – Gervasius wie
Otto – waren also geprägt von der Kultur dieses Hofes, in dessen Einflussbereich gelehrte lateinische Werke und volkssprachige Dichtungen

---

46 Zur Authentizität des Titels vgl. Banks/Binns, Introduction, S. xli. Der selt-
    same Aufsatz von Hans Martin Schaller, Das geistige Leben, stellt die Ver-
    hältnisse auf den Kopf (76), noch Rothmann, folgt ihm ohne Begründung,
    zuletzt: Kaminabende, S. 274. Dass Gervasius sein Buch »ursprünglich nicht
    als Kaisertrost und reines Unterhaltungsbuch konzipiert« habe, sondern »ein
    leitender Aspekt die lehrhafte Unterweisung des Kaisers« gewesen sei, betont
    Achim Krümmel, *Interpone tuis interdum gaudia curis!* Zum Geschichtsver-
    ständnis des Gervasius von Tilbury (um 1160–1234/35), in: Ein Eifler für
    Rheinland-Pfalz. Festschrift Franz-Josef Heyen, hg. v. Johannes Mötsch,
    T. 1–2 (Quellen u. Abhandlungen zur mittelrhein. Kirchengeschichte 105),
    Mainz 2003, S. 237–252.
47 Gervasius, Otia, prefatio, S. 14, und II, x, S. 298. Darunter hat man sich na-
    türlich kein »Buch der Scherze« (Armin Wolf, Gervasius von Tilbury und die
    Welfen, in: Die Welfen und ihr Braunschweiger Hof im hohen Mittelalter
    [Wolfenbütteler Mittelalter-Studien 7], hg. v. Bernd Schneidmüller, Wiesbaden
    1995, S. 407–438, hier: 413]) oder gar »Scherzbuch« (Jürgen Wilke, Die Ebs-
    torfer Weltkarte, Bd. 1–2 [Veröff. des Instituts für Historische Landesfor-
    schung der Universität Göttingen 39], Bielefeld 2001, S. 96–122, hier: 97) – was
    auch immer das sei – vorzustellen, sondern eben bereits eines jener Werke der
    neuen Hofliteratur, die Türk unter dem Titel *nugae curialium* zusammenfasst
    und an die auch die ›Otia‹ anschliessen; vgl. oben, S. 145 ff., und Banks/Binns,
    Introduction, S. xcii. So will Gervasius in jenem ›Liber‹ ausführlicher auf die
    aktuelle, besonders enge Kleidermode in der Provinz Narbonne eingegangen
    sein; Anlass dafür ist die etymologische Erklärung von deren Bezeichnung als
    prouintia Togata, die auf die – historischen – langen Kleider ihrer Bewohner
    zurückgehe; Gervasius, Otia, II, x, S. 298.

entstanden.[48] In dessen Gesprächskultur waren aber eben auch jene *memorabilia, dicta* und *facta, ioci* und *facetiae,* die *nugae curiales,* Gegenstände, aus denen Gervasius (nach den *facetiae*) mit seinen *mirabilia* nun einen weiteren Stoffbereich heraushebt. Indem er freilich diesem vielfältigen und nur assoziativ geordneten Bestand an Wissenswert-Wunderbarem zwei umfangreiche Bücher vorausschickt, die einen umfassenden und zugleich ganz am Empfänger orientierten, spezifischen Verstehenshorizont entwerfen, macht er erst möglich, worauf es ihm ankommt – *re-creatio* zu bieten, die Momente des *otium,* der Musse, zu solchen der geistig-tätigen Erholung werden zu lassen: Erst so, wenn das einzelne *mirabile* aus der – ungeordneten – Sammlung entnommen und in den Zusammenhängen des Lebens wahrgenommen werden kann, vermag es, Weltwissen und Erfahrung ins Spiel zu bringen, Ordnungen in Frage zu stellen und doch zugleich grundsätzlich zu bestätigen. Es vermag Verständnis und Urteil zu fördern, gerade weil das Wunderbare sich letztlich menschlichem Verstehen entzieht. Hier ist der Ort eines gedachten Gesprächs am Hof, das Wissen und Bildung – in unterschiedlichem Masse – voraussetzt und sie zugleich erweitert. Dieses Gespräch bedarf des – oft glänzend erzählenden – Textes und dessen gelehrter Vermittler, aber es zielt auf den colloquialen Umgang unter Personen verschiedener Bildung.

Ich werde versuchen zu zeigen, wie Gervasius diese Vorstellung aufbaut und dazu eine Welt entwirft, in der vor allem Otto sich zu orientieren vermag und durch die er zugleich (neue) Orientierung erhält, eine Welt, die Gervasius seinem Adressaten als ›Innenraum‹, als seine (subjektivierte) Welt, zuschreibt, wie Baudri sein Weltmodell explizit für Adela (›Adelae comitissae‹) als ›ihres‹ entwarf. Beide Texte haben personale Identitäten im Blick, regen dazu an, sich ihrer bewusst zu werden, sie zu überdenken und zu entwickeln. Sie bieten *informatio* im besten Sinn des Worts.

Es versteht sich von selbst, dass gerade diese Ausrichtung auf den kaiserlichen Adressaten für das lang anhaltende Interesse an den ›Otia‹ keine Rolle spielte. Die Überlieferung in 30 Handschriften aus Frankreich, Italien und England vom 13. bis zum 17. Jahrhundert zeigt hingegen klar,[49] dass

---

48 Vgl. oben, Anm. 35, ferner Schaller, Das geistige Leben, S. 56 f., und Bernd Ulrich Hucker, Kaiser Otto IV. (MGH Schriften 34), Hannover 1990, S. 8–21. Die Frage der Förderung volkssprachiger Literatur durch den Braunschweiger Hof Ottos IV. ist in unserem Zusammenhang ohne Belang; dazu oben, Anm. 42.

49 Vgl. Banks/Binns, Introduction, S. lxiii-lxxxvi.

das Werk als Einheit wahrgenommen und abgeschrieben wurde. Auch die beiden französischen Übersetzungen durch Jean d'Antioche (vor 1287) und durch Jean de Vignay (1340) geben das Ganze[50] – die Tendenz, historiographische Teile und *mirabilia* zu trennen, ist modern.[51] Allerdings zeigen die Texte, die den ›Otia‹ in einzelnen Handschriften beigegeben wurden, durchaus unterschiedliche Auffassungen und Interessen an.[52] So wird etwa die historiographische Dimension der ›Otia‹ betont durch die Kombination mit weiteren chronistischen Texten, mit Listen von Päpsten und von Königen oder mit Kalender und Computus. Andere Handschriften ergänzen die ›Otia‹ stofflich aus deren eigenen Quellen, dem Pseudo-Turpin, den ›Mirabilia Romae‹ oder dem Alexanderstoff, oder sie akzentuieren den colloquialen Charakter der ›Otia‹ durch die Aufnahme von Sentenzen, Aphorismen und Palindromen, und in dieselbe Richtung weist die Kombination mit Albertanus' de Brescia Lehrtraktat ›De doctrina dicendi et tacendi‹. Eine englische Handschrift des 13./14. Jahrhunderts schliesslich löst die in die ersten beiden Bücher inserierten *mirabilia* heraus und stellt sie zum dritten Buch, setzt eine Chronik und Listen der Päpste und der englischen Könige hinzu, ergänzt die geographischen Abschnitte durch Beschreibungen Roms und des Heiligen Landes und erhöht so das Gewicht des Buches in allen seinen Teilen. Eben diesem kompendiösen Zuschnitt, der den ›Otia‹ an sich eignet, verdanken sie aber auch ein Spektrum der Benutzung, das vom kaiserlichen Hof über den französischsprachigen Adel (Übersetzungen) bis zur Universität reicht, ein Kontext, der zumindest 1380 für Oxford bezeugt ist, während die Benutzung der ›Otia‹ durch spätere Autoren von Vincenz von Beauvais bis zu Boccaccio vor allem den *mirabilia* gilt.[53]

---

50 Nur die moderne Edition beschränkt sich auf den dritten Abschnitt: Traductions françaises des »Otia imperialia« de Gervais de Tilbury par Jean d'Antioche et Jean de Vignay, éd. de la 3e partie par Dominique Gerner/Cinzia Pignatelli (Publications Romanes et Françaises 237), Genève 2006.

51 Vgl. oben, Anm. 30, 37 und 40.

52 Das Folgende nach James R. Caldwell, Manuscripts of Gervase of Tilbury's *Otia imperialia*, in: Scriptorium 16 (1962), S. 28–45.

53 Vgl. Banks/Binns, Introduction (2002), S. lxxxvi; Rothmann, Kaminabende, S. 174. Die *mirabilia* sind eben nur hier zu haben, das geographische und historiographische Wissen war auch sonst verfügbar.

3.3 Das Pferd des Troubadours – ein exemplarisches *mirabile*

Ich suche einen ersten Zugang zum Text über ein *mirabile* des dritten
Buches, das Gervasius mit der bezeichnenden Bemerkung einleitet, dass es
Leute gebe, die an Erscheinungen (*fantastica*) nicht glaubten;[54] Leute, die
sich über einen Sachverhalt (*materia*) nicht wunderten, dessen Ursache
(*causa*) sie nicht kennten. Dann erzählt er eine als besonders ›vergnüglich‹
(*iocundus*) eingeführte Geschichte, die in seiner Gegend, ja eigentlich beinahe in aller Welt (*toti orbi*) bekannt sei – dies wohl (zumindest:) auch, weil
sie in jenen Kreisen spielt, die sie verbreitet haben werden.

Giraldus de Cabreriis also (Guiraut de Cabreira), ein Ritter vornehmster
Herkunft, im Kampf erprobt und von höfischer Eleganz (*elegantia grati-
osus*), habe ein Pferd besessen, das ihm nicht nur aus jeder kriegerischen
Bedrängnis geholfen habe; es habe ihm vielmehr auch – und das sei das
eigentlich Faszinierende (*quod sine exemplo mirandum fuit*) – in allen Ent-
scheidungsnöten beratend beigestanden, das Pferd war *consiliosus*. Giraldus
habe es entsprechend behandelt, es *Bonus amicus* genannt, ihm nur Weizen,
und diesen aus silberner Schale zu essen gegeben und es auf einem Dau-
nenkissen ruhen lassen. Niemand wisse, wie sich ihm das Pferd verständlich
gemacht habe (ob durch Worte, Zeichen oder Bewegungen), aber selbst für
seine Todfeinde habe absolut festgestanden (*probatissimum fuit*), dass Giraldus dem Pferd alle seine Erfolge in Rat und Kampf verdankte. Dem
entsprechend sind übrigens beide zu Tod gekommen: Als einmal das Pferd
zur Ader gelassen wurde und Giraldus deshalb ein anderes, langsameres
reiten musste, sei er von seinem eigenen, bestochenen Knappen ermordet
worden. Sein Pferd *Bonus amicus* aber habe keine Nahrung mehr zu sich
genommen, sondern seinen Kopf gegen eine Wand geschlagen; so sei es –
mirabiliter et miserabiliter – zugrundegegangen.

Bewegt sich schon das bisher Berichtete ganz in der Gervasius und Otto
gemeinsamen höfischen Vorstellungs- und Lebenswelt, so verdichten sich
die Beziehungen noch in einer Episode, die nach Rat und Kampf auch noch
den festlichen Rahmen höfischen Umgangs zur Geltung bringt und damit
den historischen Berichts- und den aktuellen Rezeptionshorizont ineinander aufgehen lässt: Jener Ritter Giraldus war jung, angenehm im Umgang
und heiter, er war in den meisten Musikinstrumenten ausgebildet und wurde von den Frauen begehrt. So war er einmal – man hat das Jahr 1167

---

54 Gervasius, Otia, III, xcii, ›De equo Giraldi de Cabreriis‹, S. 738–742.

erschlossen[55] – in jenem *palatium* in Arles, das über das Erbe seiner Frau in Gervasius' Besitz gelangt und ihm vom Kaiser (gegen Einreden) als Eigentum zugesprochen worden sei. Dort also spielte Giraldus damals die Fiedel – in Gegenwart des (inzwischen verstorbenen) Königs Alfons (II.) von Aragon († 1196), in dessen Diensten Gervasius später stand, und seiner (Gervasius') eigenen Schwiegermutter,[56] einer Dame ersten Ranges, und unter den Augen vieler anderer Standespersonen. Die Damen führten einen Reigen auf, und das Pferd machte zum Takt der Saiten unvergleichliche Kapriolen (*incomparabiles circumflexiones*). Hier hält Gervasius inne: *Quid plura?* Und er gesteht seine eigene Ratlosigkeit ein: *Quid dicam nescio.* Damit gibt er aber – und gerade darauf kommt es mir an – die Erklärung des Ereignisses, des *mirabile*, frei. Zugleich zeigt er jedoch die Richtung an, in die eine Auseinandersetzung mit dem Berichteten gehen könnte: Habe es sich bei dem Guten Freund um ein richtiges Pferd (*verus equus*) gehandelt, woher hätte es dann Rat (*consilium*), Einsicht (*intelligentia*) und Treue (*fides*) gehabt? Sei es aber ein *fadus*, ein guter Geist, gewesen, wie die Leute behaupten, oder auch ein den Dämonen verwandtes Mischwesen, wie hätte es dann essen können? Hier öffnet sich ein Reflexions- und Gesprächsraum, in dem ein faszinierender Vorfall oder Befund Erzähler und Hörer verbindet, die Spannung zwischen höfischer Lebenserfahrung und gelehrtem Wissen zum Austrag bringt und so – durch *recreatio* – Einsicht und Bildung vermittelt. Gervasius nimmt auf das Bewusstsein Ottos Einfluss, gestaltet dessen ›Innenraum‹ mit, indem er die Auseinandersetzung mit dem Erratischen der räumlich, zeitlich und sozial präzise verorteten einzelnen

---

55 Ebd., Anm. 1 auf S. 738 f.: Für 1167 ist ein Aufenthalt König Alfons' II. von Aragon in Arles belegt, wie ihn Gervasius hier voraussetzt (vgl. anschliessend), 1168 fiel die Grafschaft Provence an ihn (Alfons I. von Provence). – Die Angaben zur Lebenszeit des Giraldus (in: LexMA 2 [1983], Sp. 1331: »† vor 1165«) und zur relativen Datierung seines *sirventes-ensenhamen* (in: Dictionnaire des lettres françaises. Le Moyen Age, éd. revue par Geneviève Hasenohr/Michel Zink, Paris 1992, S. 411: »vers 1160 ou 1170«; vgl. anschliessend) gehen in den Handbüchern auseinander. In unserem Zusammenhang zählen nur die Umstände an sich, wie sie Gervasius (selbst überzeugt) berichtet.

56 Da die Ausgabe Leibniz' *socrus vestrae* gab, wo Banks/Binns nun mit der vom Autor durchgesehenen Handschrift N *socrus nostre* lesen, gingen bisher alle Überlegungen fehl; noch Wilke, Ebstorfer Weltkarte, S. 101, etwa geht davon aus, der Besuch habe 1191 stattgefunden und Gervasius selbst habe neben Alfons II. von Aragon die »Grossmutter« des Kaisers, Eleanore von Aquitanien, zu Gast gehabt.

Ereignisse und wunderbaren Sachverhalte vor dem Hintergrund jener Ordnungen einfordert, in die er Otto in den ersten beiden Büchern einge-führt hat.

Über die Person des Giraldus, der als Troubadour einen Namen hatte, Guiraut de Cabreira, war der höfische Umgang mit Dichtung präsent, ein literarischer Horizont, den gerade Guiraut in seinem *sirventes-ensenhamen* ›Cabra joglar‹ (1160/70) umrissen hat.[57] In 142 Achtsilblern zeigt er dort, die der Gattung eigene Ambivalenz der Perspektiven nutzend,[58] was einen guten *ioculator* auszeichnet: Welterfahrung durch Reisen, grosses Wissen (*gran saber*), Kenntnis von Neuem und Begabung für instrumentale Musik, Gesang und Tanz wie die Kenntnis der epischen Stoffe von der grossen Karls-Geste (*la gran jesta de Carlon;* 36) über den Troja-, den Alexander- und den Theben-Stoff, über Ovids ›Metamorphosen‹ und die ›Disticha Catonis‹ bis zu den Erzählungen von Artus, von Erec oder von Tristan und Yceut usw.[59] Gervasius wusste sicher, von wem er sprach, als er seine ›weltbekannte‹ Geschichte erzählte, und bei Otto ist das wenigstens nicht auszuschliessen. Beide waren über Herrschaft und Kultur der Plantagenets verbunden.

---

57 Les genres lyriques, t. 1, fasc. 7, B: La lyrique occitane, dir. par Dietmar Rieger (GRLM 2.1.7), Heidelberg 1990, S. 301–304. Benutzt in der Ausgabe von François Pirot, Recherches sur les connaissances littéraires des troubadours occitans et catalans des XIIᵉ et XIIIᵉ siècles. Les »sirventes-ensenhamens« de Guerau de Cabrera, Guiraut de Calanson et Bertrand de Paris (Memorias de la Real Academia de buenas letras de Barcelona 14), Barcelona 1972, S. 542–562.

58 Die historisch wechselnden Positionen des Sirventes im Überschneidungsbe-reich von trobadoreskem und spielmännischem Gattungssystem beschreibt Dietmar Rieger, Das Sirventes, in: Les genres lyriques, t. 1, fasc. 4, B II: La lyrique occitane (GRLM 2.1.4), dir. par Erich Köhler, Heidelberg 1980, S. 9–61.

59 Silvère Menegaldo, Le jongleur dans la littérature narrative des XIIᵉ et XIIIᵉ siècles. Du personnage au masque (Nouvelle Bibliothèque du Moyen Âge 74), Paris 2005, macht die fiktive Gestalt des *joglar* Daurel in ›Daurel et Beton‹, auf die Guiraut anspielt, zu einem Hauptgegenstand seiner Untersuchung (vgl. S. 34 f.).

3.4 Gervasius, Otto und die ›Otia‹ vor dem Hintergrund der angevinischen Hofkultur

Es ist an der Zeit, ein paar Worte mehr zu Gervasius und zu Otto zu sagen. So viel wir wissen, stammt Gervasius[60] aus englischem Adel. Im Sommer 1177 war er Augenzeuge des Friedensschlusses zwischen Papst Alexander III. und Kaiser Friedrich Barbarossa in Venedig, vielleicht als Mitglied (oder jugendlicher Begleiter) einer englischen Delegation.[61] Er hat Schulen besucht, bevor er am Hof Heinrichs II. lebte,[62] vielleicht auch als Erzieher der Söhne tätig war. Jedenfalls war er dort – wie *magister* Radulfus Niger[63] – einer der Höflinge Heinrichs' ›des jungen Königs‹, für den er seinen verlorenen ›Liber facetiarum‹ schrieb.[64] Wohl davor sind Studien und ein

---

60 Den Wissensstand zu Gervasius fassen Banks und Binns in der Einleitung zur Ausgabe vorbildlich zusammen, kannten allerdings die Auseinandersetzung Wilkes, Die Ebstorfer Weltkarte, S. 96–122, mit Wolf, Gervasius von Tilbury, hier S. 411–427, noch nicht. Die Kontroverse zwischen Wolf und Wilke um die Identität des Gervasius von Tilbury mit dem Propst Gervasius von Ebstorf und (damit eng zusammenhängend) die Urheberschaft an der Ebstorfer Karte (oder ihrer Vorlage) ist nicht beendet. Vgl. die Fortsetzung im Sammelband: Kloster und Bildung im Mittelalter, hg. v. Nathalie Kruppa und Jürgen Wilke (Veröffentlichungen des MPI für Geschichte 218; Studien zur Germania Sacra 28), Göttingen 2006, mit weiteren einschlägigen Beiträgen und Armin Wolf, Die »Ebstorfer Karte« und Gervasius von Tilbury – ein Weltbild im Umkreis des Kaisers, in: Otto IV. (Katalog 2009), S. 195–206, und ders., Gervasius von Tilbury. Arelatischer Marschall Kaiser Ottos IV. und die Ebstorfer Weltkarte, in: Otto IV. – Kaiser und Landesherr (2009), S. 157–188. Entschieden ablehnend Kugler in seiner Ausgabe: Die Ebstorfer Weltkarte. Kommentierte Neuausgabe, Bd. 1: Atlas, Bd. 2: Untersuchungen und Kommentar, hg. v. Hartmut Kugler u. a., Berlin 2007, S. 47.

61 Vgl. Banks/Binns, Introduction, S. xxv f.; Gervasius, Otia, II, xix, S. 460.

62 Lange habe er mit seinem Verwandten Philipp, dem Sohn Patricks, des Grafen von Salisbury, in Schulen und am Hof Heinrichs II. zusammen gelebt (*diutina in scolis et curia* [...] *commansio*); Gervasius, Otia, III, xii, S. 578.

63 Gervasius, Otia, II, iii, S. 186: *litteratus ille nostri temporis uir, magister Radulfus Niger, domini mei regis iunioris concurialis.*

64 Zur (schlecht bezeugten) Erziehung Heinrichs des Jüngeren, den ihm zugewiesenen *magistri*, seinem kurzen Aufenthalt als Sieben- und Achtjähriger am Hof Thomas Beckets (1162/63) und seiner Einführung in herrscherliche Aufgaben vgl. Matthew Strickland, On the Instruction of a Prince: The Upbringing of Henry, the Young King, in: Henry II. New Interpretations, ed. by Christopher Harper-Bill and Nicholas Vincent, Woodbridge 2007, S. 184–214, zu Gervasius: 202 u. 214.

kanonistisches Magisterium in Bologna,[65] später Dienste an geistlichen und weltlichen Höfen belegt, an den Kurien von Reims und schliesslich von Arles, an den Höfen Wilhelms II. von Sizilien, der 1166/68 Peter von Blois zum Erzieher hatte[66] und von 1177 bis zu seinem Tod 1189 mit Johanna von England, der dritten Tochter Heinrichs II. verheiratet war,[67] und – als *iudex* – des Grafen Alfons (I.) von Provence.[68] Alfons ist jener König von Aragon, der – als Dreizehnjähriger – Zeuge der Pferdedressur des Troubadours Guiraut in Arles gewesen sein soll. Als Gervasius, vielleicht anlässlich der Kaiserkrönung Ottos IV. in Rom (1209), bei der er anwesend war, den Titel eines kaiserlichen Marschalls im Arelat erhielt,[69] war er längst in die provenzalischen Führungsgruppen integriert. Seine Heirat mit einer Nichte Imberts von Aiguières, des Erzbischofs von Arles (1190–1202), seines ersten Dienstherrn dort,[70] hatte ihm Zugang und sein *palatium* verschafft.[71] Noch am 16. Juli 1222 ist er in Arles; sein weiteres Schicksal ist ungewiss.[72] Neben seinem ›Liber facetiarum‹ und einer kurzen Antonius-Legende[73] erwähnt er wiederholt ein Buch ›De vita Beate Virginis et discipulorum‹, in dem er (unter anderem) ausführlich über die Bekehrung des

---

65 Gervasius, Otia, III, xii, S. 580, erwähnt den neapolitanischen Archidiakon Johannes Pinatelli, dessen Gast er 1189 in Neapel gewesen sei, als seinen früheren *auditor in iure canonico apud Bononiam*.

66 Zu ihm und seiner Beziehung zu Heinrich II. vgl. oben, Kapitel 1, S. 34 ff.

67 Gervasius weist Otto zweimal auf seine Verwandtschaft mit Johanna hin: Otia, II, xix, S. 464, und II, xxi, S. 488. Einen Rückgang der Bedeutung von Wissenschaft und Literatur und byzantinischen wie muslimischen Einflusses zugunsten des lateinisch-französischen unter Wilhelm II. konstatiert Annkristin Schlichte, Der »gute« König. Wilhelm II. von Sizilien (1166–1189) (Bibliothek des Deutschen Historischen Instituts in Rom 110), Tübingen 2005, S. 212–217. Der Aufenthalt des Gervasius am sizilianischen Hof sei nur über die ›Otia‹, III, xii, S. 580, bezeugt (217).

68 Die Chronologie diskutieren Banks/Binns, Introduction, S. xxv-xxx.

69 Als *magister Gervasius in regno Arelati imperialis aule marescalcus* bezeichnet ihn eine Urkunde vom Mai 1214, als er in Tarascon an einem Schiedsgerichtsverfahren beteiligt ist; vgl. Banks/Binns, Introduction, S. xxxi. Zu diesem Titel ausführlich Wilke, Die Ebstorfer Weltkarte, S. 105–116.

70 Nach III, lxxxvi, S. 724; vgl. Banks/Binns, Introduction, S. xxix.

71 Die Herausgeber Banks und Binns wagen – auch aufgrund ihrer intensiven Beschäftigung mit den ›Otia‹ – eine farbigere Charakterisierung Gervasius', die durchaus überzeugt; vgl. ebd., S. xxxviii. Vgl. auch ihren Beitrag The Intellectual Development of Gervase of Tilbury, in: Kloster und Bildung, S. 347–354.

72 Dazu Banks/Binns, Introduction, S. xxxiii-xxxviii.

73 Seine ›Vita abbreviata et miracula beatissimi Antonii‹ erwähnt er Otia, I, xviii, S. 98.

Kaisers Tiberius zum Christentum geschrieben haben will – auch dieser Text ist verloren;[74] erhalten ist hingegen sein Vaterunser-Kommentar, den Banks und Binns im Anhang ihrer ›Otia‹-Ausgabe abdrucken.[75]

Otto,[76] der vielleicht schon als Kind am Hof seines englischen Grossvaters von Gervasius wahrgenommen worden war, blieb in diesem Umfeld. Er wurde von seinem Onkel Richard Löwenherz 1196 zum Grafen von Poitou (und Herzog von Aquitanien) erhoben und dann von ihm zur Kandidatur für den deutschen Königsthron bewegt und dabei politisch und finanziell unterstützt.[77] Gervasius kannte die Wechselfälle von Ottos Herrschaft im Reich genau: die Doppelwahl von 1198, die zögerliche Anerkennung durch Innozenz III. und Ottos Konzessionen im Neusser Eid 1201; die Koalitionen Ottos mit seinen englischen Verwandten bzw. diejenigen Philipps von Schwaben mit dem französischen König; Ottos Niederlage von 1206 und seinen Machtverlust, dann die Wende durch die Ermordung Philipps und durch Ottos Verlobung mit Philipps Tochter Beatrix 1208, die den Ausgleich mit den Staufern erlaubte; auch den Höhepunkt seiner Macht nach der Krönung zum Kaiser 1209 und dann die Folgen seiner Auseinandersetzung mit dem Papst – die Formierung einer neuen staufischen Gegenpartei unter Einfluss des französischen Königs, die nach dem Tod von Ottos staufischer Gemahlin 1212 rasch zur Neuwahl Friedrichs II. zum

---

74   So in II, xvi, S. 376. Der Titel variiert in III, xxv, S. 604 ff. (›De transitu Beate Virginis et gestis discipulorum‹), auch hier verweist Gervasius auf seinen Bericht über die Bekehrung des Tiberius und präzisiert, dass er durch Martha beim Anblick der *figura Domini que Veronica dicitur* geheilt worden sei. In III, l, S. 650, will er in dem nun ›De uita Beate Virginis et discipulorum et eorum transitu‹ benannten Traktat die Frage erörtert haben, ob Martha mit der von Jesus geheilten anonymen blutflüssigen Frau identisch sei.

75   Appendix III, S. 920–922; dazu auch die Einleitung von Banks und Binns, S. xcii–xcv, und die zeitgleich erschienene Ausgabe von Manfred Hoffmann u. Jürgen Wilke, Ein Kommentar zum *Pater Noster* von Gervasius von Tilbury, in: Jb. f. Intern. Germanistik 33 (2001), S. 127–156.

76   Vgl. zu ihm Bernd Schneidmüller, Die Welfen. Herrschaft und Erinnerung (819–1252) (Kohlhammer Urban Tb. 465), Stuttgart usw. 2000, S. 242–267, die erwähnten Bücher von Hucker, Kaiser Otto IV. (1990 und 2003), und die beiden jüngsten von ihm mitbetreuten Unternehmungen, den Katalogband: Otto IV. – Traum vom welfischen Kaisertum (2009) und den Tagungsband: Otto IV. – Kaiser und Landesherr (2009).

77   Dazu Ahlers, Die Welfen, S. 169–196, zu den Beziehungen zwischen Otto IV. und Johann Ohneland S. 197–252; Hucker, Otto IV. (2003), S. 22–36; zusammenfassend jetzt Jens Röhrkasten, Otto IV. und England, in: Otto IV. (Katalog 2009), S. 41–48.

deutschen König führt (Krönung in Mainz am 9. Dezember 1212); und
schliesslich die Niederlage der englisch-deutschen Koalition in Bouvines
gegen Philipp II. August am 12. Juli 1214, die Otto vollends um seine
Anhängerschaft im Reich brachte.[78]

Gervasius betrachtet die Welt natürlich von einem welfischen Standpunkt
aus, freilich nicht ohne deutlich eigene Akzente zu setzen, umzuwerten und
Otto in manchmal verblüffender Offenheit neue Handlungsperspektiven, ja
konkrete politische Schritte anzuraten. Diese historisch-politische Weltsicht
wird von Gervasius in den ersten beiden Büchern (oder *decisiones*) der
›Otia‹ entwickelt, die den *mirabilia* vorangestellt sind, deren Vermittlung
das eigentliche, vorrangige Ziel bleibt (*propositi nostri principium*[79]). Der
komplexe Fall des Guirautschen Pferdes, der wohl zu reden gab, sollte
zeigen, dass von den einleitenden Büchern mehr zu erwarten sein wird als
nur die Möglichkeit, die nachfolgenden *mirabilia* zeitlich und räumlich
einzuordnen, wie Gervasius wiederholt suggeriert, insbesondere in der *prefatio* zum Gesamtwerk: er hatte (von Anfang an) ein *libellum* vor Augen,
sagt er dort,

> per tres decisiones distinctum, in quo tocius orbis descriptio saltem in summa
> contineretur, prouinciarumque diuisio cum maioribus minoribusque sedibus, et
> sic singularia cuiusque prouincie mirabilia subnectere que fuisse mirabile, au-
> disse apud ignorantes deliciosasque aures delectabile foret. (14)

In den ersten beiden Büchern konstruiert Gervasius vielmehr jene Welt,
jenen ›Innenraum‹, in dem sich Otto umsehen und den er sich zu eigen
machen soll. Hier vermittelt er jenes Bildungswissen, das Otto fähig
machen wird, so zu urteilen und zu handeln, wie es seiner Stellung angemessen ist.

Der wirkliche, hohe Anspruch der Konzeption wird schon in der *prefatio*
deutlich, die Gervasius seinem Werk in der Form eines Briefes an den Kaiser
voranstellt, so wie er sich im *exitus operis* in Briefform an den kaiserlichen

---

78 Den Thronstreit (1198–1208) zeichnet noch einmal detailliert Stefanie Mamsch
   nach, den Machtanspruch Innozenz' III. erörtert Hans-Jürgen Derda, Bernd
   Schneidmüller beschreibt konzis die fortschreitende Einengung der Macht des
   Kaisers auf Braunschweig, alle in: Otto IV. (Katalog 2009), S. 49–56 bzw.
   57–62 und 239–248. Das implizierte politische Denken und Handeln analysiert
   Peter Csendes, Die Doppelwahl von 1198 und ihre europäischen Dimensionen, in: Staufer & Welfen. Zwei rivalisierende Dynastien im Hochmittelalter,
   hg. v. Werner Hechberger u. Florian Schuller, Regensburg 2009, S. 156–171 u.
   262f.

79 So in der *prefatio* zum dritten Buch, S. 558.

Sekretär als den erhofften Vermittler der ›Otia‹ wenden wird. Das zentrale Thema des einleitenden Briefs (2–14) wird – gleich nach dem formellen Eingangsprotokoll – durch eine eigene Überschrift hervorgehoben. Schon dadurch erscheint dieser Abschnitt als Teil des durch sorgfältig bearbeitete Rubriken gegliederten Haupttextes.[80] Das ist inhaltlich gesehen ähnlich: Die hier vorausgeschickte *Collatio sacerdocii et regni* – so der Titel – ist eine weit ausholende historisch-theoretische Abhandlung, die schliesslich auf die quasi naturgesetzliche Unterscheidung zweier vergänglicher Reiche, des *terrenum imperium* (Ottos) und des *imperium subceleste* (des Papstes), der *militans ecclesia*, vom ewigen *imperium celeste* (Christi) hinausläuft. Aus dieser Perspektive kann Gervasius später immer neu und konkret entscheidungsorientiert eine kaiserliche Politik empfehlen, die der römischen Kurie nachgibt (ich komme darauf zurück). In der Schlussformel des Widmungsbriefes wünscht er Otto denn auch ein so glückliches Regiment hier, dass er damit dort die ewige Herrschaft mit Christus erwerbe.[81]

An den Kern der ›Otia‹ führt Gervasius in seiner *prefatio* aber anders heran; er sagt: Unter den ständigen Veränderungen unseres Lebens und unter den Schatten, die sie werfen, werde unser Geist (*animus*) mal erfreut, mal nachdenklich gestimmt, immer aber bewegt, selten ruhe er (12). Der Kaiser aber erkenne dabei gelegentlich klar jene in Saul durch den versuchenden Geist verursachte Anfechtung, die durch Davids Harfenklänge vertrieben oder doch gemildert worden sei. Da aber das beste Heilmittel für die *natura fatigata* sei, sich auf Neues einzulassen (*novitates amare*) und durch Vielerlei sich erfreuen zu lassen, wolle er, Gervasius, den Ohren des Kaisers etwas mitteilen, wodurch sein Sinnen und Trachten, seine Gedanken und Empfindungen verändert würden (*humana recreetur ocupatio*; 14).[82]

80 Von Autorkorrekturen an den Rubriken der Hs. N (Vat. Lat. 933) gehen aus Banks/Binns, Introduction, S. lxiv und lxxxii, wie schon James R. Caldwell, The Autograph Manuscript of Gervase of Tilbury (Vatican, Vat. lat. 933), in: Scriptorium 11 (1957), S. 87–98, hier: 91.
81 Zur Tradition des Gedankens siehe Hucker, Kaiser Otto IV. (1990), S. 121–124; zu ihrer Aufnahme in Bezug auf Ottos Vater Heinrich den Löwen vgl. Eckart Conrad Lutz, Herrscherapotheosen. Die Schlüsse von Chrestiens Erec-Roman und Konrads Karls-Legende im Kontext von Herrschaftslegitimation und Heilssicherung, in: Geistliches in weltlicher und Weltliches in geistlicher Literatur, hg. v. Christoph Huber u. a., Tübingen 2000, S. 89–104, bes. 93 ff.
82 Zur mittelalterlichen Theorie der *recreatio*, zur hygienischen, psychologischen und ethischen Bedeutung literarischer Unterhaltung, vgl. Glending Olson, Literature as Recreation in the Later Middle Ages, Ithaca/London 1982, bes. Kap. 1–3.

Hier nun folgt die oben bereits angedeutete Vorgeschichte des Werks, das Gervasius schon für Ottos Onkel, Heinrich den Jüngeren (von England), nach dem ›Liber facetiarum‹ habe schreiben wollen. Das Buch habe schon damals drei *decisiones* umfassen sollen, eine knappe Beschreibung des Erdkreises, eine Übersicht über die Provinzen und Herrschaftssitze und daran anschliessend einzelne *mirabilia* aus diesen Provinzen. Es sei schon wunderbar, dass es die *mirabilia* gebe, und erfreulich, von ihnen zu hören – für den, der sie noch nicht kenne und sie zu schätzen wisse. Wiederholt und eindringlich grenzt Gervasius aber schon hier sein Werk von der Unterhaltung durch *mimi* und *ystriones* ab, die zwar auch führende Kreise mit den *virtutes Dei* unterhielten, jedoch auf unwahre Weise, *spiritu fallaci, per linguas mendaces.* Sein eigenes Erzählen (*narratio*) dagegen sei *fidelis*, es beruhe auf den Büchern ›der Autoren‹ oder auf Augenschein und liesse sich – auf Reisen – täglich an Ort und Stelle nachprüfen (14).

Alle in der *prefatio* angesprochenen Punkte – das Verhältnis von Kaiser und Papst, die Einteilung des Werkes, die rekreative Wirkung der Beschäftigung mit den *mirabilia* und die Abgrenzung von deren nicht-gelehrter Darstellung – werden wiederholt aufgegriffen, sie sind bestimmend für die Konzeption der ›Otia‹. Besonders deutlich wird das gerade zu Beginn der dritten *decisio*.[83] Hier erinnert Gervasius knapp an die Einteilung des Werkes und betont, dass die *mirabilia* die *primordialis materia* und *causa* des Unternehmens seien, dessen *perfectio* nun vom Gelingen seines Abschlusses abhänge. Sei doch der Anstoss zu seinem Vorhaben gewesen (*propositi nostri principium*), die *mirabilia* der verschiedenen Provinzen den empfänglichen Ohren des Kaisers so nahezubringen, dass er in hellen Stunden tätiger Musse etwas habe, wodurch er seine Vorstellungen erneuern könne: So wird man *meditationes recreare* (558) verstehen dürfen, auch wenn hier zunächst ein Vers aus den ›Disticha Catonis‹ als Leitbild beigegeben ist, der – schlichter – davon spricht, dass man gelegentlich durch Freuden seine Sorgen unterbrechen solle (*Interpone tuis interdum gaudia curis*).[84] Denn die *novitas*, die den menschlichen Geist anziehe, könne verschiedene Ursachen haben; Unerhörtes (*inaudita*) fasziniere uns, weil es die Gesetze der Natur durchbreche (*ex mutatione cursus naturalis*), weil wir seine Ursache (*causa*) nicht kennten, deren Sinn (*ratio*) sich uns entziehe; oder weil wir glaubten,

---

83 Gervasius, Otia, III, ›Incipit tercia decisio continens mirabilia uniuscuiusque prouincie, non omnia, sed ex omnibus aliqua‹, S. 556–562.

84 Disticha Catonis rec. et app. crit. instr. Marcus Boas, opus edendum cur. Johannes Botschuyver, Amsterdam 1952, III, 6, 1, S. 159.

Gewohntes variiert zu sehen, wo uns vielmehr die richtige Einschätzung (*cognitio iudicii iusti*) fehle. So gesehen könnten zwei Phänomene Bewunderung auslösen: *miracula* und *mirabilia*. Wunder (*miracula*) bewirke Gott unter Aufhebung der Naturgesetze (wie etwa bei der Jungfrauengeburt); *mirabilia* aber seien natürliche Erscheinungen, die wir nur nicht verstehen – ja, unsere Unfähigkeit, sie zu begründen, mache sie erst zu *mirabilia* (558).[85]

Damit ist aber zugleich evident, dass sich der Nutzen einer Mirabilia-Sammlung nicht in der Zerstreuung, der Ablenkung von Sorgen erschöpft: *mirabilia* fordern heraus, weil sie den Einsichtigen mit seiner *ignorantia* konfrontieren – mit einem Mangel an Kenntnissen der Schöpfung, deren Gesetze jedes *mirabile* zu sprengen scheint; mit einem Mangel an Beobachtungsgabe, die das Wunderbare erst als solches zu erkennen erlaubt: Wen erfülle es etwa mit *admiratio*, dass durch kaltes Wasser, das doch an sich alles kühle, ungelöschter Kalk ›entzündet‹ werde, während Öl den Kalk nicht wärme, obwohl es doch jedes Feuer nähre? Freilich verlören selbst Dinge aus Indien ihre Faszination, wenn man sie nur her bringe (und sie vertraut würden; 560/562). Niemand möge daher das als *fabulosa* verurteilen, was er, Gervasius, schreibe, es seien nicht leere Worte, seine *mirabilia* seien verbürgt durch die *ueridica testificatio* der Autoren (*auctorum*) oder der Befunde selbst (*terrarum*). Seine *miranda* sollten die Lügengeschichten der *mimi* verdrängen, denen diese höchstens eine Spur Wahrheit beimischten (562).

3.5 Gelehrtes Bildungswissen für den Hof und die Notwendigkeit seiner Erschliessung

Gerade diese erneute und auch an dieser Stelle durch Wiederholung noch betonte Abgrenzung unterstreicht noch einmal den Anspruch des Autors, der sein Werk als gelehrtes Unterfangen versteht, Neugier wecken, Wissen mehren und Perspektiven ändern, kurz: Laien, und zunächst: einen bestimmten Fürsten – Otto – bilden will. In diesem Sinn erklärt er schon zu

---

85 Vgl. Annie Duchesne, Miracles et merveilles chez Gervais de Tilbury, in: Miracles, prodiges et merveilles au Moyen Âge. Congrès Orléans 1994, éd. par la Société des historiens médiévistes de l'enseignement supérieur public (Série Histoire Ancienne et Médiévale 34), Paris 1995, S. 151–156. Funktion und Vernetzung der *mirabilia*-Sammlung in den ›Otia‹ geraten hier so wenig in den Blick wie in der ›Conclusion‹ von André Vauchez, ebd., S. 317–325, hier: 323 f.

Beginn des ersten Teils ausdrücklich, dass er seinem Werk, da hier wie bei jeder Sache der Anfang entscheidend sei (*pars sit potentissima*), als eine Art Präambel zu seiner Weltbeschreibung etwas zur Erschaffung, Einrichtung und Ausgestaltung der Welt vorausschicken wolle.[86] Dies Wenige solle gerade so bemessen sein (*sic mediocriter temperata*), dass es ›Noch-lernenden‹ (*scioli*) erlaube, die *materia* weiter zu ergründen, und dennoch Gelehrten (*perfecte scientes*) keine Langeweile verursachen müsse (18):

> [...] pauca [...] sic mediocriter temperata quod materiam amplius inquirendi prestare poterunt sciolis et fastidium non debebunt generare perfecte scientibus. Enimuero imperialem decet celsitudinem ad instructionem fidei laborantem ut summatim nouerit quod in catholicis comprobet et confirmet et plantet, in hereticis quod reprobet, puniat, et euellat.

Was hier gilt, gilt für die ›Otia‹ überhaupt (und wird im Zusammenhang der Betonung der Bedeutung des Anfangs besonders unterstrichen): Das Werk ist gedacht für die gelehrte Lektüre am Hof, die Hofkleriker und semiliterate Laien einschliesst, die *scioli*, deren Wissenwollen vor dem Hintergrund des durch Lektüre vermittelten Wissens- und Bildungshorizonts erlaubt, im Gespräch fragend und erwägend tiefer in die Gegenstände (und Zusammenhänge) einzudringen (*materiam amplius inquirere*), sich gebildet zu geben und eine Bildung zu vertiefen,[87] die als Voraussetzung guten fürstlichen Regiments verstanden wird:[88] Ausdrücklich betont Gervasius

---

86 Gervasius, Otia, I, i, S. 18: *quasi prolixioris tractatus preambula more cursorum.*

87 Es ist natürlich abwegig, aus Bemerkungen des Gervasius, die davon ausgehen, dass Otto die ›Otia‹ werde vortragen hören, den Schluss zu ziehen, dass Otto des Lesens und Schreibens unkundig gewesen sei; so Schaller, Das geistige Leben, S. 56f. (und dies im Gegensatz zu Ottos Grossvater, Heinrich II., von dem Schaller zu sagen weiss: »Gerne zog er sich mit einem Buch in sein Zimmer zurück.« [56]). Treffend charakterisiert hingegen schon H[enry] G[erald] Richardson, Gervase of Tilbury, in: History 46 (1951), S. 102–114, hier: 113, die gesellige Rezeption des Buchs im Kreis von »clerks« und »courtiers« als »fashionable entertainment«.

88 Zur spätmittelalterlichen Auffassung der ›Otia‹ als Fürstenspiegel bei Golain vgl. Rothmann, Kaminabende, S. 174. Zur Gattung (im engeren Sinn) vgl. Wilhelm Berges, Die Fürstenspiegel des hohen und späten Mittelalters (MGH Schriften 2), Leipzig 1938; Hans Hubert Anton, Fürstenspiegel (Königsspiegel) des frühen und hohen Mittelalters. Ein Editionsprojekt an der Universität Trier, in: Jb. f. historische Forschung 2004, S. 15–32; Fürstenspiegel des frühen und hohen Mittelalters, ausgew., übers. u. komm. v. Hans Hubert Anton (Ausgew. Quellen zur dt. Geschichte des Ma.s 45), Darmstadt 2006, Einleitung, S. 3–37; Hans-Joachim Schmidt, Spätmittelalterliche Fürstenspiegel und

hier, dass das summarisch gebotene Wissen dem um die Glaubensunterweisung (*instructio fidei*) bemühten Kaiser erlaube, orthodoxe und häretische Auffassungen zu unterscheiden und für bzw. gegen sie einzutreten. Dementsprechend unterbricht Gervasius seine besonders auf Honorius Augustodunensis (›De imagine mundi‹) und Petrus Comestor (›Historia scholastica‹) fussenden, aber ausdrücklich (oft mit diesen) auf die einschlägigen biblischen, heidnischen und christlichen Autoritäten von Moses und David über Plato und Aristoteles, Ovid und Lucan zu Boethius und Gregor sich berufenden Ausführungen da, wo er die Auflehnung allein des Menschen gegen seinen Schöpfer betont, mit einem sicher von eigenen Erfahrungen mitbestimmten Ausfall gegen die Albigenser.[89] Sie behaupteten die Existenz zweier Götter, eines guten und eines bösen, *bonum a quo bona, malum a quo punitiones malorum* usw.[90]

Gervasius spricht hier vor dem Hintergrund eigenen Erlebens. Er soll selbst erzählt haben, wie er eines Tages als junger *magister* im Gefolge des Erzbischofs von Reims vor die Tore der Stadt hinausgeritten sei und – von der Neugier der verführbaren Jugend getrieben (*lubricae juventutis curiositate ductus*) – sich einem jungen Mädchen genähert habe, das er allein im Weinberg sah, und es, von ihrer Schönheit erregt, formvollendet ansprach (*de amore lascivo curialiter*). An ihrer mit einer gewissen Würde vorgetragenen (*cum quadam verborum gravitate*) abweisenden Antwort, dass der Verlust ihrer Jungfräulichkeit ihre ewige Verdammnis zur Folge hätte, habe er erkannt, dass sie zur Sekte der *publicani* gehörte. Während er ihr widersprach, sei der Erzbischof hinzugekommen, habe den Grund der Auseinandersetzung erkannt und darauf das Mädchen festnehmen lassen. Die vor den Klerikern begonnene Befragung ging dann in ein Verfahren über, das mit der Verurteilung und Verbrennung der Ketzerin geendet habe. Sie sei so tapfer in den Tod gegangen wie die Märtyrer Christi – freilich könne bei ihr nur Verstocktheit der Grund dafür gewesen sein.[91]

---

ihr Gebrauch in unterschiedlichen Kontexten, in: Text und Text in lateinischer und volkssprachiger Überlieferung des Mittelalters. Freiburger Kolloquium 2004, hg. v. Eckart Conrad Lutz u. a. (Wolfram-Studien 19), Berlin 2006, S. 377–397.

89 Er erfolgt freilich nicht spontan, sondern löst nur das in I, i vorab gegebene Versprechen ein, dass der Kaiser hier erfahren solle, was er bei den Gläubigen fördern und bei den Häretikern tadeln, bestrafen und ausmerzen solle – *in hereticis quod reprobet, puniat, et euellat* (18).

90 Gervasius, Otia, I, ii, S. 28–34, hier: 30.

91 Radulphus de Coggeshall erklärt, diese Geschichte von Gervasius selbst, als dieser schon *canonicus* gewesen sei, gehört zu haben. Radulphus de Coggeshall, Chronicon anglicanum, ex cod. manuscr. ed. Josephus Stevenson (Rerum britannicarum medii aevi scriptores [66]), London 1875, S. 1–208, hier: 121–124.

Erst nach der Veranschaulichung der Relevanz des Wissens um die Ordnung der Schöpfung für die politisch Verantwortlichen setzt Gervasius mit der Darlegung des Sechstagewerks ein. Später geben Kains Brudermord und sein Geständnis zu zwei aufschlussreichen juristischen Kommentaren Anlass, die unter direkter Adressierung des Kaisers – *imperator auguste* – als *notanda* ganz unterschiedlicher Ausrichtung angekündigt werden: *unum quod iudicem instruit, alterum quod delinquentem confundit*,[92] also zunächst beim Richter, dann beim Delinquenten ansetzen.

Die Unterweisung des Richters gilt dem Prinzip, dass niemand allein aufgrund eines Verdachts verurteilt werden dürfe, das auf eine Anordnung des Kaisers Trajan zurückgeführt wird.[93] Wo ein Straftatbestand hingegen offen liege oder vom Beschuldigten selbst eingestanden werde, müsse nach den einschlägigen Bestimmungen des römischen wie des kanonischen Rechts vorgegangen werden, die Gervasius als Jurist denn auch fachgerecht anführt: *ut C. .ii. q. .i. ›Scelus‹ et c. ›Multi‹, et C. .xxxii. q. .i. ›Dixit‹; et Codice, Ad legem Iuliam de Adulteriis, ›Si qui‹; et in* Authentica Collectione *.ix., ›Vt liceat matri et auie‹, c. ›Hiis quoque‹* (104).[94] Diese (und andere) Verweise auf das kodifizierte Recht sind zwar benutzbar, dennoch geht es hier kaum um konkrete Handlungsanweisungen, sondern um die Veranschaulichung, die Praktizierung eines Denkens, das Natur und Geschichte, das ›die Welt‹ als sinnhaltig geordnete aufmerksam wahrzunehmen und zu deuten versteht.

Zeigte also das erste *notandum* die juristische Dimension des Falls, führt das zweite Überlegungen an, die psychologisch das Verhalten des Täters und zugleich theologisch seine Schuld erklären: Kain habe in seiner Ant-

---

92 Ebd., I, xix, S. 102–107. Ganz entsprechend entwickelt Gervasius aus der Verwaltungstätigkeit Josephs im Dienst des Pharao zwei *notanda*, die er Otto – *princeps sacratissime / felix Auguste* – auch hier als Regeln guten Regiments ausdrücklich nahelegt: *quod boni regis est … .* Dabei scheut er sich nicht, ihm ewige Strafen (*penam perpetuam*) anzudrohen, wenn er seine Untertanen nicht davon abhalte, wehrlose Kirchen um ihren Besitz zu bringen: I, xx, S. 124–127. Von einer *doctrina* für den Kaiser spricht er kurz zuvor, S. 112, oder III, lvii, S. 664, III, xcvii, S. 750 usw..

93 Corpus Iuris Civilis, Digest 48.19.5, nachgewiesen durch Banks/Binns, Introduction, zur Stelle.

94 Die Quellen sind nachgewiesen in der Ausgabe von Banks/Binns, S. 104. Vergleichbare Ermahnungen unter Heranziehung von einschlägigen Rechtssätzen begegnen auch bei der Auslegung des zweischneidigen Flammenschwertes des Paradieswächters in Hinblick auf die Gewalt von Kaiser und Papst, I, xvi, S. 92–95; vgl. ferner das Register von Banks/Binns, Introduction, S. 938 f.

wort an Gott, um die Empfindung der Genugtuung über seine Tat zu verbergen, selbst die Möglichkeit der Vergebung ausgeschlossen und so gerade erst mit dieser Leugnung der unendlichen Barmherzigkeit Gottes[95] (wie Judas und der Schächer) die grösste aller Sünden auf sich geladen.

Zur Umschreibung dieser monströsen Haltung Kains fertigt Gervasius aus drei knappen Lucan-Zitaten ein kleines Pasticcio an. Er entnimmt die Partikel von ein bis anderthalb Versen jener Szene gegen Ende des ›Bellum civile‹,[96] in der Cäsar bei seiner Ankunft in Ägypten das Haupt seines ermordeten Schwiegersohns und Gegners Pompeius präsentiert wird und er unter geheuchelten Tränen seine wahren Empfindungen verbirgt. Mit einem Halbvers Lucans beginnend, mit einem weiteren endend, die beide rhythmisierend auf die sie umgebende Prosa der ›Otia‹ einwirken,[97] verdichtet hier Gervasius das – in direkte Rede gesetzte[98] – Urteil über den biblischen Brudermörder in den Versen des antiken Epos.

> O miserrime Caim! Quid modum ponis miserendi in Deo, cuius finis infinitas, et modus est hominum non tenuisse modum? *Quisquis te flere coegit / impetus, a uera longe pietate recessit, / adquirisque* [adquiritque *Lucan*] *fidem simulati fronte doloris, / non aliter manifesta putans abscondere mentis / gaudia, quam* factum dampnando tuum ueniamque negari posse tibi credens. Nequaquam ita fiet; sed omnis qui inuenerit te occidet te, et ita iusto iudicio occisorum occisus liberaberis a miseria temporali.[99]

Was Cäsar, dessen Namen die Kaiser als Titel führten,[100] mit Kain verbindet, ist aber noch mehr: Kain ist der Begründer von Städten und Staaten, von Raub und Gewalt, Erfinder von Mass und Gewicht, von Grenzen und Befestigungen – Folgen einer Form von Herrschaft, die auf falscher Freiheit, Gesetzlosigkeit und Unrecht beruht. Auch das unterstreicht Gervasius

---

95 Hier wird dem Mörder – *O miserrime Caim!* – in gut heilsgeschichtlich-zeitloser Manier vorgeworfen, mit seinem Geständnis David(!) zu widersprechen, der doch sage: *Misericordie tue non est numerus* (Ps 39, 12 f.).

96 M. Annaeus Lucanus, De bello civile libri X, ed. D. R. Shackleton Bailey (Bibliotheca Teubneriana), Stuttgart 1988, IX, 1055 f., 1063 und 1040 f. (in dieser Abfolge) – Identifizierung durch Banks/Binns zur Stelle.

97 Gervasius füllt so die beiden Halbverse Lucans mit eigenen rhythmisierten Worten auf. Das bemerkte schon Liebrecht, Gervasius, S. XII f.

98 Dazu setzt Gervasius das von Lucan übernommene Verbum von der dritten in die zweite Person des Singulars.

99 Gervasius, Otia, I, xix, S. 104. Ich setze – anders als die Ausgabe – die Verse Lucans nicht ab, sondern hebe sie durch Kursive hervor und gebe die einzige Abweichung von ihm (vgl. Anm. 98) in eckigen Klammern an.

100 Gervasius, Otia, II, xv, S. 372.

noch einmal durch drei Verse, nun aus dem Beginn des ›Bellum civile‹, den er auch sonst häufig zitiert. Gerade weil dieser ganze Abschnitt in keine (unmittelbare) Mahnung an den Kaiser einmündet, sondern Beziehungen herzustellen erlaubt, ohne sie zu vereinsinnigen, werden Spielräume des Nachdenkens und der Erörterung eröffnet, wie sie dem Hof ziemen,[101] sofern man denn die Anregungen zu nutzen weiss, sich kommentierend mit ihnen auseinandersetzt.

Wirft man nun an dieser Stelle einen Blick auf das den *exitus operis* bildende Schreiben an den kaiserlichen Sekretär, den Propst und Domherrn Johannes Marcus (von Dorstadt),[102] dann wird man die dort völlig beherrschende Bitte um dessen Vermittlung beim Kaiser zur Erhöhung des Verdienstes des Autors zumindest auch in übertragener Bedeutung lesen wollen: Johannes, dem Gervasius das Werk vorab überlässt (*preoffero*) zur Prüfung (*probatio*) und Weitergabe (*oblatio*) und dank dessen Vermittlungs- bzw. Deutungskunst (*gratia interpretationis*) es erst zur Geltung kommen soll, wird doch als der Gelehrte zu verstehen sein, der *perfecte sciens*,[103] der Otto, dem *sciolus*, und dessen Umgebung zu einem Verständnis und einem Gebrauch der ›Otia‹ verhelfen soll, die das Werk erst eines Dankes wert machen.[104]

---

101 Die Darstellung Cäsars ist im übrigen völlig neutral, auch da, wo Gervasius knapp von seiner Auseinandersetzung mit Pompeius berichtet: Otia II, xv, S. 370–373.

102 Gervasius, Otia, III, ›Exitus operis‹, S. 824–826; zu Johannes Marcus vgl. die Introduction, S. xl. Er begleitet Otto 1209 nach Italien, ist auch 1211 dort in seiner Umgebung und soll 1218 das Testament des Kaisers verfasst haben. Vgl. Hucker, Otto IV. (1990), bes. S. 421 f.; Abbildung des Testaments in Heinrich der Löwe (Katalog), Bd. 1, E 12, S. 344 f.

103 Er dürfte in Bezug auf seine Herkunft aus einer zur Entourage Ottos gehörenden Adelsfamilie der welfischen Stammlande (südlich Braunschweig), auf seine Ausbildung (1204 führt er den Titel *magister*) und auf seine Ämter Gervasius entsprochen haben.

104 Von vergleichbaren Vorstellungen gehen wohl auch die Herausgeber aus, jedenfalls nehmen sie an, dass Otto »had it [sc. die ›Otia‹] read to him, for this seems to be how Gervase envisaged the work being presented to him.« Introduction, S. xxxix. Wenn man freilich mit Michael Rothmann, *Totius orbis descriptio*. Die ›Otia imperialia‹ des Gervasius von Tilbury: Eine höfische Enzyklopädie und die *scientia naturalis*, in: Die Enzyklopädie im Wandel vom Hochmittelalter bis zur frühen Neuzeit (MMS 78), hg. v. Christel Meier, München 2002, S. 189–224, hier: 189–191, als »ideale Rezeptionssituation« die Unterhaltung ansieht, zu der sich »im Winter die adlige Familie nach dem Essen vor dem Kamin« versammelt, werden die ›Otia‹ auf »Gervasius' Beitrag

3.6 Fluchten und Netze – die diagrammatische Ordnung der Otto zugedachten Welt

Sehen wir uns nun wenigstens kurz die beiden ersten *decisiones* an, so wird tatsächlich rasch deutlich, dass deren Anspruch weit über das erklärte Ziel hinausgeht, die Zuordnung der *mirabilia* im Sinn einer blossen Verortung in Raum und Zeit zu erlauben.[105] Gervasius erinnert an die Aufteilung der Welt unter die Noachiden und fährt fort:[106]

> habentque diuisiones ista, ut prelibauimus, particionum nomina, scilicet Asiam, Europam, et Affricam, quarum loca specialia per certas regiones, ciuitates et montes, maria ac flumina describere nostri propositi est, ut cum aliqua mirabilia cuilibet terre locoue assignabuntur, facilius habeatur locorum et ipsorum gestorum noticia.

---

zu diesen kalten Winterabenden« reduziert (199), sie werden zu blosser »Unterhaltungsliteratur mit enzyklopädischem Charakter« (223). Wer mag, kann diesen Aufsatz unter anderen Titeln noch zweimal lesen, nämlich als: *Mirabilia vero dicimus, quae nostrae cogitioni non subiacent, etiam cum sint naturalia.* »Wundergeschichten« zwischen Wissen und Unterhaltung: der »Liber de mirabilibus mundi« (»Otia Imperialia«) des Gervasius von Tilbury, in: Mirakel im Mittelalter. Konzeptionen, Erscheinungsformen, Deutungen, hg. v. Martin Heinzelmann u. a. (Beiträge zur Hagiographie 3), Stuttgart 2002, S. 399–433 (mit neuem Vorspann auf S. 399–407), und als: Wissen bei Hofe zwischen Didaxe und Unterhaltung. Die höfische Enzyklopädie des Gervasius von Tilbury, in: Erziehung und Bildung bei Hofe. 7. Symposium der Residenzenkommission der Akademie der Wissenschaften zu Göttingen (Celle 2000) (Residenzenforschung 13), hg. v. Werner Paravicini und Jörg Wettlaufer, Stuttgart 2002, S. 127–156. Die zitierten Stellen auf S. 416 und 431 bzw. 135 und 155, letztere modifiziert zu: »höfische Bildungs- und Unterhaltungsliteratur [...]«. Der dreimalige Abdruck erfolgt ohne Hinweis. Besonders befremdet unter diesen Umständen die Anmerkung zum Titel des ersten (und nur des ersten) Abdrucks: »Der Beitrag entstammt bis auf wenige Ergänzungen dem Jahr 1996; die Forschung, auch die eigene, ist inzwischen vorangeschritten; [...].« Auch der jüngste, vierte Aufsatz Rothmanns besteht wenigstens zur Hälfte aus nicht deklarierten wörtlichen Übernahmen aus den älteren: *ex oculata fide et probatione cotidiana.* Die Aktualisierung und Regionalisierung natürlicher Zeichen und ihrer Ursachen im *Liber de mirabilibus mundi* des Gervasius von Tilbury, in: Kloster und Bildung, S. 355–383, die beiden Stellen hier 369 und 381.

105 Dass die Verortung in Raum und Zeit zunächst immer der Sicherung der Glaubwürdigkeit dient, betont Fuchs, Guibert de Nogent, S. 139–155.

106 Gervasius, Otia, II, ii: ›De diuisione orbis tripertiti in summa‹, S. 176–180, hier: 176.

Gervasius legt nicht nur besonderen Wert darauf, die Bausteine seiner Welt-
und Erdbeschreibung zu bezeichnen und ihre Anordnung zu erklären und
teils ankündigend, teils resümierend Zusammenhänge herzustellen; er setzt
vielmehr immer wieder Räume und historische Abfolgen zum Kaiser in
Beziehung. Daraus ergeben sich Konstellationen, die es erlauben, Ansprüche zu legitimieren und Handlungsperspektiven zu entwickeln. Und immer
wieder greift Gervasius erklärend ein, folgert und erteilt konkreten Rat;
dabei können schon hier (in den einleitenden *decisiones*) etwa die wunderbaren Eigenschaften von Landschaften zu machtpolitischen Argumenten
werden. Solche Stellen prägen also Muster aus, die auch für den Umgang
mit den *mirabilia* der Sammlung im dritten Buch Geltung beanspruchen
können. Ich gebe zunächst Beispiele.

Die zweite *decisio* beginnt nach der Sintflut mit der Aufteilung (*divisio*)
der Welt in drei Kontinente und der Aufteilung der Geschichte in vier
Weltreiche. Sie durchläuft dann beschreibend die drei Erdteile, ihre Provinzen und Staaten, bevor mit dem Untergang Trojas und der Verbreitung der
Flüchtigen über Europa die abendländischen Reiche und ihre Herrscher-
folgen in den Vordergrund treten. An der Nahtstelle sagt Gervasius:
Nun, da er die drei Erdteile beschrieben habe und weil doch das *Romanum imperium*, das Otto regiere – *ad quod te, serenissime imperator, Deus
elegit* –, das letzte der vier Weltreiche sei, wolle er kurz dessen (des römischen Reiches) Herkunft und die geschichtlichen Umstände seines Auf-
stiegs beschreiben.[107] Diese Entwicklung aber läuft auf den kaiserlichen
Rezipienten zu. Dessen (historische) Weltsicht und (politische) Verantwortung also sind es, die Gervasius erzählend konstruiert (vgl. Abb. 4).[108]

Wenig später leitet er – mitten in der zweiten *decisio* – mit einem *epilogus
de operis continuatione* zur Darstellung des *regnum Britonum* über.[109] Er
erinnert, dass er vom Fall Trojas ausgehend zur Gründung und Geschichte
des römischen Weltreichs gelangt sei; auf den Untergang Trojas gehe freilich
nicht nur das römische Kaiserreich zurück, das Otto regiere, sondern auch
das Königreich Grossbritannien, das ihn, Otto, hervorgebracht habe (denn
seine Mutter sei eine Tochter Heinrichs II. gewesen); und auch das Königreich der Franken habe denselben Ursprung, über dessen aquitanischen Teil

---

107 Ebd., II, xiv, S. 350.
108 Die beigegebene Tafel in Abb. 4 veranschaulicht die fortgesetzte Einbindung
      des kaiserlichen Adressaten in die Darstellung – die Darstellung von Welt und
      Geschichte aus der Otto suggerierten Sicht und in ihrer Bedeutung für sein
      Urteil und sein Handeln.
109 Am Ende des Kapitels II, xvi, S. 396.

Otto (als Duc d'Aquitaine) regiert habe: drei Königreiche also, wie drei Söhne, die heilige Dreizahl der Trinität (*felicis Trinitatis numero*) erfüllend.[110] So sei es gut, hier die Reihe der englischen Könige anzuschliessen, damit der Kaiser in Erinnerung behalte, wie sie mit dem Kaiserreich und dem Königreich der Franken verbunden sei, aber auch, wodurch die englischen Könige und die Engländer selbst aus Ottos Sachsen hervorgegangen seien; schliesslich auch, damit er, Otto (*animus tuus*), all das lieben, schützen und in seine Gedanken und Pläne einbeziehen werde (*complectere*), von dem er wisse, dass es mit ihm eines Ursprungs sei – *omne id cuius radicem apud tuos noueris esse.*

Wo Gervasius, etwas später, die Liste der fränkischen Herrscher wieder beim Untergang Trojas beginnen lässt und sie bis zu Karl dem Grossen ausführt, der das römische Reich, das Otto jetzt regiere, wiederhergestellt habe, da betont er noch einmal, rückblickend, die zweifache Abstammung Ottos von den Sachsen bzw. Angeln, bis zu deren Herrschaft in England er nun die Reihe der britischen Könige heraufgeführt habe: Ottos Vater, Heinrich (der Löwe), und der Vater seiner Mutter, Heinrich II. von England, werden ausdrücklich genannt.[111] Von Mutterseite sei Otto freilich auch mit den französischen Königen verwandt. Gervasius sagt dabei zwar, dass Graf Theobald (IV. von Blois-Champagne), der Grossvater Philipps, des regierenden französischen Königs (Philipps II. August), ein Neffe von Ottos Ururgrossvater, König Heinrich (I.), gewesen sei, aber nachvollziehbar ist das nur unter der Voraussetzung sehr komplexen genealogischen Wissens (Abb. 5).[112]

---

110 Zur ›Herkunft aus Troja‹ Kellner, Ursprung und Kontinuität, S. 131–294.

111 Gervasius, Otia, II, xviii, S. 434/436.

112 Die beigegebene Tafel in Abb. 5 veranschaulicht den in den ›Otia imperialia‹ vorausgesetzten genealogisch-dynastischen Horizont, wobei hier nur drei Textstellen ausgewertet wurden: II, xvi, S. 396 (Ottos Verbundenheit mit England, Frankreich, Sachsen), II, xviii, S. 436 (Verwandtschaft Ottos mit Philipp II. August) und II, xviii, S. 452–454 (Ottos Anspruch auf die byzantinische Kaiserkrone). – Im Zusammenhang der genealogischen Überlieferung aus den Häusern der Welfen behandelt Kellner, Ursprung und Kontinuität, Gervasius (S. 297–393, hier: 358–362), greift freilich zu kurz (359): In den ›Otia‹ werde »ein genealogisches Programm entworfen, das den Welfen Otto IV. als legitimen Erben des Kaiserthrons zeigen soll.« Sie folgt damit Wolf, Gervasius von Tilbury, der den »historisch-genealogischen Ausführungen des Gervasius geradezu den Charakter eines juristischen Gutachtens über die Rechtmässigkeit des Kaisertums Ottos von Braunschweig« beimisst, S. 436; von beiden wird die Frage, was ›Programm‹ bzw. ›Gutachten‹ mit den Mirabilia zu tun haben mögen, gar nicht gestellt. Wolf gibt seinem Aufsatz

Hier wird also deutlich, wie wir uns den Gebrauch der ›Otia‹ vorzustellen haben werden: schon die Offenlegung und Begründung der Syste-
matik, die Gervasius seiner Darstellung traditioneller Wissensbestände zu-
grundelegt,[113] arbeitet dezidiert auf die Vernetzung der Wissensgebiete
hin,[114] zeichnet der Schöpfung geographische Strukturen ein und macht
Geschichte als Bewegung im Raum und als zeitlichen Ablauf zugleich
anschaulich. In der Begründung und Tradierung von Herrschaft werden
Räume und Zeiten dann zu politischen Grössen, und verwandtschaftliche
Beziehungen überspielen die starren Folgen der Herrscherlisten. Geographische, historische und genealogische Vorstellungsräume vereinigen sich
zu einem Bild der Welt, das der Komplexität des Lebens nahekommt und
doch auf die vorgezeichneten Strukturen hin durchschaubar bleibt. Hier
bedarf es nur des konkreten Anstosses, um nachdenkend, fragend und
erwägend, also im Gespräch, dieses Weltmodell in Bewegung zu setzen und
Einsichten zu gewinnen, die bilden und damit (auch politisch) handlungs-
fähig machen. Ist diese Gesamtkonzeption einmal verstanden, ist sie bei
jeder weiteren Beschäftigung mit den ›Otia‹ mehr oder minder deutlich
gegenwärtig, zumindest ihrem Anspruch nach, auch wenn dann die Lektüre
oder Erzählung einzelner *mirabilia* im Vordergrund gestanden haben mag.

---

    eine »Verwandtschaftstafel« bei, in die viele der ›juristisch‹ relevanten Anga-
    ben der ›Otia‹ im Wortlaut aufgenommen sind (438).

113 Es ist zwar völlig zutreffend, wenn Banks/Binns, Introduction, den enzy-
    klopädischen Anteil der ›Otia‹ als »literary compilation« verstehen, die »pro-
    vides an overview of the kind of ideas an educated person of his day might
    have about the world, and suggests the range of books which might pass
    through the hands of such an insatiable reader.« (xliv) Gervasius geht dabei
    aber nicht nur aufgrund von »additional information drawn from his personal
    knowledge« (xlv) über die Tradition hinaus, bringt nicht nur »personal opi-
    nions« (xlvii) und »a marked partiality for the Plantagenets« ein (ebd.), son-
    dern – und erst das ist das Besondere – konstruiert eben konsequent jenen
    ›Innenraum‹, jene auf Wissen und Bildung beruhende Weltsicht, die Otto sich
    – die ›Otia‹ hörend und besprechend – zu eigen machen sollte.
114 Auf Rothmann, *Totius orbis descriptio*, S. 214, »wirken die direkt an Otto
    gerichteten Abschnitte seltsam unverbunden mit den übrigen Teilen.« Daher
    bleibt auch seine auf den ersten Blick einleuchtende Charakterisierung der
    ›Otia‹ als »höfische Enzyklopädie mit Bildungs- und Unterhaltungsanspruch
    […], die auf ein höfisches Publikum zielt« (S. 219), völlig oberflächlich.
    Das zeigt schon der mehrfache Abdruck desselben Beitrags unter ganz ver-
    schiedenen Titeln (vgl. dazu oben, Anm. 104). Entsprechend in Rothmann,
    Mirabilia, in ders., Wissen bei Hofe, S. 423 bzw. 148 und 427 bzw. 152 (hier
    jeweils »nicht klerikales« statt »höfisches«).

Dem Text sind demnach diagrammatische Strukturen hinterlegt, bekannte, wie die Noachidenkarte, und neue, wie sie sich in meiner sche-
matischen Wiedergabe der ottozentrischen Struktur des Textes (Abb. 4)
oder – konventioneller – in der Darstellung der genealogischen Verhältnisse
(Abb. 5) erkennen lassen. Freilich machen diese Schemata ›willkürlich‹ fest,
was bei Gervasius im ständigen Wechsel von bekannten, konventionellen
oder eigens konstruierten, neuen Ordnungsvorstellungen und ihrer Überwindung sich ereignet, sich vollzieht: Es ist ein gewissermassen diagram-
matisch gestütztes Erzählen. Es rechnet mit der Wirksamkeit gerade solcher
Modelle, die kaum aufgerufen sich schon wieder verflüchtigen können,
aber prägend bleiben, Denkvorgänge anstossen, Erkenntnisprozesse auslösen.[115]
Dabei ist auch an das besondere Interesse der Welfen an der Geschichte
ihres Hauses zu erinnern, das Generationen vor Otto in der ›Genealogia
Welforum‹ (1123–26) und später in der ›Historia Welforum‹ (um 1170)
Ausdruck fand, und zwar gerade auch in diagrammatischen Darstellungs-
formen wie in der Weingartner Handschrift der ›Historia‹ (1185/91;
Abb. 6).[116] In ambivalenter Form wird hier dem Kaisertum Friedrich Bar-
barossas, Friedrichs Vorrang vor Heinrich dem Löwen und Welf VII.,
Rechnung getragen und seine Position doch zugleich als Ausdruck der
Kraft des welfischen Geschlechts für dieses in Anspruch genommen: was

---

115 Christel Meier, Malerei des Unsichtbaren. Über den Zusammenhang von
Erkenntnistheorie und Bildstruktur im Mittelalter, in: Text und Bild, Bild und
Text. DFG-Symposion 1988, hg. v. Wolfgang Harms (Germanistische Sym-
posien 11), Stuttgart 1990, S. 35–65. Eckart Conrad Lutz, Verschwiegene Bilder – geordnete Texte. Mediävistische Überlegungen, in: DVjs 70 (1996),
S. 3–47. Ders., *lesen – unmüezec wesen*, S. 295–315. Christel Meier, Die Quadratur des Kreises. Die Diagrammatik des 12. Jahrhunderts als symbolische
Denk- und Darstellungsform, in: Die Bildwelt der Diagramme Joachims von
Fiore, hg. v. Alexander Patschovsky, Ostfildern 2003, S. 23–53.
116 Grundlegend Gerd Melville, Geschichte in graphischer Gestalt. Untersuchungen zu einem spätmittelalterlichen Darstellungsprinzip, in: Geschichtsschreibung und Geschichtsbewusstsein im späten Mittelalter, hg. v. Hans
Patze (Vorträge und Forschungen 31), Sigmaringen 1987, S. 57–154, und demnächst Eckart Conrad Lutz, Geschichte verstehen. Wie mittelalterliche An-
nalisten informieren und was das mit diagrammatischem Denken zu tun hat.
Zu Rodulf Glaber, der ›Oberrheinischen‹ und der ›Limburger Chronik‹, in:
Diagramm und Text. Diagrammatische Strukturen und die Dynamisierung
von Wissen und Erfahrung. Überstorfer Colloquium 2012, hg. v. E. C. L.,
Vera Jerjen u. Christine Putzo [erscheint 2013].

Friedrich ist, ist er als Seitenspross des grünenden, wenn auch sich neigenden Stammes und festen Hauses der Welfen.[117]

Die Relevanz des auf Otto zugeschnittenen dynamischen Weltentwurfs, den er sich zu eigen machen, in dem – als seinem mentalen ›Innenraum‹ – er sich denkend einrichten soll, wird da unabweisbar, wo Gervasius im Rahmen der Darstellung der Reihe der Römischen Kaiser nach Karl dem Grossen bei Otto selbst anlangt. Er versteht seine Herrschaft unter Bezug auf die Regentschaft Lothars als Wiederherstellung der legitimen Thronfolge und beschreibt dann die Stationen von Ottos Biographie aus prowelfischer Sicht.[118] Auch wenn er sie plastisch mit dem Neid des *hostis anticus*, mit den Drehungen des Glücksrads (*fortune applausus; rota prosperitatis*) oder mit dem Eingreifen Gottes (*Dominus, omnium moderator et rector*) in Verbindung bringt, muss er eben doch schliesslich unumwunden den beinahe vollständigen Verlust der Macht konstatieren (466/468). Noch einmal knüpft Gervasius nun beim Erbe Lothars an: Otto solle bedenken, dass dieser, sein Urgrossvater, sich das *imperium* von Innozenz II. übertragen liess. Und mit grossem Einfühlungsvermögen setzt Gervasius sich nun – im Anschluss an die grundsätzlichen Überlegungen der *prefatio* – mit möglichen Gedanken und Befürchtungen Ottos (*si credis, si times* usw.) auseinander, bevor er ihn schliesslich zum Nachgeben zu bewegen versucht. Sein Argument ist dies: Otto möge es dem Papst überlassen, wen dieser als Kaiser anerkennen wolle – sei der Papst gut und Ottos Sache gerecht, werde das gerechte Urteil des Papstes Otto siegen lassen; auf jeden Fall entlaste aber Otto sich so selbst und übertrage dem Papst die Bürde, gerecht zu sein (470). Die *recreatio* erweist sich hier als psychologisch kompetente, von Empathie getragene Beratung.

Was sich hier aus der Beschreibung der konkreten Lage des regierenden Kaisers als guter Rat ergibt, ist nicht nur durch die *prefatio* theoretisch vorbereitet. Schon im vorausgegangenen Kapitel, wo Gervasius das französische Königtum und dessen Ursprung behandelt hatte (siehe oben), gab die Kaiserkrönung Karls durch Leo Anlass zur Begründung des Prinzips, dass die deutschen Fürsten den (künftigen) Kaiser nur wählten, der Papst

---

117 Vgl. Heinrich der Löwe (Katalog 1995), Bd. 1, B 3, S. 64 und 67–70 (Otto Gerhard Oexle); Schneidmüller, Die Welfen, S. 23–32; Kellner, Ursprung und Kontinuität, S. 331–335, und Otto IV. (Katalog 2009), S. 324 f. (Bernd Ulrich Hucker) mit Abb. 4.

118 Gervasius, Otia, II, xix, S. 466–470.

aber ihn bestätigen und weihen müsse. Er behalte auch die kaiserlichen Insignien in Rom.[119]

Gervasius bleibt allerdings nicht bei dieser (von Otto ja bisher gerade nicht akzeptierten) Abhängigkeit stehen. Vielmehr sagt er, es scheine Gott in Otto die *plenitudo ueteris imperialis dignitatis* wiedervereinigt zu haben: Er sei doch nicht nur vom Papst gekrönt worden, er könne vielmehr – zur Wiederherstellung der antiken Grösse des Kaisertums – auch das Regiment im byzantinischen Kaiserreich beanspruchen, das ihm aufgrund der Erbansprüche seiner Frau zustehe (452). Nicht mit dem Papst solle Otto sich streiten (*precor itaque, christianissime imperator ...*; 452), sondern sich gegen die Heiden wenden und nach einem *imperium novum* streben, mit dem er auch vom Papst unabhängige Insignien erlangen werde (454).

Der wenig später formulierte, oben zitierte Rat, auf die Gerechtigkeit des Papstes zu vertrauen, ist also nur als erster, praktikabler Schritt im Rahmen einer politischen Vision zu verstehen, über deren Ernsthaftigkeit (oder gar Umsetzbarkeit) hier nicht zu urteilen ist.[120] Die Begründung des kaiserlichen Anspruchs auf Byzanz freilich stimmt: Beatrix, mit der sich Otto nach der Ermordung ihres Vaters (und seines Gegners) Philipp von Schwaben verlobt und die er 1212 geheiratet hatte, war die Enkelin des byzantinischen Kaisers Isaak II. Dieser hatte Philipp zu seinem Thronfolger bestimmt, und über dessen Alleinerbin Beatrix, die nach nur dreiwöchiger Ehe mit Otto verstarb, liess sich Ottos Anspruch auf Byzanz tatsächlich begründen.[121] Man sieht jedenfalls gerade hier noch einmal deutlich, wie sich das von Gervasius geformte Wissen argumentativ nutzen lässt, wie es Urteilsfähigkeit begründet und umfassendes Verstehen – *recreatio* im besten Sinn – ermöglicht.

---

119 Ebd., II, xviii, S. 450: *Apud principes Alemannie imperatoris est electio, apud papam electi confirmatio ac consecratio* [...].

120 Dazu Schnith, Otto IV. und Gervasius. Gervasius' Vision entspricht jedenfalls dem, was Bernd Ulrich Hucker wiederholt als ›imperiale‹ Dimension in Ottos politischem Denken und Handeln hervorgehoben hat, zusammenfassend etwa: Die imperiale Politik Kaiser Ottos IV., in: Otto IV. (Katalog 2009), S. 81–90. Es gilt auch hier, was Kellner, Ursprung und Kontinuität, die genealogischen ›Rekonstruktionen‹ der Welfen an sich resümierend, zutreffend formuliert hat: »Verwandtschaft erscheint als dynamische Grösse, deren Verläufe und Grenzen je nach den familiengeschichtlichen und politischen Anforderungen immer wieder re-konstruiert werden können.« (393)

121 Vgl. wieder die genealogische Tafel in Abb. 5.

3.7 *mirabilia* – Verschriftung, Erzählen und Gespräch

Kehren wir nun zu der Frage zurück, was Gervasius dazu bewogen hat,
seiner über viele Jahrzehnte ergänzten Sammlung[122] von *mirabilia* diesen
(doppelt so umfangreichen) Abriss der Weltkunde voranzustellen, der offensichtlich schon in sich mehr leistet als eine schematisch-faktische Erfassung der Welt über ihre Teile, Regionen und Orte, die Geschichte der
Reiche und die Listen ihrer Regenten. Es stellt sich damit zugleich die
Frage, wie ›der Leser‹ über die Aneignung des Buches in die Welt Ottos und
in Ottos Wahrnehmung dieser Welt eingeführt wird, wie die Auseinandersetzung mit dem Buch diese Wahrnehmung verändern sollte und welche
Rolle dabei den *mirabilia* zufiel.

Die Komplexität der politischen Fragen und Konzepte, die Gervasius in
differenzierter, an verschiedenen Schnittstellen seiner Weltkunde je neu ein-
setzender Argumentation entfaltet, wird von den *mirabilia* in ihrer Verein-
zelung selten erreicht – der komplexe Fall des tanzenden Pferdes in Arles
hat Parallelen, aber viele *mirabilia* haben den schlichten Zuschnitt des von
Gervasius als Beispiel erwähnten Kalk-Wunders. Was sie hingegen alle zu
leisten vermögen, ist die Anregung zum Nachdenken, zur Suche nach neuen
Erklärungen, nach Lösungen für das Rätselhafte im Vertrauen auf die Er-
giebigkeit des Zeichensystems der Schöpfung, das sich dem Gebildeten
eröffnet wie ein Buch.

Schon zu Beginn der ersten *decisio* gab die vorangegangene Darlegung
des Sechstagewerkes Anlass zur Auseinandersetzung mit den häretischen
Auffassungen der Albigenser, die Teil der eigenen Lebenswelt sind.[123] Im
zweiten Buch mündet dann die Beschreibung der Mittelmeerinseln über die
mirabilia Siziliens, seiner Winde, Höhlen und Vulkane, in politische Überlegungen ein, die den politischen Verzicht auf die Insel nahelegen (von deren
Eroberung Otto 1211 nur durch den Abfall der deutschen Fürsten zu
Friedrich II. abgehalten wurde).[124] Hier schliesst sich auch die strategisch
begründete Aufforderung an, das Arelat dem Reich zu sichern.[125] Und auch

---

122 Banks/Binns, Introduction, S. xxxix.
123 Ebd., I, ii, ›Diuersitas opinionum et confusio Albiensium‹, S. 28–34; vgl. dazu
     oben, S. 165.
124 Vgl. etwa Hucker, Otto IV. (1990), S. 149–155; ders., Otto IV. (2003), S. 201–
     218.
125 Gervasius, Otia II, xii, ›De insulis Mediterranei maris‹, hier S. 338–342 – eine
     Überlegung, deren politische Weitsicht wiederholt gerühmt worden ist; vgl.
     z. B. schon Friedrich Baethgen, Das Königreich Burgund in der deutschen

in diesen beiden Fällen rät Gervasius wieder aus eigener Vertrautheit mit
den Verhältnissen: Sizilien kannte er seit seinem Aufenthalt am Hof Wilhelms und Johannas, und in Arles verfasste er als kaiserlicher Marschall
seine ›Otia‹.

Andererseits können einige *mirabilia* im dritten Buch lange Ausführungen auslösen, etwa dem Kaiser die Unterbindung von Missständen nahe
legen, von Fehlverhalten beim Besuch der Messe etwa (dessen Beschreibung
in einen knappen Laienspiegel übergeht),[126] von Vernachlässigung des Tisch-
gebets[127] oder von einer sexuellen Libertinage, die heimliche Umarmungen
von Frauen und Mädchen als den eigentlichen Anreiz für ritterliche Auszeichnung versteht.[128]

Aber auch in Fällen, wo keine Nutzanwendungen formuliert werden, ist
oft evident, dass hier Verstehensprozesse angestossen werden, die einen
wachen, einen gebildeten und damit souveränen Umgang mit Erscheinungen und Anforderungen der eigenen Lebenswelt erlauben sollen, einen
Umgang, der immer zunächst ein nachdenklich-meditativer und – zumal bei
gemeinschaftlicher Rezeption – auch ein fragend-colloquialer sein wird. Als
Beispiel mag der *vermiculus* dienen, die auf den Kermeseichen des Mittel-
meerraumes lebende Schildlaus.[129]

Gervasius lokalisiert zunächst jene Eichenart im Königreich Arelat, dessen Krone Otto trägt (und in dem er selbst lebt), und er erwähnt schliesslich
auch ihren provenzalischen Namen – *uulgo* auals *nuncupatur* – und erhöht
so die Authentizität seines Berichts. Aus den im Mai behutsam mit dem
Fingernagel abgelösten und in ledernen Säckchen aufbewahrten Schildläu-
sen entwickelten sich die *vermiculi*, aus denen man die Scharlachfarbe für
die kostbaren Woll- oder Seidentuche gewinne, in die sich die Könige
kleideten. Stoffe aus nicht-tierischen Fasern – wie Leinen – nähmen die
Farbe gar nicht an.

Kaiserzeit des Mittelalters [1942], wieder in: Id., Mediaevalia. Aufsätze,
Nachrufe, Besprechungen, Teil 1 (MGH Schriften 17), Stuttgart 1960, S. 25–
50, hier: 44 f.

126 Ebd., III, lvii, ›De domina castri de Esperuer‹, S. 664–668: *Hinc tibi, felix
Auguste, doctrina sumenda est* [...] (664). Man wird an Peters von Blois
einschlägige Mahnungen an die Adresse Heinrichs II. erinnert; vgl. oben,
Kapitel 1, S. 45.

127 Ebd., I, xx, hier S. 112–115.

128 Ebd., III, xcvii, ›De ouo coruino supposito ciconie‹, S. 750–752: *Intuere, felix
Auguste, quantam doctrinam* [...] *licet sumere* [...] (750).

129 Ebd., III, lv, ›De uermiculo‹, S. 660ff.

Der Bezug zum Kaiser wäre auch dann evident, wenn sein kostbares halbkreisförmiges Pallium aus purpurgefärbter byzantinischer Seide (um 1200) nicht erhalten wäre, so aber wird dieser Bezug unmittelbar anschaulich (Abb. 7).[130] Die zeitgenössische englische Goldstickerei betont noch den Anspruch dieses Ornats, in dem Otto aufgebahrt, wenn nicht gar beerdigt zu werden wünschte:[131] Sie zeigt in zwei Medaillons Darstellungen Christi und Marien auf der Brust des Trägers, die von je vier knienden, inzensierenden Engeln verehrt werden, und ist übersät von symmetrisch zu beiden Seiten einer Achse von drei Adlern in der Rückenmitte gespiegelten Leoparden, Sonnen und Monden, also den Wappentieren des Kaisers und den beiden grossen Gestirnen. Sonne und Mond sind auch im kaiserlichen Siegel von 1209 zu beiden Seiten des thronenden Herrschers angebracht[132] und geben dort wie auch sonst die Position Ottos in der Auseinandersetzung mit Innozenz III. um das Verhältnis von Kaiser und Papst zu erkennen.[133] Gervasius selbst nimmt in der Einleitung zu seinen ›Otia‹ in der *collatio sacerdocii et regni* entschieden vermittelnd zu diesem zentralen Machtkonflikt Stellung, an dem nicht nur das Kaisertum Ottos scheiterte. Neben den hier angerissenen Horizonten von Politik, herrscherlichem Selbstverständnis und Repräsentation wird aber über das scharlachfarbene kaiserliche Pallium zugleich jenes ›weltumspannende‹ Gefüge augenfällig, in dem – wie immer wieder betont wird – die Kultur des Welfenhofes zu sehen ist: Denn nicht nur der Mantel verbindet byzantinische (Stoff) und abendländische Herkunft (Stickerei), auch die für den Hof gefertigte Psalterhandschrift, für die das Becksche Fragment steht, verbindet Usancen der englischen Hofkultur mit byzantinisch beeinflusster Ikonographie; und auch die einheimische Bemalung des Quedlinburger Wappenkästchens gilt einem Trägerobjekt aus dem islamischen Kulturraum.[134]

---

130 Vgl. Otto IV. (Katalog 2009), S. 476 ff. mit Abb. 169.
131 Das geht aus seinem auf dem Totenbett diktierten Testament hervor: Carsten Ehlers, Die Bestattung Ottos IV. in der Braunschweiger Stiftskirche St. Blasii im Kontext der deutschen Königsgrablegen. Tradition oder Innovation, in: Otto IV. (Katalog 2009), S. 289–298, hier: 289 mit Anm. 3 (296).
132 Zum kaiserlichen Siegel vgl. Otto IV. (Katalog 2009), S. 389 ff. mit Abb. 83, zum königlichen Vorgängersiegel (ohne die Gestirne) ebd., S. 343, Abb. 24.
133 Vgl. Giles Constable, The Relation between the Sun and the Moon in Medieval Thought (to 1200), in: Scientia veritatis. Festschrift Hubert Mordek, hg. v. Oliver Münsch u. Thomas Zotz, Ostfildern 2004, S. 327–336.
134 Vgl. Harald Wolter-von dem Knesebeck, Otto IV. und die Buchkunst um 1200 – das Psalterfragment ehemals Sammlung Beck und die Psalmillustration um 1200, in: Otto IV. (Katalog 2009), S. 129–136. Zu den vielfältigen Ein-

Worauf es hier ankommt: Gervasius konfrontiert seinen Adressaten immer neu mit einer Welt, die ihm grundsätzlich zugänglich ist, sich auf seinen Horizont (das Gefüge seines Wissens und seines politischen Denkens) bezieht, auch wenn der Text immer wieder Anlass gibt, vieles neu und anders zu sehen – gerade auf diese Spannung von Neuheit und Vertrautheit setzt aber die Konzeption, und Gervasius weist wiederholt darauf hin.[135] Und er tut alles, um Wissen und Gedanken zu vernetzen, nicht nur über die vorangestellten Bücher, sondern auch hier, wo der Aufklärung über den wunderbaren Ursprung des Scharlachs gleich die nicht minder erstaunliche Herkunft der Seide angeschlossen ist – *nunc annectamus de natura bombicis, que non minus erit admiranda.*[136]

Mirabilia wie die Existenz, Entdeckung und höchst komplizierte Gewinnung besonderer Würmlein, mit deren Blut sich die edelsten aller Tuche rot färben lassen, und anderer *vermiculi*, die erst die Fäden zu eben diesen Tuchen aus sich hervorbringen (*ex se conficiunt*), machen somit die verschiedenen Ebenen und Dimensionen des Wissen und Erfahrung aktivierenden, vertiefenden und vernetzenden Welterklärungskonzeptes besonders deutlich, das die *mirabilia*-Kapitel der ›Otia‹ trägt. In dessen Rahmen ergibt sich Orientierung dann aber auch da, wo wir spontan keinen Zugang sehen werden. Etwa, wenn Gervasius ausdrücklich und grundsätzlich daran erinnert, dass seine Geschichten in vielerlei Hinsicht Lehre und Mahnung bieten, um dann von einem Falkner des verstorbenen Königs Wilhelm von Schottland (den Ottos Grossvater Heinrich II. einst gefangen nahm …) zu berichten, dass er Vögel (als Jagdbeute) ganz ohne Falken, nur durch seinen Zuruf zu Fall zu bringen vermochte – nicht mehr, aber auch nicht weniger.[137]

Was Gervasius im dritten Teil seiner ›Otia‹ zur Verfügung stellt, lässt sich wohl – resümierend – als Sammlung von Gegenständen verstehen, die

---

flüssen auf die Sakralarchitektur, besonders die zisterziensischen Kirchen in Walkenried und Riddagshausen, aber auch auf die Fortsetzung der unter Heinrich dem Löwen begonnenen Arbeiten an der Braunschweiger Stiftskirche St. Blasii (als Grablege) vgl. Bernd Nicolai, Otto IV. – Bau- und Stiftungspolitik zwischen »Imperium« und »Sacerdotium«, in: Otto IV. (Katalog 2009), S. 137–144. Zu den Einflüssen des englischen Hofes auf den welfischen vor Heinrichs Exil vgl. Joachim Ehlers, Anglonormannisches am Hof Heinrichs des Löwen? Voraussetzungen und Möglichkeiten, in: Der Welfenschatz und sein Umkreis, hg. v. dems. u. Dietrich Kötzsche, Mainz 1998, S. 205–217.

135 Vgl. oben, S. 161 f.
136 Ebd., III, lvi, ›De serico et unde et qualiter prodeat‹, S. 662.
137 Ebd., III, lxxxiv, ›De aucipite regis Scotorum‹, S. 716.

Gebildete neugierig machen, sie veranlassen sollen, allein nachdenkend und – vor allem – gemeinsam im Gespräch nach Erklärungen zu suchen (oder zu verlangen), die dem mitgeteilten Neuen, Wunderbar-Rätselhaften seinen Platz im Gefüge der Schöpfung und des Wissens über sie zu geben vermögen und so das Wissen und seine Ordnungen selbst validieren. Dabei wird offenbar auch da, wo befriedigende Erklärungen ausbleiben, aber die geistige Unruhe nicht nachlässt, das Ziel erreicht.[138] Entscheidend ist, dass die Beschreibungen und Erzählungen dieser Sammlung mit dem gelehrt-strukturierten Wissen als Ordnungsrahmen verbunden bleiben, das Gervasius ihnen (im Verhältnis zwei zu eins[139]) vorangestellt hat – anders als es immer wieder geschehen ist und noch geschieht.[140] Und umgekehrt bleibt dieses Wissen ›tot‹, solange es nicht durch Fragen in Bewegung gerät, wie sie die *mirabilia* aufwerfen und zum Gegenstand gebildeter und bildender Gespräche werden lassen können. Erst sie erlauben die Vermittlung zwischen den unterschiedlichen Formen des Wissens und der Erfahrung der Beteiligten.

Es liesse sich hier sicher an die Quodlibetica-Sammlungen der Enzyklopädien denken, von Isidor abwärts, an Sammlungen von Exempla und Dicta, von Fabeln, an Bestiarien und Naturaliensammlungen, an Kunst- und Wunderkammern oder emblematische Kabinette, schliesslich auch an die Konversationslexika, aber die spezifische Leistung der ›Otia‹ käme dabei zu kurz: das diagrammatische Konstruieren eines Wissens- und Bildungshorizontes von geradezu ›individuellem‹ Zuschnitt, eines lebendigen ›Innenraumes‹ in diesem Sinn, eines Bestandes an Wissen und Erfahrung, der durch die Entdeckung und den Einbezug von Neuem in rekreativer, bildender Bewegung bleibt und bleiben soll, dessen Aneignung Urteil und Verhalten, Denken und Handeln bestimmt, (höfisches) Leben ermöglicht.[141]

---

138 [...] *animus* [...] *semper mouetur, raro quiescit* (Otia, ›prefatio‹, S. 12).
139 Das Verhältnis gilt nicht nur für die Zahl der *decisiones*, sondern auch für den Umfang nach Seiten.
140 Bezeichnenderweise eben nicht in der handschriftlichen Überlieferung (mit der Ausnahme von W [15. Jh.], vgl. Banks/Binns, Introduction, S. lxx), sondern in modernen Teileditionen und Teilübersetzungen bis heute, vgl. Anm. 30 u. 37.
141 Möglichkeiten und Grenzen ›individualisierender‹ Entwürfe im Bereich barocker Raumausstattungsprogramme zeigen anschaulich etwa Hartmut Freytag, Wolfgang Harms und Michael Schilling, Gesprächskultur des Barock. Die Embleme der Bunten Kammer im Herrenhaus Ludwigsburg bei Eckernförde, Kiel 2001, und Barbara Kaiser, Schloss Eggenberg, Graz 2006, S. 97–197.

3.8 Der Artus-Stoff zwischen Historiographie und Roman und seine Präsenz in den ›Otia imperialia‹

Meinen Versuch, in die hier für die ›Otia‹ entwickelten Vorstellungen die höfische Erzählliteratur einzubeziehen,[142] hat Fritz Peter Knapp teils bedingt akzeptiert (Antikenroman), teils entschieden abgelehnt (Artusroman), weil der Wahrheit verpflichtetes und fiktionales Erzählen sich grundsätzlich unterschieden.[143] Ich nehme Knapps Kritik zum Anlass, meine Auffassung sorgfältiger zu begründen, und werfe dazu zunächst einen Blick auf die Aufnahme des Artusstoffs in die ›Otia‹.

Gervasius erwähnt Artus als historischen Herrscher der Briten mehrfach, und zwar in den ersten beiden *decisiones* der ›Otia‹,[144] zunächst in geographischen Zusammenhängen. So bemerkt er bei der Behandlung der Städte Grossbritanniens zu Caerleon, dass dort auch Artus seinen prunkvollen, ganz unvergleichlichen Hof eingerichtet (*ubi etiam Arturus curiam sollempnem et omnibus incomparabilem instituit*) und an ihm die zwölf Pairs von Frankreich (*duodecim pares Francie*) etabliert habe – aber das wolle er, wenn es ihm vergönnt sei, weiter unten, *in catalogo regum Britannie*, ausführen.[145] Dort, nun also im Rahmen der historischen Ausführungen zu den verschiedenen europäischen Reichen, zu deren Regenten er Otto in Beziehung setzen wird,[146] ist von Leben und Regierung Artus' zusammenhängend die Rede. Dabei übernimmt Gervasius stark kürzend die einschlägigen Abschnitte aus der ›Historia regum Britannie‹ des Geoffrey von Monmouth,[147] aus dem Grund-

---

142 Lutz, Anschauung der Welt, S. 403 ff.

143 Fritz Peter Knapp, ›Wahre‹ und ›erlogene‹ Wunder. Gervasius von Tilbury und der Höfische Roman, in: Beiträge 132 (2010), S. 230–244, hier: 239 ff. Zum Hintergrund id., Historie und Fiktion in der mittelalterlichen Gattungspoetik. Sieben Studien und ein Nachwort, Heidelberg 1997, und Historie und Fiktion in der mittelalterlichen Gattungspoetik (II). Zehn neue Studien und ein Vorwort, Heidelberg 2005. Zu spät bemerkt habe ich die Arbeit von Rachel Raumann, *Fictio* und *historia* in den Artusromanen Hartmanns von Aue und im »Prosa-Lancelot« (Bibliotheca Germanica 57), Tübingen/Basel 2010, auf die ich nur noch hinweisen kann.

144 Vgl. das Register bei Banks/Binns, S. 961 (Arthur).

145 Gervasius, Otia, II, x, S. 310; verwiesen wird auf II, xvii (›De regno Britonum‹), S. 396–434, hier: 420–428.

146 Vgl. dazu oben, S. 169 ff.

147 Geoffrey of Monmouth, The Historia regum Britannie, ed. by N(eil) Wright, vol. 1: Bern, Burgerbibliothek, MS 568; vol. 2: The First Variant Version: a

text[148] der weit ausladenden Bemühungen um die historische Legitimation der anglonormannischen Herrschaft,[149] an denen auch lateinische und volkssprachige Texte beteiligt sind, aber eben nur auch. Sie nehmen in ganz unterschiedlicher Weise das von Geoffrey zwar in historiographischem Rahmen dargebotene, aber zur mündlichen Überlieferung hin offene Wissen auf.[150] Was bei ihm stofflich verfügbar war, bot sich zur fabulösen Erweiterung, zur fiktionalen Gestaltung an, und zwar nicht nur im volkssprachigen Versroman des Wace.[151] Auch bei Gervasius zeigt sich das da, wo er Geoffrey durch die beiden lapidaren Aussagen ergänzt, dass Artus an seinem Hof die Institutionen der Tafelrunde (*mensa rotunda*) und der zwölf Pairs (*duodecim pares*) eingerichtet habe (424).[152] Besonders bezeichnend ist jedoch der Satz, um den Gervasius die von Geoffrey genau übernommenen Abschnitte über die Regierungszeit Artus' in eigenen Worten abschliesst.

Critical Edition, Cambridge 1985–88; Geoffrey of Monmouth, The History of the Kings of Britain. An Edition and Translation of De gestis Britonum [Historia Regum Britanniae], ed. by Michael D. Reeve, translation by Neil Wright (Arthurian Studies 69), Woodbridge/Rochester NY 2007. Genaue Nachweise der zitierten Abschnitte im Apparat der Ausgabe von Banks/Binns. Gervasius besass offenbar ein Exemplar der Vulgatfassung, wie sie die Berner Handschrift bietet, auf das er daher wiederholt zurückgreifen konnte; vgl. die Anm. ebd., S. 396f.

148 Geoffrey schrieb vor 1138, also noch für (oder doch unter) König Stephan (von Blois), den Sohn Adelas, der gebildeten Adressatin von Baudris de Bourgueil Carmen 134; vgl. oben, S. 94ff.

149 Dazu besonders Peter Johanek, König Arthur und die Plantagenets. Über den Zusammenhang von Historiographie und höfischer Epik in mittelalterlicher Propaganda, in: Frühmittelalterliche Studien 21 (1987), S. 346–389, auch Lutz, Herrscherapotheosen, S. 100–104 (zum ›Draco Normannicus‹ des Étienne de Rouen). Martin Aurell, Henry II and Arthurian Legend, zeigt einerseits die Vertrautheit Heinrichs II. und des englischen Hofes mit dem Artus-Stoff, betont aber andererseits, dass eine entschiedene propagandistische Nutzung der Artus-Figur durch die Plantagenets erst kurz nach dem Tod Heinrichs II. eingesetzt habe.

150 Vgl. etwa Mertens, Artusroman, S. 9–24, jetzt Wolfgang Achnitz, Deutschsprachige Artusdichtung des Mittelalters. Eine Einführung (De Gruyter Studium), Berlin/Boston 2012, S. 13–34.

151 Wace, Roman de Brut. A history of the British, text and transl. ed. by Judith Weiss (Exeter medieval texts and studies), Exeter 1999, und: La geste du roi Arthur. Selon le »Roman de Brut« de Wace et l'»Historia Regum Britanniae« de Geoffroy de Monmouth, prés., éd. et trad. par Emmanuèle Baumgartner et Ian Short (Bibliothèque médiévale), Paris 1993.

152 Geoffrey, Historia (ed. Wright), IX, 151–155.

Artus wurde in den durch die Erhebung Mordreds gegen ihn ausgelösten Kämpfen schwer verwundet:[153]

> Vnde secundum uulgarem Britonum traditionem, in insulam d'Aualum ipsum dicunt translatum, ut uulnera quotannis recrudescentia sub interpolata sanatione curarentur a Morganda fatata, quem fabulose Britones post data tempore credunt rediturum in regnum.

Hier greift Gervasius also, über Geoffrey hinausgehend, ganz explizit auf die *traditio uulgaris* der ›Briten‹ zurück, ein nicht-gelehrtes, zunächst mündliches Erzählen, das in der Vorstellung gipfelt, Artus werde eines bestimmten Tages an die Macht zurückkehren. Und diese Vorstellung der Briten wird als ein Glauben (*credunt*) charakterisiert, das sich *fabulose* zeigt, also im Rahmen eines Erzählens, das (zumindest) die Spielräume der Phantasie nutzt. Bei Geoffrey sind zwar Artus' Wunden ›tödlich‹ und zwingen ihn in diesem Jahr 542 zur Übergabe seiner Herrschaft an seinen Verwandten Constantin von Cornwall, doch wird Artus auch hier zur ›Heilung der Wunden‹ auf die Insel Avalon verbracht – sein Ende bleibt also (wohl nicht ganz unbegründet) in der Schwebe:[154]

> Sed et inclitus ille rex Arturus letaliter uulneratus est; qui illinc ad sananda uulnera sua in insulam Auallonis euectus Constantino cognato suo et filio Cadoris ducis Cornubiae diadema Britanniae concessit anno ab incarnatione Domini .dxlii..

Da ist bei Gervasius wieder das für ihn so charakteristische prinzipielle Offenlassen des Urteils in allen Äusserungen, die an die Grenzen menschlichen Wissens und Verstehens rühren (*fabulose ... credunt*). Ich erinnere nur an die für ihn bezeichnende Frage, ob das Pferd des Troubadours nun ein Tier oder ein Geist gewesen sei, wobei er für beide Auffassungen Argumente anführt (740); und – grundsätzlicher noch – an seine Definition des *mirabile* als natürliche Erscheinung, die wir nur nicht verstehen (358). Dabei ist ihm bewusst, dass er seine *mirabilia* gegenüber dem Vorwurf, dass sie *fabulosa* seien, nicht ihrem Inhalt nach verteidigen kann, sondern nur mit dem Hinweis, dass sie verbürgt seien durch das Zeugnis der Autoren oder der Befunde vor Ort selbst (*sub ueridica terrarum et auctorum testificatio*; 562).

Wir blättern noch einmal zurück: Ähnlich wie bei der Beschreibung Caerleons, hat Gervasius auch dort, wo er beim Abschreiten des *orbis*

---

153 Gervasius, Otia II, xvii, S. 428f.
154 Geoffrey, Historia (ed. Wright), XI, 178.

terrarum nach dem afrikanischen Kontinent die Inseln und unter ihnen schliesslich Island und Gotland erreicht und deren Unterwerfung durch Artus erwähnt hat, noch einmal dem Bericht über dessen Regierungszeit durch eine knappe, aber überschwengliche Charakterisierung vorgegriffen:[155]

> Versus quoque septemtrionem sunt insule Islandia [...] et Guthlandia, quas Britannie maiori subiecit rex Britonum Arturus, cuius facta sunt tanto stupore plena quod etiam fabulosa, uel propter sui magnitudinem, uel propter nostri temporis defectum, esse censentur.

Man könnte die Schwierigkeiten der zuverlässigen Scheidung historischer Faktizität von freier Erfindung kaum besser beschreiben – sie bleibt dem subjektiven Urteil überlassen, und Gervasius deutet auch hier nur an, wovon das Urteil ausgehen kann: Artus' Regierung (*facta*) ist so glanzvoll, dass das, was man von ihr erfährt, auch für erfunden gehalten werden kann (*etiam fabulosa censentur*) – wobei offen ist, ob Artus' (tatsächliche) Grösse (*sua magnitudo*) oder die Unzulänglichkeit (*defectus*) der Gegenwart den Eindruck des Unwahrscheinlichen hervorrufen mag.[156]

Ganz entsprechend scheint die mit Prologelementen durchsetzte Exposition zu Chrétiens ›Yvain‹ anzusetzen, die Artus, *li buens rois*, zum Vorbild für eine Gegenwart erklärt, der seine von der Kunst zu lieben getragene höfische Kultur verloren gegangen ist:[157]

> Car cil, qui soloient amer,
> Se fesoient cortois clamer
> et preu et large et enorable.

Chrétiens Wiedererzählen (*reconter*, 33) gilt Dingen, die man mit Vorteil hören wird, über jenen König, der einen solchen Ruf hatte, das man überall von ihm sprach (33–36):

> Por ce me plest a reconter
> Chose, qui face a escouter,
> Del roi, qui fu de tel tesmoing,
> Qu'an an parole pres et loing.

---

155 Gervasius, Otia, II, xi, S. 324–327.
156 Hinter diesem Gedanken steht doch wohl das euhemeristische Erklärungsmuster.
157 Chrestien de Troyes, Yvain, [hg.], übers. u. eingel. v. Ilse Nolting-Hauff (Klassische Texte des Romanischen Mittelalters in zweisprachigen Ausgaben 2), München 1983, V. 1–41, hier 1 und 21 ff.

Wenn er sich aber mit seinem Erzählen ausdrücklich der Meinung der Bretonen anschliesst, dass der Name Artus' immer leben werde (*Si m'acort de tant as Bretons, / Que toz jorz mes vivra ses nons*; 37f.), dann scheinen hier wohl nicht nur wieder jene *facta* auf, von denen Gervasius sagt, sie seien *tanto stupore plena* gewesen, *quod etiam fabulosa censentur* – auch der von Chrétiens ausgearbeitete Gegensatz zwischen vergangener Grösse und Verfallserscheinungen der Gegenwart mag bei Gervasius in der Erwägung anklingen,[158] dass die Taten (*facta*) Artus' *propter sui magnitudinem* oder *propter nostri temporis defectum*, als *fabulosa* aufgefasst werden könnten. Und Chrétiens *reconter* dürfte sich doch genau auf jenen Raum hin öffnen, den Gervasius mit seinem *fabulose Britones credunt* andeutet.[159]

Gervasius bezieht also nicht nur – über Geoffrey hinausgehend – die *traditio uulgaris* in seinen (historischen) Bericht über Artus ein, er wendet – vor allem – auch nichts ein gegen diese Seite des Artusbildes, die Chrétien im Roman erzählend entfaltet. Gervasius ist damit (wie Geoffrey) weit entfernt von einer Position, wie sie Wilhelm von Malmesbury vertrat (und andere nach ihm), für den der *bellicosus* Artur, über den die Briten sich bis heute in phantastischem Gerede ergingen (*Artur de quo Britonum nugae hodieque delirant*), es zweifellos verdiente, dass nicht erfundene Erzählungen von ihm schwärmten (*quem non fallaces somniarent fabulae*), sondern wahrhafte Geschichten von ihm kündeten (*ueraces predicarent historiae*) – freilich weiss auch Wilhelm selbst dann nur zu berichten, dass Artur, mit dem Bild der Muttergottes auf seinem Schild, in einem unglaublichen Gemetzel (*incredibili cede*) allein 900 Feinde erschlagen habe.[160] Und auch seine geringschätzige Bemerkung über das alte Lied von Arturs Wiederkehr, das nur entstanden sei, weil man sein Grab nicht kenne, ist eine Anmerkung zu seinem (›historischen‹) Bericht von der Auffindung des Gawain-Grabes

---

158 Es geht mir selbstverständlich nicht um eine direkte Beziehung zwischen den Texten, sondern um einen nicht näher zu bestimmenden gemeinsamen Denk- und Wissenshorizont.

159 Indem Chrétien das Weiterleben des Namens, nicht der Person betont und sich so implizit von dem *fabulose credere* der Briten absetzt, nach dem Artus selbst noch lebe, hebt er sein fiktionales Erzählen in ähnlicher Weise vom ungelehrt-fabulösen Erzählen ab, wie er es im Prolog zum ›Erec‹ tut.

160 William of Malmesbury, Gesta regum Anglorum. The History of the English Kings, ed. and transl. by R(oger) A. B. Mynors, completed by R(odney) M. Thomson and M(ichael) Winterbottom, vol. 1 (Oxford medieval texts), Oxford 1998, i. 8. 2, S. 26.

(*Tunc in prouintia Walarum que Ros uocatur inuentum est sepulchrum Walwen* [...]).[161] Wahrheit ist eben eine relationale Grösse.

Die sublime Ambivalenz in Chrétiens Hinweis auf den bretonischen Glauben, dass Artus' Name nie vergehen werde, hat Hartmann von Aue aufgenommen und zugleich schärfer konturiert und exponiert:[162]

> er [sc. Artûs] hât bî sînen zîten
> gelebt alsô schône
> daz er der êren krône
> dô truoc unde noch sîn nam treit.
> des habent die wârheit
> sîne lantliute:
> sî jehent er [Artûs – sîn nam] lebe noch hiute.
> er hât den lop erworben,
> ist im der lîp erstorben,
> sô lebt doch iemer sîn name.

Sinnvoll ist hier (trotz der grammatischen Ambivalenz) nur die Lesart, dass (nach Meinung der Briten) Artus heute noch lebe – eine Meinung, die der Erzähler freilich nur evoziert, um dann jene Unsterblichkeit zu betonen, die über den physischen Tod hinausgeht: Bei Chrétien ging es nur um das Fortleben des Rufs – *toz jorz mes vivra ses nons*.

Hartmann vereindeutigt aber auch das in der ›Yvain‹-Exposition vorausgesetzte und subtil umspielte Wissen um die Fiktionalität, das dort in der pointierten Meinung kulminiert, dass ein toter Repräsentant der höfischen Kultur einem lebenden Menschen ohne Bildung vorzuziehen sei (*Qu'ancor vaut miauz, ce m'est avis, Uns cortois morz qu'uns vilains vis*; 31 f.). Bei Hartmann wird daraus, indem er ein explizites Bekenntnis zum Vorzug des (gewissen) Wertes der Erzählung vor dem (ungewissen) Wert des (nur behaupteten) Geschehenen (49–53) ablegt:

> ichn wolde dô niht sîn gewesen,
> daz ich nû niht enwære,
> dâ uns noch mit ir mære
> sô rehte wol wesen sol:
> dâ tâten in diu werc vil wol.

---

161 Ebd., iii. 287, S. 520. Dort heisst es: *Sed Arturis sepulchrum nusquam uisitur, unde antiquitas neniarum adhuc eum uenturum fabulatur.*

162 Hartmann von Aue, Gregorius. Der arme Heinrich. Iwein, hg. u. übers. v. Volker Mertens (Bibliothek deutscher Klassiker 189; Bibliothek des Mittelalters 6), Frankfurt a. M. 2004, Iwein, V. 8–17.

Das souveräne Verfügen Hartmanns über die von Chrétiens eingesetzten Motive, ein spielerisch bedeutungsvolles Neu-Akzentuieren seiner Vorgaben, wird nur noch plausibler, wenn man von einem ambivalenten Wissen um Artus ausgeht, das es erlaubt, so oder anders über ihn zu ›reden‹. Und eben das scheint mir gerade für Gervasius zu gelten. Er ergreift nicht Partei, der Stoff ist disponibel für Historiker wie für Erzähler, und er bleibt es auch. Eine Distanzierung von denen, die erzählen, findet hier – wie an vielen anderen Stellen der ›Otia‹ – nicht statt. Mündlichkeit ist für Gervasius eine Quelle neben den Autoritäten, er erwägt sie, glaubt ihr oder tut es eben nicht.[163] Sein Text regt an, vermittelt – nachdenklich-erholsam – Bildung.

Das gilt auch für einen dritten und letzten Abschnitt, in dem Gervasius im Rahmen der Erdbeschreibung auf Artus zu sprechen kommt, jetzt in besonders komplexem Zusammenhang. Er hat bei der Behandlung der *insule Mediterranei maris* Sizilien erreicht und erwähnt (mit Honorius) den feuerspeienden Ätna, dann das als Stadt der heiligen Agatha berühmte nahegelegene Catania. Hier nun fügt er eine von den Einheimischen erzählte, ›in unseren Tagen‹ geschehene Erscheinung Artus' des Grossen in der Einöde der Hänge des Ätna ein (*narrant indigene Arcturum magnum nostris temporibus apparuisse*) und assoziiert dann vergleichbare Berichte aus beiden Britannien.[164] In beiden Fällen steht sein Wissen wieder in Bezug zu Lebens- und Herrschaftsräumen, die er kannte, von seinen Aufenthalten am sizilischen Hof Wilhelms II. und am angevinischen von dessen Schwiegervater, Heinrichs II. von England.[165]

Die sizilische Erzählung geht so: Als eines Tages der Reitknecht des Bischofs von Catania dessen Pferd striegelte, riss es sich plötzlich übermütig los. Der Knecht verfolgte es auf den steilen und finsteren Pfaden des Ätna-Massivs. Schliesslich erreichte er auf einem schmalen, aber ebenen Weg eine

---

163 Für Ian Short, Literary Culture at the Court of Henry II, ist dieser neue Umgang mit mündlichen Traditionen geradezu ein Charakteristikum der gelehrten Literatur des 12. Jahrhunderts seit Geoffrey von Monmouth, aber besonders in der »galaxy of celebrities«, die am Hof Heinrichs II. erschien und Johannes von Salisbury, Peter von Blois, Gervasius von Tilbury, Gerald de Barri und Walter Map einschloss: »Writing, in other words, was not the only way for knowledge to be transmitted from the past. And now hitherto unheard oral traditions, and in particular narrative ones, were at long last finding a more permanent voice, and legitimation, within literature written by clerics in Latin.« (341)
164 Gervasius, Otia, II, xii, S. 326–347, hier: 334–339.
165 Ebd., III, xii, S. 576–583, hier: 578–581.

sehr weite, heitere, amoene Ebene (*spatiosissimam planiciem iocundam om-nibusque deliciis plenam*) und traf dort in einem kunstreich errichteten Palas Artus auf einem königlichen Prunkbett liegend an (*ibique in palatio miro opere constructo repperit Arcturum in strato regii apparatus recubantem*). Dieser fragte ihn aus und liess ihm dann nicht nur das entlaufene Pferd zuführen, damit er es dem Bischof überbringe, sondern setzte noch erklärend hinzu, dass er selbst dort lange an den alten Wunden krank gelegen habe, die er sich einst im Krieg mit seinem Neffen Mordred und dem Sachsenherzog Childerich zuzog und die alljährlich wieder aufbrachen: *adiciens se illic, antiquis in bello cum Modredo nepote suo et Cilderico duce Saxonum pridem commisso uulneribus quotannis recrudescentibus, saucium diu mansisse* (336).

Von ganz ähnlichen Dingen (*consimilia*) werde – so fährt Gervasius danach fort – aus den Wäldern der grossen wie der kleinen Bretagne berichtet, wo die Forst- und Wildhüter (die das Volk *foristarios* nenne[166]) gelegentlich gegen Mittag und sehr häufig vor Mitternacht bei Vollmond und unter Hundegebell und Hörnerklang auf eine Schar jagender Ritter getroffen seien, die auf Befragen versicherten, dass sie zur Gesellschaft und zum Hof Artus' gehörten (*se de societate et familia Arcturi esse affirmant*; 336).

Die ›grosse Ähnlichkeit‹ der beiden Berichte besteht doch offenbar in der gemeinsamen Voraussetzung, dass Artus lebe; und alle Erscheinungen, die einmalige in Sizilien wie die wiederholten in England oder der Bretagne, sind zuverlässige Erzählungen ›aus erster Hand‹, aus dem Mund der vor Ort Lebenden, von Leuten aus dem ›Volk‹. Von diesen Einheimischen – *ab indigenis* – will Gervasius auch erfahren habe, wie er seinem Bericht aus Catania hinzufügt, dass Artus dem Bischof Geschenke gesandt habe, die von vielen gesehen und von den meisten aufgrund ihrer fabulösen Neuheit (*fabulosa nouitate*) bewundert worden seien. Welcher Art sie waren, erfahren wir nicht; Gervasius hat sie nicht gesehen, und doch soll dieser Zusatz offensichtlich die Erzählung von Artus stützen, seine Existenz ›dingfest‹ machen oder doch als möglich erscheinen lassen.

Die approbatorische Funktion solch abschliessender Bemerkungen ist evident, wo Gervasius kurz zuvor vom Taucher Nicolaus Pipa berichtet, der unter Roger II. von Sizilien in der Strasse von Messina unter dem Meeres-

---

166 Auch hier also wieder – wie beim Bericht aus Catania oder dem über die Scharlachwürmchen – die Erhöhung der Authentizität des Erzählten durch einen Terminus, der aus der Sprache der jeweiligen autochthonen Erzählenden stammt.

spiegel mit Eichen bewaldete Schluchten entdeckt habe. Sie trügen nach Pipa zu jenen Turbulenzen bei, auf die sich die beiden als Scylla und Charybdis bekannten Strudel zurückführen liessen. Er, Gervasius, könne zumindest die Existenz der Eichenwälder bestätigen, da er oft am Strand grosse Mengen von Eicheln gefunden habe.[167] Hier wie bei den ›fabelhaften‹ Geschenken Artus' für den Bischof von Catania scheint grundsätzliches Vertrauen auf die Faktizität im Kern des Berichts mit Skepsis gegenüber dem Auserzählen verbunden zu sein. Genau so hatte Gervasius aber schon bei seiner ersten Bemerkung zu Artus (anlässlich der Erwähnung von Caerleon) dessen Taten (*facta*) für so erstaunlich erklärt, dass man sie auch (*etiam*) für fabelhaft halten konnte (nicht musste): *tanto stupore plena quod etiam fabulosa [...] esse censentur.*[168]

Gerade umgekehrt ist das Verhältnis zwischen Erzählung und Approbation im Fall des 59. *mirabile* ›De Wandlebiria‹.[169] Hier geht die nur knapp umrissene allgemein verbreitete ›Sage‹ (*fama que uulgo testatur*) voraus, dass an der Stelle eines alten wandalischen Befestigungsrings in der Nähe von Cambridge jederzeit vor Mitternacht und bei Mondschein ein einzelner Ritter in den (magischen) Kreis treten und mit dem Ruf »*Miles contra militem veniat!*« einen Gegner zum Stechen herausfordern könne, der augenblicklich erscheinen werde. Ausdrücklich zur Beglaubigung (*ad huius rei fidem*) erzählt Gervasius dann, wie ein gewisser Osbertus Hugonis,[170] diese (man ist versucht zu sagen:) Aventiure in der Familie seiner wohlhabenden Cambridger Gastgeber an einem Winterabend nach dem Essen am Kamin erzählt bekommt und gleich erproben will.[171] Er hat Erfolg, sticht seinen ritterlichen oder doch rittergleichen Gegner (*miles aut instar militis*) aus dem Sattel und nimmt sein Pferd als Preis, wird aber beim Abgang durch einen Lanzenwurf

---

167 Gervasius, Otia, II, xii, S. 332–335.

168 Siehe oben, S. 184.

169 Gervasius, Otia, III, lix, S. 668–673.

170 Banks/Binns, S. 670, weisen auf Osbert Fitz Hugh hin, der in den ersten Jahren der Regierung Heinrichs II. ein Priorat in Westwood stiftete.

171 Die Erzählsituation ist der weit ausführlicher beschriebenen und in differenzierende Zusammenhänge eingebetteten bei Lambert von Ardres zu vergleichen; zu dieser Michael Curschmann, Höfische Laienkultur zwischen Mündlichkeit und Schriftlichkeit. Das Zeugnis Lamberts von Ardres, in: ›Aufführung‹ und ›Schrift‹ in Mittelalter und früher Neuzeit. DFG-Symposion 1994, hg. v. Jan-Dirk Müller (Germanistische Symposien 17), Stuttgart/Weimar 1996, S. 149–169. Es geht freilich nicht an, das, was hier über das ›Erzählen der Taten der Alten‹ (*gesta antiquorum recensere*) gesagt wird, auf die Rezeption der ›Otia‹ selbst zu übertragen, wie es Michael Rothmann tut: Adelige Kaminabende – Erzählstoffe am Hofe Kaiser Ottos IV. am Beispiel der höfischen Enzyklopädie des Gervasius von Tilbury, in: Otto IV. (Katalog 2009), S. 173–186; Stiene, Kaiserliche Mussestunden, folgt ihm S. XXI f.

des Besiegten am Schenkel verwundet. Das schwarze Pferd mit schwarzem Sattel und schwarzer Decke entspringt schon beim ersten Hahnenschrei mit schäumenden Nüstern. Die Wunde aber bleibt, sie heilt nur oberflächlich und bricht jedes Jahr am selben Tage auf.[172] Osbert zieht daher (*unde factum est*) nach wenigen Jahren gegen die Heiden, widmet sein Leben dem Gottesdienst und gibt Gott seine Seele auf. Dieses Geschehen also, das vielen bekannt sei (*multis uulgo cognitam*) und das er sich noch einmal von den Einheimischen habe erzählen lassen (*ab incolis et indigenis auditui meo subieci*), versteht Gervasius als Tatsache (*res gesta*); sie macht die Sage von der (immer noch wiederholbaren) Aventiure glaubhaft, *ad huius rei fidem* wurde sie erzählt.

Wenn Gervasius seinen Bericht von der ›wilden Jagd‹ mit der Bemerkung schliesst, er wolle, nachdem er dies – die Erscheinungen Artus' am Ätna und die seines Gefolges in den ›bretonischen‹ Wäldern – ganz in der Art von Erzählungen behandelt habe (*his ergo uelut ad instar fabularum decursis*), zum Stoff zurückkehren (*ad materiam redeamus*), wird man deshalb wieder nicht einen Gegensatz zwischen ›unwahren‹ *fabule* und ›wahrer‹ *materia* behaupten wollen: Die *materia* ist die Geographie, gelehrtes Buchwissen, das immer wieder von Exkursen unterbrochen wird. Gleich der nächste, unmittelbar anschliessende, gilt den hochaktuellen und realpolitisch relevanten Überlegungen zur kaiserlichen Sizilien-Politik, die in die Aufforderung an Otto IV. münden, sich statt des (staufischen) Siziliens doch des strategisch viel wichtigeren und ihm zustehenden Arelats zu bemächtigen.[173] Auch diesen Exkurs beendet Gervasius mit der Wendung ›lasst uns zum angefangenen Wissensgebiet [eben der Erdbeschreibung] zurückkehren‹: *Hec actenus; ad materiam redeamus iam ceptam.*[174]

Was Gervasius über Artus *ad instar fabularum* berichtet hat, wird durch diese Charakterisierung also nicht entwertet, es kann – nicht weniger als das folgende politische Kalkül – Anspruch erheben, ernsthaft bedacht zu werden, auch wenn die Gedanken verschiedene Sektoren eines historisch-politischen, eines herrschaftsrelevanten Wissens betreffen. Ob Gervasius kompilierend, ergänzend und kommentierend seine gelehrte *materia* ausbreitet und mit *res factae* anreichert oder *ad instar fabularum* erzählt – sein Text integriert unterschiedliche Darstellungsmodi, die auf verschiedene, aber komplementäre Weise an jenen Erkenntnisprozessen beteiligt sind, die

---

172 Die motivliche Nähe zur Erzählung von der Erscheinung Artus' am Ätna ist auffällig, freilich hat die Erzählung von Osbert nichts mit dem Artusstoff zu tun, wie ich irrtümlich formuliert habe: Anschauung der Welt, S. 403.

173 Vgl. dazu oben, S. 176f.

174 Ebd., II, xii, S. 336–341.

er ermöglicht und gerade aufgrund seiner Vielseitigkeit und Offenheit provoziert.

Polemik gegen den sagenhaften Artus-Stoff war von Anfang an möglich (ich erinnere an Wilhelm von Malmesbury), sie steht aber – wie in anderer Weise beim Dietrich-Stoff auch[175] – einem ernsthaften, mit historischer, politischer oder moralischer Bedeutung rechnenden Interesse an den Inhalten durchaus nicht im Weg.[176] Und die Positionen der Vertreter der einen oder der anderen Auffassung müssen ebenso wenig von polaren Gegensätzen bestimmt sein wie die Spannungsfelder zwischen schriftlicher und mündlicher Überlieferung, Latein und Volkssprache, Klerus und Laien oder Historiographie und Roman.[177] Diese Positionen können von Fall zu Fall ganz unterschiedlich markiert und gewertet werden.

3.9 *solatia facere* – Unterhaltung zwischen Wahrheit und Lüge

In diesen Zusammenhang gehört auch Gervasius' wiederholte Auseinandersetzung mit den *mimi* und *ystriones*, die noch einmal Anlass gibt, den höfischen Roman einzubeziehen. Gervasius gesteht den *mimi* ja durchaus zu, dass sie Neues, auch *uirtutes Dei* thematisierten (wie er selbst) (14).[178] Aber ihr Erzählen ist von ihrer *loquax garrulitas* geprägt, bleibt befangen in den *mendacia* ihrer *fabule* (558), enthält höchstens eine Spur Wahrheit (*paucitas ueritatis*; 562). Gervasius' eigene Leistung ist es, die *uirtutes Dei*

---

175 Zur Dietrich-Polemik vgl. etwa Joachim Heinzle, Einführung in die mittelhochdeutsche Dietrichepik (de Gruyter Studienbuch), Berlin/New York 1999, S. 18–23, und jetzt: Dietrich-Testimonien des 6. bis 16. Jahrhunderts, hg. v. Elisabeth Lienert u. a. (Texte und Studien zur mittelhochdeutschen Heldenepik 4), Tübingen 2008.

176 Ganz ähnlich argumentiert aufgrund anderen Materials auch Short, Literary Culture at the Court of Henry II, S. 335–338 und 360 f.

177 Grundsätzlich Peter Koch u. Wulf Oesterreicher, Sprache der Nähe – Sprache der Distanz. Mündlichkeit und Schriftlichkeit im Spannungsfeld von Sprachtheorie und Sprachgebrauch, in: Romanistisches Jahrbuch 36 (1985), S. 15–43.

178 Auch Thomas de Chobham nimmt in seiner gleichzeitig mit den ›Otia‹ entstandenen ›Summa confessorum‹ (ed. F. Broomfield [Analecta Mediaevalia Namurcensia 25], Louvain/Paris 1968, S. 292), also im Kontext der Busslehre, jene *ioculatores* aus seiner Verurteilung aus, *qui cantant gesta principum et vitas sanctorum et faciunt solatia hominibus vel in egritudinibus suis vel in angustiis suis* bzw. *cantant instrumentis suis gesta principum et alia utilia ut faciant solatia hominibus*, worauf Stiene, Kaiserliche Mussestunden, S. 11, hinweist.

wahrheitsgemäss zu berichten, *per fidelem narrationem* (14). Das verlangt die Abstützung auf den Bericht von Autoren oder von Augenzeugen – *ex ueteribus auctorum libris* oder *ex oculata fide* –, vor allem aber ein Erzählen, das nicht voraussetzungslos erfolgt, sondern eben von einem umfassenden, gelehrten und doch auf den Kaiser (und den Hof) zugeschnittenen Wissens- und Bildungshorizont aus- und in Kommentare und Abhandlungen übergeht. Diesen Horizont eröffnet Gervasius mit seinen ersten beiden *decisiones* und hält ihn durch die immer neue Einordnung der *mirabilia* in die Zusammenhänge des Wissens und die Erfahrungen des Lebens (der eigenen wie derjenigen Ottos) stets gegenwärtig.

Worauf es ihm also ankommt, ist die Einbettung des Erzählens in anspruchsvolle Ordnungen, in Strukturen, die den Sinn von Schöpfung und Leben reflektieren. Und eben das sieht offenbar Chrétien de Troyes nicht anders, wenn er sein eigenes Erzählen von Artus von dem der *mimi* absetzt:[179] Der Stoff, der *conte d'avanture* (V. 13), enthält einen epistemischen Wert, den das zusammenhanglose Erzählen der Berufssänger (*cil qui de conter vivre vuelent*; V. 22) nicht zur Geltung bringt (vgl. das Proverbium in V. 1–3), die *li contes d'Erec* [...] *devant rois et devant contes* zerstücken und verderben (*depecier et corronpre suelent*; V. 19–21). Diesen Wert des Stoffs erschliesst erst Chrétiens eigene, ihrem Anspruch nach gelehrte, sinnstiftende *molt bele conjointure* (V. 14), ein Erzählen, das die Fabel zur *estoire* macht (V. 23), die dauernde *mimoire* (V. 24) beanspruchen kann. Sieht man das so, dann kann sich – bei allen Unterschieden – auch unsere Vorstellung von der Rezeption höfischer Erzählliteratur an dem Modell orientieren, das Gervasius seinen ›Otia‹ einschreibt: *recreatio* durch eine reflexive, gesprächsweise Aneignung, die neugierig-nachdenklich Unbekanntes mit Bekanntem verknüpft und Gelehrte ebenso wie (nur) höfisch Gebildete einbeziehen kann. Das gilt auch dann, wenn man die spezifischen Möglichkeiten fiktionalen Erzählens berücksichtigt, die Beteiligung freierer Imagination und subtileren ästhetischen Vergnügens, der Kombination von intellektueller und psychologischer Herausforderung, Identifikation und Empathie und anderes mehr.

Gerade in diesem Sinn ist bezeichnend, wie zum Beispiel der ›Roman d'Eneas‹ seine Beschreibung Karthagos nutzt, um einen Exkurs über die Purpurschnecke einzufügen, der dem Abschnitt über das Scharlachwürmchen bei Gervasius in jeder Hinsicht entspricht; und das *mirabile* des

---

179   Chrétien de Troyes, Erec et Enide. Erec und Enide. Altfranzösisch / deutsch, hg. v. Albert Gier (Reclams UB 8360), Stuttgart 1987.

afterlosen Krokodils, dessen Blut schwarzen Purpur liefere, folgt gleich darauf.[180] Das Spektrum der Gegenstände, die der Eneasroman zur Sprache bringt, schliesst neben Historischem, Politischem, Rechtlichem und Religiösem, Genealogischem und Höfischem auch Naturkundliches, auch *mirabilia* ein, und in anderen Erzähltexten (Alexanderroman, ›Herzog Ernst‹, ›Reinfried von Braunschweig‹[181] usw.) ist das nicht anders. Gerade wenn Heinrich von Veldeke[182] diese Dinge zugunsten von Inszenierungen und Verhandlungen von höfischer Etikette und von Entfaltung psychologischen Raffinements (nicht nur im Bereich der Liebe) konsequent weglässt,[183] unterstreicht dies noch einmal das bei Gervasius (und anderen) beobachtete Interesse.

Fritz Peter Knapp hat mich hier wohl missverstanden. Es ging und geht mir nicht um die Einebnung von (evidenten) Unterschieden zwischen Texten ganz verschiedenen Zuschnitts, sondern eben um eine vorauszusetzende

---

180 Le Roman d'Eneas, hg. und übers. v. Monica Schöler-Beinhauer (Klass. Texte des romanischen Mittelalters 9), München 1972, V. 471–496.

181 Vgl. etwa Trude Ehlert, Alexanders Kuriositätenkabinett. Oder: Reisen als Aneignung von Welt in Ulrichs von Etzenbach Alexander, in: Reisen und Reiseliteratur im Mittelalter und der Frühen Neuzeit, hg. v. Xenja von Ertzdorff u. Dieter Neukirch (Chloe. Beihefte zum Daphnis 13), Amsterdam/Atlanta 1992, S. 313–328; zu den sog. Kranichschnäblern im ›Herzog Ernst‹ vgl. Eckart Conrad Lutz, Wandmalerei und Texte. Zum kulturgeschichtlichen Erkenntniswert von Ausmalungen in Schweizer Profanbauten des Spätmittelalters, in: Geschichte in Schichten. Wand- und Deckenmalerei im städtischen Wohnbau des Mittelalters und der frühen Neuzeit. Internationales Symposium 2000 in Lübeck, hg. v. Annegret Möhlenkamp u. a. (Denkmalpflege in Lübeck 4), Lübeck 2002, S. 180–196, hier: 190ff.; Horst Brunner, Der König der Kranichschnäbler. Literarische Quellen und Parallelen, in: ders., Annäherungen. Studien zur deutschen Literatur des Mittelalters und der Frühen Neuzeit, Berlin 2008, S. 21–37; Herfried Vögel, Naturkundliches im ›Reinfried von Braunschweig‹. Zur Funktion naturkundlicher Kenntnisse in deutscher Erzähldichtung des Mittelalters (Mikrokosmos 24), Frankfurt a. M. usw. 1990. Ferner Elisabeth Schinagel-Peitz, Naturkundliches Wissen in lateinischen und deutschen Predigten des Spätmittelalters, in: Die deutsche Predigt im Mittelalter. Internationales Symposium Berlin 1989, hg. v. Volker Mertens u. Hans-Joachim Schiewer, Tübingen 1992, S. 285–300.

182 Heinrich von Veldeke, Eneasroman. Die Berliner Bilderhandschrift mit Übersetzung und Kommentar, hg. v. Hans Fromm (Bibliothek deutscher Klassiker 77; Bibliothek des Mittelalters 4), Frankfurt a. M. 1992.

183 Zur Erzählweise Veldekes vor dem Hintergrund seiner Quellen und Vorlagen jetzt Silvia Schmitz, Die Poetik der Adaptation. Literarische *inventio* im ›Eneas‹ Heinrichs von Veldeke, Tübingen 2007.

Rezeptionshaltung, ein verbindendes Interesse an bestimmten Wissensbeständen (für die hier die *mirabilia* des Gervasius stehen), deren mehr oder minder dichte und markante Präsenz immer jene systemhaften und sinnhaltigen, also epistemologisch relevanten Ordnungen aufscheinen lässt, die sie vertreten: Raum, Zeit, Menschen – Schöpfung, Geschichte, Gesellschaft. Freilich setzt nur Gervasius diese Ordnungen buchstäblich voraus, indem er sie seiner *mirabilia*-Sammlung in zwei Büchern voranstellt. Knapp will »als literaturwissenschaftlicher Gattungshistoriker« (234) vor allem Gervasius und Chrétien, die ›Otia‹ und den ›Erec‹, auseinanderhalten, in denen nicht nur die *mirabilia* eine völlig verschiedene Rolle spielten (240), wobei dies sicher richtig ist. Chrétien sei ein »genuiner Erzähler« (239), ein Vertreter der »freien künstlerischen Fiktion« (244), und auch daran besteht kein Zweifel. Aber schon das Urteil, dass Gervasius weder ›Erzähler‹ noch ›Historiograph‹ sei (239), zeigt nur die Unbrauchbarkeit solch scharfer Kategorien: Er ist, wie ich anhand seines Umgangs mit dem Artusstoff zu zeigen versucht habe, beides auch, freilich auf seine Art und im Rahmen eines Werkes *sui generis*, dessen Konzeption und Faktur ich hier gerade deshalb ausgiebig in Hinblick auf die intendierte Wirkung analysiert habe, ohne es mit einem generischen Etikett zu versehen. Aber noch einmal: Mir ging und geht es eigentlich um etwas anderes, um das Setzen von Ordnungen (Strukturen) und das Hineinerzählen in Ordnungen (Strukturen), das von Gervasius wie von Chrétien angekündigt und dann auch praktiziert wird, und das sich mit analogen Voraussetzungen der (intendierten) Rezeption erklären lässt, die grundsätzlich auch Knapp konzediert. Sie sind aber unabhängig von den Zurichtungen der Texte im einzelnen. In der Frage, ob Erzähler »einer Welt des schönen Scheins, einer Welt des spielerischen Alsob« – also Erzähler wie Chrétien – tatsächlich so ganz »von dem Zwang [dispensiert sind], die gottgegebene Wirklichkeit erklären und bewältigen zu müssen« (244), gehen unsere Meinungen aber vermutlich wirklich auseinander.[184]

Noch zwei Bemerkungen, die erste zum *mirabilia*-Begriff. Knapp arbeitet ihn zwar zunächst mit Gervasius ausführlich (und nicht anders als ich selbst) über die Unterscheidung von *mirabile* und *miraculum* heraus, weicht dann aber seine Grenzen auf, um ihm schliesslich selbst die konventionellen Märchenelemente des

---

184 Voraussetzungen meiner Auffassung des Textes in den Aufsätzen: ›Verschwiegene Bilder‹ und ›Herrscherapotheosen‹ und demnächst ›Geschichte verstehen‹ (wie Anm. 116). Grundsätzlich, wenn auch zur frühneuzeitlichen Literatur: Erzählen und Episteme. Literatur im 16. Jahrhundert, hg. v. Beate Kellner u. a. (Frühe Neuzeit 136), Berlin/New York 2011.

Artusromans Chrétiens zu subsumieren.[185] Er bezeichnet auch die traditionellen, letztlich auf Plinius zurückgehenden Mischwesen, die Gervasius in ganz konventioneller Weise der Beschreibung Indiens beigibt (II, iii), als »eine erste Art der *mirabilia*« (234), obwohl Gervasius in Bezug auf sie gerade nicht von *mirabilia* spricht, sondern von *animantium monstra*, die teils den *homines* und teils den *bestiae* zuzurechnen seien (186), die Traditionen der *mirabilia* und der *monstra* also auseinanderhält. Es besteht auch kein Anlass, das Pferd des Troubadours Guiraut (III, xcii) und die Melusinensage, die Gervasius aus einem zuverlässigen Bericht aus der Gegend von Aix-en-Provence kennen will (I, xv), als je »ein spezielles Exempel für ein grundsätzlich in der Natur vorhandenes *mirabile*, nämlich die Metamorphose Mensch-Tier« auszugeben – Gervasius selbst stellt keine derartige Verbindung her. Er nimmt nur eine (nicht identifizierbare) Aussage Bedas, dass die Schlange des Paradieses einen Frauenkopf besessen habe, zum Anlass, den provenzalischen Fall als ein Beispiel unter andern für die Verwandlung einer Frau in eine Schlange anzuführen und offenzulassen, ob eine Sinnestäuschung oder Dämonen den Eindruck der Verwandlung hervorriefen; und beim Pferd des Troubadours bleibt ohnehin jede Metamorphose aus.

Zur Wertigkeit der Gattungen: Jean Bodel († 1210) bezeichnet in seiner immer wieder ohne ihren Kontext zitierten Unterscheidung der drei epischen Stoffe[186] wohl kaum kategorisch den Artusroman als »›nichtig (eitel, leer) und ergötzlich‹«, jedenfalls nicht »vor allem in seiner gültigen Gestalt, die ihm Chrétien de Troyes gegeben hat« (238 f.); *vain* (9) weist – gerade in der Verbindung mit dem eindeutig positiv konnotierten *plaisant* – auf die faktische Unverbindlichkeit des Artusstoffes, seine gefällige Fiktionalität, nicht seine ›Nichtigkeit‹.[187] Bodel geht es hier kaum um eine prinzipielle Rangordnung der drei von allen Zeitgenossen (*nul home vivant*; 6) unterschiedenen epischen Stoffe nach dem Kriterium der Wahrheit, sondern kontextbedingt um die Betonung des Vorrangs der *matere de France* vor denen *de Ronme* und *de Bretaigne*, um den Vorrang desjenigen Stoffes also, zu dem seine Chanson zählt: dieser ist von einer ›täglich erfahrbaren Gültigkeit‹ (*voir chascun jour aparant*; 11). Er ist deshalb der ›wahrhaftigste‹, weil er bekennt, dass der *coronne de France* (13) ein solcher Vorrang zustehe, dass ihr alle christlichen Könige dienen müssten; dass Gott den ersten *roi de France* durch seine Engel habe krönen lassen, mit dem Gebot, sein Vertreter auf Erden zu sein, Recht und Gesetz zu fördern und seine Feinde zu verfolgen – Gebote, wie sie gerade *Charlemaine*

---

185 Als *mirabilia* im Sinn des Gervasius können Elemente der ›historischen‹ Sage von Artus selbst gelten, nicht aber beliebige Bausteine aus dem Arsenal von Märchenmotiven, das dem Artusroman zur Verfügung steht.

186 Zur notwendigen Differenzierung zwischen Stoffen und Gattungen Richard Trachsler, »Genres« und »matières«. Überlegungen zum Erbe Jean Bodels, in: Gattungen mittelalterlicher Schriftlichkeit, hg. v. Barbara Frank u. a. (ScriptOralia 99), Tübingen 1997, S. 201–219.

187 Jehan Bodel, La chanson des Saisnes, éd. critique par Annette Brasseur, t. 1–2 (Textes littéraires français 369), Genève 1989, V. 1–39. Jean Bodel, La chanson des Saxons, trad. en français moderne par Annette Brasseur (Traductions des classiques français du Moyen Age 50), Paris 1992.

d'Ais (23), der Protagonist der Erzählung, erfüllt hat. Bodel distanziert sich nicht etwa von einem der beiden anderen Stoffe, sondern allein von den *bastart jougleour* (27), also innerhalb der Gruppe der *ioculatores*, der er selbst angehört, von denen, die er überragt aufgrund seines Könnens, seiner *riches vers nouviaus* und seiner *chançon rimee, dont li livre d'estoire sont tesmoign et garant* (3), genauer: seiner *chançon*, die sich an den ihm erzählten *drois contes* orientiert, deren *estore* noch in der Bibliothek von Saint-Pharon de Meaux liegt (31–34). Dem entspricht sehr genau die oben umrissene Position Chrétiens im ›Erec‹-Prolog, aber auch seine Betonung der *translatio* von *clergie* und *chevalerie* von Griechenland über Rom nach Frankreich im Prolog zum ›Cligès‹, die den Wert eines Stoffes unterstreicht, den er schriftlich, als *estoire escrite* in einem *livre* des Armariums der Kathedrale von Saint-Pierre de Beauvais aufgefunden haben will und der deshalb wahr (*voire*) sei.[188]

Dem entspricht aber auch der Eindruck einer prinzipiellen Gleichwertigkeit der Darbietungen innerhalb eines idealtypischen Repertoires, zu dem – nach Guiraut de Cabreira – die Stoffe von Karl, von Troja, Theben oder Alexander, von Artus, Erec oder Tristan unterschiedslos und ebenso gehören wie die ›Metamorphosen‹ Ovids und die ›Disticha Catonis‹.[189] Nicht anders wird man wohl Thomas de Chobham verstehen müssen, der in seiner ›Summa confessorum‹ (um 1216) das Corpus (verständlicherweise) restriktiver umreisst, dem es aber auch nicht um das Gattungsspektrum geht, sondern um die rekreative Wirkung, die von der Tätigkeit eines *ioculator* ausgehen müsse, der den Segen der Kirche haben wolle – anders als jene, die unter anderem mit obszönen Schaustellungen ihr Publikum auf Abwege bringen, anders auch als die *vagi*, die sich an den Adelshöfen herumtreiben und Abwesende schlecht machen, und anders schliesslich als diejenigen *histriones*, die zwar Musikinstrumente zur Unterhaltung der Menschen einsetzten, aber bei öffentlichen Trinkgelagen und ausschweifenden Versammlungen laszive Lieder vortrügen, um die Menschen in geschlechtliche Erregung zu bringen (*frequentant publicas potationes et lascivas congregationes ut cantent ibi lascivas cantilenas, ut moveant homines ad lasciviam*). Bewahrt werden könnten nur diejenigen *ioculatores qui cantant gesta principum et vitas sanctorum et faciunt solatia hominibus vel in egritudinibus suis vel in angustiis suis*, die also – wie Gervasius es für seine ›Otia‹ in Anspruch nimmt – in Sorgen und Nöten Trost spenden, in dem sie von den Taten der Herrscher und dem Leben der Heiligen singen. Und er betont dann noch einmal, nun statt der Heiligenlegenden neben dem Fürstenpreis ›andere nützliche (Vortragsstoffe)‹ einbeziehend, die erbauliche Seite des Unterfangens: *cantant instrumentis suis gesta principum et alia utilia ut faciant solatia hominibus sicut dictum est*. Nur diese *ioculatores* wirken mit päpstlicher Approbation.[190] Dem enstprechend hat aber auch Gervasius nicht »auf der negativen Seite ausschliesslich dichterische Wunderberichte im Visier, denen er unterstellt, es seien erlogene

---

188 Chrétien de Troyes, Les Romans, édités d'après la copie de Guiot (Bibl. nat., fr. 794), II: Cligés, publ. par Alexandre Micha (les Classiques Français du Moyen Age 84), Paris 1982, V. 1–44.
189 Vgl. oben, S. 156.
190 Thomas, Summa (ed. Broomfield), S. 291f.

Tatsachenberichte« (243), also auch den höfischen Roman à la Chrétien. Gervasius verwirft nur das *ocium,* die Unterhaltung des Kaisers *ex loquaci ystrionum garrulitate,* die Vermittlung der *uirtutes Dei* am Hof *per mimorum aut ystrionum ling[u]as mendaces,* also doch wohl durch Sänger, die – wie die Berufssänger bei Chrétien – Falsches von Dingen reden, die sie nicht verstehen. Dem gegenüber steht seine eigene *fidelis narratio* (14).

Diese Anmerkungen betreffen keine beiläufigen Details, denn Knapps Lesungen beruhen auf einem an Trennschärfe interessierten Kategoriensystem, das zu Vereinfachungen zwingt und den Blick für Beobachtungen verstellt, die mir wichtig sind.

Ich halte die ›Otia‹ für aufschlussreich, weil sie – in gar nicht so irritierender Weise – Weltkunde und Erzählkultur in einer anspruchsvoll gelehrten und zugleich dezidiert individualisierenden Form zusammenführen, Wissen, Fragen und Erwartungen des ersten Adressaten immer wieder vorwegnehmen, den Austausch zwischen Gelehrten und *scioli* am Hof thematisieren und zu beeinflussen suchen und so einen – idealtypischen – Umgang mit höfischem Bildungswissen erkennen lassen.

Freilich erreichte die Abstimmung einer individualisierenden Weltsicht auf einen einzelnen Rezipienten, wie sie sich in den ›Otia‹ zeigt, selten einen solchen Grad an Konsequenz und Intensität. Zumindest wurde sie kaum je so deutlich offengelegt – nicht in der ›Aeneis‹ und ihren mittelalterlichen Adaptationen, nicht bei Baudri, aber auch nicht da, wo der historiographische Anspruch Vergleichbares erwarten liesse. Hier bietet sich ein Blick auf zwei Weltchroniken an, die sich – in genauer Kenntnis der Umstände – an vergleichbare Adressaten wenden: die an Augustins Zweistaatenmodell orientierte gelehrte Chronik Ottos von Freising für Friedrich Barbarossa und Rudolfs von Ems Weltchronik in deutschen Reimpaarversen für Konrad IV., für Urgrossvater und Urenkel, zwei staufische Verwandte Ottos auf dem deutschen Königsthron. Dabei geht es – im Zusammenhang unserer Fragestellung – vor allem um die Anleitung der beiden Adressaten (und ihrer Hofkreise) zur Rezeption der Texte, also die Grundlegung der Bedingungen ihrer Aufnahme und Verarbeitung, die einen Zugewinn an *informatio,* an herrscherlicher Bildung, ermöglichen.

3.10 Otto von Freising, Friedrich Barbarossa und die *interpretes*

Als Friedrich Barbarossa[191] – auch er *semiliteratus*[192] – wohl auf dem Würzburger Reichstag im September 1157, gut zwei Jahre nach der Kaiserkrönung, auf seinen Wunsch ein Exemplar der ›Historia de duabus civitatibus‹ (der ›Chronik‹) seines Onkels,[193] des Bischofs Otto von Freising überbracht bekommt, gehen ihr zwei Schreiben voran, die mit dem älteren, wohl ursprünglichen *prologus* eine Trias von Vorreden bilden.[194] Ihre Perspektiven

---

191 Vgl. zu ihm jetzt Johannes Laudage, Friedrich Barbarossa (1152–1190). Eine Biografie, hg. v. Lars Hageneier u. Matthias Schrör, Regensburg 2009, und Knut Görich, Friedrich Barbarossa. Eine Biographie, München 2011. Ausserdem Friedrich Barbarossa. Handlungsspielräume und Wirkungsweisen des staufischen Kaisers, hg. v. Alfred Haverkamp (Vorträge und Forschungen 40), Sigmaringen 1992, hier vor allem Peter Ganz, Friedrich Barbarossa: Hof und Kultur, S. 623–650, und – »als eine Art Korreferat« zu Ganz – Peter Johanek, Kultur und Bildung im Umkreis Friedrich Barbarossas, S. 651–677, der überzeugend ausführt, dass sich der Kaiser und gelehrte »Personengruppen«, die sich an seinem Hof »bewegen und miteinander umgehen […] augenscheinlich darin einig [sind], dass Wissenschaft und Schriftkultur an die Bewältigung der Anfordernisse von Regierungs- und Herrschaftspraxis zu wenden sind, einig auch darin, dass aus den *litterae* die Begründungen für die Werte abzuleiten sind, die die *res publica* zusammenhalten.« (676) Wie schwierig es aber bleibt, »Bildung und Wissen« Friedrichs konkret zu bestimmen, zeigen die Erwägungen von Görich, Friedrich Barbarossa, S. 198–213. Volkhard Huth, »Gekrönter Esel« oder »zweiter Sokrates«? Das Bild Barbarossas und seines Hofes im Kontext zeitgenössischer Wissenskultur, in: Caspar Ehlers u. a., Friedrich Barbarossa und sein Hof, red. v. Karl-Heinz Ruess (Schriften zur staufischen Geschichte und Kunst 28), Göppingen 2009, S. 99–126, versteht den Hof als »Resonanzraum« und betont, »wie eindringlich intellektuelle Bezugspersonen Barbarossas nicht nur an zeitgenössischen Diskursen Anteil nahmen, sondern diese sogar vorantrieben.« (115)

192 Vgl. Peter Godman, *Transmontani*. Frederick Barbarossa, Rainald of Dassel, and Cultural Identity in the German Empire, in: Beiträge 132 (2010), S. 200–229, hier: 202f. und passim.

193 Otto ist ein Sohn des Markgrafen Leopold III. von Österreich und der Salierin Agnes, der Tochter Kaiser Heinrichs IV., die in erster Ehe mit Herzog Friedrich I. von Schwaben zwei Söhne hatte: Friedrich II., den Vater Friedrich Barbarossas, und Konrad III.

194 Otto Frisingensis, Chronica sive Historia de duabus civitatibus, ed. Adolf Hofmeister/Walther Lammers; Otto von Freising, Chronik oder Die Geschichte der zwei Staaten, übers. v. Adolf Schmidt, hg. v. Walther Lammers (Ausgewählte Quellen zur deutschen Geschichte des Mittelalters 16), Darmstadt 1960, S. 2–17. Vgl. Franz-Josef Schmale, Otto von Freising, in: ²VL 7 (1989), Sp. 215–223.

auf das Werk stimmen zwar weitgehend überein, aber sie heben Verschiedenes hervor, und sie tun es auf unterschiedliche Weise. Gemeinsam lassen sie erkennen, wie der Autor sich die Bedingungen vorstellt, unter denen die Rezeption stattfinden und gelingen könnte, und wie er auf sie Einfluss zu nehmen versucht.

Otto wendet sich in seinem ersten Begleitschreiben an den Kaiser selbst und erinnert daran, dass er dieses Buch über die Unbeständigkeit alles Seins (*de mutatione rerum*; 2) bereits vor einigen Jahren geschrieben habe, und zwar, weil ihn die politischen Verhältnisse bedrückten (*ob nubilosa tempora*). Er zeigt sich aber überzeugt, dass Friedrich aus den historischen Handlungen von Königen und Kaisern für Kriegsführung, Recht und Gericht lernen werde. Könige stünden zwar über dem Gesetz, aber unter Gottes Gericht. Beides werde Friedrich durch die Geschichte (*historiae*) kennen lernen, die Handlungen grosser Männer wie das Handeln Gottes, und dann selbst erfolgreich regieren (2/4). Aber eben: er, Otto, habe in bedrückender Zeit aus Verbitterung seine *historia* wie eine Tragödie abgefasst (*in modum tragediae texuisse*; 4) – alle acht Bücher endeten so, nur die beiden letzten schauten über das Elend (*miseria*) hinaus auf die Seelenruhe und die Auferstehung. Zugleich bietet Otto dem Kaiser an, dessen eigene Taten (*vestrorum gestorum seriem*) historiographisch auszuarbeiten, sofern er ihm durch seine Notare eine entsprechende Aufstellung als Grundlage zukommen lassen wolle (4).

Dass Otto an dieser Stelle unvermittelt zur Tagespolitik wechselt, indem er ausdrücklich den Ende März 1157 beschlossenen Zug gegen Mailand gutheisst und erklärt, selbst dem Aufgebot des Heeres Folge leisten zu wollen (6), führt eindringlich vor Augen, dass wir es hier nur mit unterschiedlichen Aspekten des politischen Handelns hofnaher Kreise zu tun haben, das verschiedene Formen des *consilium dare* ebenso einschliesst wie die administrative, diplomatische und militärische Unterstützung. Otto versteht seine ›Historia‹ als eine (reichs-)politischem Denken verpflichtete Philosophie (oder Theologie) der Geschichte,[195] die gerechtes Handeln schulen

---

195 Immer noch massgeblich: Hans-Werner Goetz, Das Geschichtsbild Ottos von Freising. Ein Beitrag zur historischen Vorstellungswelt und zur Geschichte des 12. Jahrhunderts (Beihefte zum Archiv für Kulturgeschichte 19), Köln/Wien 1984, bes. S. 62–98, und die Zusammenfassung S. 300–328; Goetz spricht von ›historiographischer Theologie‹ (62). Besonders bezeichnend ist Ottos Prolog zum achten Buch, in dem er seine Rede von Zukünftigem im Rahmen seines Geschichtswerks über die strukturelle Analogie zum Evangelium des Johannes rechtfertigt, dessen selektiver Bericht über das Leben

soll und mit der er den Kaiser ebenso unterstützen kann, wie mit seiner Beteiligung am Italienzug. Die von ihm zugleich angebotenen ›Gesta Friderici‹, die zu verfassen er bereit sei, würden der *memoria* des Herrschers gelten und als Lohn dessen Unterstützung für die Kirche erbitten, der Otto diene, also für das Bistum Freising. Freilich würden die ›Gesta‹ auch ein noch näheres Zugreifen auf Friedrichs Selbstverständnis erlauben; sie würden ihm zeigen können, wie sich sein bisheriges politisches Handeln im Rückblick und im Zusammenhang ausnimmt, wie es sich erklären lässt, und welche Perspektiven sich daraus für sein künftiges Handeln ergeben; sie würden zur Selbstreflexion anregen, aber auch – mehr oder weniger direkt – zur Auseinandersetzung am Hof beitragen können. Aber das sagt Otto so nicht: Gerade dies, die Auseinandersetzung mit dem in der ›Historia‹ entworfenen Weltbild, seine Umsetzung in Prinzipien politischen Denkens und Handelns, ist vorerst den Überbringern überlassen, die Otto am Ende seines Schreibens förmlich autorisiert (6):

> Misimus autem presentium latores venerabilem abbatem Rabotonem Sancti Stephani et capellanum nostrum Ragewinum, qui hanc historiam ex ore nostro subnotavit, ut de hoc verbo sub gratia vestra pro nobis sufficienter respondeat.

Dafür, dass es sich hier so wenig wie bei Baudris Schlussversen in seinem Gedicht an Adela um eine Floskel handelt, bürgt besonders der Name Rahewins.[196] Er wird zwar nach dem ranghöheren Abt Raboto von Weihenstephan genannt, aber als derjenige, dem Otto seine ›Historia‹ diktiert hat, der also dem Schaffensprozess beigewohnt hat und – wie sollte es anders sein – mehr oder minder intensiv an ihm beteiligt gewesen sein dürfte. Denn Rahewin ist es auch, der nur ein gutes Jahr später, nachdem Otto über den ›Gesta Friderici‹ gestorben war († 22.9.1158), vom Kaiser mit deren Fertigstellung beauftragt wurde.[197] Man wird das *de hoc verbo*

Jesu mit dem vom Auferstandenen angeregten Fischzug ende. Dieser aber verweise seinem ›mystischen Sinn‹ nach auf die ewige Seligkeit, wodurch alles vorausgegangene Geschehen – im Fall der ›Historia‹ also die ganze Weltgeschichte – zu einem blossen *proemium* werde (Historia, VIII, prologus, S. 586f.).

196 Roman Deutinger, Rahewin von Freising. Ein Gelehrter des 12. Jahrhunderts (MGH. Schriften 47), Hannover 1999.

197 Das erklärt er in seinem den ›Gesta‹ zu Beginn des 3. Buches inserierten Brief an den kaiserlichen Kanzler und Speyerer Electus Ulrich von Dürrmenz und den kaiserlichen Protonotar Heinrich ([…] *eius* [sc. Ottonis] *iussu pariterque serenissimi et divi imperatoris Frederici nutu fovenda et promovenda committitur*) und betont später in seinem Nachruf auf Otto von Freising, dass er

[…] *pro nobis sufficienter respondere* des Widmungsschreibens also wörtlich nehmen dürfen, als eine kompetente, aus dem gründlichen Wissen um dessen Entstehung gegebene, umfassende Erklärung des Textes, also eine souveräne Erläuterung, die (potentiell) alle Ebenen der Kommentierung umfasst, von der Worterklärung bis zur Paraphrase der Aussage und zur inhaltlichen Exegese.[198]

Doch Otto bleibt hier nicht stehen. Sein zweites der ›Historia‹ vorangestelltes Schreiben mobilisiert als *bonum interpretem* (6, 17) keinen Geringeren als den Reichskanzler Rainald von Dassel, der an der Gestaltung

---

auch hier, in den ›Gesta‹, die ersten beiden Bücher nach Diktat geschrieben habe: *Ego autem, qui huius operis principium eius ex ore adnotavi finemque eiusdem iussu principis perficiendum suscepi* […]. Otto Frisingensis et Rahewinus, Gesta Friderici seu rectius Cronica, ed. Franz-Josef Schmale; Otto von Freising u. Rahewin, Die Taten Friedrichs oder richtiger Cronica, übers. v. Adolf Schmidt, hg. v. Franz-Josef Schmale (Ausgewählte Quellen zur deutschen Geschichte des Mittelalters 17), Darmstadt 1965, S. 392 und 542; zugleich erhofft Rahewin sich von der genauen Geschichtskenntnis der beiden Hofkleriker (ihrer *exacta fides historiae*; 392, 24), ihrer persönlichen Vertrautheit auch mit den geheimen Seiten der geschilderten Ereignisse (*qui rebus ipsis tamquam familiares et conscii secretorum interfuistis*; 394, 20f.), dass sie seinen Text wo nötig überarbeiten werden. Er fordert sie in den letzten Zeilen der ›Gesta‹ noch einmal auf, als *arbitri* und *correctores* zu entscheiden, was sie veröffentlichen, was sie streichen wollen (*quod editis – quod delendum duxeritis*); Gesta, IV, 86, S. 714f. Zu den tatsächlich vorhandenen Korrekturen im Widmungsexemplar siehe Deutinger, Rahewin, S. 75ff., zu den beiden Personen 91f.

198 Das schulische Verfahren, an das auch hier als Erfahrungsgrundlage zu denken ist, analysiert eindringlich: Nikolaus Henkel, Text – Glosse – Kommentar. Die Lektüre der römischen Klassiker im frühen und hohen Mittelalter, in: Lesevorgänge. Prozesse des Erkennens in mittelalterlichen Texten, Bildern und Handschriften. Freiburger Colloquium 2007, hg. v. Eckart Conrad Lutz u. a. (Medienwandel – Medienwechsel – Medienwissen 11), Zürich 2010, S. 237–262. Es entspricht dem durch Johannes von Salisbury anschaulich beschriebenen Unterricht Bernhards von Chartres: Ioannis Saresberiensis, Metalogicon, ed. J. B. Hall, auxiliata S. S. B. Keats-Rohan (CCCM 98), Turnhout 1991, I, 24, S. 51–55. Grundlegende Einblicke in die Geschichte des Unterrichts anhand von Gebrauchsformen, die an der Überlieferung und Erschliessung zweier zentraler Texte ablesbar sind, gibt jetzt Michael Baldzuhn, Schulbücher im Trivium des Mittelalters und der Frühen Neuzeit. Die Verschriftlichung von Unterricht in der Text- und Überlieferungsgeschichte der »Fabulae« Avians und der deutschen »Disticha Catonis«, Bd. 1–2 (Quellen und Forschungen zur Literatur- und Kulturgeschichte 44.1–2), Berlin/New York 2009.

der Reichspolitik, aber auch am intellektuellen Umgang in der Umgebung des Kaisers intensiv beteiligt war.[199] Otto umreisst hier zugleich klar die Dimensionen der Interpretation, die er einbezogen sehen will. In Rainald sieht Otto (wie Gervasius in Johannes Marcus) den Collega, einen Mann von gleichem Intellekt und gleicher Bildung, den er schon als *precordialis amicus* grüsst (6, 8). Er umarme ihn als edlen Gesinnungsgenossen um so freundschaftlicher und freudiger (*vestrae nobilitatis personam eo familiarius ac iocundius amplector*; 6, 12 f.), als er wisse, dass sie beide wie Boethius in der Auseinandersetzung mit allen Bereichen der Philosophie (*in omnibus philosophiae disciplinis*) den grössten Trost (*summum solamen*) finden (6, 11–15). Wenn er dann ausdrücklich betont, dass er ihm als Philosophen, nicht als *rudus*, schreibe, und deshalb zuversichtlich sei, in ihm einen Interpreten zu finden, der gewisse Dinge in seinem dem Kaiser übersandten Buch zum Guten, nicht zum Bösen auslegen werde, gelten solch markante Konturen natürlich nicht Rainald, sondern jenen Personen am Hof, die Gervasius als *scioli*, als sich um Bildung Bemühende, Lernende bezeichnet hat.[200] Auf sie zielen auch die anschliessenden, holzschnitthaft ausgeführten Erläuterungen, dass alle Wissenschaft darin bestehe, das eine zu wählen und das andere zu meiden – so in der Grammatik (die hier als Disziplin der Anfänger besonders breit zur Geltung kommt), in der Logik, der Geometrie, aber auch in der Geschichtswissenschaft (*cronographorum facultas*; 8, 3), in der die Wahrheit zu wählen, die Lüge zu fliehen sei. Nun lässt sich die Aufgabe des Interpreten präzisieren: Er möge im Rahmen einer gemeinschaftlichen Lesung des Textes dem hörenden Kaiser vermitteln (*imperialibus auribus interpretetur*; 8, 5 f.), dass es ausschliesslich um der historischen Wahrheit willen geschehe, wenn in der Chronik gelegentlich

---

199 Dazu jetzt Godman, *Transmontani*, und ders., Paradoxes of Conscience in the High Middle Ages: Abelard, Heloise, and the Archpoet (Cambridge Studies in Medieval Literature 75), Cambridge 2009, bes. S. 14 ff. u. 165–192. Wenig ergiebig ist hingegen die familiengeschichtlich interessierte Arbeit von Nathalie Kruppa, Die Grafen von Dassel (1097–1337/38) (Veröffentlichungen des Instituts für Historische Landesforschung der Universität Göttingen 42), Bielefeld 2002, auch da, wo sie sich dem ›höfischen Leben‹ zuwendet; zu Rainald bes. S. 97 ff. und 147–155 (mit Lit.).

200 So sieht auch Görich, Friedrich Barbarossa, S. 200, den Kaiser: »Aus vielen verstreuten Hinweisen lässt sich eine eindrucksvolle Vorstellung vom intellektuellen Austausch am staufischen Hof gewinnen. Dort wurde diskutiert, gelesen und vorgelesen, und der Kaiser war zweifellos viel häufiger, als die Quellen erkennen lassen, ein interessierter, vielleicht auch wissbegieriger Zuhörer.«

etwas gegen seine, des Kaisers, Vorfahren oder Verwandten gesagt werde (8, 5–9).

Die Spannung zwischen den divergenten Ebenen des Verstehens (und Missverstehens), denen die ›Historia‹ am Hof ausgesetzt sein wird, ist hier deutlich spürbar. Wiederum nicht verfälschend, aber – *ad usum delphini* – vereinseitigend, schliesst Otto mit einigen Hinweisen zu den Strukturen der Chronik (*quo ordine currat haec historia*; 8, 10), zu den vier Weltreichen, den Namen der römischen Herrscher bis zur Gegenwart, bis zum regierenden Kaiser (*usque ad presentem imperatorem*; 8, 17 f.), zu den Herrscher- und Papstkatalogen und der Ablösung der Reiche bis zum Römischen (*usque ad imperium Romanorum*; 8, 25), dessen Zermalmung er mit Methodius für das Ende der Zeiten erwarte (8, 25 ff.).[201] An der Relevanz der ›Historia‹ für Kaiser und Reich lässt sich nach dieser Perspektivierung sicher nicht zweifeln.

Ganz anders die ursprüngliche, wieder beigegebene Vorrede, in der Otto fast beiläufig Isingrimus als Adressaten der ›Historia‹ anspricht, der als ehemaliger Benediktiner von St. Ulrich und Afra in Augsburg gerade erst (1145) zum Abt von Ottobeuren erhoben worden ist. Hier kann Otto sich als Weiser mit Boethius – ganz selbstverständlich und ohne ihn zu nennen – vom sich drehenden Rad (der Fortuna) distanzieren[202] und sich zur Tugendfestigkeit nach der Art des Kubus bekennen: *Sapientis enim est officium non more volubilis rotae rotari, sed in virtutum constantia ad quadrati corporis modum firmari* (10, 7 ff.). Mühelos verfliessen und wechseln dann die Bilder und geben schliesslich den Blick auf die beiden *civitates* frei: *una temporalis, alia eterna, una mundialis, alia caelestis, una diaboli, alia Christi, Babyloniam hanc, Hierusalem illam*, wie sie die *scriptores katholici* bezeugten (10, 14 ff.).

Damit ist – für den gelehrten Leser offenkundig – eine von Augustinus bestimmte Perspektive eingerichtet, unter der Geschichte und Gegenwart

---

201 In dem Stein, der das Reich zermalmen werde, sieht Otto in seiner Deutung der Exkommunikation Kaiser Heinrichs IV. die Kirche. Damit endet eindrücklich das letzte der sechs ›tragischen‹ Bücher der ›Historia‹: VI, 34 ff., S. 488–493.

202 Vgl. Matthias Vollmer, Das Bild vor Augen – den Text im Kopf. Das Rad der Fortuna als textsubstituierendes Zeichen, in: *Boethius Christianus?* Transformationen der ›Consolatio Philosophiae‹ in Mittelalter und Früher Neuzeit, hg. v. Reinhold F. Glei u. a., Berlin/New York 2010, S. 355–386, zuvor id., *Fortuna Diagrammatica*. Das Rad der Fortuna als bildhafte Verschlüsselung der Schrift ›De Consolatione Philosophiae‹ des Boethius (Apeliotes 3), Frankfurt am Main 2009.

vor eschatologischem Horizont als Gegenstand einer Betrachtung erscheinen, die den Weisen – philosophisch gelassen und theologisch heilsgewiss – zur Entscheidung befähigt. In diesen Raum zeichnet Otto nun Strukturen ein: Die überlieferten Taten der Heiden (*gesta gentilium*) werden dem verständigen Leser (*prudens lector*) weniger als *historiae* denn als *tragediae* erscheinen, sie werden freilich – im Glauben an einen göttlichen Heilsplan – geeignet sein, den Blick von der Schöpfung über das Elend des vergänglichen Lebens auf den Schöpfer selbst zu lenken (*a creatura ad creatorem cognoscendum per transitoriae vitae miseriam*; 12, 1 f.). Auf der Grundlage des Gelesenen und eigener Erfahrung (*ex ipsis nostri temporis experimentis*; 12, 4) deutet Otto dann den gegenwärtigen Zustand des römischen Reiches (unter König Konrad III., seinem Halbbruder) in Anschluss an die Vision Daniels als Ende eines mit dem Investiturstreit einsetzenden Niedergangs, der nicht nur die Macht, sondern auch Wissen und Weisheit betreffe, als Endpunkt eines gesetzmässig von Ost nach West verlaufenden Transfers:[203] *omnis humana potentia seu scientia ab oriente cepit et in occidente terminatur* (14, 4 f.), was er in seiner ›Historia‹ nun breiter auszuführen gedenke.

Für dieses Werk gilt (und erst und nur hier spricht Otto nun Abt Isingrimus als den Anreger des Unternehmens namentlich an), dass ihn die Erkenntnis der Unbeständigkeit der Welt (*versabilitas mundi*) veranlasse, seiner Geschichtsschreibung ein Modell zu Grunde zu legen, nach dem er das Elend der Bürger Babylons, die erhoffte Glorie des jenseitigen Reiches Christi, und dessen Erwartung und Vorgeschmack schon im Diesseits auf Seiten der Bürger Jerusalems zeigen wolle (14, 10 ff.):

> [...] historiam texere, per quam largiente Deo erumpnas civium Babyloniae, gloriam etiam regni Christi post hanc vitam sperandam, in hac expectandam ac pregustandam Ierusalem civibus ostenderem.

In dieser Absicht verbindet Otto ausdrücklich Augustinus mit Orosius, füllt Augustins philosophische Rede von Anfang, Fortschreiten und Ende des Gottesstaates unter den Weltbürgern (*de gloriosae civitatis Dei exortu sive progressu debitisque finibus* [...] *inter mundi cives* [...] *acutissime disertissimeque disputavit*; 14, 19–22) unter Rückgriff auf die Geschichtserzählung des Orosius auf, der diese aus vielfältigen, ganz erbärmlichen Geschehnissen unter den Menschen gewoben habe (*de rerum humanarum*

---

203 Den Begriff *translatio* selbst verwendet Otto nicht, arbeitet die Denkfigur freilich schon hier deutlich genug heraus; vgl. weiter den Übergang vom vierten zum fünften Buch: Historia, IV, 33 – V, prologus, S. 216 f.

variis ac miserrimis eventibus [...] texuit hystoriam; 14, 24ff.).[204] So will er den Inhalt der Geschichte (*tenorem hystoriae*) nicht vernachlässigen, damit der gläubige Hörer (*religiosus auditor*) erkenne, was er in weltlichen Geschäften wegen des aus ständigen Veränderungen resultierenden Elends meiden müsse, und damit zugleich der interessiert Forschende (*studiosus seu curiosus indagator*) eine geordnete Abfolge der Ereignisse vorfinde (14, 26–31). Ich breche hier ab:[205] Otto deutet hier zwei Rezeptionsmodi an, die er bei der Abfassung seiner ›Historia‹ vor Augen hatte, ohne sie scharf zu trennen. Aber es wird deutlich: die ›Historia‹ dürfte den Laien vor Herausforderungen stellen, die allenfalls mit Hilfe eines *interpres* zu überwinden sind.

Die Unterscheidung der Interessen mehr und weniger gelehrter Rezipienten ist hingegen da evident und von vornherein mitgedacht, wo Otto im Auftrag des Kaisers schreibt, in den ›Gesta Friderici‹:[206] Er will hier – wie er am Ende des *prologus* sagt – nicht nur diejenigen ansprechen, die es geniessen, den Verlauf der Ereignisgeschichte vortragen zu hören, sondern auch jene, die mehr Freude an der Herausforderung durch feinsinnige Überlegungen haben. Beide sollen von dem gebotenen Lesestoff und den Erkenntnismöglichkeiten angezogen werden (120, 11–14).

> Sic enim non solum hi, quibus rerum gestarum audiendi seriem inest voluptas, sed et illi, quos rationum amplius delectat subtilitatis sublimitas, ad eiusmodi legenda seu cognoscenda trahuntur.

Dieser Anspruch, alle – die *perfecte scientes* und die *scioli* im Sinne des Gervasius – zu erreichen (und den Austausch zwischen ihnen in Fluss zu bringen), ist in der Vorrede von Anfang an sorgfältig vorbereitet. Wenn Otto einleitend betont, dass man bisher *res gestae* vor allem mit der Absicht geschrieben habe, das hervorragende Handeln tüchtiger Männer hervorzuheben, um so die Menschen zum Streben nach Tugend anzuregen (*ob movendos hominum ad virtutem animos*; 114, 3f.), greift er nur Friedrichs Verständnis der ›Historia de duabus civitatibus‹ auf, wie es in dem den

---

204 Wo Orosius endet, stützt sich Otto auf andere Quellen, vor allem auf Frutolf von Michelsberg; zu seinen Quellen vgl. Schmale, Otto, Sp. 370–375, und Goetz, Geschichtsbild, S. 49–61. Wenn er nur Augustinus und Orosius nennt, unterstreicht er damit also ihre Bedeutung für die Entwicklung seiner Geschichtsauffassung, nicht für den Stoff der ›Historia‹.

205 Es folgen Bemerkungen exordialtopischen Zuschnitts, sein *incultus stilus*, *caritas* als Motiv, seine *imperitia*; er schreibe, obwohl *indoctus*; Quellen, *invocatio* und *summarium*.

206 Otto, Gesta, *prologus*, S. 114–121.

›Gesta‹ vorangestellten Dankschreiben des Kaisers an Otto (von wem auch
immer) formuliert worden ist: Er, Friedrich, habe die ›Cronica‹ erhalten
und wünsche sich sehr, nach den anstrengenden Kriegshandlungen nun
gelegentlich durch sie erfreut und durch die grossen Taten der Kaiser zur
Tugend angeleitet zu werden (*Cronica* [...] *suscepimus, et post bellicos su-
dores interdum delectari in his et per magnifica gesta imperatorum ad virtutes informari preoptamus*).[207] Von eben dieser banaleren Seite der ›Historia‹ – dem durch Vorbilder geprägt werden (*informari*) – war Otto in
seinem Begleitbrief an Friedrich aber auch selbst ausgegangen, um erst dann
immer weiter zu differenzieren.

An jene Grundauffassung des Nutzens der Historiographie knüpft Otto
nun erneut an, betont, wie viel glücklicher die heute Schreibenden seien (*hoc
tempore scribentes*), da unter einem mächtigen Fürsten (eben Friedrich)
dauerhafter Friede für das römische Reich zu erwarten sei (*firma quies* [...]
sub strennuissimo principe in Romano orbe expectatur; 114, 21 ff.), eine Lage,
wie sie bei der Abfassung seiner ersten ›Historia‹ noch nicht gegeben war,
die damit auch als überholt erscheint. Nach einem Rückblick auf die bedrückende Phase des inzwischen längst gescheiterten (zweiten) Kreuzzugs,
an dem der junge Friedrich, aber auch Otto selbst an der Seite seines
Halbbruders Konrad III. teilgenommen hatten,[208] wendet er sich erneut der
besseren Gegenwart und dem Vorhaben seiner neuen *historia* (der ›Gesta‹)
zu, der Darstellung der Tugenden eines Herrschers, die Gott diesem zum
Wohl der ganzen Welt (*ob universale totius orbis emolumentum*; 118, 24 f.)
gewährt habe.

Damit ist Otto dort angelangt, wo es gilt, das Gelingen der Rezeption zu
ermöglichen: er werde sich nicht nur und vor allem nicht gleich auf die
gestorum seriem des Kaisers selbst konzentrieren, werde zunächst wenigstens *summatim* auf Friedrichs Grossvater, Vater und Onkel eingehen (wodurch seine Taten noch glänzender hervorträten; 118, 28–31); er werde auch
gelegentlich die Taten politisch Handelnder ausserhalb des römischen Reiches einbeziehen, aber immer liefen die Fäden zu ihm, Friedrich, zurück

---

207 Otto, Gesta, S. 82–113, hier: 82, 6–10. Im übrigen geht das Schreiben auf das
Angebot Ottos an den Kaiser ein, ihm das Gerüst seines bisherigen Regie-
rungsgeschehens als Basis für das zu liefern, was nun mit den ›Gesta Friderici‹
Gestalt annimmt, und deshalb ist Friedrichs Schreiben mit diesen Vorgaben
eben auch den ›Gesta‹ vorangestellt. Zur Konzeption des Werks unter Differenzierung der Intentionen Ottos bzw. Rahewins vgl. Deutinger, Rahewin,
S. 88–149.
208 Vgl. Görich, Friedrich Barbarossa, S. 73–87.

(118, 31–120, 2). Schliesslich ist auf inhaltliche Digressionen und die mit ihnen verbundene Anhebung der Stillage vorzubereiten, auf das Verlassen der einfachen historischen Sprache (*plana historica dictio*; 120, 2 f.) dort, wo die Rede sich zu philosophischen Gipfeln aufschwinge (*ad altiora velut philosophica acumina*; 120, 3 f.) – schon Lucan, Vergil und andere römische Autoren hätten die Stilebene gewechselt, um Geheimnisse der Philosophie zu fassen (*ad intima quedam philosophie secreta attingenda*; 120, 10 f.).

Das gilt für den Exkurs über die *causae rerum*[209] oder für jenen über das Gute, der, mit einem einfachen, stemmatischen Diagramm versehen, in den Bericht über die Rückkehr des gebrochenen Königs Konrad III. vom Kreuzzug und seine Tröstung durch Papst Eugen III., den Schüler Bernhards von Clairvaux,[210] eingeschoben ist.[211] Diese Exkurse lesen sich in der Tat wie philosophische Abhandlungen für den Hof.[212] Man mag etwa an Wilhelms von Conches ›Dragmaticon‹ denken.[213] In eine andere Richtung weist die Auseinandersetzung mit den Lehren Abaelards und Gilberts de la Porrée (und mit der Haltung ihres Opponenten Bernhard), die Otto mit einem eigenen Kommentar abschliesst.[214]

Diese Digressionen setzen eben solche Vermittler voraus, wie sie Otto mit der Unterscheidung der beiden Rezipiententypen am Ende seiner Vorrede zu den ›Gesta‹ vor Augen hat. Otto setzt hier also fort, was schon sein Begleitschreiben zur ›Historia‹ an Rainald von Dassel intendierte, die

---

209 Otto, Gesta, I, 5, S. 128–143.

210 Für ihn schreibt Bernhard damals gerade seinen pontifikalen ›Fürstenspiegel‹: Bernhard von Clairvaux, De consideratione ad Eugenium papam. Über die Besinnung an Papst Eugen, in: Id., Sämtliche Werke lateinisch / deutsch I, hg. v. Gerhard B. Winkler u. a., Innsbruck, S. 611–841.

211 Otto, Gesta, I, 66, S. 266–271.

212 So sieht das auch Johanek, Kultur und Bildung, S. 672; er sieht in ihnen »Indizien dafür, dass am Hofe das philosophische Gespräch intensiver geführt wurde, als es die einsame Figur des literarisch tätigen Philosophen Hugo von Honau zunächst vermuten liesse […].« Vgl. auch Görich, Friedrich Barbarossa, S. 200–204.

213 Guilelmus de Conchis, Dragmaticon philosophiae, cura et studio I. Ronca. Summa de philosophia in vulgari, cura et studio L. Badia et J. Pujol (CCCM 152), Turnhout 1997; zur dialogischen, diagrammgestützten Vermittlungsmethode Kathrin Müller, Visuelle Weltaneignung. Astronomische und kosmologische Diagramme in Handschriften des Mittelalters (Historische Semantik 11), Göttingen 2008, S. 93–181, und Eric Ramírez-Weaver, William of Conches, Philosophical Continuous Narration, and the Limited Worlds of Medieval Diagrams, in: Studies in Iconography 30 (2009), S. 1–41.

214 Otto, Gesta, I, 49–62, S. 222–263. Dazu Deutinger, Rahewin, S. 132 f.

Mobilisierung jener Personen am Hof, die in der Lage sind, vorlesend und erklärend als *interpretes* dazu beizutragen, dass die Aufmerksamkeit des Fürsten da nicht nachlässt, wo der Bezug zur eigenen Person, zum eigenen Amt oder zur eigenen Dynastie nicht mehr unmittelbar erkennbar ist, wo Wissensstand und Denkweisen divergieren, kurz: wo es eines Vermittlers bedarf. Dieser hätte jene Rolle zu übernehmen, die Gervasius in seinen ›Otia‹ an vielen Stellen selbst ausfüllt (bzw. anlegt), indem er den Kaiser anspricht und Bezüge aufdeckt, die ihn involvieren und gedanklich engagieren. Da, wo zunächst Verschlossenes, vermeintlich Abseitiges, stilistisch Anspruchsvolles oder Wunderbar-Unverständliches zugänglich wird, gewinnt das von Friedrich angesprochene *ad virtutes informari* einen neuen, substantielleren, seinen eigentlichen Sinn, da vollendet sich umfassende höfische Bildung – individualisiert und situationsgerecht. Und vieles spricht dafür, das Friedrich eine Haltung ›wissenschaftlicher‹ Neugier mitbrachte, ein »Verlangen [...] *naturas rerum cognoscere et causas scire*«, das ihm Burgundio von Pisa in der Widmung seines Traktats ›De natura hominis‹ attestierte und das Peter Johanek zum Angelpunkt seiner Überlegungen zu »Kultur und Bildung im Umkreis Friedrich Barbarossas« gemacht hat.[215]

So viel lässt sich den Begleitschreiben und Vorreden Ottos (und Rahewins) selbst entnehmen. Weniger deutlich wird – begreiflicherweise – das Prekäre eines Vermittlungsaktes, den Unterschiede der Bildung und der Interessen erschweren oder der Manipulation aussetzen können. Die schwierigen philosophischen Exkurse sind explizit angekündigt, aber es gibt auch Aussagen, deren Erklärungsbedürftigkeit erst erkannt werden muss: Nach dem Bericht über Tod und Beisetzung Konrads III., vor dem Übergang zur Regierung Friedrichs, betont Otto unter unmittelbarer Anrede des Kaisers, dass dies und anderes für ihn geschrieben sei, manches für ihn wie für ihn, anderes für ihn, aber nicht wie für ihn, das habe der scharfe Blick seiner Kleriker zu unterscheiden:[216]

> Hec et alia, augustorum invictissime, excellentie tue scribuntur, quedam tibi ut tibi, quedam tibi, sed non ut tibi, que acutus clericorum tuorum discernere debebit oculus.

Dementsprechend scheint die Bedeutung, aber auch das Prekäre der Bestellung Rainalds zum Vermittler der ›Chronik‹ schon in der dunklen und

---

215 Johanek, Kultur und Bildung, S. 654 u. 677, und Peter Classen, Burgundio
    von Pisa. Richter, Gesandter, Übersetzer (SB Heidelberger Akademie der
    Wissenschaften. Phil.-hist. Kl. 1974.4), Heidelberg 1974, Anm. 30.
216 Otto, Gesta, I, 71, S. 280.

zugleich eigentümlich eindringlichen Bitte Ottos an Rainald spürbar, dass er in ihm keinen übelmeinenden, sondern einen wohlwollenden Deuter gewisser Stellen der Chronik bekommen möge (*petens, ne in quibusdam ibidem positis sinistrum, sed bonum vos interpretem experiar*; 6, 16ff.).

Hier ist wohl etwas von der Spannung spürbar, die nur wenige Wochen später, am Reichstag von Besançon (Oktober 1157) offen zu Tage trat. Wie Peter Godman soeben in einer glänzenden Analyse gezeigt hat,[217] ist gerade an der reichsfreundlich-verhüllenden Darstellung der Ereignisse durch Rahewin in den ›Gesta‹ ein politisches Einvernehmen zwischen den beiden Freisinger Chronisten und dem Kanzler abzulesen, das durch dessen notorische Romfeindlichkeit freilich starken Belastungen ausgesetzt war. In Besançon habe Rainald, durch eine undiplomatische päpstliche Bulle provoziert, die den Kaiser gegen ihn einzunehmen versuchte, das lateinische *beneficium* (›Wohltat‹) vereindeutigend so übersetzt, dass Kaiser und Fürsten nur mit Empörung reagieren konnten: der Papst wolle dem Kaiser das Reich zu ›Lehen‹ gegeben haben.[218] Der Abbruch der Verhandlungen ist der Auftakt zur Erneuerung des Investiturstreits, der Einsetzung kaiserlicher Gegenpäpste, einer Reichspolitik im Zeichen des *sacrum imperium*, die massgeblich von Rainald bestimmt wurde. Sie ist nach Godman begleitet von der Entwicklung einer eigenen kulturellen Identität der Mitglieder einer klerikalen Führungsgruppe am Hof, die sich (über die schon von Otto neu gefüllte Bezeichnung) selbstbewusst als *transmontani* definieren. Der intellektuelle Anspruch ihrer lateinischen Bildung werde vor allem im Werk des Archipoeta manifest,[219] der – wohl in der kaiserlichen Kanzlei – für eine allerengste Elite um Rainald von Dassel schrieb, die sich in scharfer Abgrenzung von Rom und Italien, aber auch von den Laien am kaiserlichen Hof gefiel.[220] Den Erzkanzler feiert der Archipoeta selbst auf Kosten des

---

217 Otto, Gesta, III, 10–13, S. 408–421. Godman, *Transmontani*. Im gesamtpolitischen Zusammenhang dazu auch Görich, Friedrich Barbarossa, S. 268–282.

218 Die Brisanz der Schilderung wurde von den gelehrten Adressaten in der kaiserlichen Kanzlei durchaus empfunden, die hier wie sonst gelegentlich auch kleine Korrekturen zugunsten des Kaisers anbrachten; vgl. Deutinger, Rahewin, S. 76.

219 Archipoeta, Die Gedichte, krit. bearb. v. Heinrich Watenphul, hg. v. Heinrich Krefeld, Heidelberg 1958. Vgl. Godman, Paradoxes, S. 165–192.

220 Godman, *Transmontani*, S. 225, zitiert die lapidare Aussage des Archipoeta, Carmen IV, 20, 3: *laici non sapiunt ea que sunt vatis* – ›Laien verstehen nicht, was die Dichter sagen‹. Von solcher Unverständlichkeit lateinisch-poetischer Rede in der Mündlichkeit der Höfe geht C. Stephen Jaeger, The Stature of the Learned Poet in the Eleventh Century, in: Norm und Krise von Kommu-

Kaisers, dessen Geist durch Rainald erleuchtet (*cuius luce iubaris / illustra-
tur animus Friderici Cesaris*), dessen Verstand durch ihn belebt werde (*viget
tanto socio mens Romani principis*).[221] Da liegt die Fertigstellung der ›Chronica‹ und auch der ›Gesta‹ zwar schon ein paar Jahre zurück – aber Ottos
eindringliche Bitte an Rainald, seiner ›Chronik‹ ein wohlwollender Interpret
zu sein, erscheint doch gerade im Rückblick als umso naheliegender.[222]

3.11 Rudolf von Ems, Konrad IV. und die ›Weltchronik‹ – ›informierendes‹ Erzählen

Rudolf von Ems schreibt seine Weltchronik für Konrad IV., den 1237 als
Neunjähriger zum deutschen König gewählten, aber nie gekrönten zweiten
Sohn Kaiser Friedrichs II. Volle zwanzigtausend Verse weit ist Rudolf, bei
Adam und Eva beginnend, dem Lauf der Geschichte gefolgt, hat inzwischen
David und mit ihm das fünfte Weltalter erreicht, hat aber seinem Text
noch gerade das nicht mitgegeben, was Otto oder Gervasius in ihren
Begleitschreiben und Vorreden unterbrachten und auf die adressierten
Empfänger und ihre Umgebung abstimmten: eine Anleitung, in der die
Bedingungen der Rezeption reflektiert würden, unter Berücksichtigung un-
terschiedlicher Beteiligter, verschiedener Ansprüche, Verstehenshorizonte
und Rollen. Und dabei fehlt es in Rudolfs ›Weltchronik‹ nicht an Reflexionen an sich, es gibt einen hoch anspruchsvollen Prolog und methodisch
wichtige Überlegungen an den Nahtstellen zwischen den Teilen, die mit den

---

nikation. Inszenierungen literarischer und sozialer Interaktion im Mittelalter,
hg. v. Alois Hahn u. a. (Geschichte 24), Berlin 2006, S. 417–438, vor allem für
das 11. Jh. aus – »The curios fact of such bodies of court poetry in Latin,
poetry which was presumably not or only partly comprehensible to the
secular nobles for whom it was intended, calls for explanation.« – und erklärt
sie damit, dass man bis zum Ende des 11. Jh.s von politisch einflussreichen
Klerikern erwartete, dass ihre Bildung die Dichtkunst einschloss. (Er bestätigt
somit seine These vom ›decline of old learning‹, vgl. oben, Kapitel 2, S. 72 f.)

221 Archipoeta, VII, 2, 1 f. und VII, 7, 3; vgl. Godman, ebd., S. 224 f.

222 Hier liessen sich die unmittelbar an Heinrich VI. (den Sohn Barbarossas)
gerichteten historiographischen Schriften Gottfrieds von Viterbo vergleichend einbeziehen, die »exakt die Bedürfnisse eines Laien trafen, der in den
litterae erzogen war oder erzogen werden sollte, um das Gespräch mit der
Klerikerkultur von einer günstigeren Ausgangsbasis her führen zu können«,
die es »ermöglichten, historische Argumentationsgänge der Hofkleriker
nachzuvollziehen, zu beurteilen, ja mitzugestalten.« Johanek, Kultur und
Bildung, S. 675.

Übergängen von Weltalter zu Weltalter zusammenfallen.[223] Vor allem macht Rudolf an diesen Stellen deutlich, dass auch er der augustinischen Vorstellung von Gottes- und Weltstaat verpflichtet ist und deren schwierigem Nach-, Neben- und Ineinander mit der Unterscheidung und Trennung der *rehtin mere* (der Geschichte des Gottesvolks) und des *nebinganc* (der Geschichte der andern) gerecht werden will.[224]

Rudolfs Werk bricht bei Salomon ab. Es ist hier nicht zu entscheiden, ob er – wie der Fortsetzer will – *in welschen richen* über der Arbeit *an Salomone* gestorben sein mag,[225] oder ob – wie man vermuten kann – der Italienzug Konrads IV. 1251 den äusseren Anlass und (wohl mehr noch) der ihm vorausgegangene reichspolitische Einschnitt, eine umfassende Neuorientierung Konrads nach dem Tod seines Vaters, den inneren Anlass zu einer Unterbrechung gaben,[226] die sich schliesslich als definitiver Abbruch erwies.

Wichtiger ist in unserem Zusammenhang, dass man keine Veranlassung hat anzunehmen, dass Rudolf sein monumentales und innovatives Unternehmen bis zum Beginn des Fünften Weltalters ausgeführt hätte, ohne zu wissen, für wen er es tat. Es wirkt vielmehr wohl überlegt, wenn er erst in der Vorrede zu diesem Teil dem (Haupt-) Adressaten einen Auftritt bereitet, wie er anspruchs- und wirkungsvoller nicht sein könnte:[227] einen Auftritt auch, aber nicht nur, als neuer David, wie ihn andere vor ihm seit Karl dem Grossen hatten, sondern zugleich auch – konkret und politisch korrekt – als deutscher Electus, dem neben den Kronen Jerusalems und des Arelats, die er bereits trägt, und neben dem sizilischen Erbe auch die deutsche Königs- und die Kaiserkrone zustehen, weil es Gott und die von Gott gelenkte und von Rudolf geschriebene Geschichte so verlangen. Konrad erscheint also da, wo genau dies an der biblischen Geschichte ablesbar wird, wo mit David der ›Typus‹ erscheint, den Konrad ›erfüllt‹.

---

223 Der Beginn der Teile wird jeweils durch ein Akrostichon ausgezeichnet, das den Namen der Leitfigur des Weltalters ergibt.

224 Rudolf von Ems, Weltchronik. Aus der Wernigeroder Hs. hg. v. Gustav Ehrismann (DTM 20), Berlin 1915, bes. V. 3091–3129 und wiederholt.

225 Ebd., V. 33479–96: *Der dis bůch getihet hat unze her* […]. *der starb in welschen richen.* […] *er starb an Salomone* […]. *sin name ist iu wol bekant: Růdolf von Ense was er genant.*

226 Dafür plädiert unter Einbezug neuer Quellen zuletzt Mathias Herweg, Konrad IV. und die »Weltchronik« Rudolfs von Ems: *ewiclich memorial* und imperiale Agenda vor neuem Quellenhorizont, in: ZfdPh 128 (2009), S. 397–420, der im übrigen freilich nicht über Melville, Jaurant und Herkommer hinausgelangt, die er offenbar übersehen hat (vgl. Anm. 231 und 237).

227 Rudolf, Weltchronik, V. 21518–21740.

Man mag sich hier an das wiederholte *historiam texere* Ottos von Freising erinnern, ein Arbeiten am *tenor historiae*, an sinntragenden Strukturen, das die blosse Darbietung der *series rerum gestarum* übersteigt,[228] ob Otto nun die bedrückende Vergangenheit *in modum tragediae* symbolisch in sechs Bücher fasst und im siebenten und achten seiner Jenseitshoffnung Ausdruck gibt[229] oder durch den Einbezug von *philosophie secreta*, durch *rationum subtilitatis sublimitas* zu anspruchsvollem Nachdenken Anlass gibt.[230] Man wird zugleich aber auch an die von Gervasius erkannte und zugleich konstruierte Zwangsläufigkeit eines Weltlaufs denken, der die Ansprüche Ottos IV. unabweisbar machte.

Rudolf arbeitet unter anderen Bedingungen, aber mit demselben Impetus, einen Herrscher und seinen Hof in seiner Daseinsberechtigung und seinen Ansprüchen zu bestätigen und auf die Ausbildung seines Selbstverständnisses Einfluss zu nehmen. Im neuen Kontext der Reimchronik geschieht das freilich anders als bei Gervasius oder Otto. Nur dies soll hier in aller Kürze ausgeführt werden.[231]

Beginnen wir mit dem Ende des Huldigungsabschnitts, wo eine lange Annäherung an den Adressaten, seine immer deutlichere Profilierung über Titel und Ansprüche, über Vorgänger und Vorfahren zum Abschluss kommt, wo Rudolf endlich seinen Auftrag anspricht und dann die Identität des Auftraggebers enthüllt: *das ist der kúnig Chûnrat, des keisirs kint* (21663 f.). Da setzt nun auch Rudolf an zu einer Verortung seines Auftragswerks im Kontext des Hofes, die am Anfang fehlt. Konrad habe ihn beauftragt, für ihn von der Erschaffung des Himmels und der Erde durch Gott und von der Bedeutung der Herrschaft (der Menschen) auf Erden zu berichten. In deutsche Verse fassen (*bringen in tútsche getihte*; 21687) solle er das Wissen über die, von denen die Heilige Schrift wahren Bericht gibt; über die Gründer der wichtigsten Staaten und über die mächtigsten Regen-

---

228 Otto, Chronica, S. 14, 27 und 4, 23 f.; Gesta 120, 11 f.
229 Otto, Chronica, Schreiben an Friedrich Barbarossa, S. 4, 19–27.
230 Besonders Otto, Gesta, Ende des Prologs, S. 120, 11–15, zit. 12 f.
231 Zu den hier besprochenen Stellen vgl. die eingehende Interpretation von Danielle Jaurant, Rudolfs ›Weltchronik‹ als offene Form. Überlieferungsstruktur und Wirkungsgeschichte (Bibliotheca Germanica 34), Tübingen/Basel 1995, S. 289–302. Eine konzise und zugleich anschauliche Darstellung der Gesamtkonzeption der Chronik gibt Gert Melville, Die Wege der Zeit zum Heil. Beobachtungen zu mittelalterlichen Deutungen der Menschheitsgeschichte anhand der Weltchronik des Rudolf von Ems, in: Zeitenwende – Wendezeiten, hg. v. Hanna-Barbara Gerl-Falkovitz (Dresdner Hefte für Philosophie 3), Dresden 2001, S. 159–179.

ten; über die Römer und ihren Aufstieg und über das, was die Chroniken
über die Christenheit sagen. Das Werk solle seines, Konrads, *namen* würdig
sein,[232] und wo die Geschichte vorgelesen und aufgenommen werde, solle
durch sie die ruhmreiche Erinnerung an ihn, Konrad, ewige Dauer haben: *si
[sc. dú mere] im îemir mûsten wesin ein eweclih memorial* (21696f.).

Hier ist das mit langem Atem in immer neuen Anläufen angestrebte Ziel
erreicht: das Monument des Königs steht. Was nun noch folgt, wirkt weit
weniger anspruchsvoll, wird aber wohl in seiner topischen Fügung den
Erwartungen eines Laienpublikums am Hof (und darüber hinaus) gerecht;
ich paraphrasiere kürzend:[233] Wenn der König sich die Erzählung vorlesen
lasse, solle sie verdriessliche Stimmungen (*etelih urdrúzig mal*; 21698) auflösen; die auf ihn zulaufende Geschichte (*wie dú dinc in dien landen sint an
úns her gestanden*; 21701f.), durchsetzt mit faszinierenden Beobachtungen
(*mit manegis wundirs undirscheit*; 21703), stehe einem jungen Herrscher als
Stoff wohl an. Sie sei relevant für die Aneignung einer Bildung, wie sie den
Erwartungen an kaiserliche Würde und königliches Regiment entspricht.
Überhaupt würden aufmerksame, lernbereite Hörer viel Fesselndes finden:
Weise Männer und ehrwürdige Frauen suchten solch passende Unterhaltung durch Erzählungen (*alsolchir fûge gernt*; 21713). Sie mögen darum
(neben dem Dichter) dem Auftraggeber dankbar sein, der von vornherein –
trotz aller widrigen Umstände bei seinen Regierungsgeschäften – gross-
mütig, entschieden und höfisch auch an sie gedacht habe, als er Rudolf das
Dichten ermöglichte.

Gerade im Vergleich mit Gervasius und Otto wird deutlich, was hier –
bei allen Parallelen – fehlt: die Sorge des Autors um das Gelingen eines
Vermittlungsaktes, das erst die Mühe des Schreibens lohnend macht.[234]

---

232 Mit *name* ist die Gesamtheit der (positiven) Vorstellungen bezeichnet, die mit
   der Person (unter Gleichdenkenden) verbunden werden. Die Bedeutung des
   kúniglichin namin arbeitet Rudolf ab V. 21556 deutlich heraus. Wie Grössen,
   die man mit einem *namen* belegt, im historischen Prozess entstehen, zeigt
   Rudolfs Auseinandersetzung mit der Bezeichnung (*name*) von bestimmten
   Perioden der Geschichte als ›Weltalter‹ (*welt*) in V. 3817–77. Er nimmt diese
   Überlegungen bei der Einführung der Fünften Welt (21518–55) auf, die durch
   das Königtum als Neuerung geprägt sei.
233 Vgl. Rudolf, Weltchronik, V. 21694–740.
234 Zur ganz anders gerichteten, die prekären Bedingungen der mündlichen Vermittlung betreffenden Besorgnis im ›Willehalm‹ (Rudolf von Ems, Willehalm
   von Orlens, hg. aus dem Wasserburger Codex der fürstlich Fürstenbergischen
   Hofbibliothek in Donaueschingen v. Victor Junk [DTM 2], Berlin 1905), bes.
   V. 17–39 und 9793–9814, vgl. unten, S. 221–224. Dazu auch Franziska Wen-

Jedenfalls wird sie nicht zum Ausdruck gebracht, die Adressierung eines Vermittlers oder *interpres* fehlt ebenso wie die Bezugnahme auf Anliegen und Konzepte. Mit dem Schritt zum historiographischen Erzählen in volkssprachigen Reimpaarversen scheint die Erklärungsbedürftigkeit des Textes hinzufallen oder die Aufgabe des Interpreten – auch wenn sie bestehen bleibt – keiner Erklärung mehr zu bedürfen, vielleicht auch beides. Aber warum?

Was mir mit dem Wechsel zur Volkssprache (hier und auch sonst) verbunden zu sein scheint,[235] ist der Verzicht auf die Verständigung gelehrter Autoren unter ihresgleichen, auf Erklärungen, die nur verfangen, wenn man ›dieselbe Sprache spricht‹, und die zugleich mit jenem Spagat der Vermittlung zwischen den *perfecte scientes* und den andern, den *scioli* unter den Rezipienten, rechnen. Gewohnheiten und Verfahren der Textexplikation, die gerade auch die Strategien und Techniken zur Sprache bringen konnten, die im Text dem Gelingen des Vermittlungsaktes vorarbeiten, ihn ermöglichen und tragen, gehören in den Bereich der Schule und des Lateins.[236] Aber der Verzicht auf Kommentierung bedeutet nicht auch den Verzicht auf raffinierte Erzähl- und Vermittlungsstrategien an sich, sie müssen nur (weitgehend) selbsterklärend sein. Die Rolle eines Vorlesers und Vermittlers wird nicht definiert, mit literarischer Kennerschaft wird hingegen gerechnet.

Die Wirkung, die Überzeugungskraft von Rudolfs Rede scheint mir ganz wesentlich auf einer Konzeption zu beruhen, die gelingende Chronographie als einen Vermittlungsakt versteht, in dem Gottes Wirken in der Geschichte, die Erzählung der Geschichte und die Einsicht in beides in eins fallen. Der Anspruch, inspiriert zu erzählen, bedarf keiner Explikation, er ist durch den Gegenstand, den Stoff begründet und mit dem prologtypischen Umspielen

---

zel, Schwierige Performanz. Ein Versuch über die pragmatischen Bedingungen literarischer Kommunikation im ›Willehalm von Orlens‹ des Rudolf von Ems, in: Situationen des Erzählens. Aspekte narrativer Praxis im Mittelalter, hg. v. Ludger Lieb u. Stephan Müller (Quellen und Forschungen zur Literatur- und Kulturgeschichte 20), Berlin/New York 2002, S. 219–243.

235 Den grösseren Zusammenhang der Absenz eigener literaturtheoretischer Abhandlungen in den Volksprachen bei gleichzeitigen Reflexen eines ausgeprägten literaturtheoretischen Bewusstseins in den Prologen und Exkursen der volkssprachigen Dichtung hat vor allem Walter Haug, Literaturtheorie im deutschen Mittelalter. Von den Anfängen bis zum Ende des 13. Jahrhunderts, 2., überarb. u. erw. Aufl., Darmstadt 1992, grundsätzlich herausgearbeitet.

236 Ich erinnere an den Aufsatz von Henkel, Text – Glosse – Kommentar, und die plastische Beschreibung der Unterrichtsform durch Johannes von Salisbury, Metalogicon (ed. Hall), I, 24, S. 51–55; dazu oben, S. 201.

der Erwartung göttlicher Hilfe sofort evident.[237] Freilich hängt alles davon ab, dass das Wirken dieser Inspiration im Text sichtbar (oder hörbar) wird, denn darauf beruhen die Glaubwürdigkeit, die Überzeugungskraft auch von (politischen) Aussagen wie jener, die Rudolf zur (schwierigen) Stellung Konrads IV. macht. Diese Autorisierung seines Schreibens beruht hier aber ganz wesentlich auf der analogen Umschreibung beider kreativen Prozesse, des mit der Schöpfung beginnenden und bis in die Gegenwart fortdauernden sichtbaren Wirkens Gottes und des erneut eben dort einsetzenden Schreibprozesses, der dieses Wirken nachvollzieht und vermittelt, indem er an ihm partizipiert.[238] Das wird immer wieder in Rudolfs Diktion deutlich, so wenn er formuliert, er wolle *dén meren stiftin zwo stete edil und riche* (3747f.), wolle nämlich die beiden Staaten Augustins in seine Geschichtserzählung aufnehmen, oder wenn er wiederholt davon spricht, dass er *eine werlt berihtet* oder *getihtet* habe.[239] Das gilt aber gerade auch generell für den Gebrauch des Begriffspaars *tihten* und *berihten*, das Schaffen der Welt und Schaffen der Erzählung verbindet.[240]

237 C. Stephen Jaeger, Der Schöpfer der Welt und das Schöpfungswerk als Prologmotiv in der mhd. Dichtung, in: ZfdA 107 (1978), S. 1–18. Zum Weltchronik-Prolog Hubert Herkommer, Der St. Galler Kodex als literarhistorisches Monument, in: Rudolf von Ems, Weltchronik; Der Stricker, Karl der Grosse. Kommentar zu Ms 302 Vad., Luzern 1987, S. 127–240, hier: 158–175; Eckart Conrad Lutz, Rhetorica divina. Mittelhochdeutsche Prologgebete und die rhetorische Kultur des Mittelalters (QuF NF 82), Berlin/New York 1984, S. 289–309, und Christian Thelen, Das Dichtergebet in der deutschen Literatur des Mittelalters (Arbeiten zur Frühmittelalterforschung 18), Berlin/ New York 1986, S. 427ff.

238 Hier ist inzwischen auf die ganz entsprechenden Überlegungen von Monika Unzeitig aus dem Blickwinkel der Autorschaftsdiskussion hinzuweisen: »[…] die Vorstellung eines analogen Zusammenhangs besagt, dass sich die literarische Verfasserschaft gerade durch die göttliche Partizipation qualifiziert, und in diesem Sinne auch Urheberschaft möglich ist.« Autorname und Autorschaft. Bezeichnung und Konstruktion in der deutschen und französischen Erzählliteratur des 12. und 13. Jahrhunderts (MTU 139), Berlin/New York 2010, S. 97–107, hier: 105. Bezeichnenderweise sieht sie die Partizipation als Beteiligung Gottes am Schreiben über die Inspiration, während ich sie als Beteiligung des Dichters am fortgesetzten Schöpfungsvorgang über das Schreiben denke.

239 *Nu han ich hie berihtet, Offenliche getichtet Eine werlt* (867ff.); *zů welt, der urhap und der zil han ih nu getihtet hie* (3817f.) usw.

240 Die von Unzeitig, Autorname und Autorschaft, gestellte Frage, »ob nicht die Sprache selbst das verbindende Element ist« (105), lässt sich also aus meiner Sicht nur bejahen.

Das Verbum *tihten* gebraucht Rudolf zur Bezeichnung der Herstellung verschiedener Textsorten,[241] von der Erzählung (*mere*; 3086; 3806, 8852), auch von seinem eigenen Geschichtswerk (3091, 3818, 8857), über Lob- und Klagelieder (*ein lobe sanc*; 10955, 11006 – *ein klage sang*; 26890), den Psalter (*salter*; 30837), Gebete (*ein gebet*; 28165), Rätsel (*ein retschen*; 33001) und Briefe (*brieve*; 32080) bis hin zu juridischen Setzungen und Findungen, zu Gesetz und Urteilsspruch (*ê* und *gerihte*; 8641), und schliesslich zur musikalischen Komposition, zur Gesangsmelodie (*wise*; 526). Die dabei vorauszusetzende kreative, ja inventorische Seite des Vorgangs wird deutlich, wenn *tihten* sich (hier im Sinne der Heuremata) auch auf die Erfindung der lateinischen Buchstaben beziehen kann (20080);[242] *tihten* lassen sich aber auch *ein bůch* (27980) oder *vil bůche* (26733), da wird die materielle Seite des Schreibprozesses sichtbar. Die Bestimmung des eigenen Textes für den Vortrag ist an den Doppelformeln *sprechin unde tihtin* (73), *tihtin unde sagin* (149) und *mere sagin unde tihtin* (3086) ablesbar. Auch mit *berihten* wird das Dichten zweimal verbunden: *tihten* und *berihten* (867f.) und *mit tihtenne berihten* (32404), vor allem aber treten die beiden Verben auffällig häufig im Reim zusammen: 73f., 3086f., 8832f., 21570f., 21667f., 26715f. und 26734f. Hier scheint die Doppelformel das ›Mitteilen‹ (*berihten*) und das ›Gestalten‹ (*tihten*) als nicht von einander zu trennende Seiten desselben Vorgangs zum Ausdruck zu bringen, eben des *historiam texere*; man wird aber auch an die von Simpson betonte ästhetische Seite des *informare* denken.[243] Die Betonung dieser Verbindung freilich ist nicht selbstverständlich (und ihre Häufung ist es erst recht nicht): Wenn Rudolf das ›Gestalten‹ von *mere*, *rede* oder *getat* mit dem Verbum *berihten* bezeichnet, öffnet er die Vorstellung vom ›Dichten‹ gerade im Gebrauch der Doppelformel für jene Segmente des semantischen Spektrums von *berihten*, die sich auf das Herrschen, Regieren und Richten beziehen (Richter: 19620; König: 22610; David: 23831), wobei der verbindende Aspekt des Ordnens für das ganze Spektrum gelten dürfte. Schreiben schliesst auch bei ihm (wie bei Otto) neben dem *seriem rerum gestarum texere* das Einschreiben eines *tenor historiae*, einer Ebene ein, auf der die *sublimitas subtilitatis rationum* sich entfalten und auf der sie wahrgenommen werden kann.

Gleich in den ersten Versen des Prologs wird mit der Apostrophierung Gottes als Richter, als Herr aller Wirkkräfte wie als Herr himmlischer Herrschaft (*Richter Got, herre ubir alle kraft, Vogt himilschir herschaft*; 1 f.) zugleich der Ursprung von Ordnungen bezeichnet, die im Mittelpunkt von Rudolfs eigenem Bemühen stehen werden:[244] nach Konrads Willen soll er

---

241 Ausgewertet wurden die in Ehrismanns Wortverzeichnis angegebenen Stellen; Rudolf, Weltchronik, S. 551 u. 599.
242 Sie gilt auch schon für die Einrichtung von *ê* und *gerihte*, V. 8641.
243 Simpson, Sciences and the Self, S. 6 u. ö., vgl. oben, S. 19 f.
244 Genau hier schreibt er dem Text seinen Namen als Akrostichon buchstäblich ein: *RVODOLF* (V. 1–7). Und in derselben Weise verfährt er mit den Namen der Leitfiguren der Weltalter in den ersten Versen der ihnen gewidmeten Teile.

von der hohin kraft irdinscher herschaft (21671 f.) bis auf Konrads Gegenwart erzählen, und er will es so tun, dass seine Erzählung *kúniglichir her-*
schaft [...] gezimit (21705/08). Jene Anrede Gottes im Prolog endet aber mit
der Feststellung, dass die apostrophierte, also erkannte Ordnung von allen
gelobt werde, die an ihr teilhätten: *des lobet dich ellú herschaft* (4). Dass dies
auch für Konrad gelten kann, dafür beginnt Rudolf nun zu sorgen. Nicht
weniger solle aber das Lob Gottes diesem als dem *orthaber allir wisheit* (5)
gelten,[245] und auch hier bedarf derjenige, der dieses Lob aussprechen will,
der Begabung mit der *wisheit* Gottes, denn Gottes *wort* bringt alles hervor –
auch die Rede des Dichters:

> Frider, bevride mit wisheit
> den der dir lob und ere seit,
> Got herre, wan din einis wort
> ist urhap, kraft, sloz unde ort
> allir anegenge. (7–11)

Damit ist nur angedeutet, in welcher Weise Rudolf eine Ordnung ›vertextet‹
die zugleich die der göttlichen wie die der eigenen schöpferischen Rede ist –
es liessen sich an immer neuen Stellen die Mikrostrukturen dieses Gewebes
herausheben, aber das soll hier nicht geschehen: wichtiger als der mikro-
skopische Blick ist – um in der Bildlichkeit zu bleiben – der Effekt dieser
Webart, die Gefälligkeit des Stoffes, sein Glanz, also eine ästhetische Wirkung, die – einmal bemerkt – das Hören der Erzählung begleiten wird. Wem
die Entdeckung dieser Qualität des Textes gelang, und wie das geschah, mag
hier dahingestellt bleiben.[246]

---

245 Zum Begriff, den Rudolf aus der frühmittelhochdeutschen geistlichen Dichtung übernimmt, vgl. Unzeitig, Autorname und Autorschaft, S. 97–103.

246 Ganz wesentlich mitgetragen wird Rudolfs Sprachkunst durch sein ständiges
Einflechten von Begriffen, Wendungen, Gedanken und rhetorischen Techniken Gottfrieds von Strassburg – das Muster meisterlicher Rede klingt an, sie
schwingt mit. Ich führe hier nur die beiden programmatischen Verse des
›Weltchronik‹-Prologs an: *Diz han ich minir willekür genomin ze einir um-*
múze fúr und wil ez tihtin unde sagin (147 ff.); ihnen entsprechen bei Gottfried, Tristan (ed. Ranke), V. 45 ff.: *Ich han mir eine unmüezekeit der werlt ze*
liebe vür geleit und edelen herzen zeiner hage. Diese Umschreibungen des
Dichtens verlangen anspruchsvolle Leser – *edele herzen* bei Gottfried: *daz*
[sc. *dises senemære*] *lege ich miner willekür allen edelen herzen vür, daz si da*
mite unmüezic wesen: ez ist in sere guot gelesen (169–172). Rudolf stellt
selbstverständlich andere, aber nicht einfach geringere Ansprüche an Bildung
und Bildungswilligkeit seiner Hörer. Dazu auch unten, S. 221–224 (zum
›Willehalm‹).

Doch zurück zur Formel *tihten und berihten*, mit der das Wirken Gottes und des Dichters zugleich umschrieben werden. Schon der erste Abschnitt des Prologs geht in einen direkt an Gott gerichteten Lobpreis seiner Schöpfertätigkeit durch den Dichter über und endet so:

> als ez dú witzebernde kraft
> dinir gotlichin meistirschaft
> alrest von nihte tihte,
> geschúf und gar berihte. (25–28)

Wie der Begriff *herschaft* zunächst für das Regiment Gottes gebraucht wird, so hier das *tihten* und *berihten* zur Umschreibung der göttlichen *creatio ex nihilo*. Bei der Wiederverwendung der Begriffe, ihrer Übertragung auf den König (*herschaft*), auf den Dichter (*tihten* und *berihten*), scheint also – absichtsvoll – das Urbild auf. Vor diesem Hintergrund zu lesen ist dann die Beschwörung der *chunst* des anfangs- und endlosen und doch über (jeden) Anfang und (jedes) Ende gebietenden Gottes zu Beginn des dritten Abschnitts des Prologs (61 ff.), in dem Rudolf die Ausgiessung des Wassers der göttlichen Weisheit erbittet, um – schöpfend – ihm, dem Dichter, zu einem Anfang zu verhelfen, den dieser gerade zu setzen versucht, um den Anfang alles Seins in Worte zu fassen (71–78):

> und schoffe ein anegenge mir,
> wan ih beginnen wil mit dir
> ze sprechinne und ze tihtinne,
> ze bescheidenne und ze berihtinne,
> wie du von erst mit dinir kraft
> himil und erde und alle geschaft
> von anegenge irdahtest,
> in sibin tagin vollebrahtest […]

Es geht hier also nicht nur um eine irgendwie geartete Analogie der beiden Vorgänge, sondern um eine eigentliche Erneuerung des Schöpfungsvorgangs selbst, ein Aussprechen des schöpferischen göttlichen Wortes im Wort des Dichters – die Identität der Begrifflichkeit zeigt es an.[247] Und es geht um ein Sprechen, das beim Hexaëmeron einsetzend bis zur Gegenwart anhalten soll, um ein Unternehmen also, dem höhere Autorität nicht zukommen könnte. Im Prolog zur Vierten Welt sagt Rudolf (8826–37):

> nu wilih mit der lere kraft
> des heiligen geistes meisterschaft
> erbeiten minir sinne kraft,

---

247 Vgl. oben, Anm. 238.

> das dú Gotis meistirschaft
> berihte also die sinne min
> das ih in dem namen sin
> dú mere fúrbas tihte
> und tihtinne berihte
> mit tútschem getichte
> in der gewaren richte,
> was er uf der erden hie
> mit manegen wundirn begie […].[248]

Erst unter diesen Voraussetzungen ist das Gewicht zu ermessen, das die Wiederaufnahme der Formel dort hat, wo Rudolf zur ›Apotheose‹ Konrads ansetzt. Sein der Bibel folgender Bericht hat das ›Buch der Könige‹ erreicht, mit der Salbung Davids bricht die Zeit der jüdischen Könige an, und die Einsetzung des Königtums an sich markiert als Novum in der Geschichte der Menschheit den Beginn eines neuen, des Fünften Weltalters, des letzten vor der Geburt des Herrn. Weil die biblische Erzählung sich selbst adle, indem sie den *kúniglichin namin* führe (›Liber Regum‹), dem *alle weltliche namin* […] *gehorsamen* sollten, will auch er, Rudolf, *in Gotis namen* dem Königsnamen

> beginnin disú mere hie,
> berihten unde tichtin,
> mit tihtinne berihten,

und er wolle es *durh einin kúnig lobesamen* tun (21569–72), der schon die würdigste aller Königskronen trage, die jenes Landes, in dem Gott Mensch geworden sei (also eben die Krone Davids). Aber davon war oben schon die Rede.

Hier folgt die Aufzählung der weiteren Kronen, die der noch immer anonyme Herrscher besitze bzw. besitzen werde, derjenigen Siziliens und der des Arelats und der *rőmischi*[*n*] *krone*, zu der er *was und ist mit rehte irwelt* (21608) und auf die er als *des rőmischin keisirs kint* und als sechster seines Geschlechts Anspruch habe. Nun erst fällt, effektvoll, der bisher zurückgehaltene Name: *Das ist der kúnig Chûnrat, des keisirs kint* (21663 f.), und zwar fällt er in der Umschreibung seines Schreibauftrags, die noch einmal an das Aufleben des göttlichen Schöpfungsaktes im dichteri-

---

248 Rudolf schliesst wenige Verse später diese Vorrede zur Vierten Welt mit der erneuten Formulierung seiner Hoffnung auf Gottes Beistand, der es ihm ermöglichen werde, allein einen Plan auszuführen, der von ihm selbst dann zu viel verlangte, wenn er vier Helfer hätte, die *alle an gûten meren kúnste richir weren* als er es ist (8851–67).

schen Schaffensprozess erinnert und nun zum Erzählen von *irdinscher her-schaft* überleitet (21666–72): Konrad bat mich, sagt Rudolf,

> [...] das ich
> durh in dú mere tihte,
> von anegenge berichte
> wie Got nah ir werde
> geschûf himil und erde,
> und darzû von der hohin kraft
> irdinscher herschaft [...].

Damit wird auch Konrad, der Electus – als Verstehender und Fördernder – in eine Konzeption einbezogen, die nichts anderes zum Ziel hat, als die Proklamation eines von Gott gewollten deutschen Königtums Konrads IV., einer Würde, die gerade in Frage stand, die immer neu gegen die Ansprüche eines Gegenkönigs zu behaupten war. So wird die ›Weltchronik‹ – weit über die Funktion ›anständiger Unterhaltung‹ hinaus zu einem Text, der das Bewusstsein, das Selbstverständnis eines Herrschers und seines Hofes mit-gestaltet und mitträgt, der Hof und Herrscher im besten Sinne umfassend ›informiert‹.

Diese *informatio* ist aber ein Einflussnehmen, das nicht mehr die gelehrte Vermittlung als Bedingung gelingender Rezeption voraussetzt, sondern sich an Laien wendet, denen ihre bereits gegebene Bildung, und gerade die literarische, eine Aufnahme erlaubt, bei der das suggestiv wirksame päd-agogische Potential eines konzeptionell und ästhetisch anspruchsvollen Er-zählens, eines ›glänzenden Gewebes‹, keine geringere Rolle spielt als die Erschliessung seiner Inhalte. Wenn man versuchen will, die Bedingungen der Rezeption für den Hof Konrads IV. zu konkretisieren,[249] wird man deshalb wohl gut daran tun, den Akzent weniger auf den Personenkreis zu legen, als auf den literarischen Horizont, den die Texte voraussetzen.

---

249 Dazu Joachim Heinzle, Vom hohen zum späten Mittelalter. Teil 2: Wandlun-gen und Neuansätze im 13. Jahrhundert (1220/30–1280/90), 2., durchges. Aufl. (Geschichte der deutschen Literatur 2.2), Tübingen 1994, S. 19–33. Zuvor Joachim Bumke, Mäzene im Mittelalter. Die Gönner und Auftragge-ber der höfischen Literatur in Deutschland 1150–1300, München 1979, etwa S. 250ff., 276f. u. ö. (zu Konrad von Winterstetten), und jetzt die erneute kritische Sichtung der Quellen durch Cord Meyer, Die deutsche Literatur im Umkreis König Heinrichs (VII.). Studien zur Lebenswelt spätstaufischer Dichter (Kultur, Wissenschaft, Literatur 17), Frankfurt a.M. etc. 2007, bes. S. 363–401, zu Konrad 366–379, und demnächst Cristina Klob (Passau), deren weit fortgeschrittenes Dissertationsvorhaben dem Hof Konrads IV. gilt.

Reichsschenk Konrad von Winterstetten, »Erzieher und Berater erst König Heinrichs, dann König Konrads«, dessen Aufträge an Rudolf von Ems
und Ulrich von Türheim ihn zur zentralen Gestalt eines postulierten »Literaturzirkel[s]« am Stauferhof prädestinierten,²⁵⁰ liess Rudolf seinen ›Willehalm von Orlens‹ wohl zwischen 1235 und 1243 schreiben. Damals hatte
Konrad von Winterstetten sich von dem gegen seinen Vater, den Kaiser,
rebellierenden Heinrich (VII.) getrennt, und zugleich war ihm von Friedrich II. der achtjährige Konrad IV. als sein neuer Vertreter diesseits der
Alpen zur Erziehung anvertraut worden. Dass der Reichsschenk den Min-
neroman ausdrücklich *ze dienste siner vrôwen* machen liess, damit *si ge-
rûchte schôwen sines herzen willen dran*,²⁵¹ weist zunächst nicht auf die
Umgebung des königlichen Zöglings, sondern viel allgemeiner auf die Sphäre eines ›höfischen Frauendienstes‹, der sich auch im Dichten und Verwen-
den von Minneliedern niederschlug, der aber vor allem als ›gelebte‹, eminent
literarisch geprägte höfische Kultur an sich zu verstehen ist, die sich in der
Haltung ihrer Adepten verwirklichte.

Schon der Beginn des ›Willehalm‹-Prologs stellt wie der zur ›Weltchronik‹ höchste
Ansprüche an den Leser: Mit der *R*-Initiale beginnt *Rvodolf* (Akrostichon), die
mâre ›auszusprechen‹, deren Stoff, die *aventúre*, ihm *Iohannes* (Fortsetzung des
Akrostichons) anvertraut hat. Mit der *R*-Initiale hebt aber auch die Sentenz an, die
aufrichtige, von ›Tugend‹ geleitete Gedanken auf die Eingebung eines *edelen herzen* zurückführt und so, mit der Einspielung von Gottfrieds Leitbegriff, Massstäbe
setzt. Hier hat nichts höheres Ansehen als *zuht*, eine auf Erziehung beruhende,
vollkommene höfische Haltung. Den Beifall der Gesellschaft und persönliche
Vollendung erlangt (*wîs* wird) aber nur, wer handelnd schöne Form und gute
Absicht fest verbindet. Nur eine lautere Haltung (*getrúwe* sein) findet Achtung.
Nichts macht im Urteil der höfischen Gesellschaft vollkommener (vermag mehr
zu *getugenden*) als Angemessenheit in Denken und Handeln (*beschaidenheit*). Es
ist dieser literarische Entwurf höfischer Perfektion, der an der Figur Willehalms
exemplarisch vorgeführt und zum Fluchtpunkt vielfach – in der Beschreibung von
Denken, Handeln und expliziter Unterweisung – vorgetragener Fürstenlehre gemacht wird.
 Zu ganz ähnlichen Ergebnissen ist, wie ich nachträglich sehe, Christoph Huber
gelangt, der betont, dass Rudolf in den ›Willehalm‹-Prologen einen Textbegriff
erkennen lasse, bei dem »die in variablen Wortnetzen versammelten Leitwörter
[…] ihr dynamisches Potential, ihr bemerkenswertes Eigenleben« entfalten.²⁵²

---

250 Vgl. Heinzle, Wandlungen und Neuansätze, S. 26.
251 Rudolf, Willehalm, V. 15655 ff.
252 Er setzt hinzu: »Ästhetische Reflexion in einem ästhetisierten Medium kann
  ja nur schlecht und höchst verlustreich auf einen abstrakten theoretischen
  Aussagewert zurückgeführt werden.« Christoph Huber, Wort- und Bild-

Der Prolog inszeniere generell ein topisches Szenarium und bringe dieses argumentativ in Aktion. »Die Inszenierung stellt keine definitive Wahrheit vor, sondern läuft auf die Aufführung zu, die das Entstehen des Gedichts aus seinen Voraussetzungen, das Weiterdichten und Abschliessen *in actu* vorführt.« Wobei ich hinzufügen möchte, dass dieses Weiterdichten und Abschliessen eben nicht nur vorgeführt wird, sondern die aktive (äussere und innere) Beteiligung der diese ›Vorführung‹ im ganz umfassenden Sinn tragenden Personen voraussetzt: Ein Schreibprozess kann eben nur gelingen in der begründeten (wenn auch vielleicht illusionären) Erwartung positiver Resonanz, von Zustimmung, Wirkung, Rat und Anerkennung, wie Rudolf sie sich im Prolog zum dritten Buch erhofft (5595–5658).

Ulrich von Liechtenstein hat diese (literarische) Kultur im Rahmen der Skizzierung seiner (fiktionalisierten) eigenen Erziehung zu einem Leben im Frauen-Dienst auf den Punkt gebracht und zum eigentlichen Gegenstand seines reflexionsbetonten literarischen Œuvres gemacht.[253] In eben diesem Zusammenhang versteht Konrad von Winterstetten seinen literarischen Auftrag (in Rudolfs Worten) als Zeichen dafür, *das er ir ståter dienestman iemer ståte wesen wil getrúweliche alliu siniu zil, als er ir her gedienet hat* (15658–61).[254] Und im Rahmen seines Gespräches mit Frau Aventiure, in dem Rudolf seine Reihe zeitgenössischer Autoren und Kritiker unterbringt, bittet er sie: *Das ir mit gůetlichen sitten gerůchent sine* [sc. Konrads] *vröwen bitten das si dur wibes gůte im hôhe sin gemůte, der er mit ståtem můte, mit libe und ôch mit gůte wil iemer dienen siniu zil, durch den ich úch tihtin wil* [...] (2303–10).

Für seinen Auftrag an Ulrich von Türheim, den ›Tristan‹ Gottfrieds von Strassburg zu vollenden, erhofft sich Konrad noch einmal, dass *im genåde von ir geschehe, der sîn herze ze vrouwen jehe.*[255] Und Johannes von Ravensburg, der die französische Vorlage für den ›Willehalm von Orlens‹ aus Frankreich mitgebracht hat und dessen Name nach dem des Autors schon im Akrostichon der Eingangsverse (1–15) erscheint, teilt bezeich-

---

netze. Zum Textbegriff im nachklassischen mittelhochdeutschen Romanprolog (Rudolf von Ems, Konrad von Würzburg), in: Im Wortfeld des Textes. Worthistorische Beiträge zu den Bezeichnungen von Rede und Schrift im Mittelalter, hg. v. Gerd Dicke u. a. (Trends in medieval philology 10), Berlin/ New York 2006, S. 263–285, hier: 285; zum eben besprochenen Beginn des ersten Prologs vgl. ebd., S. 267f.

253 Vgl. unten, S. 253f.

254 Hier ist natürlich nicht mit Meyer, Die deutsche Literatur, S. 367f., an Konrads Ehefrau zu denken, die er als Guta von Neifen identifiziert.

255 Ulrich von Türheim, Tristan, hg. v. Thomas Kerth (ATB 89), Tübingen 1979, V. 31f.

nenderweise die Haltung Konrads, auch er hat diese Mühe *durch siner vrö-wen werden grûz, der er wil und dienen mûz* (15617f.), auf sich genommen.[256]

Aber auch Rudolf selbst versichert, er hätte den Roman auch dann geschrieben, wenn Konrad ihn nicht beauftragt haben würde – *ich mûste dran gedienet han allen werden wiben und tugengernden liben, es sig man oder wip in swelcher wirde lebt sin lip* (15668–72), und ihren Dank und ihre kunstverständige, wohlwollende Kritik erwartet er auch jetzt: *das si [...] mine unkunst wol fûgen und frûntlichen rûgen, ob ich unkûnstliche han disen mâren her getan* (15675–80). Was sich also deutlich abzeichnet, ist eine Haltung, wie sie *ainem hoveschen werden man, der wol nach eren werben kan*,[257] eigen ist, so formuliert in Bezug auf Johannes, oder, wie er über Konrad sagt, einem Mann, dessen *gemûet und öch sin sin und aller siner tugende rat gar nach der welte prise stat*.[258] Und das alles gilt eben zunächst unabhängig davon, ob er dem königlichen Hof angehört oder nicht.

Die in dieser Haltung zum Ausdruck kommende Bildung beruht zu einem guten Teil auf der Vertrautheit mit Literatur und der Identifikation mit deren Angeboten und Anliegen, mit den Interessen ihrer Träger, ob sie sich als Vermittler, Auftraggeber, Kritiker oder als Dichter engagieren: Rudolfs ›Literaturkataloge‹ demonstrieren Breite und Umfang des den Gebildeten Erreichbaren, setzen Ziele.[259] Die Texte – ob nun Romane wie der ›Willehalm‹ oder die Lieder eines Gottfried von Neifen (und wieder gilt für den ›Frauendienst‹ Ulrichs an anderem Ort dasselbe) – leben geradezu von der Verfügbarkeit von literarischem Wissen, von Erfahrung im Umgang mit Literatur, der Kenntnis von Texten und Textreihen, dem Blick für Muster und Modelle und ihre Variation, von der Fähigkeit, intertextuelle

---

256 Rudolf fährt fort: *ob das bûch iender kâme, das si ez von im vernâme, ob si ze lange stunde dar an gesenftern kunde, das öch si im den sinen pin senfterte und den kumber sin* (15619–24), präzisiert also noch die Muster der Dienst-Lohn-Thematik des Minnesangs.

257 So charakterisiert Rudolf, Willehalm, V. 15603f., Johannes von Ravensburg.

258 Das sagt er am Ende des Gesprächs mit Frau Aventiure über Konrad von Winterstetten, V. 2326ff.

259 Rudolf, Willehalm, V. 2143–2334. Rudolf von Ems, Alexander. Ein höfischer Versroman des 13. Jahrhunderts, zum ersten Male hg. v. Victor Junk, T. 1–2 (Bibliothek des Literarischen Vereins in Stuttgart 272; 274), Leipzig 1928–1929, V. 3063–3298. Vgl. dazu Heinzle, Wandlungen und Neuansätze, S. 26f.

Beziehungen auszudenken,[260] den Rekurs auf stilistische Vorbilder zu goutieren und so fort. Und sie partizipieren – auf unterschiedliche Weise – an der höfischen Kommunikation, prägen sie mit.[261]

Aus dieser Sicht verliert die – letztlich nicht beantwortbare – Frage erheblich an Bedeutung, ob Konrad von Winterstetten, Johannes von Ravensburg und andere (wer?) einen ›Literaturzirkel‹ gebildet haben oder nicht und ob dieser am Hof zu lokalisieren sei. Und es lässt sich auch mit den Erörterungen wenig anfangen, welche der in den Zeugenlisten königlicher Urkunden erwähnten Angehörigen des Adels und der Ministerialität auch Liebeslieder hinterlassen haben mögen.[262] Unbestreitbar ist dagegen, dass literarische Interessen, wie sie – offener formuliert – »im Umkreis der letzten Staufer«[263] (wie anderswo) als integraler Bestandteil höfischer Lebensformen evident sind und von Konrad von Winterstetten vertreten wurden, spätestens mit Rudolfs ›Weltchronik‹ den Hof Konrads IV. erreicht haben.[264] Sie nutzt die inhaltliche Weite und die epistemische Konzeption der Chronistik, um herrschaftsrelevantes Wissen von der Einrichtung der

---

260 Armin Schulz, Poetik des Hybriden. Schema, Variation und intertextuelle Kombinatorik in der Minne- und Aventiureepik: Willehalm von Orlens – Partonopier und Meliur – Wilhelm von Österreich – Die schöne Magelone (Philologische Studien und Quellen 161), Berlin 2000.

261 Vgl. Franziska Wenzel, Situationen höfischer Kommunikation. Studien zu Rudolfs von Ems ›Willehalm von Orlens‹ (Mikrokosmos 57), Frankfurt a. M. usw. 2000, und zu Ulrich von Liechtenstein: Sandra Linden, Kundschafter der Kommunikation. Modelle höfischer Kommunikation im ›Frauendienst‹ Ulrichs von Lichtenstein (Bibliotheca Germanica 49), Tübingen/Basel 2004.

262 Zu den Problemen der Identifikation vgl. Meyer, Die deutsche Literatur, bes. S. 391–401.

263 »Deutsche Literatur im Umkreis der letzten Staufer« überschreibt Heinzle, Wandlungen und Neuansätze, den einschlägigen Abschnitt seiner Literaturgeschichte, S. 19–33.

264 Es hat vieles für sich, im Schluss des ›Willehalm‹ eine Reverenz an Konrad IV., den König von Jerusalem, zu sehen, wenn der Roman mit einem Ausblick auf Jofrit von Brabant/Gottfried von Bouillon, den Eroberer und ersten christlichen Regenten Jerusalems, als Nachfahren des Protagonisten endet (V. 15569–598); vgl. Heinzle, Wandlungen und Neuansätze, S. 28. Darin das Interesse von »Aufsteigergeschlechtern« zu sehen, wie es Schulz, Poetik des Hybriden, S. 78–81, will, geht aber kaum an: »Kaum mehr als 100 Jahre« vor der Entstehung des ›Willehalm‹ seien »die Staufer lediglich Herzöge von Schwaben« gewesen (80) – der Preis Konrads als sechster Stauferkönig in Rudolfs ›Weltchronik‹ (siehe oben) spricht doch eine ganz andere Sprache.

Schöpfung über die (biblische und profane) Geschichte und die Geographie zur Naturkunde inspiriert und literarisch anspruchsvoll erzählend zu erschliessen und so die Laien zumindest ansatzweise an Wissensbestände[265] und Sichtweisen heranzuführen, wie sie gleichzeitig die scholastische Enzyklopädik auf verschiedene Art in Ordnung bringt.

---

265 Zu dem in die ›Weltchronik‹ aufgenommenen Wissen und seiner Verarbeitung durch Rudolf vgl. vor allem den gründlichen Kommentar von Herkommer, St. Galler Kodex, S. 146–240.

4

höfscheit und *spæhiu rede*[1]

Von höfischer Erziehung zu laienphilosophischem Anspruch: Ulrich von Liechtenstein

Ulrich von Liechtenstein, der noch vor der Mitte des 13. Jahrhunderts und bis zu seinem Tod († 26. 1. 1275) im Dienst der (wechselnden) steirischen Landesherren höchste Ämter wahrnahm,[2] vertritt als Lyriker den klassischen Typus des adligen Dilettanten, und so stellt ihn auch der Codex

---

1 Zitate nach Ulrich von Liechtenstein, Frauendienst, Th. 1–2, hg. v. Reinhold Bechstein (Deutsche Dichtungen des Mittelalters 6), Leipzig 1888. – Der Erzähler im ›Frauendienst‹ gebraucht einmal zur Beteuerung der Glaubwürdigkeit einer Aussage gegenüber seinen Rezipienten die Wendung: *Bî mîner höfscheit ich iu sage* (1125,1) – *höfscheit* ist der Inbegriff höfischer Existenz mit ihren sozialständischen, ethischen und zivilisatorischen Komponenten, steht für Bildung und Haltung. Unter *spæhe* (adj.) ist in BMZ 2.2, S. 498, mit 989,2, »wo *spæhiu rede* witzige scherzrede ist,« nur eine Seite des Bedeutungsspektrums im ›Frauendienst‹ erfasst; *spæhe* kann ›treffende‹ (inhaltlich überzeugende, ›genau erfassende‹ bis ›schlagfertige‹) wie ›vollendete‹ (formal korrekte, ›höfisch-konventionelle‹ bis ›kunstvoll-raffinierte‹) Rede meinen; vgl. auch 1698,6. Hierher gehört das ›sîn zuht wol bewarn mit rede, als man ze hove sol‹, wie es Ulrich einmal (in der Anrede an sein erstes Büchlein) formuliert (V. 4f.). – Auf Auszüge aus diesem Kapitel greift mein Aufsatz zurück: Zwischen Landesherrschaft und höfischem Credo. Lyrik und Gespräch als Medien der Adelsreform bei Ulrich von Liechtenstein, in: Autorschaft. Ikonen – Stile – Institutionen, hg. v. Christel Meier u. Martina Wagner-Egelhaaf, Berlin 2011, S. 111–132.

2 Vgl. den Aufsatz von Heinz Dopsch, Zwischen Dichtung und Politik. Herkunft und Umfeld Ulrichs von Liechtenstein, und Franz Viktor Spechtler, Die Urkunden-Regesten zu Ulrich von Liechtenstein. Bemerkungen zu den Urkunden und zu einer Biographie Ulrichs von Liechtenstein, in: Ich – Ulrich von Liechtenstein. Literatur und Politik im Mittelalter. Akten der Akademie Friesach »Stadt und Kultur im Mittelalter« 1996, hg. v. F. V. Spechtler und Barbara Maier (Schriftenreihe der Akademie Friesach 5), Klagenfurt 1999, S. 49–104 (mit genealogischen Tafeln und Karten) und 441–493. Jetzt zusammenfassend auf neuestem Stand Sandra Linden, Biographisches und Historisches: Eine

Manesse vor.[3] Hätten wir nur das dort verzeichnete Corpus von etwas mehr
als dreihundert Strophen,[4] gälte Ulrich wohl als einer der produktivsten
Liederdichter seines Schlags, als in Motivik und Konzeption zunächst von
Reinmar und Walther »abhängig«,[5] später auch von Gottfried von Neifen
beeinflusst, als Autor mit ethischen Interessen und sensualistischen Nei-
gungen, der sich aber vor allem – und zunehmend – als Meister der formalen Kunstübung profiliert hat.[6] Aufregend wäre das freilich noch nicht.[7]

4.1 Lebenskonstruktion und literaturkritisches Urteilsvermögen – wie Ulrich die Entstehung seiner Lieder und ihre Wirkung erklärt

Was Ulrich eigentlich ausnimmt, ist erst die ausladende *retractatio* seines
lyrischen Œuvres, dessen ordnende und erläuternde Vorstellung in 1850
Erzählstrophen (zu 8, also insgesamt 14800 Versen),[8] in der er Lied für Lied

---

Spurensuche zu Ulrich von Liechtenstein, in: Ulrich von Liechtenstein. Leben –
Zeit – Werk – Forschung, hg. v. Sandra Linden u. Christopher Young, Berlin/
New York 2010, S. 45–98.

3 ›Heidelberger Liederhandschrift C‹, Heidelberg, UB, cpg 848, fol. 237^r–247^r.

4 Weniges fehlt, der Leich (XXV) und einige Strophen, zweimal die erste, mehrfach die beiden (einmal auch die drei) letzten; ein paar fremde Strophen sind
Ulrichs Corpus am Ende angefügt (Str. C 307-C 311), sein Lied XII erscheint
unter Heinrich von Veldeke noch einmal. Nur die ›Kleine Heidelberger Liederhandschrift A‹ führt ausserdem noch Strophen Ulrichs, kennt ihn freilich als
Autor nicht: Noch einmal wird ihm dort Lied XII entfremdet (und Niune zugeordnet), XL,1 steht hier als Einzelstrophe anonym. Dazu jetzt mit detaillier-
ten Angaben und Abbildungen Jürgen Wolf, Ulrich von Liechtenstein im Buch,
in: Ulrich von Liechtenstein (ed. Linden/Young), S. 487–514, hier: 497–503. Ich
zitiere: Lied, Strophe, Vers (z. B. XVI, 2, 3).

5 Vgl. Jan-Dirk Müller, Ulrich von Liechtenstein, in: ²VL 9 (1995), Sp. 1274–1282,
hier: 1276 (Zitat), oder die Literaturgeschichten, etwa Horst Brunner, Geschichte der deutschen Literatur des Mittelalters im Überblick (RUB 9485),
Stuttgart 1997, S. 235.

6 Gert Hübner, Frauenpreis. Studien zur Funktion der laudativen Rede in der
mittelhochdeutschen Minnekanzone, Bd. 1–2 (Saecula spiritalia 34–35), Baden-
Baden 1996, attestiert ihm gar, dass sein Liedkorpus »geradezu ein Panoptikum
der Kanzone [sei], das alle wichtigen Varianten vorführt« (255), und dass »nirgends sonst [...] die poetischen Techniken der Variationskunst [...] zu einer
solchen Differenzierung der Kanzone geführt« haben (259).

7 Vgl. aber Anm. 14.

8 Diese Erzählstrophen zu acht Versen bedienen sich des vierhebigen epischen Reim-
paarverses, zeigen jedoch eine deutliche Tendenz zur inhaltlichen Rundung.

als Ausdruck seiner (inneren) Biographie erklärt. Die äussere Veranlassung zu diesem Unternehmen ist Teil einer Lebenskonstruktion, die Ulrich in konsequenter Entfaltung der (konventionellen) Existenzbedingungen des lyrischen Ichs seiner Lieder ausschliesslich als permanenten Minnedienst konzipiert.[9] So lassen sich diese Lieder nicht nur als eine Form des Dienstes in das lebenslange, Dichten und Turnieren verbindende Werben um die Gunst der Dame(n) einbetten, es wird ihr ›autobiographischer‹ Anlass[10] deutlich, und zugleich werden die an sich konventionellen Aussagen der Lieder von Anfang an als ins Allgemeine gehende Reflexionen der Lebenssituationen des Minnedieners lesbar.[11] Allerdings verteilen sich die Lieder durchaus nicht gleichmässig auf die Erzählung,[12] und das Verhältnis zwischen ›autobiographischer‹ Erzählung und Liedern verändert sich in

9 Noch einmal sehr deutlich in den Schlussstrophen 1843–50.

10 Im uneigentlichen, also nicht im gattungsterminologischen Sinn wird hier wie im Folgenden als ›autobiographisch‹ die erst genauer zu erarbeitende, für den ›Frauendienst‹ spezifische Bezugnahme des Textes auf die (teils authentisch-historische, teils fiktionale, immer aber funktionale) Lebenskonstruktion des Autors/Erzählers bezeichnet. Von einer »fiktiven Autobiographie« spricht etwa Müller, Ulrich, Sp. 1274; dezidiert ablehnend Harald Haferland, Hohe Minne. Zur Beschreibung der Minnekanzone (Beihefte zur Zeitschrift für deutsche Philologie 10), Berlin 2000, S. 245–280, hier: 253, vermittelnd Sandra Linden, Kundschafter der Kommunikation. Modelle höfischer Kommunikation im ›Frauendienst‹ Ulrichs von Lichtenstein (Bibliotheca Germanica 49), Tübingen/Basel 2004, S. 8–12; ersetzt von Hartmut Bleumer, Der *Frauendienst* als narrative Form, in: Ulrich von Liechtenstein (ed. Linden/Young 2010), S. 358–397, hier: 395, durch die »historisch-narratologische Klassifikation des Textes […] als Ergebnis einer narrativen Transgression […], die einerseits in die Lyrik führt und hier ihren vorläufig jederzeitlichen Abschluss erhält, die aber andererseits den Erzähltext selbst auflöst.« Dass hier die provenzalischen *vidas* und *razos* hereinspielen, hat man seit Ursula Peters, Frauendienst. Untersuchungen zu Ulrich von Liechtenstein und zum Wirklichkeitsgehalt der Minnedichtung (GAG 46), Göppingen 1971, S. 161–172, die eine Anregung von Martha Schlereth aufgriff, immer wieder angenommen, freilich bleibt ihr Einfluss vage, wie auch der der altfranzösischen Lyrik auf Ulrichs Lieder. Dazu auch A. H. Touber, Ulrichs von Lichtenstein ›Frauendienst‹ und die Vidas und Razos der Troubadours, in: ZfdPh 107 (1988), S. 431–444, und jetzt Mark Chinca, Der Frauendienst zwischen Fiktivität und Fiktionalität: Probleme und Perspektiven der Forschung, in: Ulrich von Liechtenstein (ed. Linden/Young 2010), S. 305–323, hier: 309–314.

11 Schon der Beginn von Lied I: *Wibes güete niemen mac volloben an ein ende gar* (I,1,1 f.) nimmt die kurz zuvor (in 66,8) auf Ulrichs erste Dame bezogene Aussage weitgehend wörtlich auf: *ir güete volloben niemen mac.*

12 Vgl dazu unten, S. 255 f.

charakteristischer Weise: Im Zusammenhang der scheiternden Werbung um
seine erste Dame wirken die inhaltlich konventionellen Lieder wie Hohl-
formen, die das Leben des Dieners modellieren, indem sie (vermeintlich)
Massstäbe setzen. Lieder, die keine konkrete Adressatin voraussetzen –
wânwîsen[13] –, überbrücken dann die Zeit zwischen dem ersten und dem
zweiten Dienstverhältnis. In diesem sind die Lieder von Anfang an Teil
eines Einverständnisses unter den Partnern, das sie erzeugen und reflektieren; dieses Einverständnis wird geradezu zum Inbegriff gelingenden Dienstes, ja – im Sinn der ›autobiographischen‹ und zugleich exemplarisch gemeinten Konstruktion – gelingenden (höfischen) Lebens. Es liegt in der
Konsequenz dieser vom lyrischen Ich getragenen Konzeption, dass die
situativ-biographische Einbettung der Lieder – je länger je mehr – in einen
kontinuierlichen Reflexionsvorgang übergeht. Die Reflexion dominiert
schliesslich derart, dass der Gedankenfluss die Strophen der Erzählung und
die Strophen der Lieder so gleichmässig füllt, dass nur noch formale Zä-
suren erkennbar sind.[14] Damit schlägt denn auch die ›autobiographische‹

---

13 Den Begriff führt Ulrich, diese Liedergruppe ankündigend, in Str. 1376 ein: Er
     habe sich nach der Trennung als *vrowen vrîer man* verstanden und wollte das
     bleiben. Dennoch machte er neue Lieder, die nun freilich ausschliesslich dem
     Lob der Frauen an sich galten und deshalb *wânwîsen* waren, der sonst immer
     wieder in Anspruch genommenen Grundlage in der Verarbeitung einer Bezie-
     hung entbehrten. (Kaum haltbar ist die Argumentation Bechsteins für die
     Übersetzung »Freudenklänge« in seiner Anmerkung zur Stelle, S. 148 f.)
14 Ob die Lieder vor der Abfassung der Erzählung tatsächlich schon (alle) vor-
     lagen, ist unsicher, auch wenn man grundsätzlich davon ausgehen wird, dass
     die Erzählung »offensichtlich [...] als ein nachträglicher Rahmen um bereits
     vorhandene Minnelieder und Büchlein« entstand: Deutsche Lyrik des späten
     Mittelalters, hg. v. Burghart Wachinger (Bibliothek deutscher Klassiker 191;
     Bibliothek des Mittelalters 22), Frankfurt a. M. 2006, S. 702. Die in die Hei-
     delberger Liederhandschrift C aufgenommene Sammlung geht jedenfalls (mit-
     telbar) auf eine Handschrift des ›Frauendienst‹ zurück, nicht umgekehrt: die
     Anordnung der Lieder in C entspricht genau dem biographischen Erklärungs-
     modell des ›Frauendienst‹. Die der Erzählchronologie gelegentlich zuwider-
     laufenden Zählungen in den Liedüberschriften sind wohl als »Spuren einer
     voranliegenden schriftlichen Liedersammlung«, einer Autorsammlung, anzu-
     sehen (ebd.). Zu ihnen Sandra Linden, Die Liedüberschriften im »Frauen-
     dienst« Ulrichs von Lichtenstein und die Handschriftenlücke vor der Artus-
     fahrt. Ein Klärungsversuch, in: ZfdPh 122 (2003), S. 409–415. In diesem
     Zusammenhang ist wichtig, dass auch die Miniatur zum Ulrich-Corpus in C
     (cpg 848, fol. 237ʳ: *her Ulrich von Liechtenstein. LXVI*; Abb. 8) auf den ›Frau-
     endienst‹ Bezug nimmt, seine Kenntnis voraussetzt, ohne den Text eigentlich
     zu illustrieren. Kein einziges Detail entspricht der Beschreibung des Venus-

Erzählung in eine Liebes- und Lebenslehre um, die ›laien-philosophischen‹ Anspruch erhebt.[15]

Es ist bezeichnend für die eben immer eminent mündliche, durch geselligen Umgang und Gespräch bestimmte höfische Kultur, dass dieser Anspruch philosophischer Rede hier an die dem Typus des dilettierenden adligen Autors zuallererst zugängliche Gattung der Minneliedes gebunden ist, und dass dieser Anspruch als Ergebnis eines Dialogs zwischen Minnediener/-sänger und Dame verstanden und inszeniert wird, eines Dialogs, der – gesprächs-, nicht buchtypisch – offen bleibt: So gesehen, gilt die

Ritters im Text, aber der unter dem Namen Ulrichs dargestellte Ritter der Miniatur (dem ein historisch nicht authentisches, aber heraldisch mögliches Wappenbild beigelegt ist) trägt die Halbfigur der gekrönten Venus mit Pfeil und Fackel als Helmzier und ›entspringt‹ dem Meer, wie es der offene Brief will, mit dem die *küneginne* Venus im Text ihr Vorhaben bekannt macht (S. 181). Wem als Betrachter des Bildes und Leser der Handschrift diese Bezüge zugänglich sind, weil er den Inhalt des ›Frauendienst‹ kennt, kann über die – ›biographisch‹ geordneten – Lieder die Geschichte des Frauendieners erinnernd nachvollziehen, zumindest die ›innere‹, und auf sie kommt es gerade im Rahmen der Liedersammlung wohl vor allem an. Zu den Wappen vgl. Linden, Kundschafter, S. 171.

15 Dies im Sinn von Kurt Flasch, Das philosophische Denken im Mittelalter. Von Augustin zu Machiavelli (Reclams UB 8342), Stuttgart 1986, S. 13: »Die Philosophie des Mittelalters war der Versuch Einzelner und ganzer Gruppen, sich in ihrem Leben denkend zu orientieren.« Deutlicher noch Ruedi Imbach, Laien in der Philosophie des Mittelalters. Hinweise und Anregungen zu einem vernachlässigten Thema (Bochumer Studien zur Philosophie 14), Amsterdam 1989, hier S. 31: Das, »was im Mittelalter als Philosophie betrachtet wurde, darf nicht anhand eines *normativen Philosophiebegriffs*, der aus antiken oder neuzeitlichen Modellen entlehnt wird, *a priori* festgelegt werden, [...]«; und, bezogen auf die ›Philosophie an europäischen Fürstenhöfen‹: »Das Philosophieren entfacht sich nicht an Texten, sondern als *Antwort auf Fragen und Bedürfnisse von einzelnen Individuen*, als Antwort also auf konkrete Probleme der individuellen oder gesellschaftlichen Lebensbewältigung.« (S. 100 f.; alle Hervorhebungen von Imbach). Dem entspricht ein weiter und offener Philosophiebegriff, wie ihn Isidor vermittelt: Philosophie als *rerum humanarum divinarumque cognitio cum studio bene vivendi coniuncta*, als *amor sapientiae*, deren drei *genera* Physik, Ethik und Logik auch durch die Bibel repräsentiert würden (Genesis – Proverbia – Evangelien stehen dafür): *Philosophia est meditatio mortis, quod magis convenit Christianis qui, saeculi ambitione calcata, conversatione disciplinabili, similitudine futurae patriae vivunt.* Isidorus Hispalensis, Etymologiarum sive originum libri XX, t. 1–2, recogn. brevique adnot. crit. instr. W(allace) M(artin) Lindsay (Scriptorum Classicorum Bibliotheca Oxoniensis), Oxford 1911, Bd. I, II, xxiv, 1,3 und 9.

Aufforderung im Epilog, als Besitzer(in) des Buches nachzutragen, was Ulrich noch an Liedern dichten werde (1847), wohl nicht einfach der Sicherung eines noch unabgeschlossenen Œuvres durch die Kodifizierung,[16] sondern mehr noch der Sicherung der Dynamik eines literarischen (und eben: philosophischen) Gesprächs, an dem teilzuhaben (und das fortzusetzen) das Buch – die Aufzeichnung – erlaubt.[17]

Die Verantwortung für die Konstruktion des Textes, der dieses Gespräch über die ›autobiographisch‹ begründende *retractatio* der Lieder erneut[18] in Gang setzt, es nachvollziehbar und immer wieder neu verfügbar macht, der die Vermittlung leistet, wird vom Erzähler geschickt der Dame zugeschoben:[19] Ihr auch hierin zu willfahren, liegt in der Natur des Frauen-Dienstes, auch um den Preis des an sich anstössigen Redens (es *missestât*; 1849,1) von eigener *ritterlîche[r] tât* (1849,3).[20] Ohne diesen Preis wäre eben die philosophische Verbindlichkeit der lyrischen Ich-Rede schlicht nicht zu haben, auf die es dem Autor ankommt: Erst das Buch sichert den Lebensbezug der Lieder und damit das Reflexionsniveau, auf dem der (mündliche) Umgang mit Lyrik grundsätzlich möglich war. Und mit der Situierung von

---

16 Dezidiert als Reaktion auf den tatsächlichen oder doch erwarteten Rückgang des Interesses am öffentlichen Vortrag von Ulrichs Liedern, als »Memoria« für seine Nachkommen will Volker Mertens, Liebesdichtung und Dichterliebe. Ulrich von Liechtenstein und Johannes Hadlaub, in: Autor und Autorschaft im Mittelalter. Kolloquium Meissen 1995, hg. v. Elizabeth Andersen u. a., Tübingen 1998, S. 200–210, bes. 202f., den ›Frauendienst‹ sehen.

17 Es ist hier an jene verbreitete Vorstellung von ›Text‹ zu denken, die alle Aufzeichnungen bei aller möglichen Vollendung in der Form doch (auch) als notwendigen Behelf versteht und daher dem ›Festwerden‹ des Textes im Buch entgegenzuwirken versucht. Vgl. dazu E. C. Lutz, Text und ›Text‹ – Wortgewebe und Sinngefüge. Zur Einleitung, in: Text und Text in lateinischer und volkssprachiger Überlieferung des Mittelalters. Freiburger Kolloquium 2004, hg. v. dems. (Wolfram-Studien 19), Berlin 2006, S. 9–31, bes. 9–13. Thomasins Epilog ist ein bekanntes Beispiel, der erwartet, dass das Buch im Herzen des Rezipienten neu geschrieben und die Lehre durch das Handeln des Lesers überboten, für ihn überflüssig werde. Thomasin von Zirclaria, Der Wälsche Gast, hg. v. Heinrich Rückert, Nachdr. d. Ausg. Quedlinburg/Leipzig 1852 (Deutsche Neudrucke. Texte des Mittelalters), Berlin 1965, V. 14739–48. Erst da, wo der Rezipient sich die Mitteilungen des Autors zu eigen macht und damit über dessen Text hinausgelangt, hat der Autor sein Ziel erreicht.

18 Also nach seiner primären Bindung an Dame, Sänger und Gesellschaft.

19 Der Realitätsgehalt der Behauptung ist daher völlig nebensächlich; vgl. dazu Mertens, Liebesdichtung, S. 202.

20 Und es hängt mit Ulrichs Konzeption von Minnesang zusammen, die Austausch und Einvernehmen zwischen den Partnern voraussetzt.

Geschehen, Handeln und Reflexion in der geschlossenen, von Autor und Publikum und Figuren der Dichtung geteilten Welt des südostdeutschen Adels ist dieser Lebensbezug zwingend.[21]

Höfische Erziehung und Bildung als die Voraussetzungen dieser weitgehend mündlichen, dem Gespräch überlassenen höfischen (Minne-)Reflexion mit ihrem philosophischen Anspruch werden im ›Frauendienst‹ eben nicht nur sehr anschaulich vorgeführt, sondern auch auf einen konkreten ›Raum‹ bezogen.[22] Und dessen geographische, soziale (und politische)

---

21 Meine Auffassung des Textes und seines Wirklichkeitsbezugs hat manches gemeinsam mit derjenigen von Christelrose Rischer, *wie süln die vrowen danne leben?* Zum Realitätsstatus literarischer Fiktion am Beispiel des ›Frauendienstes‹ von Ulrich von Lichtenstein, in: Grundlagen des Verstehens mittelalterlicher Literatur. Literarische Texte und ihr historischer Erkenntniswert, hg. v. Gerhard Hahn und Hedda Ragotzky (Kröners Studienbibliothek 663), Stuttgart 1992, S. 133–157, die ihren Standpunkt in Anschluss an Hugo Kuhns Literaturbegriff (Lebensorientierung – Lebenshilfe – Lebenssteigerung) und in Auseinandersetzung mit Jan-Dirk Müllers Auffassung, Ulrich entdecke »den literarischen Minnedienst als utopische Kunstwelt«, begründet: Lachen – Spiel – Fiktion. Zum Verhältnis von literarischem Diskurs und historischer Realität im ›Frauendienst‹ des Ulrich von Lichtenstein, in: DVjs 58 (1984), S. 38–73, hier: 73.

22 Ich komme zum Schluss auf dieses Problem zurück. Für den Hintergrund: Dopsch, Zwischen Dichtung und Politik, und Gerald Krenn, Historische Figuren und/oder Helden der Dichtung? Untersuchungen zu den Personen im Roman »Frauendienst«, in: Ich – Ulrich von Liechtenstein, S. 105–132; die urkundlichen Belege für Ulrichs Tätigkeit gibt Spechtler, Die Urkunden-Regesten; einen konzisen Abriss seiner wechselnden Positionen unter Berücksichtigung der Darstellung in Ottokars ›Österreichischer Reimchronik‹ (nach d. Abschriften Franz Lichtensteins hg. v. Joseph Seemüller, Hbd. 1–2 [MGH. Deutsche Chroniken 5.1–2], Hannover 1890–93) in der Einleitung von Hans-Joachim Behr, Frauendienst als Ordnungsprinzip. Zum Verständnis von Wirklichkeit und deren Bewältigung im ›Frauenbuch‹ Ulrichs von Lichtenstein, in: Die mittelalterliche Literatur in der Steiermark. Akten des internat. Symposiums Schloss Seggau bei Leibnitz 1984, hg. v. Alfred Ebenbauer u. a. (Jb. für Internat. Germanistik A 23), Bern usw. 1988, S. 1–13; vgl. aber einschränkend unten, Anm. 118 ff.; zusammenfassend jetzt Linden, Biographisches und Historisches. Zur Autor, Protagonisten-Ich, historische Person und historische Adelswelt einbeziehenden Konstituierung des Textes vgl. Christian Kiening, Der Autor als »Leibeigener« der Dame – oder des Textes? Das Erzählsubjekt und sein Körper im »Frauendienst« Ulrichs von Liechtenstein, in: Autor und Autorschaft im Mittelalter. Kolloquium Meissen 1995, hg. v. Elizabeth Andersen, Tübingen 1998, S. 211–238, überarbeitet in ders., Zwischen Körper und Schrift. Texte vor dem Zeitalter der Literatur (Fischer Taschenbuch 15951), Frankfurt a.M. 2003, S. 199–222, bes. Abschnitt II.

Strukturen werden so übersetzt, dass den Adressaten die Übertragungsleistung, das ›Lernen‹ aus den fiktionalisierten Zusammenhängen, leicht gemacht wird. Dabei verhält es sich mit den Inszenierungen höfischer Erziehung und Bildung[23] – von Formen und Werten geselligen Umgangs, ritueller und symbolischer Handlungen,[24] der Bedeutung fazeter Rede und des Umgangs mit Liedern – nicht anders als mit den Namen von Orten und Personen, die zur Umgebung des Publikums gehören: Diese Beschreibungen sind soweit historisch belastbar, als man das, was – im Hinblick auf die Rezipienten – wahrscheinlich sein muss, von dem, was fiktiv sein darf, zu unterscheiden vermag.[25]

Ein zentrales Beispiel mag dies veranschaulichen: Lied XXXIII, eines der ersten Lieder, die unter dem Einfluss der zweiten Dame entstanden sein sollen. So, wie es der Erzähler präsentiert, ist es Ausdruck einer erotisch gestimmten Intimität (*ich ir nâhen bî gesaz und* [...] *was si an ze sehen vrô: von hertzen ich si gerne sach*; 1397,2–5), eines colloquialen Umgangs (*redet mit ir sus unde sô*; 1397,3), der höfische Konventionen respektiert (*sich fuogt aber von ir tugenden daz*; 1397,1) und sich (damit) private Bereiche sichert

---

23 Zu den Büchlein Ulrichs im ›Frauendienst‹ und seinem ›Frauenbuch‹ als Vorläufern der (didaktischen) Minnereden vgl. die Einleitung von Christopher Young zu Ulrich von Liechtenstein, Das Frauenbuch, hg., übers. und komm. v. C. Y. (Reclams UB 18290), Stuttgart 2003.

24 Dazu jetzt Christiane Witthöft, Ritual und Text. Formen symbolischer Kommunikation in der Historiographie und Literatur des Spätmittelalters (Symbolische Kommunikation in der Vormoderne), Darmstadt 2004, zum ›Frauendienst‹ das Kapitel II.1, S. 147–224.

25 So schon dezidiert Dieter Kartschoke, Ulrich von Liechtenstein und die Laienkultur des deutschen Südostens im Übergang zur Schriftlichkeit, in: Die mittelalterliche Literatur in Kärnten. Vorträge des Symposions in St. Georgen/Längsee 1980, hg. v. Peter Krämer (Wiener Arbeiten zur germanistischen Altertumskunde und Philologie 16), Wien 1981, S. 103–143, hier: 106, dem sich noch Karina Kellermann und Christopher Young, You've got mail! Briefe, Büchlein, Boten im ›Frauendienst‹ Ulrichs von Liechtenstein, in: Eine Epoche im Umbruch. Volkssprachliche Literatur 1200–1300, hg. v. Christa Bertelsmeier-Kierst und Christopher Young, Tübingen 2003, S. 317–344, hier: 344, anschliessen; vgl. ausserdem Michael Schilling, Minnesang als Gesellschaftskunst und Privatvergnügen. Gebrauchsformen und Funktionen der Lieder im »Frauendienst« Ulrichs von Liechtenstein, in: Wechselspiele. Kommunikationsformen und Gattungsinterferenzen mittelhochdeutscher Lyrik, hg. v. Michael Schilling und Peter Strohschneider (GRM Beiheft 13), Heidelberg 1996, S. 103–121, und jetzt Manuel Braun, Typus und Variation im Minnesang des 13. Jahrhunderts, in: Ulrich von Liechtenstein (ed. Linden/Young), S. 398–441, hier ab 430.

(*swaz ich ir mêr gedienet hân, und waz si güet an mir begân hât, des wil ich verdagen: wan einez daz wil ich iu sagen*; 1396,1–4), eines Gesprächs, das ganz unmittelbar nach der Bestätigung durch lyrische Gestaltung verlangt (*swaz ich des tages gegen ir sprach, zehant dô ich dâ von ir schiet, ich sanc von ir sâ disiu liet*; 1397,6ff.), nach einer Nachgestaltung, die hier – im Genus des Wechsels – Inhalt und Form des Dialogs zugleich fasst und ihn zugänglich, öffentlich macht. Der hohe Anspruch, der mit dieser lyrischen Fassung verbunden ist, zeichnet sich auch in der ungewöhnlichen Reimstruktur ab.[26]

Der Dialog setzt ein mit einer klassischen Liebeserklärung des ›Minnesängers‹ (Str. 1): völlige (*herze und liep*) und beständige (*niht abe gestân*) Hingabe (*an iuch verlân*) in der Hoffnung (*wân*) auf die Gunst der Dame (*ûf genâde; ze guot ergân*) – der gehäufte Reim unterstreicht noch die Monotonie der Formeln.[27] Die reimlos-›prosaisch‹ wirkende[28] Antwort der Dame fordert klare Definitionen von *dienest* und *lôn* (Str. 2). Der folgende Gedankenabtausch (Str. 3–5) deckt den Kunst- und Spielcharakter dieser Lieddichtung auf und erzielt zugleich ein Einvernehmen, das die prekären Bedingungen der Verständigung als Teil des Spiels bejaht: Der Sänger will in *hôhe[m] muot* und zuversichtlicher *vreude* der höfischen Welt sein *lop* der Dame vortragen, ohne noch von Lohn zu reden (Str. 3). Dann aber ist der *dienest*, aus der Sicht der Dame, in erster Linie ein Vergnügen des Sängers (wie sie einwendet; Str. 4): als stereotyp-hyperbolisches Lob mag dieses Preisen poetisch gelingen, ›ihr selbst‹ wird es freilich nicht gerecht. Es mag

---

26 Das Lied umfasst fünf Strophen zu sieben vierhebigen Versen. Die Männerstrophen (1 und 3 und die vom Mann gesprochenen ersten 4 Verse der 5. Strophe) haben gehäuften Reim, in den Frauenstrophen reimen die je entsprechenden Verse der 2. und 4. Strophe aufeinander, die Reime der Verse 5 bis 7 werden in den Frauenversen der 5. Strophe noch einmal aufgenommen: alle Verse sind also als Waisen bzw. als Körner behandelt. Auf dieselbe Weise sind in Gottfrieds von Neifen Lied VII die erste und die dritte bzw. die zweite und die vierte Strophe aufeinander bezogen, wobei diese Strophen im übrigen ganz anders gebaut sind: Deutsche Liederdichter des 13. Jahrhunderts, hg. v. Carl von Kraus, Bd. 1: Text; Bd. 2: Kommentar, bes. v. Hugo Kuhn, 2. Aufl., durchges. v. Gisela Kornrumpf, Tübingen 1978, Bd. 1, S. 89f., Bd. 2, S. 101f. (mit Hinweis auf Ulrich); vgl. auch Silvia Ranawake, Höfische Strophenkunst. Vergleichende Untersuchungen zur Formentypologie von Minnesang und Trouvèrelied an der Wende zum Spätmittelalter (MTU 51), München 1976, S. 321ff.

27 Dass dabei »in allen Strophen *a*-Klänge gesetzt sind« (Wachinger, Deutsche Lyrik, S. 708) unterstreicht wohl noch die Qualifizierung der Rede.

28 Die Körner lassen sich beim Vortrag nicht wahrnehmen, wer sie aber anschliessend entdeckt, sieht Kunst- und Schlagfertigkeit der Dame bestätigt.

gar den Verdacht wecken, der Sänger habe keinen Anlass zur Trauer mehr, sei also erhört worden – dann wird das Lob für die Dame zum *schamelop*, zum *spiegel*, in dem sie ihr *leit* erblickt, wie sie es formuliert (4,5 ff.). Als erdichtetes Lob gerade in seiner Konventionalität verbindlich, kann es sich (nach Ansicht des Sängers) aber bei Hof sehen lassen (*ez wol ze hove gât*; 5,2), kann es als Kleid der Dame dort besser bestehen als *aller künege wât*. Als bloss textuelles Gewebe wäre es freilich jenem pretiösen Kleid *von worten* vergleichbar, in das Wirnt von Gravenberc seine Florie kleiden kann, ohne dass man sie darum zu beneiden bräuchte.[29] Dann verdankt die Dame ihr *lop* nur dessen Erfinder, ist es *unprîs* (5,7), blosses Sprachspiel – wenn die Pointe nicht noch spitzer ist: dann hielten die lobenden Aussagen der Lieder am Hof besser Stand als alle königlichen Kleider, besonders die fiktiven jenes dupierten Königs, deren Pracht (und deren Existenz an sich) nur alle die behaupteten, die sich ihrer eigenen Unkeuschheit schämten, und dann wäre auch die Dame ›nackt‹.[30] Wie dem auch sei: Der *liebe herre, sælic man*, der hier den Spielcharakter des Lobes aufdeckt, geht damit jedenfalls

---

29 Wirnt von Gravenberc, Wigalois, der Ritter mit dem Rade, hg. v. J. M. N. Kapteyn (Rheinische Beiträge und Hülfsbücher zur germanischen Philologie und Volkskunde 9), Bonn 1926, zur Kleidung der Florie: V. 723–952, bes. 856–862: *swer daz nû wolde nîden / daz si sô schône was gekleit, / daz wær ein michel tôrheit / wand ez ist âne ir aller schaden / swaz ich ûf sî mac geladen / von sîden und von borten / und von gezierde, mit worten*. Und später, bezogen auf den *vürspan* der Larie: V. 10508–10580, bes. 10574 ff.: *alsus hât gemeistert dar / nâch dem wunsche ditze werc / mit worten Wirnt von Grâvenberc*.

30 Es ist zumindest nicht auszuschliessen, dass hier die Kenntnis des Erzähl-motivs AaTh 1620 vorausgesetzt ist, mit ihm (in der einen oder anderen Weise) gespielt wird. In einer ersten Variante (ein Betrüger, der sich als Maler ausgibt, fertigt in fürstlichem Auftrag Wandgemälde an, die nur Personen ehelicher Geburt bzw. unschuldige Frauen sehen können; ein Narr deckt den Betrug auf) ist es aus dem ›Pfaffen Amis‹ des Strickers (vor 1236) bekannt. Eine zweite Variante (zwei Betrüger, die sich als Weber ausgeben, fertigen in fürstlichem Auftrag Gewänder an, die nur Personen ehelicher Geburt bzw. unschuldige Frauen sehen können; ein Kind deckt den Betrug auf) ist zuerst in Juan Manuels ›El Conde Lucanor‹ (um 1335) belegt, dann bis zu Hans Christian Andersens Märchen. Die nächst verwandte deutsche Verserzählung ist die von den ›Drei listigen Frauen‹ (älteste Fassung A, 14. Jh.). Zum Motiv vgl. Hans-Jörg Uther, Kaisers neue Kleider, in: EdM 7 (1993), Sp. 852–857; auch der Motif-Index of German Secular Narratives from the Beginning to 1400, ed. by the Austrian Academy of Sciences, vol. 1–7, Berlin/New York 2005–10, ver-weist nur auf die ›Drei listigen Frauen‹. Das Motiv war aber offenbar mündlich so weit verbreitet, dass die Kenntnis einer die vermutete Anspielung erlau-benden Variante in Ulrichs Umfeld wohl zumindest denkbar ist.

zu weit (*ir sît spotes alze vrî;* 5,6), zugleich aber hält er sich wohl an die Regeln fazeter Rede, die durch das Rühren an sensible Grenzen nur gewinnt.[31] Anspruch und Exklusivität solcher Rede unterstreicht eindrücklich die nachfolgende Erzählstrophe:

> Diu liet vil maniger niht verstuont,
> als noch die tumben ofte tuont;
> swer aber was sô rehte wîs,
> der sî verstuont, der gabe in prîs.
> si wâren getihtet wunderlîch,
> die rîme gesetzet meisterlîch:
> diu wîse kunde bezzer niht gesîn:
> ich redet drinne mit der vrowen mîn. (1398)

Der Kommentar hebt also nicht nur die ausgefallene und zugleich raffinierte Form des Liedes hervor (und identifiziert ausdrücklich die beiden Rollen des Wechsels mit den Figuren Ulrichs und seiner Dame in der Erzählhandlung),[32] sondern betont auch (und vor allem) die Schwierigkeiten einer höfischen Öffentlichkeit,[33] den Liedinhalt zu verstehen: Das gelang nur wenigen, *swer aber was sô rehte wîs, der sî verstuont, der gabe in prîs* (›doch wer so viel Bildung besass, dass er sie [die Strophen] verstand, der lobte sie‹; 1398,3 ff.).

---

31 Der Kunst des *scomma*, des durch *urbanitas* verhüllten Tadels im (Tisch-) Gespräch, eines Spotts, der trifft und doch nicht verletzt, beschreibt Macrobius in seinen ›Saturnalien‹ und ordnet sie dem *sapiens* oder *alius urbanus* zu; und Johannes von Salisbury hat sie in seinem ›Policraticus‹ ausführlich zitiert: Macrobe, Les Saturnales, t. 1–2, [texte et] trad. nouvelle avec introd. et notes par Henri Bornecque et François Richard, Paris 1938, VII, iii, S. 298–309; Ioannes Saresberiensis, Policratici sive de nugis curialium et vestigiis philosophorum libri VIII, t. 1–2, recogn. et proleg., app. crit., comm., indic. instr. Clemens C. I. Webb, Oxford 1909, VIII, x, Bd. 2, S. 289 f. Zur *facetia* vgl. C. Stephen Jaeger, The Origins of Courtliness. Civilizing Trends and the Formation of Courtly Ideals 939–1210 (The Middle Ages), Philadelphia 1985, bes. S. 161–168, und jetzt die beiden Aufsätze von Gerd Dicke: *Homo facetus*. Vom Mittelalter eines humanistischen Ideals, in: Humanismus in der deutschen Literatur des Mittelalters und der Frühen Neuzeit. XVIII. Anglo-German Colloquium Hofgeismar 2003, hg. v. Nicola McLelland u. a., Tübingen 2008, S. 299–332, und: Fazetieren. Ein Konversationstyp der italienischen Renaissance und seine deutsche Rezeption im 15. und 16. Jahrhundert, in: Literatur und Wandmalerei II. Konventionalität und Konversation. Burgdorfer Colloquium 2001, hg. v. Eckart Conrad Lutz u. a., Tübingen 2005, S. 155–188.

32 Wachinger, Deutsche Lyrik, S. 708.

33 Ob einer realen oder gedachten, einstigen oder gegenwärtigen, bleibt sich gleich.

Nur unter der Bedingung solchen literaturkritischen Urteilsvermögens
(oder Kunstverstands) kann aber auch das unmittelbar folgende Lied
XXXIV als erstes von vier der zweiten Dame *ze dienest* geschaffenen Liedern richtig verstanden werden. Denn gerade hier, wo Melodien und Texten
vorweg unübertreffliche, ja hinreissende Qualität zugesprochen wird (*die
giengen ûz der sinne hort*; 1399,6), nimmt Ulrich seinen Preis der ethischen
und ästhetischen Auszeichnung der Dame, ihres angeborenen Adels und
ihrer gelebten Weiblichkeit (Str. 4) als subjektive – und das heisst bei Liebenden doch zumindest: befangene – Sicht zurück (*swer* [sie] *mit mînen
ougen sæhe*; Str. 5,1), um diese Sicht gleich darauf als Urteil zu retablieren,
das auf Kennerschaft beruht (Str. 5,4) und insofern (und eben nur insofern)
wârheit für sich beanspruchen kann.

In diesem prinzipiellen Offenlassen der Aussagen, im Austragen der mit
dem Konstruktionscharakter dieser Lyrik verbundenen Chancen des Verstehens und Risiken des Missverstehens aufgrund verschiedener Standpunk-
te liegt wohl einer der Hauptreize des Spiels. Der hier offenkundige, auf der
Erzählebene hergestellte Zusammenhang zwischen Ulrichs lyrischem Werk
und einer weit zu fassenden höfischen Gesprächs- und Geselligkeitskultur
soll zunächst durch weitere Beobachtungen zu den Ausformungen dieser
Kultur im Text ergänzt werden (Abschnitt 3), bevor der (implizierten) Voraussetzung der Gesprächskultur in den Liedern und in ihrer Präsentation
durch die Begleitstrophen weiter nachgegangen werden soll (4–5). Später
wird dann die Frage beschäftigen, wie zwischen der im Text entworfenen
höfischen Welt und der immer wieder punktuell in ihr aufscheinenden, in
ihr gebrochenen historischen Welt Ulrichs und seines Publikums zu vermitteln ist und wie sich der im Schlussteil des ›Frauendienst‹ erhobene
Anspruch auf Lebenslehre, auf eine ›höfische Reformation‹ begründen lässt
(6–7).[34]

---

34 Zur Problematik der Überlagerung von Zerfallsklage und Ermahnung zur
   Umkehr einerseits und individueller Fortschrittserfahrung des Protagonisten
   und Anspruch auf verallgemeinerbare Lebenslehre andererseits vgl. die grundsätzlichen Überlegungen von Hans-Joachim Schmidt, Ist das Neue das Bessere? Überlegungen zu Denkfiguren und Denkblockaden im Mittelalter, Einleitung zu: Tradition, Innovation, Invention. Fortschrittsverweigerung und
   Fortschrittsbewusstsein im Mittelalter, hg. v. dems. (Scrinium Friburgense 18),
   Berlin/New York 2005, S. 7–24.

4.2 ›Höfische Reformation‹ oder »tröstende Imagination« – was verspricht die narrative Aufarbeitung des lyrischen Œuvres?

Doch ich unterbreche hier zunächst für einen Augenblick: Das ›Frauendienst‹-Kapitel, in dem wir stehen, war gerade geschrieben,[35] als das wichtige Buch von Sandra Linden erschien.[36] Sie geht offenbar von einem sehr ähnlichen Eindruck von Ulrichs Text (und einem verwandten Interesse an ihm) aus; sie schlägt aber methodisch andere Wege ein und wählt eine Perspektive, die zu anderen Gewichtungen der Befunde führt. Deshalb scheint es mir sinnvoll, Lindens Ansatz hier vergleichend zu umreissen und anschliessend nur gelegentlich in Anmerkungen auf Divergenzen einzugehen.[37]

Der dominierende Eindruck von Ulrichs Erzählung als einer ständig bewegten, als höfisch handelnde vorgeführten fiktionalen Welt, als eines umfassenden Entwurfs höfischen Lebens, Denkens und Verhaltens, der intensiver und expliziter als in der erzählenden Literatur sonst üblich auf die historische Welt des Autors und seines Publikums bezogen ist, sich mit ihr

---

35 Es entstand im Februar/März 2004 im Anschluss an ein ›Frauendienst‹-Seminar (WS 2003/04), aus dem auch zwei Lizentiatsarbeiten hervorgingen: Ladina Heimgartner arbeitete den didaktischen Anspruch Ulrichs vor dem Hintergrund seiner Auseinandersetzung mit literarischen Traditionen heraus (2005), Silvia Frei untersuchte die Ich-Konstruktion im ›Frauendienst‹ im Hinblick auf einen Vergleich mit der Diener-Figur in Seuses Vita (2006). Der Diskussion in einem zweiten Seminar – mit Beat Kühnis, Stephan Lauper, Natacha Moeri, Eva Nolfi, Valeria Rast und Daniel Rosskopf im HS 2010 – verdanke ich manche Präzisierung.

36 Sandra Linden, Kundschafter der Kommunikation. Modelle höfischer Kommunikation im ›Frauendienst‹ Ulrichs von Lichtenstein (Bibliotheca Germanica 49), Tübingen/Basel 2004. Sie hat ihren Ansatz, generalisierend, aber vom ›Frauendienst‹ ausgehend, danach noch einmal dargelegt: Kommunikationswissenschaftliche Perspektiven der Mediävistik, in: JOWG 15 (2005), S. 63–75. Die vor allem am Körper interessierten Beobachtungen von Karina Kellermann, Formen der Kommunikation. Zum Beispiel Ulrichs von Liechtenstein ›Frauendienst‹, in: Wolfram-Studien 15 (1998), S. 324–343, führen zum Schluss, Ulrich äussere »im ›Frauendienst‹ seine erheblichen Zweifel an der Idee der höfischen Kultur und der Tauglichkeit des literarischen Ideals für die mittelalterliche Adelsgesellschaft.« (336)

37 Zugleich erlaubt es die gründliche und zuverlässige Aufarbeitung der Forschung durch Linden (13–21 und passim), meine Anmerkungen in dieser Hinsicht zu entlasten. Der Orientierung kommt die weitgehend der Erzählchronologie des ›Frauendienst‹ folgende, übersichtliche Gliederung ihres Buches sehr entgegen.

auf irritierende Weise durchdringt – dieser Eindruck bestimmt wohl zunächst beide ›Frauendienst‹-Lektüren, diejenige Sandra Lindens wie meine
eigene. Linden[38] schliesst aus diesem Eindruck auf ein besonderes Interesse
des Autors »an der Frage, wie sich höfische Menschen in bestimmten Situationen verhalten, wie sie kommunizieren, interagieren,« das ihn veranlasse, »sämtliche Interaktionsmuster der höfischen Minne« in das Minne-
dienerleben seiner Ich-Figur zu integrieren und darzustellen (1).[39] Da er sich
dabei der Motivik und Topik des Minnesangs wie der höfischen Erzählliteratur bedient, sie ›auserzählt‹ (Ursula Peters; vgl. 8f., 29f.), aber auch
Formen höfischen Zeremoniells integriert, die historischen Formen verwandt sind (Gerd Althoff; vgl. 36), liegt es nahe, einerseits die Poetizität
(oder Literarizität) des Textes in den Fluchtpunkt der Untersuchung zu
stellen (2, 30f.) und andererseits die Kenntnis historischer Rituale zur Beurteilung zeremonieller Formen des Umgangs im Text vergleichend heran-
zuziehen. Von zentraler Bedeutung für Lindens Untersuchung sind aber
moderne Theorien der Kommunikation, die sie als »Beschreibungsinstru-
ment« benutzt (26), die nicht erklären, sondern helfen sollen, die Komplexität der Befunde zu reduzieren (32). Sie ergänzen kontinuierlich ihre
Analyse des Textes, die sich im übrigen als literaturwissenschaftlich-her-
meneutische Interpretation versteht (31).

Unter diesen Voraussetzungen fügen sich die für den ›Frauendienst‹ charakteristischen häufigen variierenden Wiederholungen von Szenen des Minnedienstes (Botschaften, Empfängen, Tjosten), die Präsentation des ganzen
typologischen Spektrums der Minnelyrik (und weiterer Textsorten) und die
grossen Verkleidungsfahrten zu einer Auffassung des Textes, die besonders
das Spiel und das Experiment betont (Kap. 10): unter anderem das Durch-
spielen von Formen der höfischen Kommunikation und Interaktion, das
Experimentieren mit den Ausdrucksmöglichkeiten des Minnesangs (und
anderer literarischer Formen) und – damit verbunden – mit den Rollen des
Ichs, schliesslich das Entwerfen und Vorführen von eigenen Spielwelten
innerhalb der mehrschichtig fiktionalen Welt des ›Frauendienst‹. Zu diesen
Spielwelten zählt Linden nicht nur die grossen Inszenierungen der Venus-

---

38 Ich gebe hier ein relativ freies Referat des differenzierten Ansatzes mit dem
    nachdrücklichen Hinweis auf die klare Einleitung des Buches (für die me-
    thodischen Grundlagen), auf die zusammenfassende Darstellung der Ergeb-
    nisse im Kapitel 10 sowie auf den zusammenfassenden Aufsatz.

39 Dieses Interesse am »ganzen komplexen System schriftlicher und mündlicher
    Kommunikation« veranlasste Kellermann und Young, You've got mail, dazu,
    den ›Frauendienst‹ »als Kommunikationsroman zu etikettieren« (342).

und der Artusfahrt (378 f.), sondern auch den Minnedienst an sich (381).
Hier kommt nun die besondere, über Orts- und Personennamen auf Ulrichs real-historische Welt Bezug nehmende Konstruktion der fiktionalen
Welt des ›Frauendienst‹ zur Geltung: Da treten im erzählten Text (neben
dem Protagonisten) Figuren, die Namen historischer Personen aus der Umgebung Ulrichs tragen, in die internen Spielwelten des Textes ein und gelangen dort zu höfischer *vreude*, die sie (im Text) über das Spielende hinaus
bewahren können – und dieses Vorführen der Erfahrung der Figuren versteht Linden als Aufforderung an das reale Publikum des ›Frauendienst‹
(also auch an die historischen Träger jener authentischen Namen), in diese
»Als-Ob-Welt einzutreten« (382), um so an der Erfahrung im Text teilzuhaben. Was sich hier als ihre Auffassung abzeichnet, wird deutlicher noch
da, wo Linden entschiedene Zweifel an der Relevanz der dezidiert didaktischen Schlusspartie des ›Frauendienst‹ äussert (356–361, 390): Ihre Vorstellung von der Wirkung des Textes ist gebunden an seine Auffassung als
Kunst-Werk, dessen Urheber im wesentlichen im Spiel mit literarischen
Motiven und Formen, mit Figuren und Rollen und fiktionalen Entwürfen
sein Genügen findet, eben vor allem an einem faszinierenden »Panorama
von höfischen Interaktionsmustern« interessiert ist (389 ff.). Die gegen Ende
des ›Frauendienst‹ – angesichts der Erscheinungen politischen und gesellschaftlichen Zerfalls – immer eindringlicher propagierte Stabilisierung der
eigenen Befindlichkeit des Ichs (wie derjenigen der höfischen Gesellschaft
überhaupt) durch die Besinnung auf den allein *vreude* verheissenden Dienst
an *guoten wîben* hat daher für Linden nur den Stellenwert einer punktuellen
Zuflucht des Einzelnen zur Imagination der Dame, eines dem Willen ver-
fügbaren, wenn auch flüchtigen Glücks – Ulrich nutze »das Dichten als
Dienst für die Dame […] als eine Art Zufluchtsort, als eine Gedankenwelt,
in die er sich in Zeiten sozialer Not zurückziehen kann« (342).[40] So ist am
Ende der Eindruck eines virtuosen und höchst reizvollen, aber eben doch
weitgehend unverbindlichen literarischen Spiels beherrschend, die Festlegung des ganzen ›Frauendienst‹ – im Schlusssatz des Buches – auf »die
höfische *vreude* als Glücksgefühl und zugleich ethisch vorbildliches Le-
bensideal« (392) wirkt so merkwürdig flach und (in ihrem Stellenwert)
unvorbereitet.

---

40 Er propagiere im Rahmen der Gefangenschaftsszene »sein Konzept des dichterischen Trostes«, führe dem Leser »sein Konzept ›vreude durch Minnedienst‹ vor«: »Der Minnesang mit dem Lobpreis der Dame ermöglicht in Not-
zeiten eine tröstende Imagination und […] lässt sich ganz allgemein als eine
Art Bewältigungsstrategie gegen eine unvollkommene Realität einsetzen.« (343)

Bei aller grundsätzlichen Zustimmung zu den Ergebnissen, die Linden auf hermeneutischem Weg erarbeitet hat, habe ich gewisse Vorbehalte gegenüber der Perspektive, in die sie die Befunde stellt, gegenüber der Konzentration auf das literarische Werk an sich und deren Folgen. Mein eigener Ansatz ist einem anderen Paradigma verpflichtet, der Vorstellung von einem ›offenen‹ Text. Sie ist mit dem oben erwähnten Text-Begriff verbunden,[41] mit der Unterscheidung des vom Autor formulierten und somit ›fest‹ gewordenen Textes vom eigentlichen ›Text‹, dem Sinngefüge, das der ausformulierte (und überlieferte) Text zwar zu erhalten sucht, aber als solcher nicht zu erreichen vermag. Überbrückungen zwischen beiden sind – ganz generell – allenfalls möglich im Akt der Aufführung (und Kommentierung), in der handschriftlichen Aufbereitung des Textes für adäquate Formen des Gebrauchs oder durch dem Text selbst eingeschriebene Signale, Muster und Strukturen, die dem Rezipienten helfen, so mit ihm umzugehen, dass jenes Sinngefüge sichtbar wird, dass der (eigentliche) ›Text‹ erneut lebendig werden kann und seine Wirkung entfaltet. Werden Texte in dieser Weise als defizient verstanden, gilt es für Autoren und Vermittler, sie ›offen‹ zu halten, und dieses Bemühen scheint mir gerade beim ›Frauendienst‹ evident. Nicht nur (im Sinne Lindens) insofern, als Ulrich seinen »Text als bewusst offenes Experimentierfeld der Kommunikation« entwirft und so sein »Interesse für unterschiedlichste Kommunikations- und Verhaltensformen höfischen Minnens und Lebens« (391) dokumentiert. Ulrich greift vielmehr mit seiner Reihe von Minneliedern (und Büchlein) ein in ein bestehendes (literarisches und philosophisch-ethisches) Gespräch, das er erneut stimuliert und entschieden neu gestaltet, um sich dann – vorläufig – zurückzuziehen: weitere Lieder könnten entstehen, dann möge man sie sammeln; ein neues Büchlein entsteht tatsächlich nur zwei Jahre später mit dem ›Frauenbuch‹. Und Ulrich dirigiert als Minnediener, Venus, Artus eine mehrschichtige fiktionale Spielwelt, in die er für die Dauer des Vortrags viele seiner Hörer auf komplexe Weise einbezieht. Vor allem aber setzt er einen Prozess der Reflexion in Gang, den er auf die ganze Länge des ›Frauendienst‹ mit seiner (rezipierenden) Umgebung teilt, der freilich eine anhaltende, über den Text hinausgehende Auseinandersetzung in Gespräch und Meditation zu initiieren sucht, einen neuen Umgang mit dem Konzept des Frauen-Dienstes, eine philosophische, ja metaphysische Überhöhung und Verinnerlichung der ihn bestimmenden Werte. Es geht ihm um einen Prozess, der zu einer für die Alltagsbewältigung relevanten höfischen

---

41 Lutz, Text und ›Text‹.

Gelassenheit führt und innere und äussere, persönliche wie gesellschaftliche Stabilität verspricht – zu einer bestimmenden und tragenden Haltung, die zur Erneuerung der Gesellschaft beitragen soll, sich also gerade nicht mit flüchtigen Imaginationen höfischer *vreude* begnügt.

4.3 Formen des Umgangs, fazete Rede und Gespräch – Entwürfe einer bekannten und zugleich exemplarischen höfischen Lebenswelt

Ulrichs (historischer) ›Wahrheitsanspruch‹[42] und sein ausgeprägtes Interesse an Formen des höfischen Umgangs[43] sind gleichermassen beteiligt an der Begründung von Verhältnissen, die seiner durchfiktionalisierten ›Autobiographie‹ eine Verbindlichkeit geben, die nicht in der Authentizität des Geschehens, sondern im pädagogischen Wert, im exemplarischen oder informativen Charakter des Vorgeführten liegen. Gespräch und fazete Rede haben ihren Platz in diesem Zusammenhang, im Kontext von Turnierveranstaltungen, von Beschreibungen von Personen, Aufzügen und Empfängen, von Besuchen, Messen und Gelagen. Ich wähle das Beispiel des Turniers von Kornneuburg.[44]

---

42 Dazu Linden, Kundschafter, S. 13–21, und zuvor etwa Müller, Lachen – Spiel – Fiktion; Rischer, Realitätsstatus, und bes. Klaus Grubmüller, Minne und Geschichtserfahrung. Zum ›Frauendienst‹ Ulrichs von Liechtenstein, in: Geschichtsbewusstsein in der deutschen Literatur des Mittelalters. Tübinger Colloquium 1983, hg. v. Christoph Gerhardt u.a., Tübingen 1985, S. 37–51, hier: 38 ff.

43 Bis hin zur Inszenierung der ›diplomatischen‹ Interventionen des Herzogs gegen Ende der Artusfahrt, Str. 1566–1609.

44 Dass die »finest exploits« (*plus bels faiz*; 6510) des Hofes Heinrichs II. von England, »namely the love affairs and the courting, the drinking and the hunting, the festivities and the pomp and ceremony, the acts of generosity and displays of wealth, the entourage of noble and valiant knights he maintained, and the generous presents he distributed« (*ço est d'amur e dosnaier, del gaber e de boscheier E dé festes e des noblesces, des largetez e des richesces E del barnage k'il mena, des larges dons k[ë] il dona*; 6511–16) die eigentlichen Gegenstände höfischer Dichtung sein sollten, hat Geffrei Gaimar im Epilog zu seiner ›Estoire des Engleis‹ schon um 1136/37 verlangt: »This is indeed the sort of material that should be celebrated in poetry, with nothing omitted and nothing passed over.« (*d'iço devreit hom bien chanter, nïent leissie[e]r ne trespasser*; 6517 f.) Vgl. Rector, *En sa chambre*, S. 113, mit Text und Übersetzung nach Geffrei Gaimar, Estoire des engleis. History of the English, ed. and trans. by Ian Short, Oxford 2009.

Die grosse Venusfahrt (zu Ehren der ersten Dame) ist soeben zu Ende gegangen, Ulrich ist nach Wien aufgebrochen, um sich als Ritter neu einkleiden zu lassen. Die Nachreitenden ziehen unterwegs Bilanz (978 ff.), alles spricht von ihm, teils voller Freude, teils mit Neid (983 ff.). Ulrich erfährt von der Ankunft seiner Leute und will dem Domvogt, der ihm auf der Venusfahrt im Hofamt des Marschalls gedient hatte, entgegenreiten. Als höfischer Mann kommt jener ihm zuvor und begrüsst ihn öffentlich – als *künegîn* (987,8) – und fährt fort: »*got wunder hât getân an iu, daz ir nu sît ein man und wârt vor vier tagen ein wîp. daz ir sus wandelt iwern lîp, daz ist ein wunder endelîch*« (988,1–5) – zuvor *küneginne rîch*, jetzt nur noch *als ein ander man*. Eine Metamorphose also, und als solche *mirabilis*, und zugleich ein Machteinbruch, die der Domvogt, seine alte Rolle weiterspielend, beide thematisiert, statt Ulrich in seinen neuen Kleidern als den zu begrüssen, der er ist (und immer war).

Ulrich nimmt den Scherz auf, wie es sich gehört: *des lacht ich und manic ritter guot, als man nâch spæher rede tuot* (989,1 f.).[45] Damit ist die Rückkehr zur Normalität höfisch vollzogen, freilich kostet man den Übergang aus. Auch das übrige ritterliche Gefolge Ulrichs sucht ihn in seiner festlich geschmückten (986,5 f.) *herberge* auf und versucht, es beim Wein dem Domvogt *mit rede* gleichzutun, zum Vergnügen aller: *manic schimpfwort man zuo mir sprach. uns was mit rede dâ wol genuoc; dar zuo man ofte trinken truoc* (989,6 ff.).

Vier Tage bleiben bis zum Turnier, vier Tage in Wien, die alle *mit vreuden vertriben*, indem sie unter den Vorbereitungen die verjüngende Begegnung mit schönen (und zugleich guten) Damen suchen (994). Auch in Kornneuburg, wohin man am Sonntag aufbricht, wird der Vorabend des Turniers in Gesellschaft verbracht: Mit Wachslichtern ziehen die Ritter von Herberge

---

45 Wie hier erleichtern im ›Frauendienst‹ Erzählerbemerkungen und präzise situative Einbettungen das Verständnis von Lachen (*lachen*) und Lächeln (*smielen*). Grundsätzlich zu den Schwierigkeiten der Deutung J. A. Burrow, Gestures and Looks in Medieval Narrative (Cambridge Studies in Medieval Literature 48), Cambridge 2002, hier bes. S. 73–81 (Varianten von »smiles« und »laughter« in französischen und englischen Texten); umfassend zur französischen Literatur (auch zur Chanson de geste) Philippe Ménard, Le rire et le sourire dans le roman courtois au moyen âge (1150–1250), Genève 1969, und jetzt Stefan Seeber, Poetik des Lachens. Untersuchungen zum mittelhochdeutschen Roman um 1200 (MTU 140), Berlin/New York 2010; zum Lachen im ›Frauendienst‹ (im Kontext von höfischem Verhalten wie von Fiktionalitätskonstruktion) ausführlich Linden, Kundschafter, bes. S. 104–112 und 239 ff. (mit der älteren Literatur), zur Stelle S. 164.

zu Herberge, sich gegenseitig besuchend – *als ofte durch hôhen muot geschiht* (1010,4) –, ja es ist so hell, dass man sich ohne eigenes Licht bewegen kann. Der Aufwand ist gross, der Erzähler betont es wiederholt, aber es ist eine standesgemässe ›Verschwendung‹, die *mit zühteclîchen siten* geschieht und viele *hôchgemuot* macht, ›höfisches Leben‹ erst gelingen lässt; ein Aufwand, der ausdrücklich gerechtfertigt ist – *dêswâr daz wære niht wol belîben* (1011,6) –, weil er gesellschaftsstabilisierend wirkt: *wan manic man dâ ze friunt gewan des nahtes manigen biderben man* (1011,7f.). Von Gesprächen steht hier nichts, aber das Sich-Freunde-Machen wird – in den Augen zeitgenössischer Hörer[46] – im wesentlichen von (*spæher*) *rede* und Trinken bestimmt gewesen sein, wie jener Abend in Wien, einige Tage früher, auch. Für den Schlaf bleibt nur die halbe Nacht, aber man begibt sich doch morgens zur Messe, bevor das Turnier beginnt (1012f.).

Wird der so ›ausgemalten‹ Geselligkeit gerade durch die kommentierenden Bemerkungen des Erzählers attestiert, dass sie grundsätzlich im Erfahrungshorizont seiner Rezipienten liegt, kommt bei den Schilderungen der Venusfahrt mit der Maskerade ein verfremdendes Element hinzu. Aber auch wenn man deren künstliche Inszenierung durchschaut (und gerade deshalb und als solche goutiert) haben wird, sind die fiktionalen Arrangements höfischen Umgangs wahrscheinlich ebenso kredibel, wie die Namen von Orten und Personen an sich.[47] Das nehme ich jedenfalls für jene Szenenfolge an, die der Erzähler auf Burg Feldsberg situiert (906ff.).

Nachdem Ulrich in seiner Venus-Rolle (wie üblich) die gastweise Unterbringung auf der Burg abgelehnt hat,[48] bittet ihn der Burgherr Kadolt *zühteclîchen*, dass er doch wenigstens *durch höfschen muot sîn wîp und manic vrowen guot* (929,7f.) ›sehen‹ komme. Die erbetene Ehre des Besuchs, die Ulrich nicht abschlagen kann (*ez muoz durch zuht mir wol*

---

46 Ulrich geht in Str. 1845 davon aus, dass sein Buch vorgelesen, also hörend rezipiert wird.

47 Zu Ritual und Zeremoniell, Gestik und Mimik vgl. Linden, Kundschafter, bes. S. 58f. und 114–150, zum Empfang: 125–134. Auch sie geht davon aus, dass Ulrich sich zumindest bei den »basalen Interaktionssituationen« um »Verhaltensplausibilität« bemühe (36). Ausserdem Witthöft, Ritual und Text.

48 Hier tritt eine für die Venusfahrt willkürlich gesetzte Spielregel zu den grundsätzlich geltenden höfischen Konventionen (z. B. den Regeln für Empfänge, Turniere usw.) hinzu. Zu den Spielregeln Linden, Kundschafter, S. 114 (Venusfahrt) und 221–224 (Artusfahrt), zur Nichtannahme von Geschenken: 145–150, dazu im Kontext historischer Geschenk-Rituale Witthöft, Ritual und Text, S. 151–166.

gezemen; 930,3) und mit der Teilnahme an der Messe verbinden will, gilt ausdrücklich Kadolt. Dessen Damen freuen sich natürlich, aber es ist auch sein (nicht ihr) Bemühen, sie gut und sorgfältig zu kleiden (930). Auch Ulrich erscheint gut gekleidet und *in hôhem muote* (931,3f.). Der Empfang ist beiderseits formvollendet (*mit zühten, als daz schône zam* usw.; ab 931,5) und warm (*willeclîch*; 931,6 und 8). Ulrich ist abgesessen und wartet nun am untern Ende einer (offenbar breiten) Freitreppe. Nach seiner Begrüssung durch den Hausherrn beginnen auf ihr die Dame des Hauses und viele Begleiterinnen zu ihm hinabzusteigen: Das Faltenspiel der langen von Stufe zu Stufe fallenden Kleider, die Bewegungen, die Anmut und die Schönheit der Damen tun Ulrich *in dem hertzen wol* (932,8). Doch er unterbricht selbst höflich (*durch zuht*) das Schauspiel und geht seinerseits den Damen entgegen, so *vil blîde* (›gemessen‹) freilich, wie es seine Rolle (als Venus) und seine Kleidung erfordern, und löst damit ein Lächeln (*smielen*) der Damen aus, das bei genauerer Betrachtung seiner Frauenkleider und Zöpfe in Lachen (*lachen*) übergeht (933). Aber das Verhalten schlägt darauf nicht einfach um, das Rollenspiel bleibt in der Schwebe, Mitspielen und Verweigerung des im Spiel Aufgehens halten sich die Waage, und darin liegt der (auch erotische) Reiz der Szenen: Man grüsst Ulrich als *vrowe künegîn*, aber die *vrowen*, denen er einen Begrüssungskuss anbietet, werden *gar rôsenrôt* oder doch *vor scham ouch rôt genuoc* (934,6/8).

Unter solchen Umständen ist Andacht in der anschliessenden Messe nicht zu erwarten, und der Erzähler bestätigt: *für wâr ich iu daz sagen wil: got wart gedienet dâ niht vil* (935,7f.). Ulrich ist von einer der Damen so hingerissen, dass er kaum seiner eigenen Dame treu zu bleiben vermag.[49] Erst als ein anderer Priester mit der Lesung des Evangeliums einsetzt, reisst ihn die neue Stimme aus seiner Minneversunkenheit (*gar sinne lôs; het ouch ich verdâht dâ mich*; 943,2/4). Noch einmal löst sein weiblich-gemessener Schritt beim Gang zum *opfer* Lachen aus, und auch das Kussmotiv erfährt eine pikante Steigerung, als keine der Damen ihm den Friedenskuss abnehmen will; gerade die Reizendste, die ihm eben noch mit schönen Augen, lachendem Mund und freundlichen Worten beinahe den Verstand geraubt hätte (936f.), weist ihn brüsk ab: »*ir sült des pæces mich erlân, sît man iuch hât für einen man*« (947,7f.), und zerstört damit die Illusion.

---

49 Von der Ehefrau ist auf der Ebene des Frauen-Dienstes bezeichnenderweise gar nicht die Rede. Ulrich kann sie aufsuchen, wenn der Dienst es erlaubt (Str. 707ff.), sie ist aber ausser Konkurrenz; was Ulrich im Frauen-Dienst an Format und Prestige gewinnt, kommt ihr als seiner Ehefrau nur indirekt zugut.

Diese Pointe lebt aber (für den Hörer) auch vom Kontrast mit einer früheren Messszene.[50] Auch dort bestand natürlich kein Zweifel an Ulrichs Identität, schon gar nicht für die Gräfin, die ihn begleitete (534,4–8). Und schon dort löste daher sein weiblicher Gang beim Messopfer reichlich Lachen aus (536). Nachdem er aber sein (den Mund verhüllendes) Gebende selbst zum Empfang des *pæce ab einem buoch* nicht aufband,[51] obwohl das ungehörig war (*daz doch niht zam*; 537,1f.), bat ihn die Gräfin, den Kuss ohne *rîse* an sie weiterzugeben – um dann die Überraschte zu spielen: »*wie nû? ir sît ein man: daz hân ich kürzlîch wol gesehen*«, bevor sie mit einem »*waz danne?*« beschliesst, nicht nur sein *pæce* anzunehmen, sondern diesen Kuss – durch *elliu guoten wîp* – mit einem *vrowenkus* zu erwidern; schliesslich habe er (als Mann) *vrowen cleit* angezogen. Was dort überraschend kam und mit zwei Preisstrophen aufs *vrowenküssen* quittiert wurde (539f.), liess aufmerksame Hörer im Fall der Schönen von Feldsberg vermutlich anderes erwarten als den trockenen Schluss – aber gerade deshalb ist er wohl da; *spæhe* ist auch er.[52]

Die erotischen Pointen im ›Frauendienst‹ haben nicht alle dieselbe Qualität. Das zeigt jene Episode, in der der Erzähler Venus auf einen Boten treffen lässt, der für seine Herrin um eine Tjost bittet: In ihrem Tal gebe es keine Ritter, weshalb sie – als Frau – sich bereithalte (687). Ulrich grinst (*smielt*) und lässt damit bereits eine derbe Pointe erwarten: Sie gelingt dank der ängstlichen Fixierung des Boten auf das (ihm eingeschärfte) Rollenspiel, das Ulrich nun gerade unterläuft, indem er ihm zu sagen aufträgt, er habe stets nur *harnaschblôz* mit Frauen tjostiert und das habe *herzenlîchen wol*

---

50 Unter dem Gesichtspunkt des Rollenbruchs analysiert beide Szenen Linden, Kundschafter, S. 108–112.

51 Das Buch dient also nur der Übertragung des Kusses von den Zelebranten auf die erste Person unter den Laien, hier auf Ulrich als ›die ranghöchste Dame‹. Er wird dann von Person zu Person und zwar – nach Geschlechtern getrennt – als *osculum ore ad os* weitergegeben. Vgl. Thomas Richter, *Instrumenta pacis*: Der Kuss von Bildwerken und Reliquien im Friedensritus der Heiligen Messe, in: Riten, Gesten, Zeremonien. Gesellschaftliche Symbolik in Mittelalter und Früher Neuzeit, hg. v. Edgar Bierende u. a. (Trends in Medieval Philology 14), Berlin/New York 2008, S. 117–139 (ohne Behandlung Ulrichs).

52 Witthöft, Ritual und Text, greift zu kurz (oder zu weit), wenn sie das Lachen an dieser und ähnlichen Stellen (in Anlehnung an Müller, Lachen – Spiel – Fiktion, S. 39: »Differenz zwischen literarischer und wirklicher Rolle der Akteure«) damit erklärt, dass in diesen Ritualhandlungen »die Diskrepanz zwischen darstellender und dargestellter Person offensichtlich« werde (S. 188–194, 223 und 313 [zit.]). Vgl. die Einwände von Rischer, Realitätsstatus, S. 144f., gegen Müller.

getan (688). Der Bote – der an den Frauenrollen festhält – erwidert ernsthaft, seine Herrin trage wie Frau Venus selbst unter ihren Kleidern eine
Rüstung, wie ein Ritter wolle sie mit ihr kämpfen (689). Mit Männern
verkehre er nicht, antwortet Venus-Ulrich darauf aus der Perspektive des
Mannes, er habe immer nur bei Frauen gelegen und verstehe sich darauf;
und noch einmal: sei des Boten Herrin wirklich eine Frau, so wolle er sie
gern ohne Harnisch bestehen (690). Dem Boten bleibt – so in die Enge
getrieben – nur die Kapitulation, das Geständnis: seine Frau sei ein ver-
kleideter Mann (691). Nun gewährt Frau Venus die erbetene Tjost.[53]

Ist ihm hier der – auch ständisch ungleiche – Gegner an Schlagfertigkeit
und damit an *facetia* nicht gewachsen, so ist das wieder anders in einer
Episode der Artusfahrt (im Dienst der zweiten Dame), in der sich der Ich-
Erzähler als König Artus mit Ulrichs von Liechtenstein Herrn, Herzog
Friedrich selbst, misst – unter den Bedingungen umgekehrter Abhängigkeit.
Der Erzähler arrangiert einen prunkvollen Zug (1450–55): König Artus ist
am Sonntagmorgen nach Messe und Frühstück zum Turnier von (später:
Wiener) Neustadt aufgebrochen. Unter einem ersten, geringsten von drei
Bannern in Artus' Farben ziehen die Lastpferde voran, Trommler begleiten
sie; dem zweiten Banner folgen Knechte mit Ersatzpferden, andere mit
Turnierlanzen, Pfeifer sind ihnen zugeordnet. Hundert Ritter, in gut ge-
schnittenen Reisekappen, viele mit Pfauenfedern auf den Hüten und klin-
genden Schellen am Zaumzeug, formieren sich unter dem dritten, gewich-
tigsten Banner in lockerer Reihe zu Paaren. Artus und Tristan schliessen
sich an, begleitet von den Fiedlern, deren Musik sie heiter stimmt.[54] Lang-
sam ziehen sie über das Steinfeld. Da sprengt ein Bote heran und meldet,
dass *der werde fürst ûz Œsterrîch* König Artus immer und ganz uneinge-
schränkt dienen wolle, weil dieser eigens *ûz dem paradîs* in sein Land gereist
sei. Der Herzog wolle (wie die Spielregeln des ›Königs‹ es verlangen) drei
Speere mit ihm *verstechen* und so die Aufnahme in die Tafelrunde erlangen,

---

53 Linden, Kundschafter, liest die Szene unter dem Aspekt der Bewährung der
    fiktiven Herrschaft der Venus, S. 152–155, und unterstellt Ulrich daher Miss-
    trauen (155) gegenüber der unhöfischen Verkleidung des Gegners als *windisch*
    wîp (154); ich kann beides nicht nachvollziehen.

54 Zur hier einmal offensichtlichen Hierarchie der Instrumente äussern sich we-
    der Kerstin Bartels, Musik in deutschen Texten des Mittelalters (EHS 1.1601),
    Frankfurt a.M. usw. 1997, noch Astrid Eitschberger, Musikinstrumente in
    höfischen Romanen des deutschen Mittelalters (Imagines medii aevi 2), Wies-
    baden 1999, deren Corpus den ›Frauendienst‹ nicht einschliesst; hier zum Rang
    von *floite* und *fidel* S. 275. Einen früheren ›Prachtzug‹ mit anderer Instrumen-
    tierung (den der Venus; 482–487), beschreibt Linden, Kundschafter, S. 118ff.

Artus' *gesinde* werden (1456ff.). Hier provoziert wohl schon die ironische Bemerkung, dass Artus ›aus dem Paradies‹ komme, dessen scherzhafte Versicherung, er wolle dem Herzog überhaupt nichts an Lehen und Geschenken versagen, solange er (Artus) leben werde. Aber damit nicht genug: er habe so viel zu geben, dass er – was immer er ihm auch gebe – dadurch doch selbst nicht weniger besitzen werde (1460). Was beabsichtigt war, tritt ein: *der rede wart vil gelachet dâ* (1461,1) – die leeren Versprechungen sind pariert und zugleich als solche markiert.[55] Aber auch der Herzog, vom Boten sinngetreu über die artustypische, aber ironisch überzeichnete *milte*-Versicherung informiert, bleibt eine fazete Antwort nicht schuldig, indem er sich zwar auf seine (unterlegene) Rolle im Spiel einlässt, doch zugleich die Realität seines Herzogtums gegen die Fiktionalität des Artus-Königtums ausspielt,[56] um schliesslich, vermittelnd, auf die Gleichheit im Turnier zu verweisen.

Eine unmittelbare Reaktion bleibt hier aus (von einer mithörenden Entourage des Fürsten ist allerdings auch nicht die Rede), aber das Denkmal eines *homo facetus*, das Ulrich hier dem (in der Erzählgegenwart längst verstorbenen und später – 1659–77 – von ihm beklagten) Herzog setzt, wird durch einen zweiten, unmittelbar anschliessenden Redewechsel erhöht. Schenk Heinrich von Habechspach und sein Bruder stossen mit vierzig Rittern als erste Gruppe von Turnierwilligen auf Artus, bevor die lange Reihe der herzoglichen Gefolgsleute eintrifft. Kaum sieht Schenk Heinrich Ulrich-Artus, grüsst er ihn *ûz hôhem muote* so:

> »got willekomen, künec Artûs!
> ich sihe wol, daz diu minne hûs
> für wâr in iwerm hertzen hât,
> wan sî iuch selten ruowen lât.
> si rætet iu unmuoze vil:
> des müezt ir sîn tyoste zil.
>
> Dô ich nu jungest von iu schiet,
> dô sunget ir guot niuwiu liet.

---

55 Linden, Kundschafter, S. 244–257, hier: 247–251, interpretiert die Szene im Zusammenhang einer schwierigen Kommunikation zwischen dem Landesherrn Herzog Friedrich und seinem eine überlegene, wenn auch fiktive Macht beanspruchenden Ministerialen. Das m. E. klar auf das vollmundig-leere Versprechen Artus' bezogene Lachen versteht sie daher als »Sphäre des Lachens«, in der allein der Herzog bereit sei, »sich von seiner herrschaftlichen Position zu distanzieren« (248 f.).

56 *wir mugen wol bêde werden rîch, swie arm ich gegen dem künege bin, teilt er mit mir und ich mit im.* (1464,2 ff.).

der selben liet sprach einez sô,
daz iwer herze sprünge hô
und wie ez stiez an iwer prust:
daz was der ritterschaft gelust;
daz ich nu wol verstanden hân.«
der rede man lachen dô began. (1468,3–1469,8)

Selbstverständlich lässt sich Heinrich wie der Herzog auf das Rollenspiel
ein, an dessen Inszenierung er ja gerade teilnehmen will, zugleich aber
erhöht er dessen Reiz, wenn er den respektvoll-heiter als *künec Artûs*
Titulierten zugleich – vor Kennern – als Maskenträger blossstellt: Seine (auf
Erzählebene prätendierte) intime Kenntnis Ulrichs (des Liederdichters) erlaubt ihm, die Motivation für dessen (fiktionale) Turnierfahrt im Artuskos-
tüm aufzudecken – die Liebe, den Frauen-Dienst. Das geschieht in einer
ersten, subtileren Wendung, indem er stillschweigend – aber *ûz hôhem
muote* (1468,2)! – paraphrasierend auf jenes Lied Ulrichs zurückgreift, das
(im Kontext der Erzählung) dem soeben erlangten Einvernehmen mit seiner
zweiten Dame gilt und Strophe für Strophe anaphorisch den *hôhen muot*
(neben der *vrouwe* selbst und der *minne*) als Bewohner seines Herzens
apostrophiert (XXXII, Str. 6): *hôher muot, diu vil liebe vrouwe* und *die
minne habent ze hûse dâ gedâht*; und die *liebe* ist es dort, die Ulrich *selten
ruowen lât* (Str. 7,6), auf *der minne rât* hat er sich *gar* an die neue Dame
gewendet (Str. 3,3 f.), den Entschluss, *durch sie* zu Tjostieren, fasst er selbst
in ›*hôhem muot*‹ (3,5 f.): Ulrich in *hôhem muot* verbunden, seine Verse
erinnernd und zur Deutung seines Spiels gebrauchend, ihn öffentlich als
Artus bekennend und doch zugleich (nur für Eingeweihte verständlich)
demaskierend – Empathie und literarische Kennerschaft, höfische Form
und fazete Rede bestimmen den Auftakt der Begrüssung.

Die Pointe der unmittelbar anschliessenden zweiten, weniger subtilen,
weil jetzt expliziten Aufnahme des Liedes XXXII durch Heinrich von
Habechspach,[57] die den Kreis der Verstehenden weitet und so auch das zu
erwartende *lachen* der Umstehenden auslöst, hebt nun gerade die eben
erzeugte Ambivalenz (und die Verbindung von Minnedienst und Turnier an
sich) wieder auf, indem sie nicht nur mit der Berufung auf die nicht lange
zurückliegende Begegnung mit dem Minnesänger die Maske deutlicher
lüftet, sondern auch einseitig und ausdrücklich die hohen Sprünge des
Herzens, sein An-die-Brust-Schlagen nicht wie in Str. 7,5 auf *werdiu*

---

57 *Dô ich nu jungest von iu schiet, dô sunget ir guot niuwiu liet. der selben liet*
  [Strophen] *sprach einez sô ...* (1469,1 ff.)

liebe zurückführt, sondern schlicht (und daher provozierend) als der *rit-terschaft gelust* erklärt – *daz ich nu wol verstanden hân*, sagt Heinrich (1469,6f.).[58]

Dieses wohl raffinierteste Beispiel fazeter Rede im Erzählzusammenhang des ›Frauendienst‹ umspielt sicher nicht von ungefähr auch die beiden Sei-ten des Minnedienstes, durch *wort* und *wîse* und durch *ritterlîche tât*. Wich-tiger ist in unserem Zusammenhang aber das Aufgehen von lyrischer Re-flexion und fazeter Rede in einem Bildung voraussetzenden und Bildung fördernden, mehr oder minder exklusiven ›Gespräch‹, wie es auch für das Verständnis des besonders anspruchsvollen Liedes XXXIII vorausgesetzt wurde:

> Diu liet vil maniger niht verstuont,
> als noch die tumben ofte tuont;
> swer aber was sô rehte wîs,
> der sî verstuont, der gabe in prîs.
> si wâren getihtet wunderlîch, [...]. (1398,1–5)

Diese Voraussetzung ist aber nicht nur textimmanent, für das Funktionieren der Verständigung im höfischen Erzählzusammenhang – und d. h. auch: über Lyrik – wichtig. Auf ihr beruht vielmehr auch das Bildungskonzept, das mit der narrativ vermittelten, zunehmend reflexionsbetonten *retractatio* der Ulrichschen Lieder im ›Frauendienst‹ verbunden ist: Das Ineinander-aufgehen von gesprächsweisem Erwägen, lyrischem Fassen und (litera-tur)kritischem Urteilen in ständig erneuerter Übung soll zu jener ›philo-sophischen‹ Gelassenheit führen, die den Hörern am Beispiel Ulrichs (des Protagonisten und des Erzählers) immer eindringlicher demonstriert und als Mittel zur Remedur der in Verfall geratenen höfischen Gesellschaft empfohlen wird.

Bevor wir aber diese Überlegungen weiterverfolgen (Abschnitt 4), sei hier noch ein weiteres Beispiel Lachen auslösender *rede* herangezogen, bei dem der Witz nun gerade nicht in fazeter Wechselrede präsentiert wird, sondern im Erzählzusammenhang ›unfreiwillig‹ vorfällt und so des (textexternen) Publikums bedarf, um aufgedeckt (und ausgesprochen) zu werden. Wohl

---

58 Für Linden, Kundschafter, S. 240f., liegt die Pointe von Heinrichs Rede darin, dass er »die Verkleidungsfahrt als Illustration des Minneliedes interpretiert – eine spitzfindige Minneliedrezeption, die von der Gesellschaft mit Lachen quittiert wird.« (241) Diese Deutung unterstellt Heinrich das Verfahren des ›Auserzählens‹ von Minnesangmotiven, das die Erzählweise des ›Frauendienst‹ an sich charakterisiert.

nicht zufällig wird der Abschnitt (1496–1512) durch eine auch für den an
Apostrophen reichen ›Frauendienst‹ ungewöhnliche Anrede der Hörer eröffnet:

> Nu swîget unde hœret mich
> und wizet wol für wâr, daz ich
> iu nennen wil hie einen man,
> des lîp untugende nie gewan: […]. (1496,1–4)

Dieser Mann ist Herr Kadolt Waise,[59] aber das wird – spannungserhöhend –
erst nach einer vierstrophigen laudativen Einführung bekannt gegeben. So
angekündigt, erscheint er an der Spitze von sechzehn Rittern zum Artus-
Turnier, vor allem aber in Begleitung eines schönen Mädchens, das Frau
Ehre in die Steiermark gesandt habe. Es lädt nun in deren Namen zu einem
Turnier in Krumau ein, das Herr Kadolt als ihr Dienstmann für Frau
Ehre ausrichten werde (1501f.). Diese selbst könne jeder Ritter besitzen
(1504,6ff.): Sie habe schon vielen sich zum Lohn gegeben und – sei doch
Jungfrau geblieben (1506f.). Die Rede des Mädchens schliesst nach wiederholten Wahrheitsbeteuerungen mit der – ja durchaus plausiblen – Berufung
auf den Erfinder der ganzen höfischen Konstruktion und eben auch der
wohlgesetzten Rede selbst:[60] *Der Weise mir der rede gestât, her Kadolt*
(1508,1f.). Freilich fällt diese Berufung (›gewollt‹ oder ›ungewollt‹) so rüh-
mend aus, dass Kadolt die Schamröte zu Gesicht steigt:

> Der Weise Kadolt der sprach alsô:
> »vrowe, ir lobt mich alze hô
> (ir lobt mich wæn in spotes wîs),
> und het ich alsô hôhen prîs,
> als ir von mir hie habt gesaget.
> lât iwern spot, vil schœniu maget!
> iwer übric lop mich machet rôt:
> des gât mir wol von schulden nôt.« (1509)

Inszenierte Selbstironie oder inszenierte unfreiwillige Komik – *der rede
manic ritter lachte dâ* (1510,1), worauf die *maget* ungerührt ihren Auftrag
zu Ende bringt und voller Ungeduld auf die Annahme ihrer Einladung
dringt (1510,2–8).[61] Unter den wenigen Vertretern der alten Führungs-

---

59 Zur Szene vgl. auch Linden, Kundschafter, S. 242ff.
60 Der Terminus *rede* ist hier also weit gefasst, meint sowohl Idee und Planung
   der Veranstaltung wie deren Ankündigung durch Kadolts Sprecherin. Vgl.
   BMZ 2, S. 593.
61 Sie ist ebenso in ihrer Rolle als Ausführende befangen wie der Bote jener
   ›Dame‹, die Venus um eine Tjost bittet (vgl. oben, S. 247f.).

schicht, die im Text Artus vor Neustadt entgegenreiten, wird übrigens neben Otto von Maissau (*Missouwe*; 1478) nur Kadolt Waise gerühmt. Das Mittelfeld bilden die Vertreter der neuen Führungsgruppen, zu denen Ulrich selbst gehört und deren Verdienste um den Herzog und deren Annahme als *fürsten gesinde* zweimal, den Aufzug rahmend, ausdrücklich hervorgehoben werden (1480, 1488).[62]

4.4 Lyrische Rede und höfisch-gebildetes Gespräch – Minnereflexion als Sinnmitte höfischer Weltdeutung

Die Etablierung der Minnereflexion als eigentlicher Sinnmitte einer höfischen Weltdeutung mit ethischen, sozialen und politischen Implikationen und die Verschränkung von höfisch-gebildetem Gespräch und lyrischer Rede werden im ›Frauendienst‹ früh angelegt, erreichen aber erst im Rahmen des zweiten Minneverhältnisses ihre ›philosophische‹ Qualität. Es entspricht dieser Konzeption, dass die exemplarische Vita des künftigen Frauendieners von Beginn an auf *dienest* an *guoten wîben*, an einer *vrowen guot*, als den einzigen Weg zu *werdecheit* und *êre* festgelegt wird (8f.). Diese Festlegung erfolgt durch die *wîsen* (8, 9, 13), ist aber von Anfang an und in auffälliger Dichte von eigenem Nachdenken begleitet (10, 12[63]). Sie beruht auf Entscheidung (11) und wird geprägt durch Vorbilder wie *margrâve Heinrîch* (29ff.; vgl. schon 13),[64] der den Knappen lehrt (*suoze*) *sprechen wider diu wîp*, auch *an prieven tihten süeziu wort* (sprich Lieder)[65] und *süeziu wort mit werken wâr* zu verbinden (33f.). Noch vor der Schwertleite lernt er, Frauen durch *turniren* zu dienen. Auf einen (auto)biographischen Wert dieser Aussagen kommt es auch hier nicht an, Stilisierung, ja Überzeichnung dieser Ausbildung sind evident, aber eben konsequent im

---

62 Zu den Gruppen vgl. Dopsch, Zwischen Dichtung und Politik, S. 92–97, und unten, Anm. 121.

63 Vgl. auch die Strophen 17–20, 21, 22f., 24, 29.

64 Zur Frage der Identität des Markgrafen vgl. Linden, Kundschafter, S. 41, Anm. 144.

65 Dass hier an verschriftlichte Lieder zu denken ist, nicht an Minnereden im Sinn der ›Büchlein‹, die Ulrich dem ›Frauendienst‹ inseriert (so Bechsteins Anm., S. 13), legt die spätere klare Unterscheidung zwischen *büechelîn* und *liet* in Str. 1335,2f., 1336,1 und 1337 nahe; vgl. auch Str. 165. Gottfried von Strassburg, Tristan und Isold, hg. v. Friedrich Ranke, Dublin/Zürich 1968, V. 8139 (*brieve und schanzune tihten*; Hinweis Bechsteins, ebd.) ist hingegen nicht eindeutig.

Hinblick auf die Konzeption des Textes. Umgekehrt ist deutlich, dass der Erzähler sofort den gnomischen und reflexiven Charakter des Minnedienstes und seine ethische Dimension ebenso hervorhebt wie den Zusammenhang zwischen Gespräch und Lieddichtung – und dass Ulrich selbst das so (irgendwo) gelernt hat, zeigt sein Werk.

Schon die Entstehung des ersten Liedes wird denn auch entsprechend vorbereitet: Trauernd darüber, dass seine Dame nicht weiss, dass sein Dienst ihr gilt, will der Erzähler zu seinem *niftel*, einer verheirateten Verwandten gekommen sein, die seine Vertraute (und Botin) wird (52). In einem Gespräch mit ihr, das bereits den Typus jener Gespräche vorwegnimmt, der für das Verhältnis zur zweiten Dame charakteristisch sein wird (auf Einladung der Dame, zu zweit, sitzend und privat; 53,1–3), übernimmt die Verwandte den Auftrag, der Dame seine Dienstbereitschaft mitzuteilen und ihr ein Lied zu überbringen: Es ist ein Preislied von ebenso konventioneller Prägung wie die Formeln, mit denen er der Botin seine Liebe beschreibt (62 f.; 65 f.), und dann die, mit denen die Botin der Dame von seiner Liebe berichtet (71,6–73,8). Schon hier aber wird das Lied als Ausformulierung einer Auffassung erkennbar, die Ulrich vorab im Gespräch vertritt: *ir güete volloben niemen mac* (66,8). Sie steht nun sentenzhaft am Anfang des Liedes – *wibes güete niemen mac volloben an ein ende gar* (I, 1,1 f.) –, bevor das *Ich* von seiner Dame bzw. zu ihr spricht und sie um die Annahme seines Dienstes bittet.[66] Dieselbe Formel steht aber auch schon in dem sechsstrophigen *lob* (7,1) von *wibes güete* und *guoten wîben*, das den ›Frauendienst‹ an sich eröffnet und bekenntnishaft *der werlde heil* (1,5) verkündet,[67] bevor der Erzähler mit einer eher prologtypischen siebten Strophe *in gotes namen* sein *mære* beginnt.

Von dieser konstatierenden Formelhaftigkeit ist man mit (dem einleitend herangezogenen) Lied XXXIII weit entfernt. Es gehört zu jenen 26 (von insgesamt 58) Liedern, die – auf nur 64 (von 1850) Erzählstrophen

---

66 Ironischerweise stehen dem zentralen Lob des Liedes: *ir rôter munt gibt reinen gruoz* (I,2,4), das in noch ganz konventioneller, später von Ulrich konsequent differenzierter und neu gefüllter Verbindung anziehende Schönheit, Rede und Lohn der Dame ineinssetzt, nicht nur die Ablehnung des *dienstes* und die Verweigerung weiterer *rede* gegenüber, sondern auch ihre Meinung, schon *sîn ungefüege stênter munt* (80,6) genüge, ihn als Diener abzuweisen. Das Urteil veranlasst die Ulrich-Figur bekanntlich zur Mundoperation (83–108), wobei wieder offen bleiben kann und muss, ob und wie sich in dieser Episode biographisch-faktische und symbolisch-allegorische Komponenten durchdringen.

67 *wibes güete niemen gar volloben an ein ende mac* (2,2 f.).

bezogen – den hochreflektierten Übergang vom ersten zum zweiten Min-neverhältnis vollziehen; eingeschoben zwischen den Abschluss des Besuchs bei der ersten Dame im Turm durch das (ihn aufarbeitende) dritte Büchlein und den Beginn der Artusfahrt im Dienst an der zweiten Dame.[68]

Sieht man sich die Insertion der Lieder (und der Büchlein) in die Reihe der Erzählstrophen genauer an, ergibt sich, dass zwar auf jedes der beiden Minneverhältnisse genau eine Hälfte der Lieder (also je 29) bezogen ist, der Bruch mit der ersten Dame aber erst mit der 1365. von 1850 Erzählstrophen erfolgt. Die langen handlungsintensiven Schilderungen des Turniers von Friesach, der Venusfahrt und der Begegnung mit der ersten Dame in deren Burg werden nicht von Liedern unterbrochen, auch die Artusfahrt im Dienst der zweiten Dame wird lediglich durch ein ›Reiselied‹ (ûzreise, XXXVIII) eingeleitet. Drei Lieder (I–III) und das erste Büchlein gehören zu den Anfängen der Werbung vor dem Friesacher Turnier; sieben (IV–X) und das zweite Büchlein stehen in Zusammenhang mit der an-schliessenden Phase der Werbung, die in der Übersendung des Fingerreliquiars kulminiert; ein (isoliertes) Lied (XI) geht dem Besuch bei der Dame voraus, das dritte Büchlein arbeitet ihn auf, ihm schliessen sich aber auch acht Lieder an (XII–XIX), die zwischen dieser unglücklich verlaufenen Begegnung und der ›Un-tat‹ der Dame vermitteln, die zur definitiven Aufgabe des Dienstes führt. Die dichte, mit XII einsetzende Folge von Liedern reisst nach dem Bruch freilich nicht ab: Sieben Lieder (darunter der Leich: XXV) thematisieren die Absage und klagen die Dame an (XX–XXVI), fünf Lieder, die sog. wânwîsen, bilden den Übergang zum neuen Dienstverhältnis. Sie stehen selbst zunehmend unter dem Einfluss der neuen Dame, die den Enttäuschten zum Verzicht auf seinen Zorn bewegt (XXVII), mit spæher rede den ersten, die Werbung spiegelnden Wechsel (XXX) auslöst, danach das Preislied auf wîbes güete (XXXI), bevor die Annahme des Dienstes jene neue Gestimmtheit des Mannes herbeiführt, die zunächst in sechs Liedern (XXXII–XXXVII) umschrieben wird, deren erstes mit der anaphorischen Apo-strophe hôher muot den Durchbruch anzeigt. Hier wird die neue Auffassung des Natureingangs und des Tagelieds bereits stillschweigend vorweggenommen, die nach der Artusfahrt, zu Anfang einer neuen Gruppe von sechs Liedern, explizit kritisch formuliert wird, wobei das herze zum neuen Paradies, zum Himmelreich erhoben und das Lachen und das Reden der Geliebten als Zugang zu ihm bezeich-net werden (XXXIX–XLIV). Damit sind die Voraussetzungen da, in der Schluss-partie der Handlung, mit dem Tod des Herzogs einsetzend, die neuen Formen des liebenden Umgangs und seiner lyrischen Fassung sich in einem immer dichter werdenden, Lied- und Berichtstrophen durchziehenden Denk- und Verarbei-tungsvorgang bewähren zu lassen. So gesehen, wird das in der Liebeslyrik ange-legte reflexive Potential erst dort wirklich ausgeschöpft, wo sich das zweite

---

68 Das völlige Zurücktreten des Erzählens zugunsten der kontinuierlichen Reflexion in Lied- und Erzählstrophen soll wohl nicht einfach »die dichterische Leistung des Minnedieners stärker« hervorheben (Linden, Kundschafter,
S. 266), es zeigt vielmehr deutlich den neuen, philosophischen Anspruch.

Verhältnis vorbereitet: erst hier werden die Lieder vom blossen Instrument der Werbung zum Ort philosophischen Raisonnements.

Anlass des Bruchs mit der ersten Dame ist – aus der Perspektive des Ich-Erzählers – *ein dinc*, das sie ihm antat: dürfte er *vor zuht* mehr darüber sagen, fände er bei allen *biderben* Verständnis und Unterstützung in seinem *klagen* (1361).[69] Wir werden später besprechen, was dieser Stelle vorausgegangen ist.[70] Hier genügt es festzuhalten, dass die Berechtigung des Klagens von keiner Seite in Frage gestellt wird; wohl aber der Umgang des Mannes mit diesem *leit* (über das der Ich-Erzähler noch zum Zeitpunkt des Erzählens nicht genug geklagt haben will; 1361,7f.): Lied XX klagt die *vrowe* vor allen Damen an, ihn überfallartig *hôhes muotes* beraubt zu haben, es schweigt sich weiter über die Umstände aus, lässt zwar Spielraum für eine Vermittlung, droht aber auch, die Dame sonst der *ungüete* zu bezichtigen – also den schwersten Vorwurf zu erheben, der im Rahmen des Wertesystems des ›Frauendienst‹ möglich ist. Das Einlenken der Dame bleibt aus, sie nimmt ihre *untât* (1365,1) nicht zurück, er gibt seinen Dienst auf und lässt sich *vor zorn* zu neuen Liedern hinreissen – zu einem Schritt, den der Erzähler auch zum Zeitpunkt des Erzählens vor allem deshalb bedauert, weil er den Lesern des Buches (aus Takt) eben *niht leider reht* erklärt werden kann (1364). Zwar verwünscht er nach seinem Absagelied XXI neben der *untât* der Dame auch die eigene *unzuht* ihrer – öffentlichen – Schmähung durch sein Lied. Der Erzähler wirbt aber zugleich beim Hörer um Verständnis dafür, dass er als Handelnder im Zorn seine (An-)Klagen fortgesetzt habe (1367ff.); auch noch, nachdem Lied XXII und dessen weite Verbreitung die Dame selbst erzürnt und *vil gar unfrô* gemacht habe (1370),[71] ein Lied, in dem er sie als *valsche* von den *guoten wîben* scheidet. Wenn auch im Leich (XXV) und der anschliessenden *tanzwîse* (XXVI) der schon in der ersten Strophe des Buches formulierte Gedanke, dass *der werlde heil* im Dienst an *guoten wîben* liege, wieder im Vordergrund steht, in XXVI sogar die Möglichkeit einer neuen Bindung angedeutet wird (Str. 4–7) – der Verzicht darauf, Frauenpreis weiter mit Anklagen gegen die

---

69 In für ihren Ansatz bezeichnender Weise versteht Linden, Kundschafter, S. 199–207 (u. ö.), die *untât* der Dame als ›poetologischen Kunstgriff‹ des Autors, der ihm erlaube, von den »Lob-Klage-Liedern des ersten Dienstes« wegzukommen und »andere Liedgattungen und auch eine andere Form des Minnedienstes erzählerisch erproben und darstellen zu können.« (205)

70 Vgl. unten, S. 260–263.

71 Vgl. auch die in 1372 erwähnte, wieder folgenlose *unmuot*-Reaktion der Dame auf Lied XXIII.

erste Dame zu verbinden, wird erst in einem Gespräch durch *ein wîp* angeregt, *der man vil tugende jach* (1375,2): Er müsse das (öffentliche) *zürnen* vor allem *durch elliu guoten wîp* aufgeben, aber auch, weil es ihm selbst *übel an stüende* (1375,3–7). Während Lied XXVII diesen Entschluss noch publik macht (Str. 5) und begründet (natürlich nur mit dem ersten Argument!), gelten die folgenden *wânwîsen* nun tatsächlich einem offenen, an keine bestimmte Dame gerichteten *wîbes lop* (1376,7f.). Sie behandeln die Konditionen des *minne*-Dienstes also sozusagen theoretisch. Und gerade auf dieser Ebene wird dann eine erneute Begegnung des Erzählers (und Sängers) mit der wohlmeinenden Beraterin angesiedelt, die ihn zur nicht affekt-bestimmten Minnelieddichtung angeregt haben soll:

> dô kom mîn hôchgemuoter lîp
> aber hin, dâ ich daz werde wîp
> in zühten und in vreuden vant,
> der ich dâ lobt ê in ir hant,
> daz ich die alten vrowen mîn
> niht mêre solde scheltent sîn. (1381,3–8)

Mit *hôchgemüete* (bei ihm) und *vreude* (bei ihr) sind nun die Voraussetzungen eines höfischen Gesprächs gegeben, indem er – dank ihrer *güete in zühten* neben ihr sitzend – über dies und das mit ihr reden kann und in *süezen worten minneclîch* Antwort erhält (1382,6). Diese Unterhaltung hat das Niveau *spæher rede* (oder sie erreicht es doch schliesslich: 1382,7), sie geht jedenfalls deshalb und wohl auch inhaltlich (*dâ von* kann beides meinen) unmittelbar in Lied XXX ein (oder über), in Strophen, die der Erzähler als *sinne rîch* bezeichnet und die andere *gämellîch* finden (1383,1f.): geistreich-erheiternd also, wie es von *spæher rede* zu erwarten ist.[72] Dass diese Strophen als nachträglich-stilisierende Fassung des vorangegangenen vertrauten Gesprächs gemeint sind, zeigt schon die Form des Wechsels an, die dann (unter ähnlichen Voraussetzungen) bei Lied XXXIII noch einmal eingesetzt ist. Aber auch der lyrische Dialog selbst soll wohl den Gedankengang des vorausgegangenen Gesprächs ›bedeuten‹, ihn ›abbilden‹ bis hin zu seinem *spæhen* Schluss, für den sich – Schlagfertigkeit spiegelnd – die Partner (wie bei Lied XXXIII wieder![73]) eine einzige Strophe teilen; und wie dort, so behält auch hier die Frau das letzte Wort.

Der *herre* eröffnet in diesem Lied XXX den Dialog mit einer Vermutung zum *minne*-Befinden der Dame: Sie sei wohl *hôch gemuot*, noch frei von

---

72 Vgl. dazu oben, Anm. 1.
73 So übrigens schon im Wechsel mit Frau Minne, Lied X, Str. 6.

siuften machender, zwingender Minne? – *Waz ist minne?*, fragt die *vrowe* zurück. – Minne sei *sô gewaltic*, dass alle ihr dienen, ihre Macht sei *übel* und *guot*. – Könne die Minne *hôchgemüete* geben, *zuht und werdekeit*, so habe sie *sælde*, meint die Dame. – Ja, ihr *lôn* sei *wunneclîch*, bekräftigt der *herre* – *swem sie lônen wil*. – Könne wohl auch sie ihren *lôn* verdienen, ohne *kumber*? – *Vrouwe, dâ soltû mich meinen herzenlîchen als ich dich*, wagt der *herre* da ›spontan‹ mit emphatischem Wechsel zum ›du‹ vorzuschlagen: *unser zweien sô vereinen, daz wir beidiu sîn ein ich. wis du mîn, sô bin ich dîn!* Und damit hat er auch schon den Bogen überspannt: *herre, des mac niht gesîn. sît ir iuwer, ich bin mîn.*

Man wird dieses Gespräch in der Tat als Spiel, als Abbild eines an sich unverbindlichen Minnegesprächs sehen müssen,[74] dessen Duktus zwar das Umschlagen in einen spielerisch-galanten Antrag erlaubt, aber eben auch dessen trockenes Parieren (beides gehört zur erotisch gestimmten *spæhen rede*). Denn der Ich-Erzähler räumt Gespräch und Lied keine (unmittelbaren) Folgen ein, lässt eine weitere *wânwîse* folgen (XXXI), bevor er aufgrund ausführlich vorgetragener und betont höfisch-rationaler Überlegungen (in den Erzählstrophen) zum Entschluss kommt, eine neue Minne-Dame zu wählen – die beste, die er kennt (1384–92):

Dô daz erdâht gar al mîn lîp,
dô nam ich daz vil werde wîp
ze frowen in daz hertze mîn.
dô ich gedâht dar an stæte sîn,
dô reit ich balde sâ zehant,
dâ ich die wolgemuoten vant.
der tet ich mînen willen kunt
mit worten an der selben stunt.

Swaz sî dô sprach, des sag ich niht;
wan daz mîn munt iu des wol giht,
daz ich kom von ir hôch gemuot. (1393,1–1394,3)

Das Gespräch selbst wird auch hier durch das Lied (XXXII) vertreten, der *hôhe muot*, als Ergebnis der Unterredung (*in hôhem muot ich von ir schiet und sanc ze dienst ir disiu liet* [1394,7f.]), wird jedoch zum Adressaten des Liedes – anaphorisch Strophe für Strophe angesprochen, generiert er gewissermassen die Gedanken, die um sein Wohnen mit der *vrowe* und

---

74 Linden, Kundschafter, S. 321, sieht darin geradezu »das Idealbild eines höfischen Kolloquiums […], in dem man sich über höfische Fragen verständigt, dabei aber stets den Unterhaltungswert im Auge behält und nicht ins Dozierende abdriftet.«

der *minne* im Herzen des Mannes kreisen; doch davon war oben schon die Rede.[75]

Grundsätzlich ist damit deutlich geworden, dass Ulrich seine Lyrik als integralen Teil eines reflexiven Prozesses zu beschreiben versucht, an dem das private Minne-Gespräch, aber eben auch der öffentlich-galante Umgang massgeblich Anteil haben, ein geselliges miteinander Verkehren, das verschiedene Spielformen des höfischen Verhaltens wie der (fazeten) Rede einschliesst. Es ist dafür unerheblich, ob sich dies oder jenes so, anders oder gar nicht ereignet haben mag.[76] Authentizität sichert diesen Szenen die innere Stimmigkeit einer Konstruktion ›höfischer Wirklichkeit‹, von der ihr Autor sich Wirkung in einer ›Welt‹ verspricht, mit der er selbst im Gespräch ist.[77]

Diese höfische Welt, ihre Formen des Umgangs, des Gesprächs, der witzigen und der galanten Rede tragen die Erzählung insgesamt. Die Minnereflexion aber erhält mit der Verschränkung von Lyrik und Gespräch, wie sie erstmals anlässlich der Kritik an den zornigen Absageliedern zustandekommt, eine neue Qualität, die – im Werk – ihr immer deutlicheres Hervortreten gegenüber der Handlungsebene vorbereitet. Lied XXXIII markiert den Ausgangspunkt dieser Verschiebung und bestimmt daher paradigmatisch den Stellenwert des Gesprächs für die Minnereflexion,[78] deren Erscheinungsbild sich dann durch zunehmende Konzentration auf die

---

75 Vgl. oben, S. 250.

76 Auch die Frage, ob und inwieweit der ›Frauendienst‹ Rückschlüsse auf den tatsächlichen Umgang mit Minnelyrik an sich erlaubt, ist hier nicht von Belang. Vgl. dazu die Aufsätze von Kartschoke, Laienkultur, und Schilling, Minnesang, sowie Linden, Kundschafter, S. 293 ff.

77 Auch hier ist von Vorformen der später so bezeichneten Galanterie auszugehen. Zu ihr Jörn Steigerwald, Galanterie. Die Fabrikation einer natürlichen Ethik der höfischen Gesellschaft (1650–1710) (Neues Forum für allgemeine und vergleichende Literaturwissenschaft 41), Heidelberg 2011, eine »Spurensuche nach dem Galanten im höfischen Diskurs des deutschsprachigen Mittelalters« hat Hartmut Bleumer an der von Ruth Florack und Rüdiger Singer veranstalteten Tagung »Galanterie als Verhaltenskonzept in der Literatur der Frühen Neuzeit« (Göttingen 2008) unternommen (noch nicht erschienen).

78 Wenn Linden, Kundschafter, S. 209, betont, die Dame könne sich nun »in ihrer Beurteilung auf Ulrichs künstlerische Leistung konzentrieren«, der »Botschaftswert der Lieder« sei »überflüssig geworden«, geht die sicher nicht minder wichtige Dimension der treffenden Formulierung und Konservierung des im Gespräch gemeinsam Erfahrenen verloren. Ich erinnere an Baudri, vgl. oben, S. 81 u. ö.

Lieder und die Überlegungen, die ihnen vorausgehen und sie fortsetzen, verändert. Indem diese Reflexion mehr und mehr monologischen Charakter bekommt, werden freilich zugleich ihre lehrhaften Züge immer deutlicher – an die Stelle des Gesprächs im Text tritt so der intendierte Dialog des Erzählers/Autors mit den Hörern.

Wir haben (einleitend) die Lieder XXXIII und XXXIV gelesen als Schlüsseltexte für das von Ulrich erwartete bzw. nahegelegte Verständnis seiner Lieder und ihrer Präsentation im begründenden und kommentierenden Zusammenhang des ›Frauendienst‹: als demonstrative Vorführung der Verständigung auf eine höfisch-spielerische Beziehung, in deren colloquialem Vollzug der Kunstcharakter des Minnesangs thematisiert und – respektiert wird, also das fiktionale Spiel nicht mit der Realität verwechselt werden kann. Nur so besteht die Chance zu einer höfischen Selbstbesinnung in einem colloquialen Umgang, der sich neuen, ethischen und philosophischen Dimensionen öffnen kann.

Gerade das ist aber bei einer Auffassung des Minnesangs, wie sie im Zusammenhang des ersten Minnedienstes vorgeführt wird, noch nicht möglich. Er ist vom ersten Lied an konkret zielgerichtet,[79] zunächst an der Annahme des Dienstes durch die Dame interessiert, einer Annahme, die von ihr immer wieder verweigert wird, selbst noch in Hinblick auf die grosse Venusfahrt (465 ff.). Erst während dieser Fahrt sendet die Dame Ulrich einen Ring und erklärt, dass sie an seinen *êren pfliht* habe, er ihr *liep* und sie ihm *holt* sei (831), worauf er zu ihren Ehren nach der Fahrt das Turnier zu Kornneuburg auszurichten beschliesst. Sie verweigert ihm zwar das dafür erbetene Kleinod, weil er ihr untreu gewesen sein soll, beantwortet aber dann das Treuebekenntnis in Lied XI mit der Einladung zu einem heimlichen Treffen, der berühmten Begegnung im Turm. Deutlich begrenzt sie von vornherein die (erwartbaren) Erwartungen:

> Du solt im dannoch sagen mêr:
> er sül dar ûf niht komen her,
> daz ich in zuo mir welle legen:
> des sol er sich vil gar bewegen.
> daz in mîn ouge hie gern siht,

---

79 In II,5 ist erstmals von *ir nâhe ligen* als Zielvorstellung die Rede, dann werden die Stufen der Annäherung im Sinne Ovids durchlaufen, dessen Vorstellungen und Bildlichkeit auch sonst immer wieder gegenwärtig sind, gerade auch im Wechsel XXXII und in besonders plakativer Weise im letzten Lied (LVIII); vgl. dazu unten, S. 273. Der Begriff *minnensolt* wird zuerst in VIII,5,7 gebraucht.

des sol er dâ für haben niht,
daz ich hie welle minnen in:
des sol er haben deheinen sin. (1104)

Dem Boten sagt sie, dass sie wisse, dass sein Herr ihr gedient habe, sie wolle ihn aber beim vorgeschlagenen Treffen schonend und freundlich bitten, seinen Dienst an ihr aufzugeben (1105). Die Übermittlung der Nachricht durch den Boten ist rücksichtsvoll, aber im Kern unmissverständlich: [...] *daz sî iuch welle bî ir lân ligen: des müge niht geschehen. sî wil iuch sus wan gern sehen und mit iu reden minneclîch* (1116,4–7).

Die Schilderung der Begegnung[80] selbst ist reich an bezeichnenden Kontrasten: Die Auflagen der Dame, die den Liebhaber zwingen, als Aussätziger verkleidet unter Aussätzigen zu warten, die Nacht im Regen zu verbringen, sich in seinem Versteck bepinkeln zu lassen und so, entstellt, nass und stinkend, nach mehreren missglückten Versuchen in verknoteten Leintüchern zum Rendez-vous in den Turm hinaufgezogen zu werden; später seine exaltiert-verzweifelte Flucht nach dem Scheitern des Besuchs, schreiend den Steilhang des Burgbergs hinab, in Selbstmordabsicht dem Wasser entgegen. Diese drastischen Szenen rahmen ein Bild raffinierter höfischer Prachtentfaltung: Die Dame empfängt ihn, auf einem Ruhebett sitzend, auf vollendet höfische Weise; sie ist mit einem feinen weissen Hemd bekleidet, trägt darüber eine Kürse aus verschiedenem Pelzwerk, einen grasgrünen Mantel und eine scharlachrote, hermelingefütterte Suckenie; um sie herum stehen acht reich gekleidete Damen; das Ruhebett hat eine samtbezogene Auflage, seidene Laken und eine prächtige Decke sind darüber gebreitet; ein kostbares Polster und zwei schöne Kissen fehlen nicht; der Boden ist mit Teppichen bedeckt, zwei grosse Kerzen stehen zu Füssen des Bettes, hundert weitere sind an den Wänden aufgesteckt (1198–1202): vollendetes Raffinement hier und kaum verhülltes animalisches Begehren dort.

Der Ich-Erzähler, als Protagonist durch seine Verwandte mit einem Kuss ihres roten Mundes und einem Umhang aus kostbarem orientalischem Brokat in die höfische Umgebung – flüchtig – reintegriert (1197), gesteht den Hörern, dass ihn die acht Damen störten, lässt sich jedoch dann – in der Beschreibung fortfahrend – vor der Schönen auf die Knie nieder und beginnt seine Begrüssung (1203 f.). Doch schon nach wenigen formelhaften Wendungen wird der Wunsch nach Belohnung seines Dienstes deutlich, und er wird dann ganz unverblümt ausgesprochen:

---

80 Zur Szenenfolge (mit anderer Akzentuierung) Linden, Kundschafter, S. 179–198.

»Vrowe ob al den freuden mîn,
mir sol iwer lîp genædic sîn! (1205,1–2)

Ir sît mir lieber, danne iht sî.
sol ich iu hie geligen bî,
sô bin ich alles des gewert,
des mîn lîp ie ze vreuden gert.
iwer gewern mac mir hie geben
hôhen muot und werdez leben
immer mêr gar al mîn zît:
ir sît, an der mîn freude lît.« (1206,1–8)

Die Antwort der Dame ist gemessen-höfisch, aber nicht weniger deutlich:

Dô sprach diu reine, süeze, guot:
»ir sult des hân deheinen muot,
daz ich iuch zuo mir lege hie iht:
des sült ir an mich muoten niht.
ir sult der bet vil gar gedagen. (1207,1–5)

Sie mündet aber ein in eine förmliche Belehrung über die Bedingungen
seines Besuches, die zugleich die fragile Konstruktion des ›klassischen‹
Minnedienstes durchsichtig werden lässt, jene nicht auflösbare Spannung
zwischen der Reinheit und Erhabenheit der Dame, die ihren Ruf begründet
und garantiert, und dem Verlangen des ergebenen Mannes nach endlichem
Lohn, jenen Widerspruch, der die lyrische Minnereflexion zu immer neuen
Variationen angeregt hat. Diese Unvereinbarkeit der konkurrierenden Werte wird hier offen und alle Spielräume nutzend diskutiert. Freilich ist letztlich (auf der Handlungsebene) jede Verständigung ausgeschlossen, nur die
Anwesenheit der ihm physisch überlegenen acht Damen hindern den Mann,
nâch sumelîcher manne sit (1216,8) mit Gewalt an sein Ziel zu gelangen.
Auch das *schowen* der weiteren Gemächer der Dame (1229), als neuer
Beweis ihrer Gunst, ändert an der Haltung des Mannes nichts, die Situation
lässt sich nur durch (eine weitere) Frauen-List beenden.[81]
 An dieser Haltung gegenüber der ersten Dame ändert sich auch später
nichts, sie bestimmt auch das dritte Büchlein und die anschliessenden Lieder

---

81 Er erwartet diese aufgrund seiner *schulde* (seines Insistierens auf dem *bîligen*):
 1262,3. Die Versicherung der Dame: *ich tuo, swaz iwer wille sî. ir sult mir hie*
 geligen bî nach ewerm willen endelich (1265,5ff.), ist eine falsche Verspre-
 chung. Das hier durchscheinende Schwankmotiv ist erst in Jans Enikels ›Weltchronik‹ mit Vergil verbunden: Jans Enikel, Werke, hg. v. Philipp Strauch
 (MGH Deutsche Chroniken 3), Hannover/Leipzig 1891–1900, ›Weltchronik‹,
 V. 23779–24138; vgl. F(ranz) J(osef) Worstbrock, ›Vergil im Korb‹, in: ²VL 10
 (1999), Sp. 379ff., hier: 380.

(XII–XIX) bis zum Bruch (auch wenn die Hoffnung auf Liebeserfüllung in diesen Texten zwar in immer neuen Bildern umschrieben, aber nicht mehr offen formuliert wird). Und die Anklage, dass sie weder *lôn* noch *lônes zuoversiht* gegeben habe, *ir lôn und ir habedanc sô kranc* gewesen seien, bestimmt noch die Zeit nach dem Bruch.[82]

4.5 Liebeserfüllung im gelingenden Gespräch – die Neukonzipierung des Minnedienstes im Verhältnis zur zweiten Dame

Basis für das Gelingen des Gesprächs im neuen, zweiten Minneverhältnis ist die Verständigung über den fiktionalen Charakter des in der Tradition des Minnesangs formulierten Verhältnisses, das Einvernehmen über die Regeln eines Sprachspiels, das erotische Empfindungen (als gedachte / als tatsächliche) voraussetzt und die Thematisierung der sexuellen Erfüllung als Gegenstand des Verlangens nicht auszusparen braucht. Denn es spricht die Liebesvereinigung eben nicht an, um sie (als Sängers Lohn) herbeizuführen, sondern umkreist sie nur metaphorisch – gleich viel, ob und wann sie stattfinden mag.[83] Diese Verschiebung des Akzents von der einseitig-absichtsvollen Formulierung des sexuellen Verlangens (im ersten Dienst) zum Vergnügen am spielerisch-colloquialen, am sprachlich-virtuosen Umgang mit erotischer Bildlichkeit (im zweiten) lässt sich deutlich fassen, wenn man Lied XIV als Ausgangspunkt wählt,[84] das dritte aus der auf den Turm-Besuch folgenden Liedgruppe. Es ist, der Situation entsprechend, eine Minneklage (*ouwê daz ich …*), in der das Ich zunächst mit dem Gedanken der Absage spielt, den aber sein *herze und aller [sîn] gedanc* verwerfen: denn das Ich wünscht sich *sô rîcher freuden*, dass es schon *vrô von* (blossem) *wunsche* ist, wünscht sich freilich, der Dame vertraulich zu sagen: *wes ich mir von ir ze guote, wes ich ir von mir ze dienste in dem herzen mîn hân gewünschet*

---

82 Hier Lied XXI, Str. 2,4f. und 3,7f.

83 Vgl. Hübner, Frauenpreis, S. 292–296, und Bleumer, Der *Frauendienst* als narrative Form, S. 392f. Erst in diesem Zusammenhang stehen darum auch die beiden Tagelieder Ulrichs (XXXVI und XL). Natürlich geht es hier nicht um »eigene Erlebnisse«, sondern um »dichterische Arrangements« im Rahmen der Gattungstradition, aber die Verbindung zur Minnediener-Biographie wird deshalb nicht »gar nicht geleistet«, sondern auf der Ebene der neuen, meditativen Metaphorik vollzogen. Vgl. Linden, Kundschafter, S. 298.

84 Als *wunsch*-Kanzone behandelt von Hübner, Frauenpreis, S. 287–296.

her in mînen seneden tagen! (Str. 3,3 f.). Sollte sie aber dieser Wunsch erzürnen, so würde *ein küssen an ir munt* (3,6) beide versöhnen. Ob er sich nicht freundliche Blicke ihrer Augen, einen liebevollen *gruoz inneclîchen wünsche?* (4,1 ff.). Doch, aber er wünsche noch eines: *daz sie liebe, guote mitten in mîn herze möhte sehen, dar inne mîn gemüete spehen, wes ich mit gedanken gegen ir hulde spil* (4,6 ff.). Wenn er darauf *ir vil minneclîchez jâ vernæme*, wäre er der glücklichste aller Männer.[85] Das Lied verfolgt dieses Ziel.

Was sich hier noch, in lyrisch-öffentlicher Rede, nur verdeckt ansprechen lässt, aber unmissverständlich mitgedacht werden soll (und im Rahmen des Gesprächs im Turm direkt eingefordert und nur umständehalber nicht mit Gewalt erzwungen worden ist) – das *bîligen* –, das lässt sich dann im Zusammenhang der dem neuen Dienstverhältnis zugeordneten Lieder (und in vielen Begleitstrophen) unbefangen, weil eben ohne einseitigen Anspruch auf konkrete Realisierung vielfältig variieren.

Schon im ersten Vers des ersten Liedes, das dem Einfluss des Dialogs mit der zweiten Dame zugeschrieben ist, heisst der Sänger den *hôhen muot* in seinem Herzen willkommen, bevor er ihm ankündigt, dass er nicht allein *vogt* in seinem *herzen* sein solle, sondern dass auch *diu vil liebe vrouwe* und die *minne* dort untergebracht seien (XXXII,6).[86] Die Metapher von der Vogtei der *frouwe* im Herzen des Mannes wird zum Abschluss von Lied XXXVI wieder aufgegriffen und auch – umgekehrt – für die Herrschaft des Mannes im Herzen der Frau in Anspruch genommen. Hier, in der Form eines aus der objektivierenden Perspektive des unbeteiligten Sängers vorgetragenen Tagelieds, nimmt schon die Begrüssung auf die Gewissheit einer bestehenden, alles *trûren* vertreibenden, das *umbevangen* einschliessenden, erfüllten Liebe Bezug. Das entspricht der Gattung. Allerdings gibt das dann wiederholte *minnespil*, bei dem sich beider Partner *herzen* ihr Einssein zusprechen, hier nun Anlass zu einer allegorischen Überhöhung der Vereinigung der Körper, der Münder und der Herzen:

> Ir vil lûter liebe slôz diu minne
> mit der triuwe vaste zeinem sinne
> innerhalp ir herzen tür:
> dâ rigelt sich diu stæte für.

---

85 Der hier (erneut) erhoffte *trôst* (6,7) ist immer derselbe – in Lied X,3,2 fleht er, dass sie ihn *als Ysalde Tristramen getrœsten* möge.

86 Bezeichnenderweise ist nun nicht mehr von Gefangenschaft der *vrowe im herzen* die Rede wie in Lied VIII.

In minnen paradîse
ir beider lîp mit vreuden lac. (Str. 4,5–5,2)

Hier *erzeiget* nicht nur das Spiel der Lippen eine *liebe*, die *minne* und
triuwe ineinander aufgehen lässt und sie beide mit Hilfe der *stæte* im Herzen der Liebenden verschliesst, hier wird vielmehr (wie später noch mehrfach) ihr *minnespil* im Herzen – dem *minnen paradîse* – geschaut. Und
dieses Bild, diese Idee einer sinnlich erfahrbaren, aber das Sinnliche trans-
zendierenden Minne behält künftig, im weiteren Verlauf des ›Frauendienst‹,
prägende Kraft.[87]

Das gilt zunächst – und besonders – für jene Gruppe von sechs Liedern
(XXXIX–XLIV), die sich an die im Dienst an der zweiten Dame durch-
geführte Artusfahrt anschliessen. Sie stehen am Anfang der mit Strophe
1610 eröffneten, gegen alle Wechselfälle des Lebens sich behauptenden und
Erzählstrophen wie Lieder integrierenden Minnereflexion, die bis zum
Schluss des ›Frauendienst‹ nicht mehr abreissen wird. Diese Gruppe gibt
aber auch alle Bilder und Gedanken vor, die für die später noch folgenden
vierzehn Lieder gelten. Es läge nahe, zunächst einen Blick auf das zweite
Tagelied (XL) zu werfen, es steht aber (wie an sich zu erwarten) in einem –
meist übersehenen[88] – engen Zusammenhang mit dem ihm vorangehenden
ersten Lied der Gruppe (XXXIX).

Die Artusfahrt hat einen glücklosen Abschluss gefunden: Das lange vor-
bereitete Turnier zu Neustadt, bei dem selbst der Herzog Aufnahme in die

---

87 Sebastian Neumeister, Das Bild der Geliebten im Herzen, in: Kultureller Austausch und Literaturgeschichte im Mittelalter. Transferts culturels et histoire
littéraire au moyen âge. Kolloquium Paris 1995, hg. v. Ingrid Kasten u. a.,
Sigmaringen 1998, S. 315–330, der bedauert, dass die deutsche Rezeption des
Motivs »insgesamt wenig eindrucksvoll« sei (320), hat Ulrich übersehen. Zur
(reflektierten) Mitteilung psychischen Erlebens in körpergebundener Anschaulichkeit vgl. jetzt Nigel F. Palmer, *Herzeliebe*, weltlich und geistlich. Zur
Metaphorik vom ›Einwohnen im Herzen‹ bei Wolfram von Eschenbach, Juliana von Cornillon, Hugo von Langenstein und Gertrud von Helfta, in:
Innenräume in der Literatur des deutschen Mittelalters, XIX. Anglo-German
Colloquium Oxford 2005, hg. v. Burkhard Hasebrink u. a., Tübingen 2008,
S. 197–224.
88 Pointiert noch bei Linden, Kundschafter, S. 298–303: »Ulrichs ausführliche
poetologische Überlegungen im Vorfeld des zweiten Tagelieds setzen erstaun-
licherweise noch nicht konkret an den Gattungskonventionen des Tagelieds an
[…].« (299) Die vorangehende *wetersorger*-Kritik (zu XXXIX) behandelt sie
an anderer Stelle, S. 267–273. Betont wird der Zusammenhang von Rischer,
Realitätsstatus, S. 148 f.

Tafelrunde hatte finden wollen, scheitert im letzten Augenblick an einem
politisch motivierten Verbot durch den Herzog selbst: *des sach für wâr man*
trûren mich (1600,2), berichtet der Erzähler; doch er entschliesst sich, nach
Krumau, zu jenem Turnier aufzubrechen, das Herr Kadolt Waise zu Ehren
von Frau Ehre ausgeschrieben hatte.[89] Aber der Herzog untersagt ihm auch
das, erneut aus politischen Gründen.[90] Er ist nun gar *hertzenlîch unvrô*
(1609,4). Doch, statt in Klagen über das (unschöne) Ende des Sommers
auszubrechen, polemisiert der Erzähler nun gegen die *wetersorger*, die
wegen des Wintereinbruchs zu *trûren* beginnen (1610f.), und erklärt in
belehrender Attitüde:

> Mîn munt von wârheit iu des giht:
> der bin ich für wâr einer niht.
> mîn freude an einem wîbe lît:
> diu ist mîner freuden meyenzît. (1612,1–4)
>
> ich diene ir immer, als ich sol.
> diu guot mac mir gelônen wol.
>
> Si hât mir hôhen muot gegeben,
> si hât *ge*geben mir freuden leben.
> mich hât ir güet gemachet frô: […]. (1613,7–1614,3)

Was hier zunächst als eigene Erfahrung des Erzählers ausgegeben wird, wird
gleich darauf als allgemein verbindliche Gewissheit formuliert:

> Ich weiz wol, daz ein ieslîch man
> nimmer trûric werden kan,
> […]
> ez sî winder, sumerzît,
> ir güete im doch freude gît. (1616,1–8)

An die Stelle der destabilisierenden, zwischen Hoffnung und Enttäuschung
hin- und herwerfenden Wirkung der konventionellen Minnedienstbezie-

---

89 Siehe oben, S. 23f.

90 Anders als Linden, Kundschafter, sehe ich die (deutlichen) Akzentverschie-
bungen vom Minnedienst der Venusfahrt zu dem der Artusfahrt nicht in der
neuen Betonung einer »politischen Dimension« im Sinn eines von Ulrich
spielerisch eingeforderten »Anspruch[s] auf politische Herrschaft« (213), sondern in der bewussten Rückbindung von Minnehandeln und Minnereflexion
an die Bedingungen der (idealisierten Artus-) Gesellschaft. Entsprechend lässt
Friedrichs Turnierverbot eben nicht in Ulrich »Zorn und vielleicht auch Wi-
derstand aufkeimen« (256), sondern veranlasst ihn zur bewussten (in Liedern
und Erzählstrophen reflektierten) Entwicklung einer allein von seiner neuen
Minneauffassung getragenen Gelassenheit.

hung ist das stabilisierende Moment einer Beziehung getreten, die ihren *lôn* (1613,8), ihren *habedanc* (1617,6) in sich trägt, statt sie als (unerreichbares) Ziel zu affichieren.

> Ir güetlîch süeze redenter munt
> tuot sînem hertzen freude kunt.
> und ist er sô gemuot ein man,
> daz er ir êren hüeten kan
> mit rehten triwen, als er sol,
> sô hât er freude und ist im wol.
> der beider lîp hât got *gegeben*
> ein freudenbernde, süezze leben. (1618,1–8)

Was hier vorgedacht ist, wird nun im Winterlied XXXIX konsequent und unter Wiederaufnahme vieler Formulierungen der Erzählstrophen in lyrische Form gebracht,[91] in Strophen, die eben als Ausdruck eines fruchtbaren Gesprächs verstanden werden sollen: *Ir güetlîch süeze redenter munt tuot sînem hertzen freude kunt*, und er singt *ze dienst ir disiu liet* (1620,8), die bezeugen, dass sein *gemüete* – im Gegensatz zur winterlichen Sonnenbahn – *von ir güete stîget* [...] *für die liehten sunnen hô* (Str. 2,6ff.). Die zweite Hälfte dieses Lieds nimmt ein (formelhafter) Schönheitspreis ein, worin die Aussage, dass die Gepriesene *ir wîpheit vil wol behüetet* [*hât*] *vor unvrouwenlîcher tât* (5,1f.) einen bezeichnenden Akzent setzt.

Die nachfolgende Erzählstrophe 1621 hat insofern besonderes Gewicht, gleichgültig, wie man sich die Abfolge der Entstehung von Liedern und Erzähltext vorstellen mag.[92] Denn sie betont besonders deutlich einen zusammenhängenden Reflexions- und Schaffensprozess, der zumindest die Lieder XXXIX und XL eng verbindet. Und sie unterstreicht damit noch einmal den nach dem Scheitern der Turnierpläne erfolgten Eintritt in den ganz von Minnereflexion bestimmten Schlussteil (ab 1610).

> Gesungen wurden disiu liet
> vil. mîn hertze mir dô riet
> singen aber niuwen sin.
> ich gedâchte her, ich gedâchte hin:
> ich gedâht an der minnære klage,
> daz si klagent von dem tage,
> wie si der von hertzenliebe ie schiet.
> dâ von sang ich niuwiu liet. (1621)

---

91 Vgl. bes. 1615,4 und XXXIX,2,5.
92 Sicher ist nur, aber das ist viel, dass »die Lieder in einer vom Dichter selbst sanktionierten Reihenfolge und Textform« vorliegen: Linden, Kundschafter, S. 264.

Kaum war also Lied XXXIX in Umlauf, soll sein Autor das Bedürfnis gehabt haben, noch einmal *niuwen sin* zu singen – das kann doch nur heissen: noch einmal ein Lied zu machen, das mit der Tradition bricht. Denn gerade das war mit der Umdeutung des Natureingangs im Sinne seiner neuen Auffassung des Minnesangs geschehen.[93] Und das geschieht nun nach einigem Nachdenken über einen geeigneten analogen Ansatzpunkt in der Minnesang-Tradition noch einmal – in der berühmten Auseinandersetzung mit dem Tagelied. Dabei ist, das sollte man über der (Neben-) Polemik gegen die Wächterfigur nicht übersehen, Anlass der Kritik *der minnære klage, daz si klagent von dem tage, wie si der von hertzenliebe ie schiet* (1621,5 ff.). Die Kritik gilt also, ganz analog der vorausgegangenen am Winterlied, den Minneklagen, die das *trûren* in der *minne* für quasi-naturgesetzlich notwendig halten.[94] Gerade diesem zwangsläufigen Wechsel von Freud zu Leid und neuer Freud usf., dem Schwanken zwischen Hoffnung und Verzweiflung, steht ja die am zweiten Dienst vorgeführte neue Minnekonzeption entgegen. In diesem Kontext wird dann zuerst die Wächterfigur als besonders offenkundig fiktives (und d. h. hier: ›unsinniges‹) Element der traditionellen Tageliedkonstruktion aufgegriffen (1622). Auch wenn der Erzähler, fasziniert von seiner Entdeckung, die Unwahrscheinlichkeit der Wächter-Figur nun unter allen möglichen Blickwinkeln diskutiert und den zweiten Einwand anschliesst, dass der Tagesanbruch durchaus auch Anlass zu *vreuden hôchgezît* (1629,4) sein könne, wenn die Frau den Mann verberge und beide dann den Tag wie die anschliessende Nacht gemeinsam nutzten – der Fluchtpunkt der Kritik liegt anderswo: eben bei der im traditionellen Tagelied vorausgesetzten Zwangsläufigkeit des Einbruchs der Trauer, der so sicher komme wie der Anbruch des Tages. Die Sache ist viel einfacher:

> Swer liep und leit versuochet hât,
> ich weiz wol, daz mich der niht lât
> liegen, disem sî alsô:
> leit tuot trûric, liep tuot vrô. (1632,1–4)

---

93 Nach der ›Erledigung‹ des Natureingangs in Lied XXXIX greift Ulrich konsequent nie mehr auf ihn zurück; vgl. Linden, Kundschafter, S. 271. Zur Vorgeschichte dieser Distanzierung vom Gebrauch des Jahreszeitentopos vgl. Ludger Lieb, Die Eigenzeit der Minne. Zur Funktion des Jahreszeitentopos im Hohen Minnesang, in: Literarische Kommunikation und soziale Interaktion. Studien zur Institutionalität mittelalterlicher Literatur, hg. von Beate Kellner u. a. (Mikrokosmos 64), Frankfurt a. M. usw. 2001, S. 183–206.

94 So bei Ulrich selbst in Lied V.

Wenn die Vereinigung von *man* und *wîp* aus *liebe*, der Tausch ihrer Herzen, *aller wunne ein himmelrîch* ist (1629,5), dann ist es nur selbstverständlich, dass (immer) *ir scheiden tuot in von hertzen wê* (1631,3); *liep* und *leit* kennt jedes *senede hertze*, und dasjenige des Sängers *riet* diesem zu einer neuen *tagewîse*, die diesen Vorüberlegungen entspricht (1632).

Natürlich weckt in Lied XL nun nicht der Wächter das Paar, sondern eine *schœniu maget*, die den Wächter morgens von der Zinne gehen sieht; und natürlich ist es nun zu spät für den Rückzug des Mannes, er wird versteckt, und der Tag wird den Liebenden kurz. Aber wichtiger ist: wenn sich nach dem *minne spil* der (zweiten) Nacht beim Nahen des Abschieds *grôzer jâmer* erhebt, dann eben doch nur aufgrund des der Liebesbeziehung selbst immanenten (nicht nur von aussen einwirkenden) Rhythmus von Trennung und erneuter Vereinigung, die denn auch in der letzten Strophe ganz selbstverständlich abgesprochen wird (Str. 7).

Die in den Liedern XXXIX und XL demonstrativ umgesetzte, aber schon ab Str. 1610 vorgetragene Kritik ist bereits im ersten Tagelied (XXXVI) und den beiden ihm unmittelbar vorausgehenden Liedern mit Natureingang stillschweigend vorweggenommen.[95] Aber mit der expliziten Kritik am herkömmlichen Natureingang (ab 1610) in deutlicher Selbstbehauptung gegenüber den *trûren*-machenden, politisch begründeten Turnierverboten am Ende der Artusfahrt wird zugleich – programmatisch – jener Teil des ›Frauendienst‹ eröffnet, in dem der fortlaufende Wechsel von liedhafter und vor- und nachbereitender nicht-liedhafter, in den Erzählstrophen wiedergegebener Minnereflexion nur noch durch relativ knappe Einblendungen von Wechselfällen des Lebens unterbrochen wird: durch den Tod Herzog Friedrichs und den gleich darauf einsetzenden politischen und (adels)gesellschaftlichen Zerfall, durch die eigene Gefangenschaft des Erzählers als eine unmittelbare Folge dieser Zustände, durch materielle Verluste bei seiner Befreiung und durch Klagen über allgemeinen Niedergang, Raubrittertum und die Auflösung aller höfischen Werte und Ordnungen.[96] Die politisch begründeten Turnierverbote des Herzogs leiteten diese Ereignisse ein. Die philosophische Gelassenheit, die der Erzähler zeigt (und die auf die abschliessende direkte Belehrung seiner Hörer vorbereitet), hat

---

95 In XXXIV verjagt das Ich *in hôhem muote*, den ihm *ein wîp* gibt, *sorge und angest* wie den *winder*; und in XXXV schützt *wibes güete* wie ein *dach* gegen *ungemüete*, wie die warmen *stuben* gegen den Winter schützen. Zum Tagelied XXXVI vgl. oben, S. 264 f.

96 Zur Verarbeitung im ›Frauendienst‹ vgl. Linden, Kundschafter der Kommunikation, Kap. 9.1–2, bes. S. 331–335.

ihre Basis in der je neu die erfüllte Liebe thematisierenden Gesprächskultur, die das zweite Dienstverhältnis begleitet und – laut den die Verbreitung der Lieder betreffenden Strophen (1621, 1633 usw.) – als eine jeweils potentiell immer weiter ausgreifende gedacht ist. Ich kann die inhaltliche Entwicklung dieses ›Gesprächs‹ hier nur noch andeuten.

Nach dem Tagelied soll das Nachdenken des Liederdichters über die *vrowe* und sein Verhältnis zu ihr noch einmal von der Metapher von ihrem Wohnen in seinem Herzen ausgegangen sein, die er im ersten der seiner neuen Dame gewidmeten Lieder (XXXII) eingeführt hatte. Er wendet sie nun – im Sinne des Tagelieds XXXVI – auch umgekehrt auf ihre (erhoffte) Liebe zu ihm an und nimmt zugleich die im Tagelied entwickelte allegorische Besiegelung des Verhältnisses wieder auf: Jedenfalls werde seine *stæte* sie nicht mehr aus dem Herzen lassen – *ich hân mit ir dâ freuden spil mit gedanken, swie ich wil –*, auch sein *minnegernder hôher muot* sei an dieser gedanklich-spielerischen Liebesvereinigung beteiligt (1637,7 f.; 1638,1–4). Der in den Vorüberlegungen nur gestreifte Gedanke, dass er ihr Herz als Wohnsitz selbst dem Paradies vorzöge (1636,1–4), wird daher nun in Lied XLI zum zentralen Wunsch:

> Guot wîp, mîner freuden lêre,
> tugende rîche vrouwe mîn,
> Wizze, daz mich jâmert sêre
> in daz reine herze dîn.
> Dâ solt dû mich hûsen in:
> in dem süezen paradîse ich gerne bin. (Str. 1)

Die Formulierung: *tuo ûf! ich klopf an mit worten. lâ mich in* (Str. 3,1 f.), leitet dann eine (tageliedhafte) Beschreibung der Liebesvereinigung ein, bei der zwar zunächst des Sängers (personifiziert gedachter) *minnegernder hôher muot* die Umarmungen der *frouwe guot* geniesst, in ›dessen‹ Vereinigungsphantasie – *als er* [sc. der *hôhe muot*] *im ein freude tihtet in dem herzen mîn mit dir* (Str. 7,1 f.) – freilich dann doch das Ich selbst in die Umarmung einbezogen wird: *arme und bein er danne flihtet, im* [sc. sich selbst, dem *hôhen muot*] *und dir, dir unde mir* [sc. dem lyrischen Ich], *hin und her, sus unde sô* (7,3 ff.). Wieder *tihtet* hier – wie in Lied XXXII – der *hôhe muot*, gibt er der Phantasie die Vorstellungen ein, die in Erfahrungen umschlagen, so dass schliesslich dieses Ich selbst die (bekannte) Wirkung des Minne-Spiels im Herzen bezeugen kann: *daz tuot herzenlîchen wol und machet vrô* (7,6). Mit der Betonung des Zugangs zur Vereinigung der Herzen, zur Liebeserfahrung, über das ›Wort‹ (*ich klopf an mit worten*), mit der

Behauptung ihrer ›Realisierung‹ in Vorstellung und lyrischer Rede (auch so konkret möchte ich *tihten* hier verstehen[97]), ist die Einbeziehung des Liedes in das Modell des Minnegespräches durch den Text selbst deutlich genug festgehalten.

Während Lied XLII das Einssein der Liebenden als Liebe beider zum *lîp* der Frau – ausgehend von deren Apostrophierung als *herzen küneginne* (2,6) – als ›Schachtelung‹ beschreibt (sie in seinem Herzen, ihr Herz in ihr), und mit dem Wunsch endet, in das *himelrîche* ihres Herzens eingelassen zu werden (er in ihrem Herzen), betonen die beiden letzten Lieder der Gruppe (wie die sie vordenkenden ›Erzähl‹-Strophen) stärker noch die körperliche Schönheit der Frau: In Lied XLIII sind *zweier hande lachen* der Geliebten das *herzen spil* des Mannes – ihr Lachen *mit rôsenvarwem munde* und das *mit spilnden ougen* –, solange, bis in den beiden letzten Strophen das Schauen in den *minnen spiegel* ihres weissen Halses, ihres Kinnes, Mundes, ihrer Brauen, Wangen und klaren Augen das Verlangen auslöst, ihren Hals, ihre Augen, ihre Brüstlein, ihr Kinn und ihre Wangen, ihren Mund mit unendlich vielen Küssen zu bedecken. Dieses lyrische Kreisen der Gedanken um die Schönheit(en) ihres Körpers, die Vorstellung vom sinnenhaften Schauen, dann Kosten dieses Leibes steigert sich gleich darauf im Nachdenken zum Wunsch: *daz wolte got, und kœmez sô, daz ich ir gelæge bî!* (1651,2 f.). Der Erfolg im Gespräch ist dann zwar ›nur‹ *ein süezes wort* aus ihrem rosenfarbenen Mund, während sie sich in die Augen sehen (1653,1–5), freilich ein unvergleichliches *wort*:

»Du bist ein wort sô süeze gar,
swar ich kêre und swar ich var,
sô mag ich dîn vergezen niht:
vil liebes mir von dir geschiht.
des muostu in dem hertzen mîn
immer mêr verslozzen sîn.
diu liebe mînem hertzen riet
von dir ze singen disiu liet:« (1658)

Das besungene *wort* bestätigt – *ze lône* für seinen *dienst* – das nötige Einverständnis der Dame mit einem Minnedienst, der sich im gesprächsweisen Einvernehmen erfüllt, ohne die tatsächliche Liebesvereinigung zu erzwingen oder auszuschliessen:

Ich hân von der guoten
lîp, guot, êre gernden sin.

---

97 So auch Linden, Kundschafter, S. 286, zum ganzen Lied 275 ff.

Der vil wol gemuoten
ritter ich mit triuwen bin.
Swaz sie wil, daz wil ouch ich:
siest gewaltic küneginne immer über mich, [...]. (XLIV, Str. 7)

4.6 Gelassenheit und höfisches Ethos – moralische Didaxe und Heilserwartung: Reaktionen auf des Herzogs Tod und auf den Selbstverlust des Adels

Unmittelbar darauf – *nâch disen lieden* – ereignet sich der Tod des Herzogs (1659), den der Erzähler eindringlich beklagt und der in Österreich und der Steiermark *vil grôziu nôt, unbildes vil* zur Folge hat: Raubzüge des Adels, der damit – in für den ›Frauendienst‹ bezeichnender Akzentuierung – *gotes hulde und vrowen gunst* (1679,5) und zugleich seine *edele* (1680,3), also nicht weniger als seine Identität, verliert.

So eindeutig, wie dieser kurze Ritterspiegel das *durch got hôchgemuot*-Sein, *durch êre swenden guot* (1681,1f.) und *geben den armen* (1683,1f.) dem *rouben* gegenüberstellt, das in die ewige Verdammnis führe (1684), bindet er das *hôchgemuot*-Sein erneut an den Dienst an einer *vrowe guot* (1686ff.). Und eben nur dieser Dienst lässt den Erzähler selbst *vrô* und *hôchgemüete* bleiben, trotz der nach dem Tod des Herzogs einsetzenden, beklagten Verfallserscheinungen.

Lied XLV macht die Unempfänglichkeit für das (*vrô* machende) *süeze lôsen* (2,5), das ›bezaubernde Reden‹ einer Dame geradezu zum Merkmal der *unguoten* (1,1) und unterstreicht damit noch einmal die Bedeutung des (Minne-)Gesprächs für eine höfische Ethik, die nun im Schlussteil des ›Frauendienst‹ immer ein-, ja aufdringlicher formuliert wird: Seine Dame *kan sprechen süeziu wort* (3,2; vgl. 4,6), *ir vil lieplîch, güetlîch lôsen* (3,3) macht ihn glücklich, nimmt ihm *trûren* und macht ihn *vrô*. Trauer ist überhaupt nur als geistliches *trûren* des Sünders statthaft, im Kontext des Hofes (*in dirre werlt*) aber nicht (1689f.).

Ulrich gebraucht das Nomen *lôsen* zuerst 430,1 für das von der ersten Minnedame als unwahr zurückgewiesene Werben des Protagonisten und seines Boten; im Kontext des zweiten Dienstes[98] steht es für das Faszinosum eines von Zuneigung bestimmten, mit *urloup* und *grüezen* (als Bereitschaft zu nehmen und zu geben) verbundenen, hier als *vil lieplîch, güetlîch*

---

98 In den Liedern XXXIX,3 und 4; XLV,2 und 3.

bezeichneten Redens der geliebten Dame, das sich mehr und mehr als Inbegriff jener ethischen Disposition erweist, die von Anfang an (unzulänglich und doch nicht überbietbar) als *güete* bezeichnet wird und zugleich die vollendetste Form des Sich-höfisch-Gebens ist. Das gedankliche und sprachliche ›Auskosten‹ der Wirkung, die von beidem ausgeht – von der (höfischen) Schönheit und den (höfischen) süssen Worten der Dame –, bestimmt die letzten vierzehn Lieder des ›Frauendienst‹ und die sie begleitenden Strophen und wird gerade in der Rückbindung an die schlichte (ovidische) Metaphorik des letzten Liedes (LVIII) besonders anschaulich: Der Gewalt (*twingen*) der Frau Minne, deren *strâl* sein *herze* trifft, kann das Ich mit einer *arzenîe* entgegenwirken: *diu salb ist manc süezez wort, diu ûz mîner frouwen munde gânt* – er muss sie nur ansehen, um die Salbe ›aufzutragen‹. Ihre *süeze nimt sie in herzen grunde, grôz wunder* (›eine Unmenge‹) besitzt sie davon. In seinem *herzen* könnte sie *der liebe tougen* sehen, beide sind (da) eins, auch wenn die *êre* der Dame ihnen immer Grenzen ziehen wird.

In Lied XLVI sind ihr *wol redender munt* und ihre *reine, senfte sit* Ursprung seiner Freude, ihre Schönheit und ihre *tugende* (Str. 3 ff.). Lied XLVII konzentriert sich (wie XLIII) auf das *lachen* ihrer Augen und ihres Mundes als Quelle seines *hôhen muotes* (Str. 7), Lied XLVIII verbindet die beiden Lachen mit dem abschliessenden Lob ihres Mundes, *der kan sô suoze sprechen*, und ihrer *minneclîchen, süezen wort*, die Grund seiner *freuden* sind (Str. 5). In Lied XLIX wird noch einmal deutlich, dass *ir vil süezez lachen* so hoch stimmt, weil es für *ir gebærde, ir schœne, ir güete, ir wîplîch guot gemüete* steht, in dem *tugende vil* vereinigt sind (Str. 4).

Stand bis dahin die trotzig-gewisse Behauptung der Freude gegenüber den widrigen Zeitläuften im Vordergrund, setzen nun ausdrücklich Überlegungen ein – *nâch disen lieden* [sc. Lied L] *gedâht ich dô* (1753,1) –, die schon durch das vorangehende Lied vorbereitet sind: Frauen, die *schœne bî güete* (1759,5) besitzen, werden von Männern begehrt; sie müssten in *mannes hertze* sehen können, um ihre Liebe keinem *valschen man* zu schenken (1760) – sollte seine *vrowe* je sich ihm ›überlassen‹ (*ist daz mîn dinc als wol ergât, daz sich mîn vrowe ihts an mich lât*), so werde er ihre *êre* zu bewahren wissen (1765); Lied LI wiederholt diese Gedanken, fasst sie noch einmal als *rât* an ›gute Frauen‹. Als Qualifikation für den Empfang der *hulde* der Frauen gilt das *singen unde sagen* ihres Lobs, das *wol sprechen* von ihnen (1767f.), das *singen wîbes lop*, zu dem Lied LII aufruft (1,1 f.). Die Betonung der *güete* als eines der *schœne* überlegenen Gegenstands des Lobes, als einer dauerhaften Schminke (1774 und LIII,3: *varbe under strîchen*), veranlasst dann dazu, der Güte der Frauen wirklich auf den Grund zu gehen: *ich gedâht ir heinlîch gar ze spehen und in ir hertzen grunt ze sehen* (1779,7f.).[99] Dabei sind es *süeziu wort,* die *reines hertzen grunt* erkennen lassen (1784,7f.), durch *vrâgen unde sehen, merken unde spehen* (1786,5f.), durch das Erforschen ihrer *gebærden* ist die Erkenntnis ihrer *tugende* möglich (1787).[100] Diese aber vermag dann eine Begeisterung auszulösen, deren Formulierung durch Ulrich schon Bechstein an Gottfrieds meditativen Gedankenflug erinnerte, den bei seinem Erzähler-Ich die Vergegenwärtigung der Umstände der Liebe Tristans und Isoldes immer wieder ausgelöst haben soll:[101]

> Für wâr ich iu daz sagen wil:
> ir süezen tugende ist sô vil,
> swanne ich ir tugende betrahte gar,
> daz man mich siht sâ minnevar.
> mir getet für wâr nie niht sô wol
> sô daz, swanne ich sie loben sol.
> ir lop gît mir vil hôhen muot:
> ez ist mir gar für trûren guot.
>
> Swanne ich gedenke: waz si tugent
> hânt, sô blüet mir freuden jugent
> und stîget sâ daz hertze mîn
> hôhe ûf für der sunnen schîn,
> so si hôhe in ir hœhe stât.
> mîn lîp gein in die liebe hât,
> sô ich betraht ir werdecheit,
> daz mir verswindet gar mîn leit.
>
> Ich wil si immer lobende sîn.
> mir hât diu süeze vrowe mîn
> mit ir güete alsô getân,
> daz ich die kunst, die ich kan,
> ir sî lützel oder vil,
> gar mit ir dienst verswenden wil
> mit triwen, al di wîl ich lebe,
> ze dienest mîner freuden gebe. (1789–1791)

---

99   Vgl. 1782.
100 Zur *gebærde* vgl. Linden, Kundschafter, S. 280–284.
101 Gottfried, Tristan (ed. Ranke), V. 12200ff.; dazu E. C. Lutz, *lesen – unmüezec wesen.* Lese- und erkenntnistheoretische Implikationen von Gottfrieds Schreiben, in: Der »Tristan« Gottfrieds von Strassburg. Symposion Santiago de Compostela 2000, hg. v. Christoph Huber und Victor Millet, Tübingen 2002, S. 295–315, hier: 302.

Selbstverständlich folgt das Eingeständnis *volloben ich sie nimmer kan: dâ ist mîn sin zuo gar ze kranc* (1793,6 f.), bevor Lied LIV das zum *in diu herzen sehen* Gesagte noch einmal lyrisch fasst. Damit ist aber die Voraussetzung gegeben, in den letzten vier Liedern und den sie begleitenden Erzählstrophen die Ebene der theoretisch vorbereiteten Minne-Meditation[102] zu halten: *Mit gedanken ich ir sit unde ir muot betrahte gar; dâ mit ich ir heinlîch alle ervar*, hatte Lied LIV (4,5 ff.) das Verfahren zusammengefasst, das einen Grad an Präsenz zulässt, der den Meditierenden in Liebe erröten lässt (1789,4). Er setzt nun neu an: *ich freu mich des nu, daz ich sol singen, sprechen minneclîch* (1794,2 f.), freut sich, Lied- und Erzählstrophen zu formulieren aus der meditativen Erfahrung der Liebe heraus (*singen, sprechen minneclîch*). Deshalb dominiert nun erneut jene Bildlichkeit, die von der Metapher vom Wohnen im Herzen ausging und das *minne spil* der Tugenden in ihm als der *freuden hôchgezît* beschrieb (so wiederholt in 1795). Freilich werden nun die geistlichen Konnotationen dichter, das Herz der Frau als *lebende[z] himelrîch* wird dem *rechte[n] himelrîch* verglichen (1800), die Gegenwart beim *minne spil* der Tugenden in ihm, die Teilhabe an der *freuden hôchgezît*, ist gar dem *vil schœnen paradîs* vorzuziehen (1801 f.). Gott möge den Meditierenden nicht dort ins Paradies, sondern hier ins Herz gelangen lassen, da wäre er den Engeln, ja den Seligen gleich (1805). Voraussetzung dieser gedanklichen Höhenflüge ist aber die Begegnung, der Umgang mit der Geliebten – das *die guoten sehen*, die *freude*, die *ir kleinvelsüeze redenter munt* im Minnegespräch auslöst (1806).

In für Ulrichs Text bezeichnender Weise ist der rote Mund der Geliebten (in Gottfried von Neifen und andere überbietender Formulierung) nicht einfach Inbegriff der erotischen Ausstrahlung; die Faszination, die von diesem Mund ausgeht, setzt sein *reden* voraus.[103] So schliesst sich an Lied LV: *Wol mich, wol mich, wol mich des, daz ich hân funden ûf der erde ein himelrîch – mîner vrouwen tugentrîchez herze ich meine* (1,1 f., 2,1), das vom Verlangen nach diesem Himmelreich bestimmt ist, der Gedanke an, als Lohn des Dienens (mit Liedern!) *vil süeziu wort* küssend mit der Geliebten tauschen zu dürfen: *ich wolt dar in* [in ihren *kleinvelrôten munt*] *vil süeziu wort küssen nâch dem willen mîn; ir munt* [...] *mac wol innen süeze sîn. dar*

---

102 Vgl. 1789f. und LIV,4.

103 Vom *kleinvelhitzerôten munt* (5,12), dem ›samthäutig-heiss-roten Mund‹, ist zunächst auf dem Höhepunkt des *der minne freuden spil* (2,9) besingenden Reihens XXIX, einer der *wânwîsen*, die Rede, er wird dann zum alles Bisherige überbietenden Signalwort im Kontext der veränderten Minneauffassung.

ûz gât vil manic süeze wort: dâ ligt ouch inne der freuden hort. solde ich des dar ûz küssen vil [...] (1808,4f.; 1809,1–5; vgl. LVI, 4f.). Dabei wird das *woltuon*, das solches Küssen auslöst, nur durch jenes *woltuon* übertroffen, das mit dem Einen, dem Unaussprechlichen verbunden ist, von dem der Erzähler schweigen will (1811 f.), um dann sein eigenes Verlangen erneut als *gelust* seines Herzens zu umschreiben, in ihres *hertzen grunt* zu gelangen (1813–17). Das anschliessende Lied LVI geht etwas weiter: Wenn es der Anstand (*zuht*) erlaubte, würde das Ich dieses *eine* als der *freuden hôchgezît*, als *der Minnen lôn* bezeichnen (7,3 ff.). Wo es nicht zu erreichen sei, tue das *wünschen vil wol* (1818)[104] – eine Vergegenwärtigung der Geliebten, deren Intensität jene Schranken durchbricht, die der Rede gesetzt sind: *Dâ muoz* [nach dem Wechsel der Blicke] *von der minne mêr geschehen, güetlîch triuten unde küssen, dannoch vil, des ich niht tar gejehen.* (LVII, 7,5 ff.) Diese Freiheit der Phantasie nimmt das letzte, die ›tatsächliche‹ Bindung im Bild der Minnekrankheit und ihrer Heilung umschreibende Lied (LVIII; vgl. oben) zugunsten der Bedingungen zurück, deren Einhaltung *ir êre* verlangt. Dieses Lied[105] erweckt den Eindruck eines (vorläufigen) Abschlusses der Sammlung, auch wenn der Erzähler die Fortsetzung seines Frauenlobs durch neue Lieder ausdrücklich erwartet (1847).

Zugleich erreicht der Anspruch des Textes, verbindliche Lehre zu vermitteln, eine bis dahin unerhörte Eindringlichkeit. In Anschluss an Lied L hatte der Erzähler noch im Rückblick von seinem Nachdenken darüber berichtet, wie er den *vrowen wîsen rât* geben könne (1753), um ihn dann in LI in lyrischer Form indirekt vorzutragen: *Ich wil durch die vrouwen mîn*

---

104 Schon in IV,4 soll die Dame den Sänger doch wenigstens mit seinem *wünschen unde wol gedenken* ihr *nâhen bî* sein lassen, denn darin bestehe sein *trôst*. Im 3. Büchlein bekennt er, dass sein *wünschen* fast vollen Erfolg gehabt habe (81 ff.), allein die *krône ob aller vreuden lône* sei ihm noch vorenthalten (100 ff.), seiner *sælden vingerlîn* sei seiner *vreuden rûbîn* ausgebrochen (103 ff.), deshalb leide er *Tantalus*-Qualen (109–113). Im Lied XIV steht dann die Einsicht im Mittelpunkt, dass seine Dame, das *vil ungenædic wîp* (2,1), ihm doch eines nicht nehmen könne, nämlich dass ihm *noch freuden hoffenunge* bleibe (1,8), denn seinem *wünschen* sind keine Schranken gesetzt: in seinem *herze* möge sie sehen können, was er in Gedanken gegen ihre *hulde spil* – und »ja« sagen! Auf der Erzählebene hat dieses Bekenntnis endlich Erfolg, sie lässt ihm sagen, dass sie ihm *gern lônen* wolle – wie, will er *durch zuht* nicht sagen ... (1348f.).

105 Lied LVIII ist wie das vorangehende wegen einer Lücke (zwischen 1818,6 und 1819,1) in der Vorlage der einzigen vollständigen Handschrift des ›Frauendienst‹ (cgm 44) nur im Codex Manesse (cpg 848) überliefert, aber durch die Angabe der Gesamtzahl der Lieder in Str. 1846 hinreichend gesichert.

guoten wîben râten einen rât [...] (1,1f.). Jetzt wendet er sich ganz unmittelbar an sie:[106] *ich wil iu vrowen râten daz; ich râte iu* (1819,1,7); *daz sult ir* (1820,5); *ir sült bedenken* (1821,1); *nu wizzet* (1822,7); *ich hân iu* [...] *geseit* (1823,1); *ich wil iu tuon* [...] *bekant* (1824,1). Was so, in unmittelbarem Anschluss an Lied LVIII, mit der Warnung vor der Hingabe an ›falsche‹ Männer beginnt, geht aber rasch in ein allgemeines, freilich von der Erfahrung des Mannes ausgehendes philosophisches Raisonnement über, das zunächst fünf Güter (*dinc*) benennt, über die *herren* (im besten Fall) verfügen können: die *vil reinen wîp* sind das erste, gutes Essen, schöne Pferde, Kleider und Zimier kommen hinzu. Freilich müsse ein *rîcher man* auch verstehen, richtig damit umzugehen (*gebiderben*; 1825f.). Diesen materiellen Gütern sind daher vier weitere zu-, eher: übergeordnet, von denen der *wîse man* weiss, dass niemand sie alle zugleich besitzen könne (1827f.). Es sind Gottes *hulde*, Ansehen in der Welt (*êre hie*), ein sorgenfreies Leben (*gemach*) und Wohlstand (*guot*; 1829f.). Einige wählen so, andere anders, aber nur das erste Gut ist eine gute Wahl (1831–34). Ein Fünftes ist *daz versûmte leben* (1835,2), das wählen die Toren, die meinen, alle vier Dinge zugleich haben zu können und – alle verlieren. Zu ihnen zähle er selbst (1836). Doch bei allem bisherigen Schwanken in dieser Orientierung werde er nicht so töricht sein, nicht das Beste zu wählen, nur diene er zugleich der einen, einzigen Frau, und an diesem Dienst wolle er weiter festhalten, ja *in der dienst die sêle* [...] *wâgent sîn* (1838,7f.), im Dienst an ihr sein Seelenheil aufs Spiel zu setzen.

Schon die Romfahrt im ersten Minneverhältnis wird vom begleitenden Knappen als ritterlicher Dienst an Gott definiert (415). In Lied IX, das unterwegs entsteht und als Minneklage einsetzt, wird in der letzten Strophe ausdrücklich der Einwand anderer (*sie jehent*) thematisiert, *ûf gotes wege* solle man kein Minnelied dichten, bevor die Strophe in ein Fürbittgebet für die Dame übergeht. Nach dem ›erfolglosen‹ Besuch im Turm verspricht die (erste) Dame dem Erzähler pikanterweise ihren *lîp* dann *ze lône*, wenn er für sie ins Heilige Land reise – *ob in bewart got, daz er kumpt wider her* (1314ff.). Dort werden die ausführlichen Einwände des Knappen, dass eine solche Reise nur um Gottes Willen getan werden dürfe, wolle man nicht sein Seelenheil verspielen (1324f.), schlicht mit dem Argument weggewischt, dass Frauen-Dienst der Wille Gottes sei (1326ff.). Das dritte Büchlein, das die Konkurrenz der beiden Dienste ausführlich diskutiert, überlässt der Dame die Entscheidung über den Vorrang (234–239), nimmt sie

---

106 Freilich verstärkt durch die Lücke nach 1818,6!

dann aber zugunsten des Frauen-Dienstes vorweg (252–57; 271 ff.); wolle Gott sich mit dem Nebendienst begnügen, um so besser (278–291) – nur von ihr aber wolle er, der Minnediener, Kreuz, Stab und Tasche, Gruss und ihr bestes Küssen als Reisesegen annehmen (292–359). Die so ausführlich aufgebaute Spannung wird dadurch nicht aufgelöst, tritt nur zurück, weil die Dame auf ihre Forderung wieder verzichtet (1530).

Wie zu erwarten, wird nun auch hier die (seit langem aufgebaute) Spannung zwischen den unvereinbaren Diensten nicht entschieden zu Gunsten des Herrn.[107] Vielmehr folgt der Versuch, sie auszutragen im Wagnis eines Credos, das einem höfischen Gott zur Approbation angetragen wird, der die *triwe* im Frauen-Dienst als *triwe* gegenüber ihm selbst verrechnen soll.[108] Nicht umsonst trägt dieser *vil reine, süeze got* (1839,2) die Züge der Dame (auch *sie ist … reine, … süeze*; LVIII, 5,5 f.), die dem räsonnierenden Erzähler nun als *ursprinc* und *ende* seiner Freude *liep* ist *für elliu dinc* (1840,1 ff.) – zum *summum bonum* avanciert, freilich zu einem ›höfischen‹, um dessentwillen er *bî der werlde* ist und sein Dasein sich im Frauen-Dienst erfüllt (1840,5–8). Auf der Grundlage dieses höfischen Credos (*Mîn geloube ist …*, 1839,1) können dann die Wünsche des Dichters für die Damen und seine Bitte um ihre Fürbitte für ihn selbst beides im Auge haben: gelingende Liebe hier und doch Gottes *rîche* dort oder – wie er es für sich (mit mehr Ambivalenz) formuliert: *rehtez ende und sölhen sin, daz mîn sêle var mit freuden hin* (1844,7 f.). Hier wird nun sein *singen* und *sagen*, *tihten* und *sprechen*,[109] also sein ganzer ›Frauendienst‹, als Teil jenes ›süssen Redens‹

---

107 Grundsätzlich hat Fritz Peter Knapp, »Chevalier errant« und »fin'amor«: das Ritterideal des 13. Jahrhunderts in Nordfrankreich und im deutschsprachigen Südosten (Schriften der Universität Passau. Reihe Geisteswissenschaften 8), Passau 1986, S. 62–70, betont, dass die im ›Frauendienst‹ »offenkundig provozierte komische Wirkung des Minnetoren […] den idealen oder besser: idealistischen Charakter der dahinterstehenden Gesinnung« nicht aufhebe (67). Komik und Parodie, die Alois Wolf, Komik und Parodie als Möglichkeit dichterischer Selbstdarstellung im Mittelalter. Zu Ulrichs von Liechtenstein ›Frauendienst‹, in: Amsterdamer Beiträge zur älteren Germanistik 10 (1976), S. 73–101, zurecht herausgearbeitet hat, charakterisieren aber vor allem den ersten Dienst (in der Rückschau) und treten dann weitgehend zurück. So bricht Wolf seine Untersuchung nicht zufällig nach dem unglücklichen Rendezvous mit der ersten Dame ab – die Artusfahrt sei für sein Thema »nicht so ergiebig«, und in der Gefangenschaft spielten Komik und Parodie keine Rolle (100).

108 Inhalt dieses Glaubens ist schlicht, dass Frauen-Dienst gleich Gottes-Dienst sei.

109 1843,4; 1845,7; 1846,1 f.; 1847,1 ff.; 6 f.; 1848,3; 1849,2 f.; 1850,2 f.

verstanden, das in Liedern und Begleitstrophen des zweiten Dienstes immer wieder als Quelle und Medium einer Liebe umschrieben worden ist, in der sich – im Text wie ausserhalb – menschliches Dasein als höfisches Dasein erfüllt:

> Ir sult ouch des vergezen niht, [...]
> mit süezen worten mîne tage
> iwer lop ich singe, iwer lop ich sage [...]. (1843,1; 3f.)

> Ditz buoch sol guoter wîbe sîn:
> in hât dar an die zunge mîn
> gesprochen vil manic süezez wort. (1850,1–3)

Hier kommt ein absolutes Vertrauen zum Ausdruck auf die stabilisierende Kraft, die von der Übereinstimmung in Denken, Reden und Empfinden unter Freunden, unter Liebenden ausgeht – auf eine erlesene Begabung, die aber eben als solche einem elitären Kreis vermittelbar ist.

4.7 Wirkungsräume: Die Überlieferung der Texte und ihr politisch-geographischer Horizont

Die Münchner Pergament-Handschrift *M* des ›Frauendienst‹, die auf 129 Blättern nur diesen Text enthält, ist zweispaltig angelegt und mit einfacher Rubrizierung versehen (Abb. 9). Sie gehört, wie die beiden Fragmente *A* und *L*, die mit ihr die Überlieferung des ›Frauendienst‹ bilden, dem ausgehenden 13. Jahrhundert und dem bairisch-österreichischen Sprachgebiet an. Alle drei Zeugen könnten denselben Handschriftentypus vertreten haben,[110] sind in Format und Umfang den funktionalen Einzelroman-Hand-

---

110 Kleinformatige Pergamenthandschriften aus dem letzten Viertel bzw. vom Ende des 13. Jahrhunderts mit zweispaltiger Anlage, nach Versen abgesetzt, (rote) Initialen am Strophenbeginn, ausgeführt in *M* und *A*, vorgesehen in *L*. Die Münchner Handschrift (*M*), Bayerische Staatsbibliothek, cgm 44, zählt 129 Blätter im Format 24,5 × 16,5 cm mit einem Schriftspiegel von ca. 18,4 × 12,7 cm bei 35–36 Zeilen; die Verse der Lieder sind, anders als die der Erzählstrophen, nicht abgesetzt. Beim Augsburger Einzelblatt (*A*), Staats- u. Stadtbibliothek, Fragm. germ. 10, misst das Blatt selbst 22 × 12,3 (urspr. ca. 15?) cm, der Schriftspiegel 17,3 × 11,8 cm, die Spalten haben 28 Zeilen. Die Fragmente eines (*A* verwandten) Doppelblatts aus Landshut (*L*), Staatsarchiv, vom Einband der Fischmeisteramtsrechnungen Landshut von 1510, o. Sign., lassen auf eine Blattgrösse von urspr. ca. 20 auf 15 cm und einen Schriftspiegel von 15 × 11,2 cm bei 29–30 Zeilen schliessen. Zu *A* vgl. ZfdA 69 (1932), 321f. (Franz Schmidt), zu *L* ZfdA 101 (1972), 326–329, Zitat oben: 328 (Burghart

schriften vergleichbar, als deren Bestimmung man sich die private oder
gemeinschaftliche Lektüre im kleinen Kreis vorstellen mag,[111] aber darin
auch der noch kleinformatigeren ›Weingartner Liederhandschrift‹ nicht un-
ähnlich,[112] die am ehesten für einen Gebrauch bestimmt gewesen sein dürfte,
der an Minnereflexion, an nachdenklichem Lesen allein oder (eher) unter
Kennern interessiert war. Dass die Lieder Ulrichs aus ihrem Begründungs-
zusammenhang gelöst und in Form einer ›gewöhnlichen‹ Autorsammlung
anderen Interessen erschlossen werden konnten, zeigt ihre Aufnahme in
den Codex Manesse, der bereits ein Exzerpt der Lieder aus dem ›Frauendienst‹ (und in dessen Anordnung) zu Grunde liegt.[113] Auch Ulrichs ›Frauenbuch‹ – unikal im ›Ambraser Heldenbuch‹ überliefert[114] – hat vielleicht
den Raum seiner Entstehung nie verlassen. Diese Befunde stehen der Vermutung zumindest nicht entgegen, dass Ulrichs Wirkungsraum begrenzt
war, sich im wesentlichen auf jenen – durchaus nicht engen – Horizont be-
schränkte, in dem er auch politisch tätig war, auf die Steiermark und die an-
grenzenden Teile Österreichs und Kärntens, auf das Herrschaftsgebiet Herzog Friedrichs II. des Streitbaren und seiner Nachfolger, denen er diente.

Wachinger); Abbildungen aus *M* in: Ulrich von Lichtenstein, Frauendienst
(Jugendgeschichte). Abbildungen aus dem Münchner Cod. germ. 44 und der
Grossen Heidelberger Liederhandschrift, hg. v. Ursula Peters (Litterae 17),
Göppingen 1973, hier auch knappe Beschreibungen der drei Textzeugen auf
S. 2; eine Seite aus *M* bei Karin Schneider, Gotische Schriften in deutscher
Sprache. I. Vom späten 12. Jahrhundert bis um 1300, Wiesbaden 1987, Ta-
felband, Abb. 131, dazu Textband, 230f.: einfache Gebrauchsschrift mit mo-
dernen Formen. Eine umfassende Darstellung der Überlieferung mit Abbildungen jetzt durch Jürgen Wolf, Ulrich von Lichtenstein im Buch, in: Ulrich
von Lichtenstein (ed. Linden/Young), S. 487–514.

111 Vgl. Jürgen Wolf, Buch und Text. Literatur- und kulturhistorische Untersuchungen zur volkssprachigen Schriftlichkeit im 12. und 13. Jahrhundert (Hermaea 115), Tübingen 2008, S. 72–78, bes. 76ff., 124–134 und 261–266, und
jetzt dens., Ulrich von Lichtenstein im Buch, bes. S. 488–496, 503 u. 510.

112 Vgl. Gisela Kornrumpf, ›Weingartner Liederhandschrift‹, in: ²VL 10 (1999),
Sp. 809–817, hier: 809: Stuttgart, Württembergische Landesbibliothek, HB
XIII 1, Sigle *B*, wahrscheinlich Konstanz, 1. Viertel des 14. Jh.s, Perg., I + 157
Bll., ursprüngliches Blattformat mind. 17 × 12,5 cm, Schriftspiegel 12,5 ×
8,5 cm, einspaltig zu 28 Zeilen, Verse nicht abgesetzt.

113 Vgl. dazu oben, Anm. 14. Ferner Ulrich Müller, Der ›Frauendienst‹ des Ulrich von Lichtenstein: Ein deutschsprachiger Autor des 13. Jahrhunderts als
Editor seiner Lieder, in: editio 21 (2007), S. 19–49.

114 Dazu Wernfried Hofmeister, Das »Frauenbuch« Ulrichs von Lichtenstein
als eine interdisziplinäre Herausforderung. Ansätze und Forschungsperspektiven, in: Ich – Ulrich von Lichtenstein (Anm. 3), S. 205–220, hier: 206–211.

Ulrich hatte aus unmittelbarer Nähe die immer wieder gewagte, aber letztlich erfolgreiche Politik des letzten Babenberger Herzogs miterlebt, seine geschickte Behauptung im Machtkampf zwischen Kaiser Friedrich II. und Papst Innozenz IV., die zunächst die Begründung eines Landesbistums in Wien mit päpstlicher Einwilligung, dann – noch im Jahr vor seinem Tod – die Erhebung des Herzogs zum König von Österreich von Kaisers Gnaden in greifbare Nähe rücken liess. Und noch in der Schlacht an der Leitha (1246) gegen die Ungarn war Friedrich der Streitbare – sterbend – siegreich.[115] Jetzt aber führte das österreichische Privileg der weiblichen (wenn auch an sich nur der direkten weiblichen) Erbfolge zu konkurrierenden Ansprüchen der Schwester und der Nichte des kinderlos Verstorbenen, ihrer sich rasch ablösenden Ehepartner und der rivalisierenden Könige von Böhmen und von Ungarn wie der Herzöge von Bayern, zu Ansprüchen, die sich mit der Interessenpolitik von Kaiser und Papst verbanden oder schnitten und im Bemühen um Unterstützung bei den Landherren alte Spannungen verstärkten und neue entstehen liessen.[116] Und es ist bei aller gebotenen Skepsis hinsichtlich einer absoluten Datierung des Textes[117] offensichtlich, dass Ulrich unter dem Eindruck einer existentiellen Verunsicherung schreibt, die sich erst allmählich, schrittweise legen konnte, deren Auflösung aber um 1255, zum allgemein angenommenen Zeitpunkt des Abschlusses des ›Frauendienst‹, noch auf Jahre hinaus für die Zeitgenossen

---

115 In dem aufwendigen ›französischen‹ Grabmal, das man ihm im Zisterzienserstift Heiligenkreuz errichtet hat, wird der mit ihm verbundene und an seine Person gebundene, nicht mehr einlösbare Machtanspruch noch einmal manifest. Vgl. Friedrich Dahm, Das Grabmal Friedrichs des Streitbaren im Zisterzienserstift Heiligenkreuz. Rekonstruktion – Typus – Stil – liturgische Funktionen (Österreich. Akademie d. Wissenschaften. Veröff. der Kommission für Kunstgeschichte 3), Wien 1996.

116 Zu den hier natürlich nur angedeuteten Konstellationen und Ereignissen während der Regierung Herzog Friedrichs II. und des anschliessenden ›Österreichischen Interregnums‹ vgl. etwa Heinz Dopsch u. a., Österreichische Geschichte 1122–1278: Die Länder und das Reich. Der Ostalpenraum im Hochmittelalter, Wien 1999, S. 197–207 und 441–454, und immer noch – detailreich und anschaulich zugleich – Karl Lechner, Die Babenberger. Markgrafen und Herzoge von Österreich 976–1246, 6., unveränd. Aufl. (Veröff. des Instituts für österreich. Geschichtsforschung 23), Wien usw. 1996, S. 275–307, sowie – auf Ulrich selbst bezogen – Dopsch, Zwischen Dichtung und Politik, und jetzt Linden, Biographisches und Historisches, S. 63–70.

117 Vgl. etwa Behr, Frauendienst als Ordnungsprinzip, S. 6–9, und jetzt Linden, Biographisches und Historisches, S. 59 ff.

kaum wahrnehmbar war.[118] Nachdem sich die kaiserlichen Statthalter jahrelang nicht durchgesetzt hatten und Ulrich jahrelang zur (päpstlichen) Partei des (nie zum Bischof erhobenen) Salzburger Elekten Philipp (von Spanheim) gehört hatte, war dieser im Herbst 1255 vom Papst suspendiert worden und Přemysl Otakar II., seit zwei Jahren König von Böhmen, begann sich durchzusetzen. Aber noch Jahre später scheint Ulrich nur zu seiner weiteren Umgebung gehört zu haben, erst an Weihnachten 1260 ist er mit seinem Sohn Otto ganz selbstverständlich unter den Landherren, die sich zur Inbesitznahme der Steiermark durch Ottokar in Graz einfinden.[119] Und selbst nachdem Ottokar ihm 1267 das Marschallamt in der Steiermark übertragen hatte, kam es ein Jahr später auf seine Veranlassung zur Schleifung Liechtensteins und zur Gefangennahme Ulrichs,[120] bevor dieser die Gunst des Landesherrn wiedergewann und behielt und endlich 1272 noch zum obersten Landrichter aufstieg – als Ulrich den ›Frauendienst‹ schrieb, war das nicht absehbar.

Es ist eben dieser politisch-geographische Erfahrungsraum, den auch Ulrichs Venus, den sein Artus durchreiten (Abb. 10/11), der im ›Frauendienst‹ in den Stationen dieser Fahrten, z. T. in farbigen Szenen, Tiefe erhält und durch zahllose Vertreter der regionalen Eliten belebt wird.[121] Dieser

---

118 Zum Folgenden wieder Dopsch, Zwischen Dichtung und Politik, hier S. 80–85, und – die allmähliche Etablierung Ottokars in der Steiermark im Lauf der 1250er-Jahre detailliert nachvollziehend – Gerhard Pferschy, Ottokar II. Premysl, Ungarn und die Steiermark, in: Ottokar-Forschungen, red. v. Max Weltin u. Andreas Kusternig (Jahrbuch für Landeskunde von Niederösterreich 44/45), Wien 1979, S. 73–91, hier: 73–84.

119 Pferschy, ebd., S. 75 u. 84. Anders sieht es Ottokars ›Österreichische Reimchronik‹ (ed. Seemüller), nach der Ulrich an der Spitze der Gruppe von steirischen Landherren stand, die sich nach der Heirat Ottokars mit Margarethe von Österreich zu ihm hielten, während andere den jungen bayrischen Herzog Heinrich ermunterten, seine Ansprüche mit Unterstützung des ungarischen Königs durchzusetzen (V. 1914-2444); dazu ablehnend Pferschy, Ottokar II., S. 74f. In der Auseinandersetzung des Salzburger Elekten Philipp mit Ulrich von Seckau, den das Salzburger Domkapitel an seiner Stelle gewählt hatte, soll Ulrich von Liechtenstein nach der ›Reimchronik‹ auf der Seite des Bischofs gekämpft haben (V. 5932–6166), obwohl König Ottokar weiter den Elekten unterstützte; vgl. Pferschy, Ottokar II., S. 80.

120 Hierzu wieder die ›Österreichische Reimchronik‹ (ed. Seemüller), hier V. 9843–10121.

121 Krenn, Historische Figuren, zählt 176 Personen (S. 106); Dopsch, Zwischen Dichtung und Politik, S. 92–97, beschreibt die Umschichtungen im Adel und deren Reflexe in ihrer Darstellung durch Ulrich im ›Frauendienst‹; zuvor grundlegend: ders., Probleme ständischer Wandlung beim Adel Österreichs,

Raum wird also im eigentlichen Sinn erfahren und so für jeden neu erfahrbar gemacht, der die Namen kennt, sich Personen, Orte, Wege und Lebensformen vorstellen kann[122] und das, was er nicht kennt, durch typische Bilder
zu ergänzen vermag.[123] Gerade weil im ›Frauendienst‹ der erzählte Raum als
durchschrittene und belebte Welt sowie individuelle und gruppenspezi-
fische Erfahrungen und Erinnerungen der Hörer oder Leser sich durchdringen,[124] gerade weil darin über ein Substrat an höfischen Lebensformen
und Verhaltensmustern ein Grundkonsens hergestellt werden kann, ist
es erst möglich, in der fiktionalen, aber mit Realismen gesättigten Handlung und in der Reflexion der Lieder und Kommentare eigene Vorstellungen herauszuarbeiten. Und gerade erst die Spiegelung eines – gewachse-
nen und bedrohten – sozialen Beziehungsgefüges, das zumindest viel
mit der zeitgeschichtlichen Wirklichkeit zu tun hat,[125] gibt dem sich als

der Steiermark und Salzburgs vornehmlich im 13. Jahrhundert, in: Herrschaft
und Stand. Untersuchungen zur Sozialgeschichte im 13. Jahrhundert, hg. v.
Josef Fleckenstein, 2., überarb. Aufl. (Veröff. des MPI für Geschichte 51),
Göttingen 1979, S. 207–253, bes. 211–238.

122 Zurecht fasst Linden, Biographisches und Historisches, S. 90, »die Fülle der
Namen […] in narratologischer Perspektive als alternative Technik zur Herstellung von literarischer Evidenz« auf, die an die Stelle rhetorisch-deskriptiv
erzeugter Anschaulichkeit (*evidentia*) trete. Aber ähnlich wie die Namen von
Personen und Orten funktionieren eben auch die mehr oder weniger rudi-
mentären oder konventionellen Beschreibungen von (höfischen) Handlungen
bzw. Handlungsmustern.

123 Und dazu passt auch die kanzleinahe Überlieferung von *M*, *A* und *L*: »[…]
das Werk wurde in dem Milieu tradiert und rezipiert, in dem auch […] Ulrich
selbst zu verorten ist.« Wolf, Ulrich von Liechtenstein im Buch, S. 503.

124 Oder, wie jetzt Linden, Biographisches und Historisches, S. 92, formuliert:
»Dies funktioniert, indem die Erzählung über die Personennamen ständig
Vorstellungsbilder aus der Realität abruft, immer wieder Verbindungslinien
zwischen Realem und Fiktivem zieht. Der Rezipient muss sich beim Lesen
oder Hören des *Frauendienst* trotz der fiktionalen Struktur nicht in eine ganz
andere Welt begeben, die eigenen Regeln folgt, sondern die Grenzen zwischen Fiktion und Wirklichkeit geraten im *Frauendienst* auf radikale Weise
ins Schwimmen.«

125 Der Bericht über den Tod Herzog Friedrichs in der Schlacht an der Leitha am
Veitstag, dem 15. Juni, 1246 (Str. 1659–76) könnte ebensogut in einer Reimchronik stehen. In den politisch motivierten Verboten des von Ulrich ange-
setzten Turniers von Neustadt und seiner Teilnahme am Turnier zu Krumau
treffen sich in nicht mehr genau verifizierbarer Weise die Ebenen des historischen Zeitgeschehens und des Minnedienstes der Erzählhandlung (1591–
1609); dazu Linden, Kundschafter, S. 257. Jeder historischen Überprüfung
entzieht sich selbstverständlich das Minnegeschehen, von den öffentlichen

minnewîse[126] gebenden Erzähler eine Autorität, die auf der politischen und sozialen Rolle Ulrichs und seiner gesellschaftlichen Bedeutung als Liederdichter beruht haben muss.

Vor diesem Hintergrund legt schon die Stilisierung der eigenen Jugendgeschichte zur Lehrzeit des ›Frauendienst‹-Verfassers auf eine Lesart des Textes fest, die der Beherrschung des ›süssen Wortes‹ zentrale Bedeutung für die höfische, geselligkeits- und gesprächsbetonte Existenzform jener Adelsgesellschaft einräumt, für die Ulrich sein Reformprogramm entwirft: *suoze sprechen wider diu wîp* (33,3/8), *an prieven tihten süeziu wort* (33,5), *süeziu wort mit werken wâr* zu verbinden (34,1) – das waren (angeblich) die Lehrinhalte, die ihn als Knappen beim Markgrafen Heinrich beschäftigten, der sie selbst vorbildhaft verwirklicht haben soll, als Teil einer umfassenden Curialitas, in der das höfische Sprechen mit und über (30,3) Frauen neben der Angemessenheit des (Redens und) Verhaltens (*mit tumpen tump, mit wîsen wîs*; 30,7) und der Selbstbeherrschung im Gespräch steht (*sîn munt nie bœsez wort gesprach*; 31,2). Aber erst ein (von der *minne* und in *minne*) Reden, das die Fähigkeit einschliesst, *in diu herzen* zu *sehen*, wie es der Erzähler bei seiner zweiten Dame kennengelernt haben will,[127] gibt dem Gespräch jene heilswirksame Qualität,[128] die insbesondere der Schlussabschnitt des ›Frauendienst‹ programmatisch (und damit die zu Beginn dem Markgrafen zugeschriebenen Lehren überbietend) formuliert. Erst der hier erhobene Anspruch gibt der volkssprachigen Liebeslyrik wie dem Gespräch ihren medialen Status: mittels Lyrik und Gespräch vermögen sich Laien unter Laien in höfischem Umfeld quasi-philosophisch zu verständigen. Die Voraussetzungen dieser Verständigung sind deutlich markiert. Es sind vor allem die Bedingungen einer höfischen Geselligkeitskultur, in der das Spielen mit konventionellen Formen des Verhaltens und der Rede, des Gesprächs im Mittelpunkt stehen: Begegnungen gelingen dort, wo *spæhe rede*

Inszenierungen des Dienstes bis zu seinen privaten und psychologischen Seiten.

126 Der Begriff gehört in den Zusammenhang der im Schlussteil entworfenen vollständigen Ausrichtung der Existenz am Frauen-Dienst, der ein alternatives *himelrîche* zum christlichen *paradîse* bietet (LVII,5 und 6). Man wird an *daz lebende paradîs* in Gottfrieds *huote*-Exkurs erinnert, das im *herzen* des von einem *rehte tuonde[n] wîp* geliebten Mannes erblüht (ed. Ranke, V. 18045–114, hier: 18066f., 18099).

127 Vgl. LIV,1,2; 7,1ff.

128 Die Verbindung *den guoten wîben / der werlde heil* findet sich programmatisch schon in Str. 1.

Erwartungen durchkreuzt oder massvoll provoziert (und gemeinsames Lachen auslöst), auch da, wo Kunstverstand und Kennerschaft es erlauben,
Melodie, sprachliche Form und Inhalt von Liedern, vielleicht auch ihre
Situationsbezogenheit zu würdigen, neue Einfälle zu bewundern (XXXII)
oder dunkle Aussagen zu enträtseln (XXXIII); aber auch und insbesondere
dort, wo im privaten (Minne-) Gespräch *spæhe rede* stimuliert, zu eroti-
schem Sprachspiel animiert, zu literaturkritischen oder zu philosophisch-
ethischen Betrachtungen Anlass gibt.

Die Vermittlung dieses Entwurfs einer gesprächszentrierten höfischen
Geselligkeitskultur, die im Gebrauch erotischer Rede in Lyrik und Konversation kulminiert, setzt offenbar auf die Autorität des Lehrers und Vorbilds, der ›seine Welt‹ und ›sein Leben‹ aus der Idee des Minnedienstes
heraus so neu entwirft, dass sie über den Nachvollzug seines spielerisch-
fazeten Umgangs mit der Wirklichkeit – der eigenen wie der des Publikums – prägend werden können. Gelingen konnte diese Vermittlung freilich
nur, wo intime Kenntnis der Lebenswelt des Autors und seines Publikums
das Spielen mit der Wirklichkeit durchschaubar machte.[129]

4.8 Diskursive Arbeit am adligen Selbstverständnis –
vom ›Frauendienst‹ zum ›Frauenbuch‹

Es ist nicht bekannt, ob Ulrich nach Abschluss des ›Frauendienst‹ tatsächlich, wie er es erwartet (1847), weitere Lieder verfasst hat. Er hat aber zwei
Jahre später die drei dem ›Frauendienst‹ inserierten *büechelîn* um ein weiteres vermehrt, *der vrouwen buoch*.[130] Dessen Titel lässt offen, ob es nur
seiner *vrouwe* oder allen Damen gewidmet ist:[131] Wie beim ›Frauendienst‹
soll die eigene Dame die Veröffentlichung veranlasst haben,[132] aber das
Aufgehen des individuellen Dienstes in der allgemeinen Frauenverehrung

129 Rischer, Realitätsstatus, S. 156, spricht vom Einsatz der »Versatzstücke historischer Realität [...] als literarisches Mittel [...], um den historisch-politischen Anspruch der Literatur innerhalb der höfischen Gesellschaft noch zu
verstärken.«

130 Ulrich, Das Frauenbuch (ed. Young 2003). Die relative Chronologie ergibt
sich aus ›Frauendienst‹, 1845, 2–5, und ›Frauenbuch‹, 2127ff.

131 Der Auftrag seiner Dame geht der Titelnennung unmittelbar voran (2122ff.),
an die *vrouwen* überhaupt als Leserinnen ist gleich anschliessend gedacht
(2130).

132 *Ez wil diu liebe vrouwe mîn, daz ich ir rihte ditz büechelîn* (5f.).

war schon für den ›Frauendienst‹ charakteristisch, und es gilt auch hier.[133] Die Nähe der Texte zu einander ist freilich noch weit grösser. Zwar ist die formale Eigenständigkeit des ›Frauenbuch‹ evident: Prolog und Epilog, der neue Auftrag, der eigene Titel und die Datierung unterstreichen sie, und sein Umfang von 2134 Versen gegenüber den je knapp vierhundert Versen der drei früheren Büchlein eröffnet neue Möglichkeiten und erlaubt dem Text erst seine Selbständigkeit. Andererseits greift das ›Frauenbuch‹ in so vielfältiger Weise auf den ›Frauendienst‹ zurück, dass der Eindruck eines Kontinuums entsteht, und das ist für das Verständnis beider Texte wichtig:[134] Es werden nicht nur Gedanken, Motive und Formulierungen wieder aufgenommen,[135] vielmehr wird in beiden ein Denken ›praktiziert‹, das keinen Abschluss sucht, sondern anhaltende Präsenz, weil es Haltung und Selbstverständnis der Beteiligten bestimmt, ein Denken, das gelebt wird und eben deshalb je neuer Formulierung, ja eines ständigen ›Bekennens‹[136] (im Gespräch und im Lied) bedarf.

Das erklärt auch die Konzeption des ›Frauenbuch‹, in dessen Zentrum eine *schoeniu vrouwe guot* und ein *ritter hôchgemuot* (39f.) ein Streitgespräch über jenen Verlust der *vreude* führen, den Ulrich gegen Ende des ›Frauendienst‹ beklagte. Beide weisen dem jeweils anderen Geschlecht die Schuld daran zu, bevor der *herre* – ähnlich dem Erzähler in der didaktischen Schlusspartie des ›Frauendienst‹ – breit ausführt, woran die Damen einen ihrer Liebe würdigen ›Diener‹ erkennen könnten (dessen Entwurf natürlich zugleich männlichen Lesern ein Leitbild vollkommenen Frauen-Dienstes vorstellt).[137] Im richtigen Augenblick erscheint Ulrich von Liechtenstein auch hier als Figur im eigenen Text, erneut als Frauendienst-Experte, der gebeten wird, den Streit zu entscheiden (1821–70). Ulrich erklärt, dass die Frau in allem dem Mann unterstellt sei, und ergreift deshalb schlichtend

---

133 So geht die lange Schlussrede Ulrichs von seinem lebenslangen Dienst an allen Damen aus (2013–52) und dann zum Dienst an seiner *vrouwe* über, in dessen Rahmen er jetzt dieses Büchlein zu Ende gedichtet habe (2053–2124).

134 Die Kontinuität betont etwa auch Fritz Peter Knapp, Die Literatur des Früh- und Hochmittelalters in den Bistümern Passau, Salzburg, Brixen und Trient von den Anfängen bis zum Jahre 1273 (Geschichte der Literatur in Österreich 1), Graz 1994, S. 490, einen engen Bezug zwischen beiden Texten arbeitete erstmals Behr, Frauendienst als Ordnungsprinzip, heraus.

135 Das gilt für den gesamten Text, Belegstellen erübrigen sich.

136 Man denke an das explizite Credo (*Min geloube ist ...*; 1839,1) im ›Frauendienst‹.

137 V. 1365–1820.

ausdrücklich ihre Partei (1936); seien die Frauen dem unterworfen, was *wir man* (1938) wollen und was ›uns‹ gut dünkt, dann müssten ›wir‹ sie nur anweisen (*heizen*), *vrô* und *hôch gemuot* zu sein (1942 f.). Woher aber soll das kommen, wenn ›wir‹ selbst nicht *vrô* sind (1947 f.)? Die Verantwortung liegt also beim Mann. Der Ritter hält darauf Ulrich zwar dessen notorische (im ›Frauendienst‹ offenkundige) ›Parteilichkeit‹ vor, die von Tadel an den Frauen, so berechtigt er auch sein möge, nichts wissen wolle (1950–74), muss sich aber sagen lassen, er kenne die Frauen nicht: Sie seien so *guot* und *rein*, dass sie *anders niht wan allez guot* täten, wenn man es nur als solches nehmen wollte (1975–82) – als höfischer Mann sollte er seine Angriffe einstellen (1997–2000). Der Ritter gibt nach, womit der Weg frei ist zu einer didaktisch-panegyrischen Rede des schlichtenden Erzählers, der nun beinahe unmittelbar die Konturen des ›autobiographischen‹ Ich des ›Frauendienst‹-Schlusses annimmt: Er formuliert seine Auffassung des Dienstes noch einmal, wendet sie aktualisierend ins Persönliche – *nû hân ich ditz büechelin voltihtet ze dienst der vrouwen mîn* (2053 f.) – und verbindet mit der Fürbitte für seine Dame die Hoffnung auf *vil liebes* von ihr, um sich abschliessend explizit als Autor und Frauendiener zu nennen: *ich Ulrich von Liechtensteine hân ir getihtet ditz büechelîn, dâmit sol ir gedienet sîn* (2122 ff.). Die Rede des Experten im Text soll in der Haltung des Autors, Ulrichs, verwirklicht sein.

Die Strukturen des ›Frauenbuch‹: der höfische Dialog zwischen exemplarischen Vertretern der Geschlechter, der rasch zum (gemessenen) Streitgespräch wird und mit der Aufforderung zur Schlichtung an den hinzutretenden Dritten und der Wiederholung der Positionen der Parteien in ein Schiedsverfahren übergeht, um schliesslich in einer Minnerede zu enden,[138] die das Streitgespräch zwischen Männern und Frauen grundsätzlich verwirft – schon diese Strukturen verweisen selbstverständlich auf den diskursiven Charakter des verhandelten Wissens.[139] Wichtiger ist aber in

138 Auf der Abgrenzung des ›Frauenbuch‹ (als ganzem Text) gegenüber der Gattung Minnerede insistiert jetzt zurecht Katharina Philipowski, Erzähler und Erzählform in Ulrichs von Liechtenstein *Frauenbuch* oder: Ist das *Frauenbuch* eine Minnerede?, in: Ulrich von Liechtenstein (ed. Linden/Young), S. 442–486.

139 Und diese Verhandlungen verlieren selbstverständlich nicht durch ironische Nebentöne und komische Elemente, ganz im Gegenteil. Etwas überakzentuiert bei Elke Brüggen, Minnelehre und Gesellschaftskritik im 13. Jahrhundert. Zum Frauenbuch Ulrichs von Liechtenstein, in: Euphorion 83 (1989), S. 72–97, bes. 96 f. Für Müller, Lachen – Spiel – Fiktion, S. 73, nähert sich das ›Frauenbuch‹ »schon einer [frühneuzeitlichen] Konversationslehre.«

unserem Zusammenhang die Vorstellung von der Wiederaufnahme eines kontinuierlichen gesellschaftlichen Gesprächs, in das schon der ›Frauendienst‹ eingriff und auf dessen Fortsetzung hin er offen blieb. Es ist das zwanglose höfische Gespräch, aus dem sich im ›Frauenbuch‹ das mitgeteilte Streitgespräch entwickelt haben soll: *Ez saz ein schœniu vrouwe guot bî einem ritter hôchgemuot, si redten mit ein ander vil* [...], *si redten ditz, si redten daz* [...] (39–43). Und dieses Gespräch steht unter dem Einfluss der Literatur,[140] der Ritter des Streitgesprächs kennt Ulrichs Haltung: *jâ waz ez ie iuwer rât, daz den vrouwen alle man mit dienste wæren undertân und tuon reht swaz si wolten* (1952–55). Für diese Haltung stehen – wie die Konstruktion des ›Frauendienst‹ es will – sein Leben wie seine Dichtung ein, und das ›Frauenbuch‹ greift sie im Prolog, an *wîp und man* (37) gewendet, dezidiert auf. Ob fingiert oder nicht, der neue Auftrag der Dame verlangt nach der Fortsetzung des im ›Frauendienst‹ als textkonstituierend beschriebenen Verfahrens der Verdichtung von geselliger Rede im Lied (oder Büchlein) und nach dessen Aufgehen im Kontinuum des in freundschaftlichem Einvernehmen geführten geselligen, literaturkritischen und philosophischen Gesprächs.

Das ›Frauenbuch‹ – seine Existenz an sich wie seine Konzeption – führt vor, wie sich Ulrich das kontinuierliche diskursive Arbeiten seiner höfischen Gesellschaft an ihrem Selbstverständnis gedacht hat und welche Bedeutung er dem nicht abreissenden, literarisch gestützten und geförderten Gespräch zumass: Ohne die Vorstellung von einem identitätsstiftenden Sich-Finden in der lyrisch gefassten, der Vergegenwärtigung und der gemeinsamen Reflexion zugänglichen, als philosophisch relevant verstandenen Konzeption des Frauen-Dienens (als des Inbegriffs höfischer Kultur) sind beide Texte – ›Frauendienst‹ und ›Frauenbuch‹ – und ihr Verhältnis zu einander nicht gut denkbar. Und die Existenz des Minnesangs (und das Aufkommen der Minnereden) an sich und des breiten und anhaltenden,

---

140 Zunächst des ›Frauendienst‹, der Lieder, Reden usw. integriert, dann aber der dem Adel geläufigen Literatur an sich, deren »Traditionslinien« im ›Frauenbuch‹ schon Ingeborg Glier, Artes amandi. Untersuchungen zur Geschichte, Überlieferung und Typologie der deutschen Minnereden (MTU 34), München 1971, S. 41–46, herausgearbeitet hat. Für den ›Frauendienst‹ betont Fritz Peter Knapp, Österreichische Literatur um 1250 und Ulrichs Rezeption der Blütezeit, in: Ulrich von Liechtenstein (ed. Linden/Young 2010), S. 99–131, den Anschluss »an nahezu alle literarischen Gattungen« der klassischen und nachklassischen Zeit (131).

sich ständig verändernden Interesses an ihm sprechen dafür, dass Ulrichs
Vorstellung nicht allzu wirklichkeitsfern gewesen sein dürfte.[141]

---

141 Sicher liesse sich im Sinne Müllers zeigen, »wie bestimmte Strukturmerkmale
von Turnier und Frauendienst im höfischen Fest, der Etikette und vor allem
in den Regeln der *bienséance* und höfischen Konversation einer späteren
Adelsgesellschaft wiederkehren«; Lachen – Spiel – Fiktion, S. 73. Aber schon
Ulrich scheint mir eben »den literarischen Minnedienst« nicht »als utopische
Kunstwelt« zu entdecken (ebd.), sondern als eine Lebensform zu verstehen,
die als Gegenstand philosophischer Reflexion die höfische Gesellschaft re-
formierend zu verändern vermöchte. Auf der »Verbindlichkeit« des Textes,
auf der »Minne als Lebensprogramm«, insistiert auch Grubmüller, Minne
und Geschichtserfahrung, S. 51, auf Lebensorientierung, Lebenshilfe und Lebenssteigerung Rischer, Realitätsstatus, S. 156.

5

Abkürzungen

ATB	Altdeutsche Textbibliothek
Beiträge	Beiträge zur Geschichte der deutschen Sprache und Literatur
CCCM	Corpus Christianorum. Continuatio Medievalis
CCSL	Corpus Christianorum. Series Latina
C.E.S.C.M.	Centre d'Études Supérieures de Civilisation Médiévale
CFMA	Les Classiques Français du Moyen Age
CRHIPA	Centre de Recherche en Histoire et Histoire de l'Art. Italie, Pays Alpins
CSEL	Corpus Scriptorum Ecclesiasticorum Latinorum
Deutsches Archiv	Deutsches Archiv für Erforschung des Mittelalters
DFG	Deutsche Forschungsgemeinschaft
DLE	Deutsche Literatur in Entwicklungsreihen
DTM	Deutsche Texte des Mittelalters
DVjs	Deutsche Vierteljahrsschrift für Literaturwissenschaft und Geistesgeschichte
editio	Editio. Internationales Jahrbuch für Editionswissenschaft
EHS	Europäische Hochschulschriften
Euphorion	Euphorion. Zeitschrift für Literaturgeschichte
GRLM	Grundriss der romanischen Literaturen des Mittelalters
GRM	Germanisch-Romanische Monatsschrift
HWRh	Historisches Wörterbuch der Rhetorik
ICLS	International Courtly Literature Society
JOWG	Jahrbuch der Oswald von Wolkenstein-Gesellschaft
LexMa	Lexikon des Mittelalters
Lit.wiss. Jb.	Literaturwissenschaftliches Jahrbuch (Görres-Gesellschaft)
MGH	Monumenta Germaniae Historica
Mlat. Jb.	Mittellateinisches Jahrbuch. Internationale Zeitschrift für Mediävistik und Humanismusforschung
MTU	Münchner Texte und Untersuchungen zur deutschen Literatur des Mittelalters
NF	Neue Folge
PL	Patrologiae cursus completus. Series latina
Poetica	Poetica. Zeitschrift für Sprach- und Literaturwissenschaft
QuF	Quellen und Forschungen zur Sprach- und Kulturgeschichte der germanischen Völker

Reclams UB	Reclams Universalbibliothek
RLW	Reallexikon der deutschen Literaturwissenschaft
SB	Sitzungsberichte
SC	Sources Chrétiennes
Traditio	Traditio. Studies in Ancient and Medieval Thought, History, and Religion
²VL	Die deutsche Literatur des Mittelalters. Verfasserlexikon. Zweite, völlig neu bearbeitete Auflage
ZfdA	Zeitschrift für deutsches Altertum und deutsche Literatur
ZfdPh	Zeitschrift für deutsche Philologie

6

Bibliographie

6.1 Quellen, Ausgaben, Repertorien

Accessus ad auctores. Bernard d'Utrecht. Conrad d' Hirsau, Dialogus super Auctores, éd. crit. entièrement revue et augmentée par R. B. C. Huygens, Leiden 1970.

[Alanus de Insulis] Alain de Lille, Anticlaudianus, texte crit. avec une introd. et des tables, publ. par R. Bossuat (Textes philosophiques du Moyen Age 1), Paris 1955.

Alanus de Insulis, Liber in distinctionibus dictionum theologicalium (PL 210), Paris 1855, Sp. 685–1012.

Alanus de Insulis, Summa de arte praedicatoria (PL 210), Paris 1855, Sp. 109–198.

Archipoeta, Die Gedichte, krit. bearb. v. Heinrich Watenphul, hg. v. Heinrich Krefeld, Heidelberg 1958.

Augustinus, Aurelius, De civitate Dei libri XXII, cur. Bernardus Dombart et Alphonsus Kalb (CCSL 47–48), Turnhout 1955.

Augustinus, Aurelius, De vera religione liber unus, cura et studio K.-D. Daur (CCSL 32), Turnhout 1962.

Augustinus, Aurelius, Sermones (PL 38), Paris 1841.

Baudri de Bourgueil, Les œuvres poétiques, éd. crit. publ. d'après le ms. du Vatican par Phyllis Abrahams, Paris 1926.

[Baudri de Bourgueil] Baldricus Burgulianus, Carmina, hg. v. Karlheinz Hilbert (Editiones Heidelbergenses 19), Heidelberg 1979.

Baudri de Bourgueil, Poèmes, t. 1–2, texte établi, trad. et comm. par Jean-Yves Tilliette (Auteurs Latins du Moyen Âge), Paris 1998–2002.

[Baudri de Bourgueil] Baldricus Dolensis, Itinerarium sive Epistola ad Fiscannenses, in: Id., Opera omnia (PL 166), Paris 1894, Sp. 1173–1182.

Bernhard von Clairvaux, De consideratione ad Eugenium papam. Über die Besinnung an Papst Eugen, in: Id., Sämtliche Werke lateinisch/deutsch I, hg. v. Gerhard B. Winkler u. a., Innsbruck, S. 611–841.

Bernard de Clairvaux, Éloge de la nouvelle chevalerie. Vie de Saint Malachie. Épitaphe, Hymne, Lettres, introd., trad, notes et index par Pierre-Yves Emery (SC 367), Paris 1990.

Bernard de Clairvaux, Sermons divers, t. 1, texte latin par J. Leclercq et al., introd. et notes par Françoise Callerot, trad. par Pierre-Yves Emery, rev. par Françoise Callerot (SC 496), Paris 2006.

Biblia sacra iuxta vulgatam versionem, adiuv. B. Fischer et al. rec. Robertus Weber, ed. quartam emend. cum sociis praepar. Roger Gryson, Stuttgart 1994.

Bodel, Jehan, La chanson des Saisnes, éd. critique par Annette Brasseur, t. 1–2 (Textes littéraires français 369), Genève 1989.

Ovidius Naso, Publius, Metamorphosen, in deutsche Hexamter übertr. u. hg. v. Erich Rösch, mit e. Einf. v. Niklas Holzberg, 12. Aufl. (Sammlung Tusculum), München/Zürich 1990.

Boethius, [Anicius Manlius Severinus], Consolatio philosophiae. Trost der Philosophie. Lat. u. dt., hg. u. übers. v. Ernst Gegenschatz u. Olof Gigon, eingel. u. erl. v. O. G. (Sammlung Tusculum), München/Zürich 1990.

Bonaventura, Sermones dominicales, textus lat. ad fid cod. nunc denuo ed., studio e cura Jacques Guy Bougerol, trad. di Eliodoro Mariani, introd., note e ind. di J. G. B. (S. Bonaventurae Opera 10), Roma 1992.

[Bonaventura] Saint Bonaventure, Sermons de diuersis, nouv. éd. crit. par Jacques Guy Bougerol, vol. 1–2, Paris 1993.

Brant, Sebastian, Das Narrenschiff. Studienausgabe, hg. v. Joachim Knape (Reclams UB 18333), Stuttgart 2005.

Cartulaire de l'abbaye de Saint-Père de Chartres, Bd. 1–2, publié par M. Guérard (Collection des cartulaires de France 2), Paris 1840.

Chrétien de Troyes, Les Romans, édités d'après la copie de Guiot (Bibl. nat., fr. 794), II: Cligés, publ. par Alexandre Micha (CFMA 84), Paris 1982.

Chrétien de Troyes, Erec et Enide. Erec und Enide. Altfranzösisch/deutsch, hg. v. Albert Gier (Reclams UB 8360), Stuttgart 1987.

Chrestien de Troyes, Yvain, [hg.], übers. u. eingel. v. Ilse Nolting-Hauff (Klassische Texte des Roman. Mittelalters in zweispr. Ausgaben 2), München 1983.

Cicero, [M. Tullius], De inventione. De optimo genere oratorum. Topica, with an English transl. by H. M. Hubbell (The Loeb Classical Library 386), Cambridge MA/London 1976.

[Cicero, M. Tullius] Pro A. Licinio Archia Poeta oratio, in: Altay Coşkun, Cicero und das römische Bürgerrecht. Die Verteidigung des Dichters Archias, Einl., Text, Übers. u. hist.-philol. Komm. (Vertumnus 5), Göttingen 2010.

Deutsche Liederdichter des 13. Jahrhunderts, hg. v. Carl von Kraus, Bd. 1: Text; Bd. 2: Kommentar, bes. v. Hugo Kuhn, 2. Aufl., durchges. v. Gisela Kornrumpf, Tübingen 1978.

Deutsche Lyrik des späten Mittelalters, hg. v. Burghart Wachinger (Bibliothek deutscher Klassiker 191; Bibliothek des Mittelalters 22), Frankfurt a.M. 2006.

Dietrich-Testimonien des 6. bis 16. Jahrhunderts, hg. v. Elisabeth Lienert u. a. (Texte und Studien zur mittelhochdeutschen Heldenepik 4), Tübingen 2008.

Disticha Catonis rec. et app. crit. instr. Marcus Boas, opus edendum cur. Johannes Botschuyver, Amsterdam 1952.

Die Ebstorfer Weltkarte. Kommentierte Neuausgabe in zwei Bänden, Bd. 1: Atlas; Bd. 2: Untersuchungen und Kommentar, hg. v. Hartmut Kugler u. a., Berlin 2007.

Geoffrey of Monmouth, Historia Regum Britanniae, I: Bern, Burgerbibliothek, MS. 568, ed. by Neil Wright, Cambridge 1985.

Geoffrey of Monmouth, The Historia regum Britannie, ed. by N(eil) Wright, vol. 1: Bern, Burgerbibliothek, MS. 568; vol. 2: The First Variant Version: a Critical Edition, Cambridge 1985–88.

Geoffrey of Monmouth, The History of the Kings of Britain. An Edition and Translation of De gestis Britonum [Historia Regum Britanniae], ed. by Michael D. Reeve, translation by Neil Wright (Arthurian Studies 69), Woodbridge/ Rochester NY 2007.

Gervasius Tilberiensis, De regibus Francorum et Anglorum, in: Historiae Francorum Scriptores coaetanei, t. 3, opera ac studio Andreae Du Chesne, Paris 1641, S. 363–379.

Gervasius Tilberiensis, De imperio Romano et Gottorum, Lombardorum, Brittonum, Francorum, Anglorumque regnis commentatio, nunc primum edita a Joachimo Johanne Madero, Helmstedt 1673.

Gervasius Tilberiensis, Otia imperialia ad Ottonem IV. Imperatorem, in: Scriptores rerum Brunsvicensium ..., t. 1–3, cura Godefride Guilielmi Leibnitii, Hannover 1707–11, Bd. 1, S. 881–1004.

Gervasius Tilberiensis, [Excerpta ex Otiis imperialibus], in: Recueil des historiens des Gaules et de la France, par Martin Bouquet et al., nouv. édition par Léopold Delisle, t. 9 [1757], Paris 1874, S. 45; t. 11 [1767], Paris 1876, S. 317f.; t. 14 [1806], Paris 1877, S. 13–16.

[Gervasius Tilberiensis] Liebrecht, Felix, Des Gervasius von Tilbury Otia imperialia. In einer Ausw. neu hg. u. mit Anm. begleitet. Ein Beitrag zur deutschen Mythologie und Sagenforschung, Hannover 1856.

Gervasius Tileburiensis, Excerpta ex Otiis imperialibus, in: Radulphus de Coggeshall, Chronicon Anglicanum, ex cod. mss. ed. Josephus Stevenson (Rerum Britannicarum Medii Aevi scriptores 66), London 1875, S. 417–449.

Gervase of Tilbury, Otia imperialia. Recreation for an Emperor, edited and translated by S[helagh] E. Banks/J[ames] W. Binns (Oxford Medieval Texts), Oxford 2002.

Gervasius von Tilbury, Kaiserliche Mussestunden. Otia imperialia, eingel., übers. u. mit Anm. vers. v. Heinz Erich Stiene, Bd. 1–2 (Bibliothek der Mittellateinischen Literatur 6), Stuttgart 2009.

Gervais de Tilbury, Le livre des merveilles: divertissement pour un Empereur (troisième partie), trad. et comm. par Annie Duchesne, préf. de Jacques Le Goff (La roue à livres 15), Paris 1992.

[Gervasius von Tilbury] Traductions françaises des »Otia imperialia« de Gervais de Tilbury par Jean d'Antioche et Jean de Vignay, éd. de la 3ᵉ partie par Dominique Gerner et Cinzia Pignatelli (Publications Romanes et Françaises 237), Genève 2006.

[Gervasius von Tilbury, Kommentar zum Paternoster] Manfred Hoffmann u. Jürgen Wilke, Ein Kommentar zum Pater Noster von Gervasius von Tilbury, in: Jb. f. Intern. Germ. 33 (2001), S. 127–156.

La geste du roi Arthur. Selon le »Roman de Brut« de Wace et l'»Historia Regum Britanniae« de Geoffroy de Monmouth, prés., éd. et trad. par Emmanuèle Baumgartner et Ian Short (Bibliothèque médiévale), Paris 1993.

Gottfried von Strassburg, Tristan und Isold, hg. v. Friedrich Ranke, 13. Aufl., Dublin/Zürich 1968.

[Guiraut de Cabreira] François Pirot, Recherches sur les connaissances littéraires des troubadours occitans et catalans des XIᵉ et XIIIᵉ siècles. Les »sirventes-ensenhamens« de Guerau de Cabrera, Guiraut de Calanson et Bertrand de Pans, Barcelona 1972.

Guillelmus de Conchis, Dragmaticon philosophiae, cura et studio I. Ronca; Summa de philosophia in vulgari, cura et studio L. Badia et J. Pujol (CCCM 152), Turnhout 1997.

Hartmann von Aue, Gregorius. Der arme Heinrich. Iwein, hg. u. übers. v. Volker Mertens (Bibliothek deutscher Klassiker 189; Bibliothek des Mittelalters 6), Frankfurt a. M. 2004.

Heinrich von Veldeke, Eneasroman. Die Berliner Bilderhandschrift mit Übersetzung und Kommentar, hg. v. Hans Fromm (Bibliothek deutscher Klassiker 77; Bibliothek des Mittelalters 4), Frankfurt a. M. 1992.

Hildebertus Turonensis, Epistolae (PL 171), Paris 1854, Sp. 135–312.

Hugo de Sancto Victore, De archa Noe. Libellus de formatione arche, vol. 1–2, cura et studio Patricii Sicard (CCCM 176–176A), Turnhout 2001.

Humbertus de Romanis, Opera de vita regulari, ed. cur. Joachim Joseph Berthier, vol. 1–2, Rom 1888–89.

Ioannes Saresberiensis, Metalogicon, ed. J. B. Hall, auxiliata S. S. B. Keats-Rohan (CCCM 98), Turnhout 1991.

Ioannes Saresberiensis, Policratici sive de nugis curialium et vestigiis philosophorum libri VIII, t. 1–2, recogn. et proleg., app. crit., comm., indic. instr. Clemens C. I. Webb, Oxford 1909.

Isidorus Hispalensis, Etymologiarum sive originum libri XX, t. 1–2, recogn. brevique adnot. crit. instr. W(allace) M(artin) Lindsay (Scriptorum Classicorum Bibliotheca Oxoniensis), Oxford 1911.

Isidorus Hispalensis, Sententiae (PL 83), Paris 1850, Sp. 537–738.

Jans Enikel, Werke, hg. v. Philipp Strauch (MGH Deutsche Chroniken 3), Hannover/Leipzig 1891–1900.

Jean d'Antioche et Jean de Vignay, Traductions françaises des »Otia imperialia« de Gervais de Tilbury, éd. de la 3e partie par Dominique Gerner et Cinzia Pignatelli (Publications Romanes et Françaises 237), Genève 2006.

Kunrat von Ammenhausen, Das Schachzabelbuch, nebst den Schachbüchern des Jakob von Cessole und des Jakob Mennel hg. v. Ferdinand Vetter (Bibl. älterer Schriftwerke der deutschen Schweiz. Erg.bd.), Frauenfeld 1887–1892.

Lexicon latinitatis nederlandicae medii aevi; Woordenboek van het middeleeuws latijn van de noordelijke Nederlanden, cond. a Johann W. Fuchs, ed. Olga Weijers et Marijke Gumbert-Hepp, t. 1–9, Leiden 1977–2005.

Lucanus, M. Annaeus, De bello civile libri X, ed. D. R. Shackleton Bailey (Bibliotheca Teubneriana), Stuttgart 1988.

Macrobe, Les Saturnales, t. 1–2, [texte et] trad. nouvelle avec introd. et notes par Henri Bornecque et François Richard, Paris 1938.

Martial, Epigrams, ed. and transl. by D. R. Shackleton Bailey, vol. 3 (The Loeb Classical Library 480), Cambridge MA/London 1993.

Mensa philosophica. Faksimile und Kommentar, hg. v. Erwin Rauner, Burghart Wachinger u. a. (Fortuna vitrea 13), Tübingen 1995.

Motif-Index of German Secular Narratives from the Beginning to 1400, ed. by the Austrian Academy of Sciences, vol. 1–7, Berlin/New York 2005–10.

Novum glossarium mediae latinitatis, ab anno dccc usque ad annum mcc, ed. cur. consilium academiarum consociatarum, confic. praefuit Franz Blatt et al., [t. 1–6], Kopenhagen et al. 1957–.

Otto Frisingensis, Chronica sive Historia de duabus civitatibus, ed. Adolf Hofmeister/Walther Lammers; Otto von Freising, Chronik oder Die Geschichte der zwei Staaten, übers. v. Adolf Schmidt, hg. v. Walther Lammers (Ausgewählte Quellen zur deutschen Geschichte des Mittelalters 16), Darmstadt 1960.

Otto Frisingensis et Rahewinus, Gesta Friderici seu rectius Cronica, ed. Franz-Josef Schmale; Otto von Freising u. Rahewin, Die Taten Friedrichs oder richtiger Cronica, übers. v. Adolf Schmidt, hg. v. Franz-Josef Schmale (Ausgewählte Quellen zur deutschen Geschichte des Mittelalters 17), Darmstadt 1965.

Ottokar, Österreichische Reimchronik, nach d. Abschriften Franz Lichtensteins hg. v. Joseph Seemüller, Hbd. 1–2 (MGH. Deutsche Chroniken 5.1–2), Hannover 1890–93.

[Ovidius Naso, Publius] Ovid, Epistulae ex Ponto, book 1, ed. with introd., transl., and comm. by Jan Felix Gaertner (Oxford Classical Monographs), New York 2005.

Ovidius Naso, Publius, Briefe aus der Verbannung. Tristia, Epistulae ex ponto, übertr. v. Wilhelm Willige, eingel. u. erl. v. Niklas Holzberg (Sammlung Tusculum), München/Zürich 1995.

[Ovidius Naso, Publius] Ovide, Héroïdes, texte établi par Henri Bornecque et trad. par Marcel Prévost (Collection des universités de France. Série latine 48), Paris 1965.

Ovidius Naso, Publius, Metamorphosen, in deutsche Hexamter übertr. u. hg. v. Erich Rösch, mit e. Einf. v. Niklas Holzberg, 12. Aufl. (Sammlung Tusculum), München/Zürich 1990.

Ovidius Naso, [Publius], Tristia, hg., übers. u. erkl. v. Georg Luck, Bd. 1: Text u. Übers., Heidelberg 1967.

Petrus Blesensis, Compendium in Job ad Henricum II illustrissimum Anglorum regem (PL 207), Paris 1904, Sp. 795–826.

[Petrus Blesensis, Compendium in Job] L'Hystore Job. An Old French Verse Adaptation of Compendium in Job by Peter of Blois, ed. by Joseph Gildea, vol. 1–2, Liège/Villanova, PA. 1974.

[Petrus Blesensis], Dialogus inter regem Henricum secundum et abbatem Bonevallis. Un écrit de Pierre de Blois réédité [par] R. B. C. Huygens, in: Revue Bénédictine 68 (1958), S. 87–112.

Petrus Blesensis, De conversione s. Pauli (PL 207), Paris 1904, Sp. 791–796.

Petrus Blesensis, De Hierosolymitana peregrinatione acceleranda (PL 207), Paris 1904, Sp. 1057–1070.

Petrus Blesensis, De transfiguratione domini (PL 207), Paris 1904, Sp. 777–792.

Petrus Blesensis, s.a. unter »Untersuchungen«: Türk, Egbert.

Petrus Damiani, Die Briefe, hg. v. Kurt Reindel, T. 1–4 (MGH. Die Briefe der deutschen Kaiserzeit 4.1–4), München 1983–93.

Radulphus de Coggeshall, Chronicon anglicanum, ex cod. manuscr. ed. Josephus Stevenson (Rerum britannicarum medii aevi scriptores [66]), London 1875, S. 1–208.

Regula Benedicti. Die Bediktusregel, lat. – dt., hg. i. A. d. Salzburger Äbtekonferenz, 2. Aufl., Beuron 1996.

Le Roman d'Eneas, hg. und übers. v. Monica Schöler-Beinhauer (Klass. Texte des romanischen Mittelalters 9), München 1972.

Rudolf von Ems, Alexander. Ein höfischer Versroman des 13. Jahrhunderts, zum ersten Male hg. v. Victor Junk, T. 1–2 (Bibliothek des Literarischen Vereins in Stuttgart 272; 274), Leipzig 1928–29.

Rudolf von Ems, Weltchronik. Aus der Wernigeroder Hs. hg. v. Gustav Ehrismann (DTM 20), Berlin 1915.

Rudolf von Ems, Willehalm von Orlens, hg. aus dem Wasserburger Codex der fürstlich Fürstenbergischen Hofbibliothek in Donaueschingen v. Victor Junk (DTM 2), Berlin 1905.

Thesaurus Linguae Latinae, ed. sub iussu et auctoritate consilii ab academiis societatibusque diversarum nationum electi, t. 1–10/4, Leipzig 1900–2009.

Thesaurus proverbiorum medii aevi. Lexikon der Sprichwörter des romanisch-germanischen Mittelalters, begr. v. Samuel Singer, hg. v. Kuratorium Singer der SAGW, wiss. Leitung: Ricarda Liver u. a., Bd. 1–[14], Berlin/New York 1995–2002.

Thomas de Chobham, Summa confessorum, ed. F. Broomfield (Analecta Mediaevalia Namurcensia 25), Louvain/Paris 1968.

Thomasin von Zirclaria, Der Wälsche Gast, hg. v. Heinrich Rückert, Nachdr. d. Ausg. Quedlinburg/Leipzig 1852, mit e. Einl. u. e. Reg. v. Friedrich Neumann (Deutsche Neudrucke. Texte des Mittelalters), Berlin 1965.

Ulrich von Liechtenstein, Frauendienst, Th. 1–2, hg. v. Reinhold Bechstein (Deutsche Dichtungen des Mittelalters 6), Leipzig 1888.

Ulrich von Lichtenstein, Frauendienst (Jugendgeschichte). Abbildungen aus dem Münchner Cod. germ. 44 und der Grossen Heidelberger Liederhandschrift, hg. v. Ursula Peters (Litterae 17), Göppingen 1973.

Ulrich von Liechtenstein, Das Frauenbuch, hg., übers. und komm. v. Christopher Young (Reclams UB 18290), Stuttgart 2003.

Ulrich von Türheim, Tristan, hg. v. Thomas Kerth (ATB 89), Tübingen 1979.

[Vergilius Maro, Publius] Vergil, Aeneis, Lateinisch – Deutsch. In Zus.arb. mit Maria Götte hg. u. übers. v. Johannes Götte. Mit e. Nachw. v. Bernhard Kytzler, 7. Aufl. (Sammlung Tusculum), München/Zürich 1988.

Wace, Le Roman de Brut, t. 1–2, éd. par Ivor Arnold (Soc. des anciens textes français), Paris 1938–40.

Wace, Roman de Brut. A history of the British, text and transl. ed. by Judith Weiss (Exeter medieval texts and studies), Exeter 1999.

Walther, Hans, Proverbia sententiaeque Latinitatis medii aevi. Lateinische Sprichwörter und Sentenzen des Mittelalters in alphabetischer Anordnung ges. und hg. v. Hans Walther, Bd. 1–6; Proverbia sententiaeque Latinitatis medii et recentioris aevi. Nova series, hg. v. Paul Gerhard Schmidt, Bd. 7–9 (Carmina medii aevi posterioris latina 2.1–9), Göttingen 1963–1969; 1982–1986.

William of Malmesbury, Gesta regum Anglorum. The History of the English Kings, ed. and transl. by R(oger) A. B. Mynors, completed by R(odney) M. Thomson and M(ichael) Winterbottom, vol. 1 (Oxford medieval texts), Oxford 1998.

Wirnt von Gravenberc, Wigalois, der Ritter mit dem Rade, hg. v. J. M. N. Kapteyn (Rheinische Beiträge und Hülfsbücher zur germanischen Philologie und Volkskunde 9), Bonn 1926.

Wittenwiler, Heinrich, Der Ring, nach der Meininger Handschrift hg. v. Edmund Wiessner (DLE. Realistik des Spätmittelalters 3), Leipzig 1931.

6.2 Untersuchungen

Achnitz, Wolfgang, Deutschsprachige Artusdichtung des Mittelalters. Eine Einführung (De Gruyter Studium), Berlin/Boston 2012.

Ahlers, Jens, Die Welfen und die englischen Könige 1165–1235 (Quellen und Darstellungen zur Geschichte Niedersachsens 102), Hildesheim 1987.

André, Jean-Marie, L'*otium* dans la vie morale et intellectuelle romaine, des origines à l'époque augustéenne (Publications de la Faculté des lettres et sciences humaines de Paris. Recherches 30), Paris 1966.

Anton, Hans Hubert, Fürstenspiegel (Königsspiegel) des frühen und hohen Mittelalters. Ein Editionsprojekt an der Universität Trier, in: Jb. f. historische Forschung 2004, S. 15–32.

—, Einleitung, in: Fürstenspiegel des frühen und hohen Mittelalters, ausgew., übers. u. komm. v. A. H. H. (Ausgew. Quellen zur dt. Geschichte des Ma.s 45), Darmstadt 2006, S. 3–37.

Arentzen, Jörg-Geerd, *Imago mundi cartographica*. Studien zur Bildlichkeit mittelalterlicher Welt- und Ökumenekarten unter besonderer Berücksichtigung des Zusammenwirkens von Text und Bild (Münstersche Mittelalter-Schriften 53), München 1984.

Arnulf, Arwed, *Versus ad picturas*. Studien zur Titulusdichtung als Quellengattung der Kunstgeschichte von der Antike bis zum Hochmittelalter (Kunstwissenschaftliche Studien 72), München/Berlin 1997.

—, Architektur- und Kunstbeschreibungen von der Antike bis zum 16. Jahrhundert, München/Berlin 2004.

Aurell, Martin, Henry II and Arthurian Legend, in: Henry II. New Interpretations (2007), S. 364–394.

Automaten in Kunst und Literatur des Mittelalters und der frühen Neuzeit, hg. v. Klaus Grubmüller u. Markus Stock (Wolfenbütteler Mittelalter-Studien 17), Wiesbaden 2003.

Backes, Martina, Fremde Historien. Untersuchungen zur Überlieferungs- und Rezeptionsgeschichte französischer Erzählstoffe im deutschen Spätmittelalter (Hermaea NF 103), Tübingen 2004.

Baer, Eva, Otium, in: Thesaurus linguae latinae 9.2 (1981), Sp. 1175–1187.

Baethgen, Friedrich, Das Königreich Burgund in der deutschen Kaiserzeit des Mittelalters [1942], in: Id., Mediaevalia. Aufsätze, Nachrufe, Besprechungen, T. 1 (MGH Schriften 17), Stuttgart 1960.

Baldzuhn, Michael, Schulbücher im Trivium des Mittelalters und der Frühen Neuzeit. Die Verschriftlichung von Unterricht in der Text- und Überlieferungsgeschichte der »Fabulae« Avians und der deutschen »Disticha Catonis«, Bd. 1–2

(Quellen und Forschungen zur Literatur- und Kulturgeschichte 44.1–2), Berlin/ New York 2009.

Banks, Shelagh E., und James W. Binns, The Intellectual Development of Gervase of Tilbury, in: Kloster und Bildung (2006), S. 347–354.

Barber, Richard W., Henry Plantagenet, new edition, Woodbridge 2003.

Barral i Altet, Xavier, Poésie et iconographie. Un pavement du 12e siècle décrit par Baudri de Bourgueil, in: Dumbarton Oaks Papers 41 (1987), S. 41–54.

—, Le plafond cosmologique de la chambre de la comtesse Adèle de Blois d'après Baudri de Bourgueil, in: Bulletin de la Société nationale des antiquaires de France 1988, S. 85–92.

Bartels, Kerstin, Musik in deutschen Texten des Mittelalters (EHS I 1601), Frankfurt a. M. usw. 1997.

Bartolomucci, Nunzia, Il registro epico di Baudri de Bourgueil. Adelae comitissae: vv. 207–582, in: Annali della facoltà di lettere e filosofia di Bari 39 (1996), S. 73–87.

Behr, Hans-Joachim, Frauendienst als Ordnungsprinzip. Zum Verständnis von Wirklichkeit und deren Bewältigung im ›Frauenbuch‹ Ulrichs von Lichtenstein, in: Die mittelalterliche Literatur in der Steiermark. Akten des internat. Symposiums Schloss Seggau bei Leibnitz 1984, hg. v. Alfred Ebenbauer u. a. (Jb. für Internat. Germanistik A 23), Bern usw. 1988, S. 1–13.

—, Der Hof Ottos IV. als literarisches Zentrum, in: Otto IV. (Katalog 2009), S. 207–218.

Berg, Dieter, Die Anjou-Plantagenets. Die englischen Könige im Europa des Mittelalters, Stuttgart 2003.

Berges, Wilhelm, Die Fürstenspiegel des hohen und späten Mittelalters (MGH Schriften 2), Leipzig 1938.

Bernard, Jacques-Emmanuel, Le langage de l'amicitia dans les lettres de Cicéron à Appius Claudius, in: La société des amis à Rome et dans la littérature médiévale et humaniste. Études réunies par Perrine Galand-Hallyn et al. (Latinitates 2), Turnhout 2008, S. 95–112.

Bernecker, R(oland), Information, in: HWRh 4 (1998), Sp. 376–382.

Bezzola, Reto R., Les origines et la formation de la littérature courtoise en Occident (500–1200), t. 2: La société féodale et la transformation de la littérature de cour (Sciences historiques et philologiques 313), Paris 1960.

Die Bildwelt der Diagramme Joachims von Fiore. Zur Medialität religiös-politischer Programme im Mittelalter, hg. v. Alexander Patschovsky, Ostfildern 2003.

Bleumer, Hartmut, Der Frauendienst als narrative Form, in: Ulrich von Liechtenstein (2010), S. 358–397.

Blume, Dieter, Regenten des Himmels. Astrologische Bilder in Mittelalter und Renaissance (Studien aus dem Warburg-Haus 3), Berlin 2000.

—, Sichtbares Bild und unsichtbare Ordnung. Zur Funktion mittelalterlicher Sternbilderdarstellungen, in: Ästhetik des Unsichtbaren. Bildtheorie und Bildgebrauch in der Vormoderne, hg. v. David Ganz u. Thomas Lentes (KultBild. Visualität und Religion in der Vormoderne 1), [Berlin] 2004, S. 292–311.

—, Sternbilder des Mittelalters, in: Natur und Geist. Von der Einheit der Wissenschaften im Mittelalter, hg. v. Oliver Auge u. Matthias Müller (Mittelalterzentrum Greifswald), Ostfildern 2008, S. 115–137.

Bodemann, Ulrike, und Klaus Grubmüller, Schriftliche Anleitung zu mündlicher Kommunikation. Die Schülergesprächsbüchlein des späten Mittelalters, in: Pragmatische Schriftlichkeit im Mittelalter. Erscheinungsformen und Entwicklungsstufen. Akten des internationalen Kolloquiums 1989, hg. v. Hagen Keller (Münstersche Mittelalter-Schriften 65), München 1989, S. 177–193.

Bogen, Steffen, und Felix Thürlemann, Jenseits der Opposition von Text und Bild. Überlegungen zu einer Theorie des Diagramms und des Diagrammatischen, in: Die Bildwelt der Diagrammme (2003), S. 1–22.

Bond, Gerald A., *iocus amoris*. The Poetry of Baudri of Bourgueil and the Formation of the Ovidian Subculture, in: Traditio 42 (1986), S. 143–193.

—, Composing Yourself. Ovid's Heroides, Baudri of Bourgueil and the Problem of Persona, in: Mediaevalia 13 (1989 [for 1987]), S. 83–117.

—, The Loving Subject. Desire, Eloquence, and Power in Romanesque France, Philadelphia 1995.

Boutemy, André, Recueil poétique du manuscrit Additional British Museum 24199, in: Latomus 2 (1938), S. 30–52.

Braun, Manuel, Typus und Variation im Minnesang des 13. Jahrhunderts, in: Ulrich von Liechtenstein (2010), S. 398–441.

Brendecke, Arndt, Markus Friedrich und Susanne Friedrich, Information als Kategorie historischer Forschung. Heuristik, Etymologie und Abgrenzung vom Wissensbegriff, in: Information in der Frühen Neuzeit. Status, Bestände, Strategien, hg. v. dens. (Pluralisierung & Autorität 16), Berlin 2008, S. 11–44.

Brinkmann, Hennig, Geschichte der lateinischen Liebesdichtung im Mittelalter, Halle/Saale 1925.

—, Entstehungsgeschichte des Minnesangs (DVjs. Buchreihe 8), Halle/Saale 1926.

Brown, Shirley Ann, and Michael W. Herren, The ›Adelae Comitissae‹ of Baudri of Bourgueil and the Bayeux Tapestry, in: Anglo-Norman Studies 16 (1993), S. 55–73.

Brüggen, Elke, Minnelehre und Gesellschaftskritik im 13. Jahrhundert. Zum Frauenbuch Ulrichs von Liechtenstein, in: Euphorion 83 (1989), S. 72–97.

Brülhart, Armin, *Vexatio dat intellectum*. Studien zur Konstruktion und Funktion paradoxer Textstrukturen in Heinrich Wittenwilers ›Ring‹, Dissertation, Freiburg/Schweiz 2009.

Bruning, Bernard, *Otium* and *Negotium* within the One Church, in: Augustiniana 51 (2001), S. 105–149.

Brunner, Horst, Geschichte der deutschen Literatur des Mittelalters im Überblick (Reclams UB 9485), Stuttgart 1997.

—, Der König der Kranichschnäbler. Literarische Quellen und Parallelen, in: ders., Annäherungen. Studien zur deutschen Literatur des Mittelalters und der Frühen Neuzeit, Berlin 2008, S. 21–37.

Bumke, Joachim, Mäzene im Mittelalter. Die Gönner und Auftraggeber der höfischen Literatur in Deutschland 1150–1300, München 1979.

Burrow, J. A., Gestures and Looks in Medieval Narrative (Cambridge Studies in Medieval Literature 48), Cambridge 2002.

Busquet, Raoul, Gervais de Tilbury inconnu, in: Revue historique 191 (1941), S. 1–20.

Caldwell, James R., The Autograph Manuscript of Gervase of Tilbury (Vatican, Vat. lat. 933), in: Scriptorium 11 (1957), S. 87–98.

—, Manuscripts of Gervase of Tilbury's Otia imperialia, in: Scriptorium 16 (1962), S. 28–45.

Capurro, Rafael, Information. Ein Beitrag zur etymologischen und ideengeschichtlichen Begründung des Informationsbegriffs, München 1978.

Cardelle de Hartmann, Carmen, Lateinische Dialoge 1200–1400. Literarhistorische Studie und Repertorium (Mittellat. Studien und Texte 37), Leiden 2007.

Carruthers, Mary, The Book of Memory. A Study of Memory in Medieval Culture (Cambridge Studies in Medieval Literature 10), Cambridge 1990.

—, The Craft of Thought. Meditation, Rhetoric, and the Making of Images. 400–1200 (Cambridge Studies in Medieval Literature 34), Cambridge 1998.

Castelberg, Marcus, Wissen und Weisheit. Die spätmittelalterliche Tafelsammlung Washington D. C., Library of Congress, Rosenwald Collection ms 4. Edition – Kommentar – Untersuchung, Dissertation, Freiburg/Schweiz 2003.

Chartier, Roger, Inscrire et effacer. Culture écrite et littérature (XIᵉ-XVIIIᵉ siècle), Paris 2005.

Chinca, Mark, Der Frauendienst zwischen Fiktivität und Fiktionalität: Probleme und Perspektiven der Forschung, in: Ulrich v. Liechtenstein (2010), S. 305–323.

Classen, Peter, Burgundio von Pisa. Richter, Gesandter, Übersetzer (SB Heidelberger Akademie der Wissenschaften. Phil.-hist. Kl. 1974.4), Heidelberg 1974.

Communities of Learning. Networks and the Shaping of Intellectual Identity in Europe, 1100–1500, ed. by Constant N. Mews and John N. Crossley (Europa sacra 9), Turnhout 2011.

Constable, Giles, The Relation between the Sun and the Moon in Medieval Thought (to 1200), in: Scientia veritatis. Festschrift Hubert Mordek, hg. v. Oliver Münsch u. Thomas Zotz, Ostfildern 2004, S. 327–336.

Corbellini, Sabrina, Mannenregels voor een vrouwenwereld. Die spirituele opvoeding van zusters in derde-orde-gemeenschappen, in: Trajecta 14 (2005), S. 177–192.

—, The Manual for the Young Ones by Jan de Wael (1510): Pastoral Care for Religious Women in the Low Countries, in: A Companion to Pastoral Care in the Late Middle Ages (1200–1500), ed. by Ronald J. Stansbury (Brill's Companions to the Christian Tradition 22), Leiden/Boston 2010, S. 389–411.

Coşkun, Altay, Cicero und das römische Bürgerrecht. Die Verteidigung des Dichters Archias, Einl., Text, Übers. u. hist.-philol. Komment. (Vertumnus 5), Göttingen 2010.

Cotts, John D., Peter of Blois and the Problem of the ›Court‹ in the Late Twelfth Century, in: Anglo-Norman Studies 27 (2005), S. 68–84.

—, The Clerical Dilemma. Peter of Blois and Literate Culture in the Twelfth Century, Washington, D. C. 2009.

Courtly Literature and Clerical Culture. Höfische Literatur und Klerikerkultur. Littérature courtoise et culture cléricale. Congress Tübingen 2001, hg. v. Christoph Huber u. Henrike Lähnemann, Tübingen 2002.

Csendes, Peter, Die Doppelwahl von 1198 und ihre europäischen Dimensionen, in: Staufer & Welfen. Zwei rivalisierende Dynastien im Hochmittelalter, hg. v. Werner Hechberger u. Florian Schuller, Regensburg 2009, S. 156–171 u. 262f.

Curialitas. Studien zu Grundfragen der höfisch-ritterlichen Kultur, hg. v. Josef Fleckenstein (Veröffentlichungen des Max-Planck-Instituts für Geschichte 100), Göttingen 1990.

Curschmann, Michael, Höfische Laienkultur zwischen Mündlichkeit und Schriftlichkeit. Das Zeugnis Lamberts von Ardres, in: ›Aufführung‹ und ›Schrift‹ in Mittelalter und früher Neuzeit. DFG-Symposion 1994, hg. v. Jan-Dirk Müller (Germanistische Symposien 17), Stuttgart/Weimar 1996, S. 149–169.

—, Wort – Schrift – Bild. Zum Verhältnis von volkssprachigem Schrifttum und bildender Kunst vom 12. bis zum 16. Jahrhundert, in: Mittelalter und frühe Neuzeit. Übergänge, Umbrüche und Neuansätze, hg. von Walter Haug (Fortuna vitrea 16), Tübingen 1999, S. 378–470.

—, Wort – Bild – Text. Studien zur Medialität des Literarischen in Hochmittelalter und früher Neuzeit, Bd. 1–2 (Saecvla spiritalia 44), Baden-Baden 2007.

—, Epistemologisches am Schnittpunkt von Wort und Bild, in: Id., Wort – Bild – Text (2007), S. 21–67.

—, Das Buch am Anfang und am Ende des Lebens. Priester Wernhers ›Maria‹ und das ›Credo‹ Jeans de Joinville (Mitt. u. Verz. aus der Bibl. des Bischöfl. Priesterseminars zu Trier 24), Trier 2008.

—, Anselm von Canterbury im Frauenkloster. Text, Bild, Paratext und Musik in einer Handschrift der ›Orationes sive meditationes‹ (Admont 289), in: Finden – Gestalten – Vermitteln (2012), S. 79–130.

Curtius, Ernst Robert, Europäische Literatur und lateinisches Mittelalter, 4. Aufl., Bern/München 1963.

D'Acunto, Nicolangelo, I laici nella Chiesa e nella società secondo Pier Damiani. Ceti dominanti e riforma ecclesiastica nel secolo XI (Istituto storico italiano per il medio evo. Nuovi studi storici 50), Roma 1999.

—, Pier Damiani e i laici, in: Pier Damiani l'eremita, il teologo, il riformatore (1007–2007), a cura di Maurizio Tagliaferri (Ravennatensia 23), Bologna 2009, S. 129–137.

Dahm, Friedrich, Das Grabmal Friedrichs des Streitbaren im Zisterzienserstift Heiligenkreuz. Rekonstruktion – Typus – Stil – liturgische Funktionen (Österr. Akademie d. Wissenschaften. Veröff. der Kommission für Kunstgeschichte 3), Wien 1996.

Derda, Hans-Jürgen, Päpstliche Autorität und weltliche Herrschaft. Der Machtanspruch von Papst Innozenz III. zur Zeit des deutschen Thronstreits, in: Otto IV. (Katalog 2009), S. 57–62.

Deutinger, Roman, Rahewin von Freising. Ein Gelehrter des 12. Jahrhunderts (MGH. Schriften 47), Hannover 1999.

Deutschländer, Gerrit, Dienen lernen, um zu herrschen. Höfische Erziehung im ausgehenden Mittelalter (1450–1550) (Hallische Beiträge zur Geschichte des Mittelalters und der Frühen Neuzeit 6), Berlin 2012.

Dialoge. Sprachliche Kommunikation in und zwischen Texten im deutschen Mittelalter. Hamburger Colloquium 1999, hg. v. Nikolaus Henkel, Tübingen 2003.

Dicke, Gerd, Fazetieren. Ein Konversationstyp der italienischen Renaissance und seine deutsche Rezeption im 15. und 16. Jahrhundert, in: Literatur und Wandmalerei II. Konventionalität und Konversation. Burgdorfer Colloquium 2001, hg. v. Eckart Conrad Lutz u. a., Tübingen 2005, S. 155–188.

—, *Homo facetus*. Vom Mittelalter eines humanistischen Ideals, in: Humanismus in der deutschen Literatur des Mittelalters und der Frühen Neuzeit. XVIII. Anglo-German Colloquium Hofgeismar 2003, hg. v. Nicola McLelland u. a., Tübingen 2008, S. 299–332.

Doignon, Jean, Le progrès philosophique d'Augustin dans l'*otium* de Cassiciacum d'après la Lettre 4, in: Fructus Centesimus. Mélanges offerts à Gérard J. M. Bartelink, publ. par A[ntonius] A. R. Bastiaensen et al. (Instrumenta Patristica 19), Steenbrugge/Dordrecht 1989, S. 141–151.

Dopsch, Heinz, Probleme ständischer Wandlung beim Adel Österreichs, der Steiermark und Salzburgs vornehmlich im 13. Jahrhundert, in: Herrschaft und Stand. Untersuchungen zur Sozialgeschichte im 13. Jahrhundert, hg. v. Josef Fleckenstein, 2., überarb. Aufl. (Veröff. des Max-Planck-Instituts für Geschichte 51), Göttingen 1979, S. 207–253.

—, Österreichische Geschichte 1122–1278: Die Länder und das Reich. Der Ostalpenraum im Hochmittelalter, Wien 1999.

—, Zwischen Dichtung und Politik. Herkunft und Umfeld Ulrichs von Liechtenstein, in: Ich – Ulrich von Liechtenstein (1999), S. 49–104.

Dronke, Peter, Women Writers in the Middle Ages. A Critical Study of Texts from Perpetua († 203) to Marguerite Porete († 1310), Cambridge etc. 1984.

—, Peter of Blois and Poetry at the Court of Henry II, in: Medieval Studies 38 (1976), S. 185–235.

Duchesne, Annie, Miracles et merveilles chez Gervais de Tilbury, in: Miracles, prodiges et merveilles au Moyen Âge. Congrès Orléans 1994, éd. par la Société des historiens médiévistes de l'enseignement supérieur public (Série Histoire Ancienne et Médiévale 34), Paris 1995, S. 151–156.

Ehlers, Carsten, Die Bestattung Ottos IV. in der Braunschweiger Stiftskirche St. Blasii im Kontext der deutschen Königsgrablegen. Tradition oder Innovation, in: Otto IV. (Katalog 2009), S. 289–298.

Ehlers, Joachim, Anglonormannisches am Hof Heinrichs des Löwen? Voraussetzungen und Möglichkeiten, in: Der Welfenschatz und sein Umkreis, hg. v. dems. u. Dietrich Kötzsche, Mainz 1998, S. 205–217.

—, Heinrich der Löwe. Eine Biographie, München 2008.

Ehlert, Trude, Alexanders Kuriositätenkabinett. Reisen als Aneignung von Welt in Ulrichs von Etzenbach Alexander, in: Reisen und Reiseliteratur im Mittelalter und der Frühen Neuzeit, hg. v. Xenja von Ertzdorff u. Dieter Neukirch (Chloe. Beihefte zum Daphnis 13), Amsterdam/Atlanta 1992, S. 313–328.

Eichenberger, Nicole, Geistliches Erzählen. Erscheinungsformen und Überlieferungsgeschichte mhd. religiöser Kleinepik, Dissertation, Freiburg/Schweiz 2012.

Eitschberger, Astrid, Musikinstrumente in höfischen Romanen des deutschen Mittelalters (Imagines medii aevi 2), Wiesbaden 1999.

Emmelius, Caroline, Politische Beratung, Zwiegespräch, gesellige Unterhaltung. Zur Wortgeschichte von *Gespräch* im 15. Jahrhundert, in: Im Wortfeld des Textes. Worthistorische Beiträge zu den Bezeichnungen von Rede und Schrift im Mittelalter, hg. v. Gerd Dicke u. a. (Trends in Medieval Philology 10), Berlin/New York 2007, S. 107–135.

—, Gesellige Ordnung. Literarische Konzeptionen von geselliger Kommunikation in Mittelalter und Früher Neuzeit (Frühe Neuzeit 139), Berlin/NewYork 2009.

Erzählen und Episteme. Literatur im 16. Jahrhundert, hg. v. Beate Kellner u. a. (Frühe Neuzeit 136), Berlin/New York 2011.

Erzählungen in Erzählungen. Phänomene der Narration in Mittelalter und Früher Neuzeit, hg. v. Harald Haferland u. Michael Mecklenburg (Forschungen zur Geschichte der älteren deutschen Literatur 19), München 1996.

Esmeijer, Anna C., *Divina quaternitas*. A Preliminary Study in the Method and Application of Visual Exegesis, Assen 1978.

Finden – Gestalten – Vermitteln. Schreibprozesse und ihre Brechungen in der mittelalterlichen Überlieferung. Freiburger Kolloquium 2010, hg. v. Eckart Conrad Lutz u. a. (Wolfram-Studien 22), Berlin 2012.

Flasch, Kurt, Das philosophische Denken im Mittelalter. Von Augustin zu Machiavelli (Reclams UB 8342), Stuttgart 1986.

Fleckenstein, Josef, *Miles* und *clericus* am Königs- und Fürstenhof. Bemerkungen zu den Voraussetzungen, zur Entstehung und zur Trägerschaft der höfisch-ritterlichen Kultur, in: *Curialitas* (1990), S. 302–325.

Fleischer, Michael, und Harald Fricke, Information, in: RLW 2 (2000), S. 142ff.

Friedrich Barbarossa. Handlungsspielräume und Wirkungsweisen des staufischen Kaisers, hg. v. Alfred Haverkamp (Vorträge und Forschungen 40), Sigmaringen 1992.

Freytag, Hartmut, Wolfgang Harms und Michael Schilling, Gesprächskultur des Barock. Die Embleme der Bunten Kammer im Herrenhaus Ludwigsburg bei Eckernförde, Kiel 2001.

Fuchs, Karin, Zeichen und Wunder bei Guibert de Nogent. Kommunikation, Deutungen und Funktionalisierungen von Wundererzählungen im 12. Jahrhundert (Pariser Historische Studien 84), München 2008.

Fumaroli, Marc, *Otium, convivium, sermo*: La conversation comme »lieu commun« des lettrés, in: Le loisir lettré à l'âge classique, éd. par Marc Fumaroli et Ph.-J. Salazar et al., Genève 1996, S. 29–52.

Ganz, Peter, Friedrich Barbarossa: Hof und Kultur, in: Friedrich Barbarossa (1992), S. 623–650.

Gautier-Dalché, Patrick und Jean-Yves Tilliette, Un nouveau document sur la tradition du poème de Baudri de Bourgueil à la comtesse Adèle, in: Bibliothèque de l'École de chartes 144 (1986), S. 241–257.

Geissner, Hellmut, Gesprächsspiele, in: HWRh 3 (1992), Sp. 964–969.

Les genres lyriques, t. 1, fasc. 7, B: La lyrique occitane, dir. par Dietmar Rieger (GRLM 2.1.7), Heidelberg 1990.

Das Gespräch, hg. v. Karlheinz Stierle und Robert Warning (Poetik und Hermeneutik 11), München 1984.

Gespräche lesen. Philosophische Dialoge im Mittelalter, hg. v. Klaus Jacobi (ScriptOralia 115), Tübingen 1999.

Glier, Ingeborg, *Artes amandi*. Untersuchungen zur Geschichte, Überlieferung und Typologie der deutschen Minnereden (MTU 34), München 1971.

Godman, Peter, Poets and Emperors. Frankish Politics and Carolingian Poetry, Oxford 1987.

—, Paradoxes of Conscience in the High Middle Ages: Abelard, Heloise, and the Archpoet (Cambridge Studies in Medieval Literature 75), Cambridge 2009.

—, *Transmontani*. Frederick Barbarossa, Rainald of Dassel, and Cultural Identity in the German Empire, in: Beiträge 132 (2010), S. 200–229.

Görich, Knut, Friedrich Barbarossa. Eine Biographie, München 2011.

Göttert, Karl-Heinz, Konversation, in: HWRh 4 (1998), Sp. 1322–1333.

Goetz, Hans-Werner, Das Geschichtsbild Ottos von Freising. Ein Beitrag zur historischen Vorstellungswelt und zur Geschichte des 12. Jahrhunderts (Beihefte zum Archiv für Kulturgeschichte 19), Köln/Wien 1984.

Grubmüller, Klaus, Minne und Geschichtserfahrung. Zum ›Frauendienst‹ Ulrichs von Liechtenstein, in: Geschichtsbewusstsein in der deutschen Literatur des Mittelalters. Tübinger Colloquium 1983, hg. v. Christoph Gerhardt u. a., Tübingen 1985, S. 37–51.

Guérard, M., Cartulaire de l'abbaye de Saint-Père de Chartres, Bd. 1–2 (Collection des cartulaires de France 2), Paris 1840.

Haferland, Harald, Hohe Minne. Zur Beschreibung der Minnekanzone (Beihefte zur ZfdPh 10), Berlin 2000.

Harf-Lancner, Laurence, Les malheurs des intellectuels à la cour: les clercs curiaux d'Henri II Plantagenêt, in: Courtly Literature and Clerical Culture, selected papers from the 10th triennial congress of the ICLS Tübingen 2001, hg. v. Christoph Huber u. Henrike Lähnemann, Tübingen 2002, S. 3–18.

Harris, Jennifer A., Peter Damian and the Architecture of the Self, in: Das Eigene und das Ganze. Zum Individuellen im mittelalterlichen Religiosentum, hg. v. Gert Melville u. Markus Schürer (Vita regularis 16), Münster 2002, S. 131–157.

Hasebrink, Burkhard, *muoze, kurzwîle, gemach*. Zum Imaginären freier Zeit im Mittelalter (Vortrag, Hamburg, 16. Juli 2010).

Haug, Walter, Literaturtheorie im deutschen Mittelalter. Von den Anfängen bis zum Ende des 13. Jahrhunderts, 2., überarb. u. erw. Aufl., Darmstadt 1992.

—, Gibt es einen Zusammenhang zwischen dem klerikalen Konzept der *Curialitas* und dem höfischen Weltentwurf des vulgärsprachlichen Romans?, in: Courtly Literature (2002), S. 57–75.

Haye, Thomas, *labor* und *otium* im Spiegel lateinischer Sprichwörter und Gedichte des Mittelalters, in: Arbeit im Mittelalter. Vorstellungen und Wirklichkeiten, hg. v. Verena Postel, Berlin 2006, S. 79–89.

Heinrich der Löwe und seine Zeit. Herrschaft und Repräsentation der Welfen 1125–1235. Katalog Braunschweig, hg. v. Jochen Luckhardt u. Franz Niehoff, Bd. 1–3, München 1995.

Heinzle, Joachim, Vom hohen zum späten Mittelalter. Teil 2: Wandlungen und Neuansätze im 13. Jahrhundert (1220/30–1280/90), 2., durchges. Aufl. (Geschichte der deutschen Literatur 2.2), Tübingen 1994.

Henkel, Nikolaus, *Litteratus – illitteratus*. Bildungsgeschichtliche Grundvoraussetzungen bei der Entstehung der höfischen Epik in Deutschland, in: Akten des 8. Internationalen Germanisten-Kongresses Tokyo 1990: Begegnung mit dem ›Fremden‹. Grenzen – Traditionen – Vergleiche, Bd. 9, München 1991, S. 334–345.

—, Was soll der Mensch tun? Literarischer Vermittlung von Lebensnormen zwischen Latein und Volkssprache und die ›Disticha Catonis‹, in: Literatur und Wandmalerei II (2005), S. 23–46.

—, Text – Glosse – Kommentar. Die Lektüre der römischen Klassiker im frühen und hohen Mittelalter, in: Lesevorgänge (2010), S. 237–262.

Henry II. New Interpretations, ed. by Christopher Harper-Bill and Nicholas Vincent, Woodbridge 2007.

Herkommer, Hubert, Der St. Galler Kodex als literarhistorisches Monument, in: Rudolf von Ems, Weltchronik; Der Stricker, Karl der Grosse. Kommentar zu Ms 302 Vad., Luzern 1987, S. 127–240.

Herweg, Mathias, Konrad IV. und die »Weltchronik« Rudolfs von Ems: *ewiclich memorial* und imperiale Agenda vor neuem Quellenhorizont, in: ZfdPh 128 (2009), S. 397–420.

Hilbert, Karlheinz, Studien zu den Carmina des Baudri von Bourgueil, Heidelberg, Diss. phil. 1967.

Hinz, Berthold, Statuenliebe. Antiker Skandal und mittelalterliches Trauma, in: Marburger Jb. für Kunstwissenschaft 22 (1989), S. 135–142.

Hofmeister, Wernfried, Das »Frauenbuch« Ulrichs von Liechtenstein als eine interdisziplinäre Herausforderung. Ansätze und Forschungsperspektiven, in: Ich – Ulrich von Liechtenstein (1999), S. 205–220.

Hoffmann, Manfred, u. Jürgen Wilke, Ein Kommentar zum Pater Noster von Gervasius von Tilbury, in: Jb. f. Intern. Germ. 33 (2001), S. 127–156.

Hosler, John D., Henry II. A Medieval Soldier at War, 1147–1189 (History of Warfare 44), Leiden/Boston 2007.

Hucker, Bernd Ulrich, Kaiser Otto IV. (MGH Schriften 34), Hannover 1990.

—, Literatur im Umkreis Kaiser Ottos IV., in: Die Welfen (1995), S. 377–406.

—, Der wiederentdeckte Kaiser. Eine Biographie (insel taschenbuch 2557), Frankfurt a. M./Leipzig 2003.

—, Die imperiale Politik Kaiser Ottos IV., in: Otto IV. (Katalog 2009), S. 81–90.

Huber, Christoph, Wort- und Bildnetze. Zum Textbegriff im nachklassischen mittelhochdeutschen Romanprolog (Rudolf von Ems, Konrad von Würzburg), in: Im Wortfeld des Textes. Worthistorische Beiträge zu den Bezeichnungen von Rede und Schrift im Mittelalter, hg. v. Gerd Dicke u. a. (Trends in medieval philology 10), Berlin/New York 2006, S. 263–285.

Hübner, Gert, Frauenpreis. Studien zur Funktion der laudativen Rede in der mittelhochdeutschen Minnekanzone, Bd. 1–2 (Saecula spiritalia 34–35), Baden-Baden 1996.

Huth, Volkhard, »Gekrönter Esel« oder »zweiter Sokrates«? Das Bild Barbarossas und seines Hofes im Kontext zeitgenössischer Wissenskultur, in: Caspar Ehlers u. a., Friedrich Barbarossa und sein Hof, red. v. Karl-Heinz Ruess (Schriften zur staufischen Geschichte und Kunst 28), Göppingen 2009, S. 99–126.

Ich – Ulrich von Liechtenstein. Literatur und Politik im Mittelalter. Akten der Akademie Friesach »Stadt und Kultur im Mittelalter« 1996, hg. v. Franz Viktor Spechtler und Barbara Maier (Schriftenreihe der Akademie Friesach 5), Klagenfurt 1999.

Imbach, Ruedi, Laien in der Philosophie des Mittelalters. Hinweise und Anregungen zu einem vernachlässigten Thema (Bochumer Studien zur Philosophie 14), Amsterdam 1989.

—, und Silvia Maspoli, Philosophische Lehrgespräche in Dantes ›Commedia‹, in: Gespräche lesen (1999), S. 291–322.

Jaeger, C. Stephen, Medieval Humanism in Gottfried von Strassburg's Tristan und Isolde (Germanische Bibliothek. Reihe 3), Heidelberg 1977.

—, Der Schöpfer der Welt und das Schöpfungswerk als Prologmotiv in der mhd. Dichtung, in: ZfdA 107 (1978), S. 1–18.

—, The Origins of Courtliness. Civilizing Trends and the Formation of Courtly Ideals 939–1210 (The Middle Ages), Philadelphia 1985.

—, The Envy of Angels. Cathedral Schools and Social Ideals in Medieval Europe, 950–1200 (The Middle Ages), Philadelphia 1994.

—, Patrons and the Beginnings of Courtly Romance, in: The Medieval Opus: Imitation, Rewriting and Transmission in the French Tradition, ed. by Douglas Kelly, Amsterdam 1996, S. 45–58.

—, Ennobling Love. In Search of a Lost Sensibility (The Middle Ages), Philadelphia 1999.

—, Scholars and Courtiers: Intellectuals and Society in the Medieval West (Variorum Collected Studies), Aldershot/Burlington 2002.

—, The Stature of the Learned Poet in the Eleventh Century, in: Norm und Krise von Kommunikation. Inszenierungen literarischer und sozialer Interaktion im Mittelalter, hg. v. Alois Hahn u. a. (Geschichte 24), Berlin 2006, S. 417–438.

Jaurant, Danielle, Rudolfs ›Weltchronik‹ als offene Form. Überlieferungsstruktur und Wirkungsgeschichte (Bibliotheca Germanica 34), Tübingen/Basel 1995.

Johanek, Peter, König Arthur und die Plantagenets. Über den Zusammenhang von Historiographie und höfischer Epik in mittelalterlicher Propaganda, in: Frühmittelalterliche Studien 21 (1987), S. 346–389.

—, Kultur und Bildung im Umkreis Friedrich Barbarossas, in: Friedrich Barbarossa (1992), S. 651–677.

—, Geschichtsüberlieferung und ihre Medien in der Gesellschaft des späten Mittelalters, in: Pragmatische Dimensionen mittelalterlicher Schriftkultur. Akten des Internationalen Kolloquiums 1999, hg. v. Christel Meier u. a. (Münstersche Mittelalter-Schriften 79), München 2002, S. 339–357.

Kästner, Hannes, Mittelalterliche Lehrgespräche. Textlinguistische Analysen, Studien zur poetischen Funktion und pädagogischen Intention (Philologische Studien und Quellen 94), Berlin 1978.

—, Minnegespräche. Die galante Konversation in der frühen deutschen Lyrik, in: Historical Dialogue Analysis, ed. by Andreas H. Jucker et al. (Pragmatics and Beyond. N. S. 66), Amsterdam/Philadelphia 1999, S. 167–188.

Kaiser, Barbara, Schloss Eggenberg, Graz 2006.

Kalmbach, Gabriele, Der Dialog im Spannungsfeld von Schriftlichkeit und Mündlichkeit, Tübingen 1996.

Kartschoke, Dieter, Ulrich von Liechtenstein und die Laienkultur des deutschen Südostens im Übergang zur Schriftlichkeit, in: Die mittelalterliche Literatur in Kärnten. Symposion St. Georgen/Längsee 1980, hg. v. Peter Krämer (Wiener Arbeiten zur germanistischen Altertumskunde und Philologie 16), Wien 1981, S. 103–143.

Keil, G(undolf), Salerno, in: LexMa 7 (1995), Sp. 1293–1300.

Kellermann, Karina, Formen der Kommunikation. Zum Beispiel Ulrichs von Liechtenstein ›Frauendienst‹, in: Neue Wege der Mittelalter-Philologie. Landshuter Kolloquium 1996, hg. v. Joachim Heinzle u. a. (Wolfram-Studien 15), Berlin 1998, S. 324–343.

— und Christopher Young, You've got mail! Briefe, Büchlein, Boten im ›Frauendienst‹ Ulrichs von Liechtenstein, in: Eine Epoche im Umbruch. Volkssprachliche Literatur 1200–1300, hg. v. Christa Bertelsmeier-Kierst u. Christopher Young, Tübingen 2003, S. 317–344.

Kellner, Beate, Melusinengeschichten im Mittelalter. Formen und Möglichkeiten ihrer diskursiven Vernetzung, in: Text und Kultur. Mittelalterliche Kultur 1150–1450. DFG-Symposion 2000, hg. v. Ursula Peters (Germanistische Symposien 23), Stuttgart/Weimar 2001, S. 268–295.

—, Ursprung und Kontinuität. Studien zum genealogischen Wissen im Mittelalter, München 2004.

Kiening, Christian, Der Autor als »Leibeigener« der Dame – oder des Textes? Das Erzählsubjekt und sein Körper im »Frauendienst« Ulrichs von Liechtenstein, in: Autor und Autorschaft im Mittelalter. Kolloquium Meissen 1995, hg. v. Elizabeth Andersen u. a., Tübingen 1998, S. 211–238.

—, Zwischen Körper und Schrift. Texte vor dem Zeitalter der Literatur (Fischer Taschenbuch 15951), Frankfurt a. M. 2003.

—, Medialität in mediävistischer Perspektive, in: Poetica 39 (2007), S. 285–352.

—, u. Martina Stercken, Einleitung und Auswahlbibliographie, in: Modelle des Medialen im Mittelalter, hg. v. dens. (Das Mittelalter 15/2 [2010]), Berlin 2010, S. 3–15.

Kipf, Johannes Klaus, *Cluoge geschichten*. Humanistische Fazetienliteratur im deutschen Sprachraum (Literaturen und Künste der Vormoderne 2), Stuttgart 2010.

Kloster und Bildung im Mittelalter, hg. v. Nathalie Kruppa und Jürgen Wilke (Veröffentlichungen des Max-Planck-Instituts für Geschichte 218; Studien zur Germania Sacra 28), Göttingen 2006.

Knapp, Fritz Peter, »Chevalier errant« und »fin'amor«: Das Ritterideal des 13. Jahrhunderts in Nordfrankreich und im deutschsprachigen Südosten (Schriften der Universität Passau. Reihe Geisteswissenschaften 8), Passau 1986.

—, Die Literatur des Früh- und Hochmittelalters in den Bistümern Passau, Salzburg, Brixen und Trient von den Anfängen bis zum Jahre 1273 (Geschichte der Literatur in Österreich 1), Graz 1994.

—, Historie und Fiktion in der mittelalterlichen Gattungspoetik. Sieben Studien und ein Nachwort, Heidelberg 1997.

—, Historie und Fiktion in der mittelalterlichen Gattungspoetik (II). Zehn neue Studien und ein Vorwort, Heidelberg 2005.

—, Österreichische Literatur um 1250 und Ulrichs Rezeption der Blütezeit, in: Ulrich von Liechtenstein (2010), S. 99–131.

—, ›Wahre‹ und ›erlogene‹ Wunder. Gervasius von Tilbury und der Höfische Roman, in: Beiträge 132 (2010), S. 230–244.

Koch, Peter, u. Wulf Oesterreicher, Sprache der Nähe – Sprache der Distanz. Mündlichkeit und Schriftlichkeit im Spannungsfeld von Sprachtheorie und Sprachgebrauch, in: Romanistisches Jahrbuch 36 (1985), S. 15–43.

Kommunikation im Mittelalter, hg. v. Hedwig Röckelein (Das Mittelalter 6/1 [2001]), Berlin 2001.

Konversationskultur in der Vormoderne. Geschlechter im geselligen Gespräch, hg. v. Rüdiger Schnell, Köln 2008.

Kornrumpf, Gisela, ›Heidelberger Liederhandschrift C‹, in: ²VL 3 (1981), Sp. 584–597.

—, ›Weingartner Liederhandschrift‹, in: ²VL 10 (1999), Sp. 809–817.

Krenn, Gerald, Historische Figuren und/oder Helden der Dichtung? Untersuchungen zu den Personen im Roman »Frauendienst«, in: Ich – Ulrich von Liechtenstein (1999), S. 105–132.

Krümmel, Achim, Interpone tuis interdum gaudia curis! Zum Geschichtsverständnis des Gervasius von Tilbury (um 1160–1234/35), in: Ein Eifler für Rheinland-Pfalz. Festschrift Franz-Josef Heyen, hg. v. Johannes Mötsch, T. 1–2 (Quellen u. Abhandlungen zur mittelrhein. Kirchengeschichte 105), Mainz 2003, S. 237–252.

Kruppa, Nathalie, Die Grafen von Dassel (1097–1337/38) (Veröffentlichungen des Instituts für Historische Landesforschung der Universität Göttingen 42), Bielefeld 2002.

Die Kunst des Gesprächs – Texte zur Geschichte der europäischen Konversationstheorie, hg. v. Claudia Schmölders, München 1979.

Kunze, Konrad, Ulla Williams u. Philipp Kaiser, Information und innere Formung. Zur Rezeption der ›Vitaspatrum‹, in: Wissensorganisierende und wissensvermittelnde Literatur im Mittelalter. Perspektiven ihrer Erforschung. Kolloquium 1985 (Wissensliteratur im Mittelalter 1), hg. v. Norbert Richard Wolf, Wiesbaden 1987, S. 123–142.

Langer, Otto, Τελεία φιλία und amicitia spiritalis. Zwei Formen rationaler Personenbeziehungen im Abendland, in: Aufbruch – Wandel – Erneuerung. Beiträge zur »Renaissance« des 12. Jahrhunderts. 9. Blaubeurer Symposion 1992, hg. v. Georg Wieland, Stuttgart 1995, S. 45–64.

Latzke, Therese, Der Topos Mantelgedicht, in: Mlat. Jb. 6 (1970), S. 109–131.

Laudage, Johannes, Friedrich Barbarossa (1152–1190). Eine Biografie, hg. v. Lars Hageneier u. Matthias Schrör, Regensburg 2009.

Lechner, Karl, Die Babenberger. Markgrafen und Herzoge von Österreich 976–1246, 6., unveränd. Aufl. (Veröff. des Instituts für österreich. Geschichtsforschung 23), Wien usw. 1996.

Leclercq, Jean, Otia monastica. Études sur le vocabulaire de la contemplation au moyen âge (Studia Anselmiana 51), Rom 1963.

Lerchner, Karin, Lectulus floridus. Zur Bedeutung des Bettes in Literatur und Handschriftenillustration des Mittelalters (Pictura et Poesis 6), Köln usw. 1993.

Lesevorgänge. Prozesse des Erkennens in mittelalterlichen Texten, Bildern und Handschriften. Freiburger Colloquium 2007, hg. v. Eckart Conrad Lutz u. a. (Medienwandel – Medienwechsel – Medienwissen 11), Zürich 2010.

Lieb, Ludger, Die Eigenzeit der Minne. Zur Funktion des Jahreszeitentopos im Hohen Minnesang, in: Literarische Kommunikation und soziale Interaktion. Studien zur Institutionalität mittelalterlicher Literatur, hg. von Beate Kellner u. a. (Mikrokosmos 64), Frankfurt a. M. usw. 2001, S. 183–206.

—, Essen und Erzählen. Zum Verhältnis zweier höfischer Interaktionsformen, in: Situationen des Erzählens (2002), S. 41–67.

Linden, Sandra, Die Liedüberschriften im »Frauendienst« Ulrichs von Lichtenstein und die Handschriftenlücke vor der Artusfahrt. Ein Klärungsversuch, in: ZfdPh 122 (2003), S. 409–415.

—, Kundschafter der Kommunikation. Modelle höfischer Kommunikation im ›Frauendienst‹ Ulrichs von Lichtenstein (Bibliotheca Germanica 49), Tübingen/Basel 2004.

—, Kommunikationswissenschaftliche Perspektiven der Mediävistik, in: JOWG 15 (2005), S. 63–75.

—, Biographisches und Historisches: Eine Spurensuche zu Ulrich von Liechtenstein, in: Ulrich von Liechtenstein (2010), S. 45–98.

Literarische Kommunikation und soziale Interaktion. Studien zur Institutionalität mittelalterlicher Literatur, hg. v. Beate Kellner u. a. (Mikrokosmos 64), Frankfurt a. M. 2001.

Literarische und religiöse Kommunikation in Mittelalter und Früher Neuzeit. DFG-Symposion 2006, hg. v. Peter Strohschneider, Berlin/New York 2009.

Literatur und Spiel. Zur Poetologie literarischer Spielszenen, hg. v. Bernhard Jahn u. Michael Schilling, Suttgart 2010.

Literatur und Wandmalerei I: Erscheinungsformen höfischer Kultur und ihre Träger im Mittelalter. Freiburger Colloquium 1998; Literatur und Wandmalerei II: Konventionalität und Konversation. Burgdorfer Colloquium 2001, hg. v. Eckart Conrad Lutz u. a., Tübingen 2002–05.

Longo, Umberto, La norma e l'esempio: Pier Damiani e i suoi eremiti, in: Pier Damiani l'eremita, S. 41–56.

LoPrete, Kimberly A., Adela of Blois as Mother and Countess, in: Medieval Mothering, ed. by John Carmi Parsons and Bonnie Wheeler (The new Middle Ages 3), New York 1996, S. 313–333.

—, Adela of Blois: Familial Alliances and Female Lordship, in: Aristocratic Women in Medieval France, ed. by Theodore Evergates (The Middle Ages), Philadelphia 1999, S. 7–43.

—, Adela of Blois. Countess and Lord (c. 1067–1137), Dublin 2007.

Luckmann, Thomas, Über Gattungen mündlicher Kommunikation, in: Zwischen Babel und Pfingsten. Sprachdifferenzen und Gesprächsverständigung in der Vormoderne (8.–16. Jh.). Akten der Tagung Höhnscheid (Kassel) 2006, hg. v. Peter von Moos (Gesellschaft und individuelle Kommunikation in der Vormoderne 1), Wien/Berlin 2008, S. 67–89.

Lundt, Bea, Schwestern der Melusine im 12. Jahrhundert. Aufbruchs-Phantasie und Beziehungs-Vielfalt in Texten von Marie de France, Walter Map und Gervasius von Tilbury, in: Auf der Suche nach der Frau im Mittelalter. Fragen, Quellen, Antworten, hg. v. Bea Lundt, München 1991, S. 233–253.

—, Melusinengeschichten im Mittelalter. Formen und Möglichkeiten ihrer diskursiven Vernetzung, in: Text und Kultur. Mittelalterliche Kultur 1150–1450. DFG-Symposion 2000, hg. v. Ursula Peters (Germanistische Symposien 23), Stuttgart/Weimar 2001, S. 268–295.

Lutz, Eckart Conrad, *Rhetorica divina*. Mittelhochdeutsche Prologgebete und die rhetorische Kultur des Mittelalters (QuF NF 82), Berlin/New York 1984.

—, *Spiritualis fornicatio*. Heinrich Wittenwiler, seine Welt und sein ›Ring‹ (Konstanzer Geschichts- und Rechtsquellen 31), Sigmaringen 1990.

—, Verschwiegene Bilder – geordnete Texte. Mediävistische Überlegungen, in: DVjs 70 (1996), S. 3–47.

—, Herrscherapotheosen. Die Schlüsse von Chrestiens Erec-Roman und Konrads Karls-Legende im Kontext von Herrschaftslegitimation und Heilssicherung, in: Geistliches in weltlicher und Weltliches in geistlicher Literatur, hg. v. Christoph Huber u. a., Tübingen 2000, S. 89–104.

—, *lesen – unmüezec wesen*. Überlegungen zu lese- und erkenntnistheoretischen Implikationen von Gottfrieds Schreiben, in: Der »Tristan« Gottfrieds von Strassburg. Symposion Santiago de Compostela 2000, hg. v. Christoph Huber u. Victor Millet, Tübingen 2002, S. 295–315.

—, Der Minnegarten im Zürcher Haus zur Mageren Magd. Ein unspektakulärer Fall?, in: Literatur und Wandmalerei I (2002), S. 365–403.

—, Wandmalerei und Texte. Zum kulturgeschichtlichen Erkenntniswert von Ausmalungen in Schweizer Profanbauten des Spätmittelalters, in: Geschichte in Schichten. Wand- und Deckenmalerei im städtischen Wohnbau des Mittelalters und der frühen Neuzeit. Internationales Symposium Lübeck 2000, hg. v. Annegret Möhlenkamp u. a. (Denkmalpflege in Lübeck 4), Lübeck 2002, S. 180–196.

—, Modelle der Kommunikation. Zu einigen Autorenbildern des 12. und 13. Jahrhunderts, in: Eine Epoche im Umbruch. Volkssprachliche Literalität 1200–1300. Cambridger Symposium 2001, hg. v. Christa Bertelsmeier-Kierst u. Christopher Young, Tübingen 2003, S. 45–72.

—, Einspielung von Wissen und gebildeter Umgang – Texte und Bilder im Gespräch, in: Literatur und Wandmalerei II (2005), S. 361–391.

—, Text und ›Text‹ – Wortgewebe und Sinngefüge. Zur Einleitung, in: Text und Text (2006), S. 9–31.

—, Textes et images – éducation et conversation. A propos de Baudri de Bourgueil et d'Ulrich de Liechtenstein, in: Paroles de murs (2007), S. 131–145.

—, Literatur, Kunst und Gespräch. Hamilton, La Fontaine und Baudri de Bourgueil, in: DVjs 81 (2007), S. 163–192.

—, Anschauung der Welt und vergnügliche Bildung. Die ›Otia imperialia‹ des Gervasius von Tilbury für Kaiser Otto IV., in: Innenräume in der Literatur des deutschen Mittelalters, 19. Anglo-German Colloquium Oxford 2005, hg. v. Burkhard Hasebrink u. a., Tübingen 2008, S. 383–407.

—, Lesevorgänge. Vom *punctus flexus* zur Medialität. Zur Einleitung, in: Lesevorgänge (2010), S. 11–33.

—, Arbeiten an der Identität. Zur Medialität der *cura monialium* im Kompendium des Rektors eines reformierten Chorfrauenstifts. Mit Edition und Abbildung einer Windesheimer ›Forma investiendi sanctimonialium‹ und ihrer Notationen (Scrinium Friburgense 27), Berlin/New York 2010.

—, Zwischen Landesherrschaft und höfischem Credo. Lyrik und Gespräch als Medien der Adelsreform bei Ulrich von Liechtenstein, in: Autorschaft. Ikonen – Stile – Institutionen, hg. v. Christel Meier u. Martina Wagner-Egelhaaf, Berlin 2011, S. 111–132.

Maaz, Wolfgang, Gervasius von Tilbury, in: EdM 5 (1987), Sp. 1109–1122.

Markowski, Michael, Peter of Blois and the Conception of the Third Crusade, in: The Horns of Ḥaṭṭīn, ed. by B(enjamin) Z. Kedar, Jerusalem etc. 1992, S. 261–269.

Mathey-Maille, Laurence, De ›Facetia‹ a ›curteisie‹: Wace traducteur de Geoffroy de Monmouth, in: Bien dire et bien aprandre. Revue de Médiévistique 13 (1995), S. 189–199.

Matter, Stefan, Was liest man, wenn man in Minneredenhandschriften liest? Exemplarische Lektüren des ›Ironischen Frauenpreises‹ (Brandis 22) in der Prager Handschrift des sog. ›Liederbuches der Klara Hätzlerin‹, in: Lesevorgänge (2010), S. 283–313.

—, Minne – Spiel – Gespräch. Überlegungen zu einer Minne-Gesprächskultur des späteren Mittelalters ausgehend vom ›Nürnberger Spieleteppich‹, in: Der »Nürnberger Spieleteppich« im Kontext profaner Wanddekoration um 1400. Symposion 2008 im Germanischen Nationalmuseum, hg. v. Jutta Zander-Seidel (Wissenschaftliche Beibände zum Anzeiger des Germanischen Nationalmuseums 29), Nürnberg 2010, S. 75–89.

—, Reden von der Minne. Untersuchungen zu Spielformen literarischer Bildung zwischen verbaler und visueller Vergegenwärtigung anhand von Minnereden und Minnebildern des deutschsprachigen Spätmittelalters, Habilitationsschrift, Freiburg/Schweiz 2011.

Meckseper, Cord, Wandmalerei im funktionalen Zusammenhang ihres architektonisch-räumlichen Orts, in: Literatur und Wandmalerei I (2002), S. 255–281.

—, Nutzungsstrukturen baulicher Raumsysteme an hochmittelalterlichen Herrschaftssitzen, in: Zentren herrschaftlicher Repräsentation im Hochmittelalter. Geschichte, Architektur und Zeremoniell, hg. v. Caspar Ehlers u. a. (Deutsche Königspfalzen 7), Göttingen 2007, S. 197–219.

Meier, Christel, Malerei des Unsichtbaren. Über den Zusammenhang von Erkenntnistheorie und Bildstruktur im Mittelalter, in: Text und Bild, Bild und Text. DFG-Symposion 1988, hg. von Wolfgang Harms (Germanistische Symposien 11), Stuttgart 1990, S. 35–65.

—, Illustration und Textcorpus. Zu kommunikations- und ordnungsfunktionalen Aspekten der Bilder in den mittelalterlichen Enzyklopädiehandschriften, in: Frühmittelalterliche Studien 31 (1997), S. 1–31.

—, Ecce auctor. Beiträge zur Ikonographie literarischer Urheberschaft im Mittelalter, in: Frühmittelalterliche Studien 34 (2000), S. 338–392.

—, Über den Zusammenhang von Erkenntnistheorie und enzyklopädischem Ordo, in: Frühmittelalterliche Studien 36 (2002), S. 171–192.

—, Die Quadratur des Kreises. Die Diagrammatik des 12. Jahrhunderts als symbolische Denk- und Darstellungsform, in: Die Bildwelt der Diagramme (2003), S. 23–53.

—, Das Autorbild als Kommunikationsmittel zwischen Text und Leser, in: Comunicare e significare nell'Alto Medioevo (Settimane di Studi del Centro Italiano di Studi sull'Alto Medioevo 52), Spoleto 2005, S. 499–538.

Melville, Gerd, Geschichte in graphischer Gestalt. Untersuchungen zu einem spätmittelalterlichen Darstellungsprinzip, in: Geschichtsschreibung und Geschichtsbewusstsein im späten Mittelalter, hg. v. Hans Patze (Vorträge und Forschungen 31), Sigmaringen 1987, S. 57–154.

—, Die Wege der Zeit zum Heil. Beobachtungen zu mittelalterlichen Deutungen der Menschheitsgeschichte anhand der Weltchronik des Rudolf von Ems, in:

Zeitenwende – Wendezeiten, hg. v. Hanna-Barbara Gerl-Falkovitz (Dresdner Hefte für Philosophie 3), Dresden 2001, S. 159–179.

Ménard, Philippe, Le rire et le sourire dans le roman courtois au moyen âge (1150–1250), Genève 1969.

Menegaldo, Silvère, Le jongleur dans la littérature narrative des XIIe et XIIIe siècles. Du personnage au masque (Nouvelle Bibliothèque du Moyen Âge 74), Paris 2005.

Mertens, Volker, Der deutsche Artusroman (Reclams UB 17609), Stuttgart 1998.

—, Liebesdichtung und Dichterliebe. Ulrich von Liechtenstein und Johannes Hadlaub, in: Autor und Autorschaft im Mittelalter. Kolloquium Meissen 1995, hg. v. Elizabeth Andersen u. a., Tübingen 1998, S. 200–210.

Mertens Fleury, Katharina, Leiden lesen. Bedeutungen von *compassio* um 1200 und die Poetik des Mit-Leidens im ›Parzival‹ Wolframs von Eschenbach (Scrinium Friburgense 21), Berlin/New York 2006.

Metzger, Wolfgang, Im Anfang war das Bild. Die Sternbilder in der Astrologie des Michael Scotus, in: Transfert des savoirs au Moyen Âge. Wissenstransfer im Mittelalter. Actes Heidelberg 2008, publ. par Stephen Dörr et Raymund Wilhelm (Studia romanica 144), Heidelberg 2008, S. 149–161.

Meyer, Cord, Die deutsche Literatur im Umkreis König Heinrichs (VII.). Studien zur Lebenswelt spätstaufischer Dichter (Kultur, Wissenschaft, Literatur 17), Frankfurt a. M. etc. 2007.

Moos, Peter von, Hildebert von Lavardin, 1056–1133. Humanitas an der Schwelle des höfischen Zeitalters (Pariser historische Studien 3), Stuttgart 1965.

—, Geschichte als Topik. Das rhetorische Exemplum von der Antike zur Neuzeit und die *historiae* im ›Policraticus‹ Johanns von Salisbury, 2. Aufl. (Ordo 2), Hildesheim/New York 1996.

—, Literatur- und bildungsgeschichtliche Aspekte der Dialogform im lateinischen Mittelalter, in: Tradition und Wertung. Festschrift für Franz Brunhölzl, hg. v. Günter Bernt u. a., Sigmaringen 1989, S. 165–209.

—, Zwischen Schriftlichkeit und Mündlichkeit. Dialogische Interaktion im lateinischen Mittelalter, in: Frühmittelalterliche Studien 25 (1991), S. 300–314.

—, Gespräch, Dialogform und Dialog nach älterer Theorie, in Gattungen mittelalterlicher Schriftlichkeit, in: Gattungen mittelalterlicher Schriftlichkeit. Interdisziplinäres Symposium 1995, hg. v. Barbara Frank u. a. (ScriptOralia 99), Tübingen 1997, S. 235–260.

—, Die angesehene Meinung. Studien zum *endoxon* im Mittelalter IV: Johann von Salisbury, in: Mlat. Jb. 34 (1999), S. 1–55.

—, Die Collationes Abaelards und die Lage der Juden im 12. Jahrhundert, in: Id., Abaelard und Heloise. Gesammelte Studien zum Mittelalter, Bd. 1, hg. v. Gert Melville (Geschichte. Forschung und Wissenschaft 14), Münster 2005, S. 327–377.

—, L'anecdote philosophique chez Jean de Salisbury, in: *Exempla docent*. Les exemples des philosophes de l'Antiquité à la Renaissance. Actes Neuchâtel 2003, éd. par Thomas Ricklin et al. (Études de philosophie médiévale 92), Paris 2006, S. 135–150.

Müller, Jan-Dirk, Lachen – Spiel – Fiktion. Zum Verhältnis von literarischem Diskurs und historischer Realität im ›Frauendienst‹ des Ulrich von Lichtenstein, in: DVjs 58 (1984), S. 38–73.

—, Ulrich von Liechtenstein, in: ²VL 9 (1995), Sp. 1274–1282.

Müller, Kathrin, Visuelle Weltaneignung. Astronomische und kosmologische Diagramme in Handschriften des Mittelalters (Historische Semantik 11), Göttingen 2008.

Müller, Ulrich, Der ›Frauendienst‹ des Ulrich von Liechtenstein: Ein deutschsprachiger Autor des 13. Jahrhunderts als Editor seiner Lieder, in: editio 21 (2007), S. 19–49.

Neudeck, Otto, Erzählen von Kaiser Otto. Zur Fiktionalisierung von Geschichte in mittelhochdeutscher Literatur (Norm und Struktur 18), Köln usw. 2003.

Neumeister, Sebastian, Das Bild der Geliebten im Herzen, in: Kultureller Austausch und Literaturgeschichte im Mittelalter. Transferts culturels et histoire littéraire au moyen âge. Kolloquium Paris 1995, hg. v. Ingrid Kasten u. a., Sigmaringen 1998, S. 315–330.

Nicolai, Bernd, Otto IV. – Bau- und Stiftungspolitik zwischen »Imperium« und »Sacerdotium«, in: Otto IV. (Katalog 2009), S. 137–144.

Obrist, Barbara, La cosmologie médiévale. Textes et images. I. Les fondements antiques (Micrologus' Library 11), Firenze 2004.

Offermanns, Winfried, Die Wirkung Ovids auf die literarische Sprache der lateinischen Liebesdichtung des 11. und 12. Jahrhunderts (Beihefte zum Mlat. Jb. 3), Wuppertal usw. 1970.

Olson, Glending, Literature as Recreation in the Later Middle Ages, Ithaca/London 1982.

Otter, Monica, Baudri of Bourgueil, ›To Countess Adela‹, in: The Journal of Medieval Latin 11 (2001), S. 60–141.

Otto IV. – Kaiser und Landesherr. Burgen und Kirchenbauten 1198–1218. Vorträge Burg Lichtenberg in Salzgitter 2009, hg. v. Bernd-Ulrich Hucker (Salzgitter-Jahrbuch 29), Salzgitter 2009.

Otto IV. Traum vom welfischen Kaisertum (Katalog Braunschweig 2009), hg. v. Bernd Ulrich Hucker u. a., Petersberg 2009.

Pabst, Bernhard, Die Rolle von Frauen in literarischen Freundeskreisen des Mittelalters, in: *Mentis amore ligati*. Lateinische Freundschaftsdichtung und Dichterfreundschaft in Mittelalter und Neuzeit. Festgabe für Reinhard Düchting zum 65. Geburtstag, hg. v. Boris Körkel u. a., Heidelberg 2001, S. 347–362.

Palmer, Nigel F., *Herzeliebe*, weltlich und geistlich. Zur Metaphorik vom ›Einwohnen im Herzen‹ bei Wolfram von Eschenbach, Juliana von Cornillon, Hugo von Langenstein und Gertrud von Helfta, in: Innenräume in der Literatur des deutschen Mittelalters, 19. Anglo-German Colloquium Oxford 2005, hg. v. Burkhard Hasebrink u. a., Tübingen 2008, S. 197–224.

Paroles de murs. Peinture murale, Littérature et Histoire au Moyen Age. Sprechende Wände. Wandmalerei, Literatur und Geschichte im Mittelalter, sous la direction de Eckart Conrad Lutz et Dominique Rigaux en collab. avec Stefan Matter (Les Cahiers du CRHIPA 10), Grenoble 2007.

Peters, Ursula, Frauendienst. Untersuchungen zu Ulrich von Liechtenstein und zum Wirklichkeitsgehalt der Minnedichtung (GAG 46), Göppingen 1971.

—, Text und Kontext. Die Mittelalter-Philologie zwischen Gesellschaftsgeschichte und Kulturanthropologie (Nordrhein-Westfälische Akademie der Wissenschaften; Geisteswissenschaften. Vorträge G 365), Wiesbaden 2000.

—, Die ›Gesellschaft‹ der höfischen Dichtung im Spiegel der Forschungsgeschichte, in: ZfdPh 128 (2009), S. 3–28.

Pferschy, Gerhard, Ottokar II. Premysl, Ungarn und die Steiermark, in: Ottokar-Forschungen, red. v. Max Weltin u. Andreas Kusternig (Jahrbuch für Landeskunde von Niederösterreich 44/45), Wien 1979, S. 73–91.

Philipowski, Katharina, Erzähler und Erzählform in Ulrichs von Liechtenstein Frauenbuch oder: Ist das Frauenbuch eine Minnerede?, in: Ulrich von Liechtenstein (2010), S. 442–486.

Pier Damiani l'eremita, il teologo, il riformatore (1007–2007), a cura di Maurizio Tagliaferri (Ravennatensia 23), Bologna 2009.

Pirot, François, Recherches sur les connaissances littéraires des troubadours occitans et catalans des XIIᵉ et XIIIᵉ siècles. Les «sirventes-ensenhamens» de Guerau de Cabrera, Guiraut de Calanson et Bertrand de Pans (Memorias de la Real Academia de buenas letras de Barcelona 14), Barcelona 1972.

Plotke, Seraina, Conversatio/Konversation: Eine Wort- und Begriffsgeschichte, in: Konversationskultur (2008), S. 31–120.

Die Predigt im Mittelalter zwischen Mündlichkeit, Bildlichkeit und Schriftlichkeit. La prédication au Moyen Age entre oralité, visualité et écriture, hg. v. René Wetzel u. Fabrice Flückiger (Medienwandel – Medienwechsel – Medienwissen 13), Zürich 2010.

Ranawake, Silvia, Höfische Strophenkunst. Vergleichende Untersuchungen zur Formentypologie von Minnesang und Trouvèrelied an der Wende zum Spätmittelalter (MTU 51), München 1976.

Ratkowitsch, Christine, Baudri de Bourgueil – ein Dichter der ›inneren Emigration‹, in: Mlat. Jb. 22 (1987), S. 142–165.

—, Io und Europa bei Baudri de Bourgueil, in: Arbor amoena comis. Festschrift zum 25jährigen Bestehen des Mittellateinischen Seminars der Universität Bonn, hg. v. Ewald Könsgen, Stuttgart 1990, S. 155–161.

—, Die keusche Helena. Ovids Heroides 16/17 in der mittelalterlichen Neudichtung des Baudri de Bourgueil, in: Wiener Studien 104 (1991), S. 209–236.

—, Descriptio picturae. Die literarische Funktion der Beschreibung von Kunstwerken in der lateinischen Grossdichtung des 12. Jahrhunderts (Wiener Studien 15; Arbeiten zur mittel- und neulateinischen Philologie 1), Wien 1991.

Raumann, Rachel, Fictio und historia in den Artusromanen Hartmanns von Aue und im »Prosa-Lancelot« (Bibliotheca Germanica 57), Tübingen/Basel 2010.

Rector, Geoff, En sa chambre sovent le lit: Literary Leisure and the Chamber Sociabilities of Early Anglo-French Literature (c. 1100–1150), in: Medium Ævum 81 (2012), S. 88–125.

Reindel, Kurt, Studien zur Überlieferung der Werke des Petrus Damiani I, in: Deutsches Archiv 15 (1959), S. 23–102.

Reuvekamp-Felber, Timo, Volkssprache zwischen Stift und Hof. Hofgeistliche in Literatur und Gesellschaft des 12. und 13. Jahrhunderts (Kölner Germanistische Studien NF 4), Köln usw. 2003.

Richardson, H[enry] G[erald], Gervase of Tilbury, in: History 46 (1951), S. 102–114.

Richter, Thomas, Instrumenta pacis. Der Kuss von Bildwerken und Reliquien im Friedensritus der Heiligen Messe, in: Riten, Gesten, Zeremonien. Gesellschaftliche Symbolik in Mittelalter und Früher Neuzeit, hg. v. Edgar Bierende u. a. (Trends in Medieval Philology 14), Berlin/New York 2008, S. 117–139.

Rieger, Dietmar, Das Sirventes, in: Les genres lyriques, t. 1, fasc. 4, B II: La lyrique occitane (GRLM 2.1.4), dir. par Erich Köhler, Heidelberg 1980, S. 9–61.

Rischer, Christelrose, *wie süln die vrowen danne leben?* Zum Realitätsstatus literarischer Fiktion am Beispiel des ›Frauendienstes‹ von Ulrich von Lichtenstein, in: Grundlagen des Verstehens mittelalterlicher Literatur. Literarische Texte und ihr historischer Erkenntniswert, hg. v. Gerhard Hahn u. Hedda Ragotzky (Kröners Studienbibliothek 663), Stuttgart 1992, S. 133–157.

Röhrkasten, Jens, Otto IV. und England, in: Otto IV. (Katalog 2009), S. 41–48.

Rothmann, Michael, Der »Liber de mirabilibus mundi« (»Otia Imperialia«) des Gervasius von Tilbury, in: Mirakel im Mittelalter. Konzeptionen, Erscheinungsformen, Deutungen, hg. v. Martin Heinzelmann u. a. (Beiträge zur Hagiographie 3), Stuttgart 2002, S. 399–433.

—, *Totius orbis descriptio.* Die ›Otia imperialia‹ des Gervasius von Tilbury: Eine höfische Enzyklopädie und die *scientia naturalis*, in: Die Enzyklopädie im Wandel vom Hochmittelalter bis zur frühen Neuzeit, hg. v. Christel Meier (Münstersche Mittelalter-Schriften 78), München 2002, S. 189–224.

—, Wissen bei Hofe zwischen Didaxe und Unterhaltung. Die höfische Enzyklopädie des Gervasius von Tilbury, in: Erziehung und Bildung bei Hofe. 7. Symposium der Residenzenkommission der Akademie der Wissenschaften zu Göttingen (Celle 2000) (Residenzenforschung 13), hg. v. Werner Paravicini und Jörg Wettlaufer, Stuttgart 2002, S. 127–156.

—, *ex oculata fide et probatione cotidiana.* Die Aktualisierung und Regionalisierung natürlicher Zeichen und ihrer Ursachen im *Liber de mirabilibus mundi* des Gervasius von Tilbury, in: Kloster und Bildung (2006), S. 355–383.

—, Adelige Kaminabende – Erzählstoffe am Hofe Kaiser Ottos IV. am Beispiel der höfischen Enzyklopädie des Gervasius von Tilbury, in: Otto IV. (Katalog 2009), S. 173–186.

Ruhe, Doris, Erziehung als dialogische Kunst. Die Ensenhamens von Garin lo Brun und Arnaut Guilhem de Marsan, in: Zivilisationsprozesse, hg. v. Rüdiger Schnell, Köln usw. 2004, S. 169–198.

Salvat, Joseph, Ensenhamen, in: Dictionnaire des lettres françaises. Le Moyen Age, éd. revue par Geneviève Hasenohr et Michel Zink, Paris 1992, S. 410ff.

Schaller, Dieter, Vortrags- und Zirkulardichtung am Hof Karls des Grossen, in: Mlat. Jb. 6 (1970), S. 14–36.

—, Der junge ›Rabe‹ am Hof Karls des Grossen (Theodulf. carm. 27), in: Festschrift Bernhard Bischoff zu s. 65. Geburtstag, hg. v. Johanne Autenrieth u. Franz Brunhölzl, Stuttgart 1971, S. 123–141.

—, Studien zur lateinischen Dichtung des Frühmittelalters (Quellen und Untersuchungen zur lateinischen Literatur des Mittelalters 11), Stuttgart 1995.

Schaller, Hans Martin, Das geistige Leben am Hofe Kaiser Ottos IV. von Braunschweig, in: Deutsches Archiv 45 (1989), S. 54–82.

Schilling, Michael, Minnesang als Gesellschaftskunst und Privatvergnügen. Gebrauchsformen und Funktionen der Lieder im »Frauendienst« Ulrichs von Liechtenstein, in: Wechselspiele. Kommunikationsformen und Gattungsinter-

ferenzen mittelhochdeutscher Lyrik, hg. v. Michael Schilling u. Peter Strohschneider (GRM Beiheft 13), Heidelberg 1996, S. 103–121.

Schinagel-Peitz, Elisabeth, Naturkundliches Wissen in lateinischen und deutschen
Predigten des Spätmittelalters, in: Die deutsche Predigt im Mittelalter. Inter-
nationales Symposium Berlin 1989, hg. v. Volker Mertens u. Hans-Joachim
Schiewer, Tübingen 1992, S. 285–300.

Schirmer, Walter, u. Ulrich Broich, Studien zum literarischen Patronat im England
des 12. Jahrhunderts (Wiss. Abhandlungen der Arbeitsgemeinschaft für Forschung des Landes Nordrhein-Westfalen 23), Köln/Opladen 1962.

Schlichte, Annkristin, Der »gute« König. Wilhelm II. von Sizilien (1166–1189)
(Bibliothek des Deutschen Historischen Instituts in Rom 110), Tübingen 2005.

Schlosser, Julius von, Quellenbuch zur Kunstgeschichte des abendländischen Mittelalters (Quellenschriften für Kunstgeschichte und Kunsttechnik des Mittelalters und der Neuzeit NF 7), Wien 1896.

Schmale, Franz-Josef, Otto von Freising, in: ²VL 7 (1989), Sp. 215–223.

Schmidt, Hans-Joachim, Ist das Neue das Bessere? Überlegungen zu Denkfiguren
und Denkblockaden im Mittelalter, in: Tradition, Innovation, Invention. Fortschrittsverweigerung und Fortschrittsbewusstsein im Mittelalter, hg. v. dems.
(Scrinium Friburgense 18), Berlin/New York 2005, S. 7–24.

—, Spätmittelalterliche Fürstenspiegel und ihr Gebrauch in unterschiedlichen
Kontexten, in: Text und Text (2006), S. 377–397.

Schmitz, Silvia, Die Poetik der Adaptation. Literarische *inventio* im ›Eneas‹ Heinrichs von Veldeke, Tübingen 2007.

Schneider, Karin, Gotische Schriften in deutscher Sprache. 1: Vom späten 12.
Jahrhundert bis um 1300; 2: Die oberdeutschen Handschriften von 1300 bis
1350, Wiesbaden 1987–2009.

Schneidmüller, Bernd, Die Welfen. Herrschaft und Erinnerung (819–1252) (Kohlhammer Urban Tb. 465), Stuttgart usw. 2000.

Schnith, Karl, Otto IV. und Gervasius von Tilbury. Gedanken zu den Otia imperialia, in: Historisches Jahrbuch 82 (1963), S. 50–69.

Schnell, Rüdiger, Gastmahl und Gespräch. Entwürfe idealer Konversation, von
Plutarch zu Castiglione, in: Norm und Krise von Kommunikation. Inszenierungen literarischer und sozialer Interaktion im Mittelalter, hg. v. Alois Hahn
u. a. (Geschichte. Forschung und Wissenschaft 24), Berlin 2006, S. 73–90.

—, Einleitung, in: Konversationskultur (2008), S. 1–30.

—, Konversation im Mittelalter. Bausteine zu einer Geschichte der Konversationskultur, in: Konversationskultur (2008), S. 121–218.

—, Zur Konversationskultur in Italien und Deutschland im 15. und 16. Jahrhundert. Methodologische Überlegungen, in: Konversationskultur (2008), S.313–386.

—, Männer unter sich – Männer und Frauen im Gespräch, in: Konversationskultur
(2008), S. 387–440.

—, Zur Geselligkeitskultur des männlichen Adels im 16. Jahrhundert. Das Fall-
beispiel ›Zimmersche Chronik‹ (1554–1566), in: Konversationskultur (2008),
S. 441–472.

—, *Curialitas* und *dissimulatio* im Mittelalter. Zur Interdependenz von Hofkritik
und Hofideal, in: Zeitschrift für Literaturwissenschaft und Linguistik 41 (2011),
S. 77–137.

Schröder, Sybille, Macht und Gabe. Materielle Kultur am Hof Heinrichs II. von England (Historische Studien 481), Husum 2004.

Schulz, Armin, Poetik des Hybriden. Schema, Variation und intertextuelle Kombinatorik in der Minne- und Aventiureepik: Willehalm von Orlens – Partonopier und Meliur – Wilhelm von Österreich – Die schöne Magelone (Philologische Studien und Quellen 161), Berlin 2000.

Schumacher, Meinolf, Schriftliche Modelle vormoderner Gesprächskultur. Tischzuchten – Gesprächsspiele – Konversationsbüchlein, in: Der Deutschunterricht 53.6 (2001), S. 8–15.

Schumann, Otto, Baudri von Bourgueil als Dichter, in: Studien zur lateinischen Literatur des Mittelalters. Ehrengabe für Karl Strecker, hg. v. Walter Stach u. Hans Walther, Dresden 1931, S. 158–170.

Seeber, Stefan, Poetik des Lachens. Untersuchungen zum mittelhochdeutschen Roman um 1200 (MTU 140), Berlin/New York 2010.

Semper, Philippa, Doctrine and diagrams. Maintaining the order of the world in ›Byrhtferth's Enchiridion‹, in: The Christian tradition in Anglo-Saxon England. Approaches to current scholarship and teaching, ed. by Paul Cavill (Christianity and culture), Woodbridge 2004, S. 121–137.

Short, Ian, Literary Culture at the Court of Henry II, in: Henry II. New Interpretations (2007), S. 335–361.

Simpson, James, The Information of Alans of Lille's ›Anticlaudianus‹: A Preposterous Interpretation, in: Traditio 47 (1992), S. 113–160.

—, Sciences and the Self in Medieval Poetry. Alan of Lille's *Anticlaudianus* and John Gower's *Confessio amantis* (Cambridge Studies in Medieval Literature 25), Cambridge 1995.

Situationen des Erzählens. Aspekte narrativer Praxis im Mittelalter, hg. v. Ludger Lieb u. Stephan Müller (Quellen und Forschungen zur Literatur- und Kulturgeschichte 20), Berlin 2002.

Slater, William, The ancient art of conversation, in: Das römische Bankett im Spiegel der Altertumswissenschaften. Intern. Kolloquium Schloss Mickeln, Düsseldorf 2005, hg. v. Konrad Vössing, Stuttgart 2008, S. 113–127.

Spechtler, Franz Viktor, Die Urkunden-Regesten zu Ulrich von Liechtenstein. Bemerkungen zu den Urkunden und zu einer Biographie Ulrichs von Liechtenstein, in: Ich – Ulrich von Liechtenstein (1999), S. 441–493.

Speer, Andreas, *Ratione duce*. Die naturphilosophischen Dialoge des Adelard von Bath und des Wilhelm von Conches, in: Gespräche lesen (1999), S. 199–229.

Spijker, Ineke van 't, Peter Damian and the *Homo Interior*: Life as a Work of Art, in: Latin Culture in the Eleventh Century. Proceedings Cambridge 1998, vol. 1–2, ed. by Michael W. Herren et al., Turnhout [2002], Bd. 2, S. 464–475.

Steigerwald, Jörn, Galanterie. Die Fabrikation einer natürlichen Ethik der höfischen Gesellschaft (1650–1710) (Neues Forum für allgemeine und vergleichende Literaturwissenschaft 41), Heidelberg 2011.

Steinmetz, Ralf-Henning, Walthers Neuerungen im Minnesang und die Freundschaftsliteratur des 12. Jahrhunderts, in: Lit.wiss. Jb. 44 (2003), S. 19–46.

Stolz, Michael, Artes-liberales-Zyklen. Formationen des Wissens im Mittelalter, Bd. 1–2 (Bibliotheca Germanica 47), Tübingen/Basel 2004.

Strickland, Matthew, On the Instruction of a Prince: The Upbringing of Henry, the Young King, in: Henry II. New Interpretations, ed. by Christopher Harper-Bill and Nicholas Vincent, Woodbridge 2007, S. 184–214.

Strohschneider, Peter, Institutionalität. Zum Verhältnis von literarischer Kommunikation und sozialer Interaktion. Studien zur Institutionalität mittelalterlicher Literatur. Eine Einleitung, in: Literarische Kommunikation (2001), S. 1–26.

Text und Handeln. Zum kommunikativen Ort von Minnesang und antiker Lyrik, hg. v. Albrecht Hausmann u. Mitw. v. Cornelia Logemann (Beihefte zum Euphorion 46), Heidelberg 2004.

Text und Kultur. Mittelalterliche Kultur 1150–1450. DFG-Symposion 2000, hg. von Ursula Peters (Germanistische Symposien 23), Stuttgart/Weimar 2001.

Text und Text in lateinischer und volkssprachiger Überlieferung des Mittelalters. Freiburger Kolloquium 2004, hg. v. Eckart Conrad Lutz u. a. (Wolfram-Studien 19), Berlin 2006.

Thali, Johanna, Inszenierung in Text und Bild. Festkultur, Theater und Malerei in Patrizierhäusern am Beispiel der Stadt Luzern im 16. Jahrhundert, in: Literatur und Wandmalerei II (2005), S. 539–572.

—, Schrift als Bild. Literatur als Teil adeliger Selbstdarstellung im Wandmalereizyklus der Burg Lichtenberg im Südtirol (um 1400), in: Text und Text (2006), S. 269–300.

—, Schauliteratur. Historische Formen und Funktionen literarischer Kommunikation in Text und Bild, Habilitationsschrift, Freiburg/Schweiz 2006.

Thelen, Christian, Das Dichtergebet in der deutschen Literatur des Mittelalters (Arbeiten zur Frühmittelalterforschung 18), Berlin/New York 1986.

Thévenot, Christian, Henri II Plantagenêt (Histoire et archéologie), Saint-Cyr-sur-Loire 2003.

Thraede, Klaus, Grundzüge griechisch-römischer Brieftopik (Zetemata 48), München 1970.

Tilliette, Jean-Yves, La chambre de la comtesse Adèle: Savoir scientifique et technique littéraire dans le c. CXCVI [134] de Baudri de Bourgueil, in: Romania 102 (1981), S. 145–171.

—, Une lettre inédite sur le mépris du monde et la componction du cœur adressée par Baudri de Bourgueil à Pierre de Jumièges, in: Revue des Études Augustiniennes 28 (1982), S. 257–279.

—, Note sur le manuscrit des poèmes de Baudri de Bourgueil, in: Scriptorium 37 (1983), S. 241–245.

—, Un nouveau document sur la tradition du poème de Baudri de Bourgueil à la comtesse Adèle, in: Bibliothèque de l'École de chartes 144 (1986), S. 241–257.

—, Hermès amoureux, ou les métamorphoses de la Chimère. Réflexions sur les carmina 200 et 201 de Baudri de Bourgueil, in: Mélanges de l'École française de Rome. Moyen Âge 104 (1992), S. 121–161.

—, Savants et poètes du moyen âge face à Ovide: Les débuts de l'aetas Ovidiana (v. 1050-v. 1200), in: Ovidius redivivus. Von Ovid zu Dante, hg. v. Michelangelo Picone u. Bernhard Zimmermann, Stuttgart 1994, S. 63–104.

—, La vie culturelle dans l'ouest de la France au temps de Baudri de Bourgueil, in: Robert d'Arbrissel et la vie religieuse dans l'ouest de la France. Actes du colloque de Fontevraud 2001, éd. par Jacques Dalarun, Turnhout 2004, S. 71–86.

Touber, A[ntonius] H[endricus], Ulrichs von Lichtenstein ›Frauendienst‹ und die Vidas und Razos der Troubadours, in: ZfdPh 107 (1988), S. 431–444.

Trachsler, Richard, »Genres« und »matières«. Überlegungen zum Erbe Jean Bodels, in: Gattungen mittelalterlicher Schriftlichkeit, hg. v. Barbara Frank u. a. (ScriptOralia 99), Tübingen 1997, S. 201–219.

Türk, Egbert, *Nugae curialium*. Le règne d'Henri II Plantegenêt (1154–1189) et l'éthique politique (Centre de Recherches d'Histoire et de Philologie V: Hautes Études Médiévales et Modernes 28), Genève 1977.

—, Pierre de Blois. Ambitions et remords sous les Plantegenêts (Témoins de notre histoire 11), Turnhout 2006.

Ulrich von Liechtenstein. Leben – Zeit – Werk – Forschung, hg. v. Sandra Linden u. Christopher Young, Berlin/New York 2010.

Unzeitig, Monika, Autorname und Autorschaft. Bezeichnung und Konstruktion in der deutschen und französischen Erzählliteratur des 12. und 13. Jahrhunderts (MTU 139), Berlin/New York 2010.

Uther, Hans-Jörg, Kaisers neue Kleider, in: EdM 7 (1993), Sp. 852–857.

Vannier, Marie Anne, *Creatio* et *Informatio* chez Eckhart, in: El pensament antropològic medieval en els àmbits islàmic, hebreu i cristià. Actes del simposi internacional de filosofia de l'edat mitjana, Vic – Girona 1993, ed. a cura de Paloma Llorente et al. (Actes 1), Vic 1996, S. 461–469.

Vauchez, André, Conclusion, in: Miracles, prodiges et merveilles au Moyen Âge. Congrès Orléans 1994, éd. par la Société des historiens médiévistes de l'enseignement supérieur public (Série Histoire Ancienne et Médiévale 34), Paris 1995, S. 317–325.

Verbaal, Wim, L'amitié et les lettres: le douzième siècle et le cas de Bernard de Clairvaux, in: La société des amis à Rome et dans la littérature médiévale et humaniste. Études réunies par Perrine Galand-Hallyn et al. (Latinitates 2), Turnhout 2008, S. 351–381.

Viarre, Simone, La survie d'Ovide dans la littérature scientifique des XIIe et XIIIe siècles (Publications du C.E.S.C.M. 4), Poitiers 1966.

Vickers, Brian, Leisure and idleness in the Renaissance: the ambivalence of *otium*, in: Renaissance Studies 4 (1990), S. 1–37 u. 107–154.

Vincent, Nicholas, Introduction: Henry II and the Historians, in: Henry II. New Interpretations (2007), S. 1–23.

—, The Court of Henry II, in: Henry II. New Interpretations (2007), S. 278–334.

Vögel, Herfried, Naturkundliches im ›Reinfried von Braunschweig‹. Zur Funktion naturkundlicher Kenntnisse in deutscher Erzähldichtung des Mittelalters (Mikrokosmos 24), Frankfurt a. M. usw. 1990.

Vollmer, Matthias, *Fortuna Diagrammatica*. Das Rad der Fortuna als bildhafte Verschlüsselung der Schrift ›De Consolatione Philosophiae‹ des Boethius (Apeliotes 3), Frankfurt am Main 2009.

—, Das Bild vor Augen – den Text im Kopf. Das Rad der Fortuna als textsubstituierendes Zeichen, in: Boethius Christianus? Transformationen der ›Consolatio Philosophiae‹ in Mittelalter und Früher Neuzeit, hg. v. Reinhold F. Glei u. a., Berlin/New York 2010, S. 355–386.

Wachinger, Burghart, *Convivium fabulosum*. Erzählen bei Tisch im 15. und 16. Jahrhundert, besonders in der »Mensa philosophica« und bei Erasmus und

Luther, in: Kleinere Erzählformen des 15. und 16. Jahrhunderts, hg. v. Walter
    Haug u. Burghart Wachinger (Fortuna vitrea 8), Tübingen 1993, S. 256–286.
—, Geistliche Motive und geistliche Denkformen in Gottfrieds »Tristan«, in: Der
    »Tristan« Gottfrieds von Strassburg. Symposion Santiago de Compostela 2000,
    hg. v. Christoph Huber u. Victor Millet, Tübingen 2002, S. 243–255.
Wandhoff, Haiko, Ekphrasis. Kunstbeschreibungen und virtuelle Räume in der
    Literatur des Mittelalters (Trends in Medieval Philology 3), Berlin/New York
    2003.
—, In der Klause des Herzens. Allegorische Konzepte des inneren Menschen in
    mittelalterlichen Architekturbeschreibungen, in: *anima* und *sêle*. Darstellungen
    und Systematisierungen von Seele im Mittelalter, hg. v. Katharina Philipowski
    u. Anne Prior (Philologische Studien und Quellen 197), Berlin 2006, S. 145–
    163.
Warren, W. L., Henry II, London 1973.
Wattenbach, Wilhelm, Lateinische Gedichte aus Frankreich im 11. Jahrhundert, in:
    SB der Preuss. Akad. der Wiss. zu Berlin 7 (1891), S. 97–114.
—, Beschreibung einer Handschrift mittelalterlicher Gedichte, in: Neues Archiv
    17 (1892), S. 349–384.
Wenzel, Franziska, Situationen höfischer Kommunikation. Studien zu Rudolfs
    von Ems ›Willehalm von Orlens‹ (Mikrokosmos 57), Frankfurt a.M. usw. 2000.
Wetzel, René, Die Wandmalereien von Schloss Runkelstein und das Bozener Ge-
    schlecht der Vintler. Literatur und Kunst im Lebenskontext einer Tiroler Auf-
    steigerfamilie des 14./15. Jahrhunderts, Habilitationsschrift, Freiburg/Schweiz
    1999.
—, *Dúr daz wort, in daz wort, an daz wort*. Die Engelberger Lesepredigten
    zwischen *lectio, meditatio, contemplatio* und Mystagogik, in: Lesevorgänge
    (2010), S. 403–419.
Wilke, Jürgen, Die Ebstorfer Weltkarte, Bd. 1–2 (Veröff. des Instituts für Histo-
    rische Landesforschung der Universität Göttingen 39), Bielefeld 2001.
Witthöft, Christiane, Ritual und Text. Formen symbolischer Kommunikation in
    der Historiographie und Literatur des Spätmittelalters (Symbolische Kommu-
    nikation in der Vormoderne), Darmstadt 2004.
Wolf, Alois, Komik und Parodie als Möglichkeit dichterischer Selbstdarstellung im
    Mittelalter. Zu Ulrichs von Liechtenstein ›Frauendienst‹, in: Amsterdamer Bei-
    träge zur älteren Germanistik 10 (1976), S. 73–101.
Wolf, Armin, Gervasius von Tilbury und die Welfen, in: Die Welfen und ihr
    Braunschweiger Hof im hohen Mittelalter (Wolfenbütteler Mittelalter-Stu-
    dien 7), hg. v. Bernd Schneidmüller, Wiesbaden 1995, S. 407–438.
—, Die »Ebstorfer Karte« und Gervasius von Tilbury – ein Weltbild im Umkreis
    des Kaisers, in: Otto IV. (Katalog 2009), S. 195–206.
—, Gervasius von Tilbury. Arelatischer Marschall Kaiser Ottos IV. und die Ebs-
    torfer Weltkarte, in: Otto IV. – Kaiser und Landesherr (2009), S. 157–188.
Wolf, Jürgen, Buch und Text. Literatur- und kulturhistorische Untersuchungen
    zur volkssprachigen Schriftlichkeit im 12. und 13. Jahrhundert (Hermaea 115),
    Tübingen 2008.
—, Ulrich von Liechtenstein im Buch, in: Ulrich von Liechtenstein (2010), S. 487–
    514.

Wolter-von dem Knesebeck, Harald, Otto IV. und die Buchkunst um 1200 – das Psalterfragment ehemals Sammlung Beck und die Psalmillustration um 1200, in: Otto IV. (Katalog 2009), S. 129–136.

Worstbrock, F(ranz) J(osef), ›Virgil im Korb‹, in: ²VL 10 (1999), Sp. 379ff.

Zimmermann, Bernhard, *Et vidi et perii*. Zu Ovids Medea-Epistel (Heroides XII), in: *Nova de veteribus*. Mittel- und neulateinische Studien für Paul Gerhard Schmidt, hg. v. Andreas Bihrer u. Elisabeth Stein, München/Leipzig 2004, S. 1–10.

Zimmermann, Hans, Die *Otia imperialia* des Gervasius von Tilbury. Prefatio und Decisio 1, cap. 1–9. Einl., Text, Übers. u. Komm., in: Mediaevistik 15 (2002), S. 51–183.

Zwischen Babel und Pfingsten. Sprachdifferenzen und Gesprächsverständigung in der Vormoderne (8.–16. Jahrhundert). Tagung Höhnscheid 2006, hg. v. Peter von Moos (Gesellschaft u. individuelle Kommunikation in der Vormoderne 1), Berlin usw. 2008.

Register

von Christine Putzo

7.1 Personen, Orte, Werke und Begriffe

Heidelberg, Universitätsbibliothek, Cod. Pal. germ. 848 *227f. 230f. 276 280 Abb. 8*
Landshut, Staatsarchiv, o. Sign. *279f. 283*
London, British Library, Ms. Harley 2799 *121 Abb. 3*
München, Bayerische Staatsbibliothek, cgm 44 *279f. 283 Abb. 9*
Paris, Bibliothèque Nationale, lat. 4126 *60 83*
Paris, Bibliothèque Nationale, lat. 5350 *60*
Stuttgart, Landesbibliothek, Cod. HB XIII 1 *280*
Vatikan, Biblioteca Apostolica, Cod. Reg. lat. 1351 *60 122*
Vatikan, Biblioteca Apostolica, Cod. Vat. lat. 933 *145 161*
Wien, Österreichische Nationalbibliothek, Cod. Ser. nova 2663 *280*
Hartmann von Aue
›Iwein‹ *186f.*
Hastings, Schlacht von *83*
Heiligenkreuz, Zisterzienserstift *281*
Heinrich, Protonotar → Friedrichs Barbarossa *200f.*
Heinrich IV., Ks. *198 203*
Heinrich VI., Ks. *111 210*
Heinrich VII., röm.-dt. Kg. *221*
Heinrich I., Kg. von England *54 136 171*
Heinrich II., Kg. von England *34–47 72 145ff. 151 157ff. 164 170f. 177 179 182 187 189 243*
Heinrich der Jüngere, Kg. von England *72 151 157 162*
Heinrich IV., Kg. von England *19*
Heinrich der Löwe, Hzg. von Sachsen *146 161 171 173 179*
Heinrich III., Hzg. von Bayern *282*
Heinrich, Markgraf von Istrien *284*
Heinrich von Veldeke *228*
›Eneasroman‹ *193*
Hermann von Tournai *79*
›Herzog Ernst‹ *193*

Hieronymus, Sophronius Eusebius *90*
Hildebert von Lavardin *61 63 78f. 91 102*
›Epistolae‹ *97 100 103*
›Hildesheimer Briefsammlung (ältere)‹ *73*
Hippokrates von Kos *132*
›Historia Welforum‹ *173*
Hohelied *30 86 91 94* → unten, Textstellen (Altes und Neues Testament)
Homer *93*
›Ilias‹ *111f.*
Honorius Augustodunensis
›De imagine mundi‹ *165 187*
Hugo von Honau *207*
Hugo von Orléans *98*
Hugo von St. Viktor
›De archa Noe‹ *85*
Humbert de Romans *37*

Imbert von Aiguières, Erzbischof von Arles *158*
imitatio *26 29 30ff. 37f. 43 88*
informatio; informare *14 15–51 152 220*
Ingelramnus, Archidiakon von Soissons *96*
Innozenz II., Papst *174*
Innozenz III., Papst *159f.*
Innozenz IV., Papst *281*
interpres; Vermittler *5f. 20 30 33 41 51f. 110 128 139 160f. 168 180 198 201ff. 205 207–210 213f. 220 223 232 242 285*
Isaak II., byzantinischer Ks. *175*
Isidor von Sevilla
›Etymologiae‹ *121 180 231*
›Sententiae‹ *85*
Isingrimus, Abt von Ottobeuren *203f.*

Jacobus de Cessolis
›De ludo scachorum‹ *40 141*
Jan Enikel
›Weltchronik‹ *262*
Jean d'Antioche *153*

7.2 Textstellen

8

Abbildungen

Abbildung 1:
Planisphäre. Basel, UB, ms. AN IV 18, fol. 1ᵛ, als Beilage aufbewahrt (Pergament, Fulda, 1. Drittel des 9. Jh.s), Foto: UB, Basel.

Abbildung 2:
Globus. Im oberen Drittel horizontal Perseus mit dem Haupt der Medusa. Mainz, Römisch-Germanisches Zentralmuseum, Inv.-Nr. O.41335 (Messing, Durchmesser 11 cm, 2. Hälfte des 2. Jh.s n. Chr.), Foto: RGZM, Mainz, nach Kopie_42696a.

Abbildung 3:
Weltkarte. London, British Library, Harley ms. 2799, fol. 241ᵛ: ›Arnsteiner Bibel‹ (Pergament, Arnstein, um 1172), Foto: British Library, London.

Abbildung 4:
Zur Struktur der ›Otia imperialia‹. Entwurf: Eckart Conrad Lutz.

Abbildung 5:
Der in den ›Otia imperialia‹ vorausgesetzte genealogisch-dynastische Horizont. Entwurf: Eckart Conrad Lutz.

Abbildung 6:
Welfen-Stammbaum. Fulda, Hochschul- und Landesbibliothek, Hs. D 11, fol. 13ᵛ (Pergament, Weingarten, 1185/91), Foto: Ursula Neubauer.

Abbildung 7:
Mantel Kaiser Ottos IV. Braunschweig, Herzog Anton Ulrich-Museum, Inv.-Nr. MA 1 (Seide, Byzanz um 1200; Stickerei, England um 1200), Foto: Museumsfotograf.

Abbildung 8:
Miniatur zu Ulrich von Liechtenstein im Codex Manesse. Heidelberg, UB, cpg 848, fol. 237ʳ (Pergament, Zürich, 1. Drittel des 13. Jh.s), Foto: UB, Heidelberg.

Abbildung 9:
Beginn des ›Frauendienst‹ in der Münchner Handschrift. München, BSB, Cgm 44, fol. 1ʳ (Pergament, niederösterreichisch, um 1300), Foto: BSB, München.

Abbildung 10:
Route der Venusfahrt und Stammsitze der erwähnten Personen. Vorlage: Sandra
Linden 2010.

Abbildung 11:
Route der Artusfahrt und Stammsitze der erwähnten Personen. Vorlage: Sandra
Linden 2010.

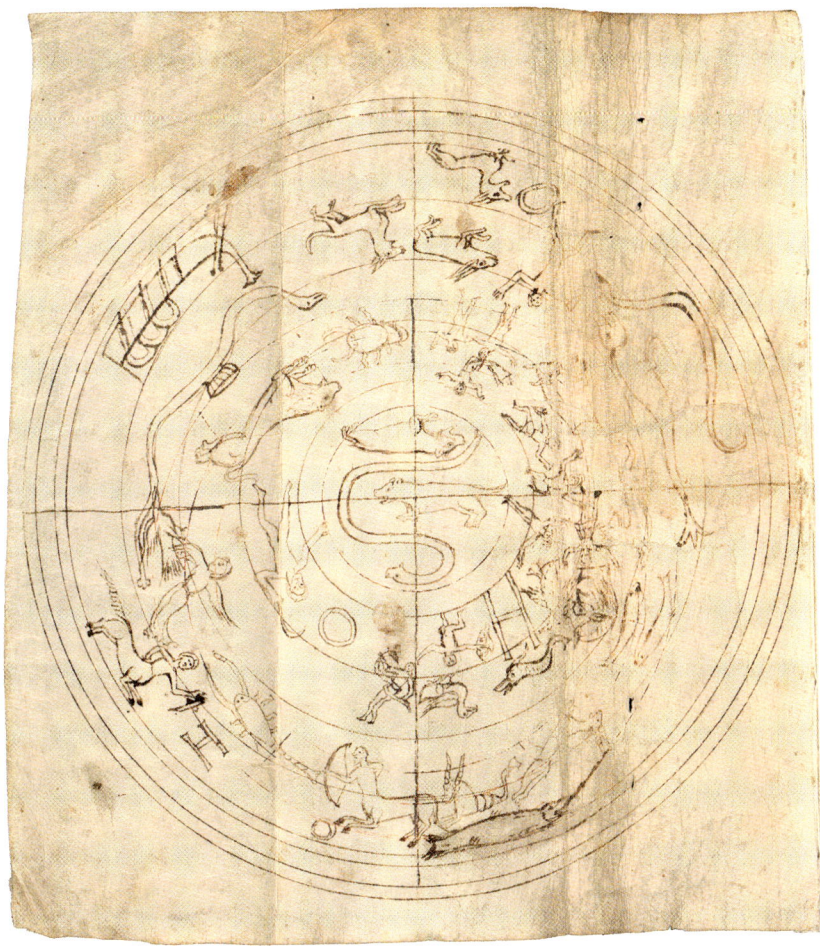

Abb. 1: *Planisphäre*. Basel, UB, ms. AN IV 18, fol. 1ᵛ, als Beilage aufbewahrt (Pergament, Fulda, 1. Drittel des 9. Jh.s).

Abb. 2: *Globus. Im oberen Drittel horizontal Perseus mit dem Haupt der Medusa.*
Mainz, Römisch-Germanisches Zentralmuseum, Inv.-Nr. O.41335 (Messing,
Durchmesser 11 cm, 2. Hälfte des 2. Jh.s n. Chr.).

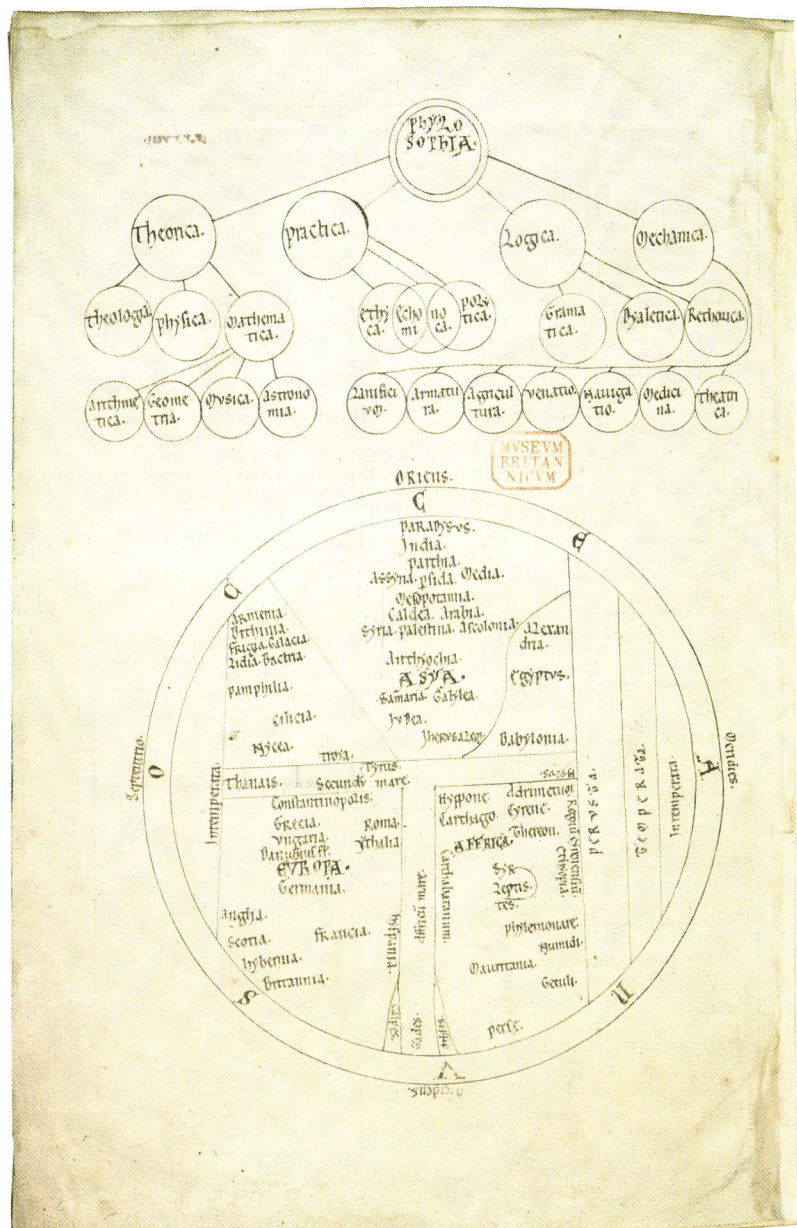

Abb. 3: *Weltkarte*. London, British Library, Harley ms. 2799, fol. 241ᵛ: ›Arnsteiner Bibel‹ (Pergament, Arnstein, um 1172).

OTTO

sacerdotium – regnum
recreatio
orbis / provincie / mirabilia
uirtutes Dei perscrutare
conregnatio cum Christo

OTTO

drei Erdteile
vier Weltalter
das Letzte: Imperium Romanum

OTTO

römische Kaiser von Caesar bis Karl
Troja

Rom, Kaiser   Briten, Könige   Franken, Könige

OTTO

Sachsen – Briten
Franken, Könige bis Karl → Kaiser
Kaisertum

OTTO

Ostreich – Westreich
Rom, Kaiser nach Karl

Franken, Könige nach Karl
Briten, Könige nach Edward Conf.
Heinrich II. von England

Summa
sechs Weltalter / Schöpfungstage / Lebensalter

OTTO

Abb. 4: *Zur Struktur der ›Otia imperialia‹.*

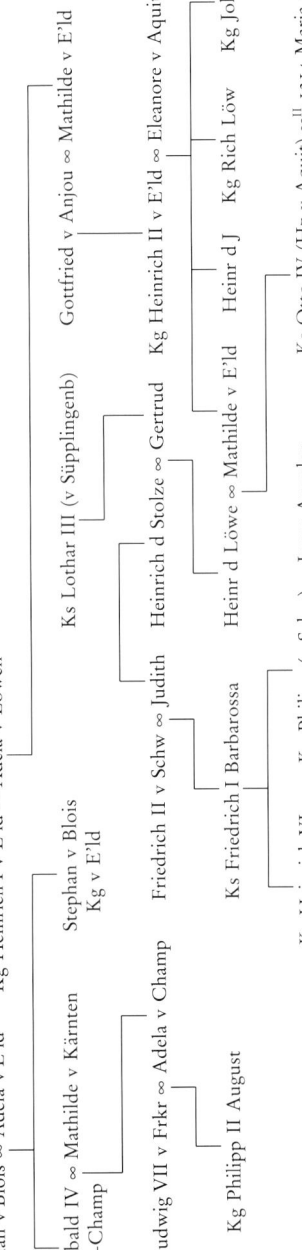

Abb. 5: *Der in den ›Otia imperialia‹ vorausgesetzte genealogisch-dynastische Horizont.* Nach nur drei Textstellen: II, xvi, S. 396 (Ottos Verbundenheit mit England, Frankreich, Sachsen); II, xviii, S. 436 (Verwandtschaft Ottos mit Philipp II. August); II, xviii, S. 452ff. (Ottos Anspruch auf die byzantinische Krone); unter Einbezug von Heinrich d. J.

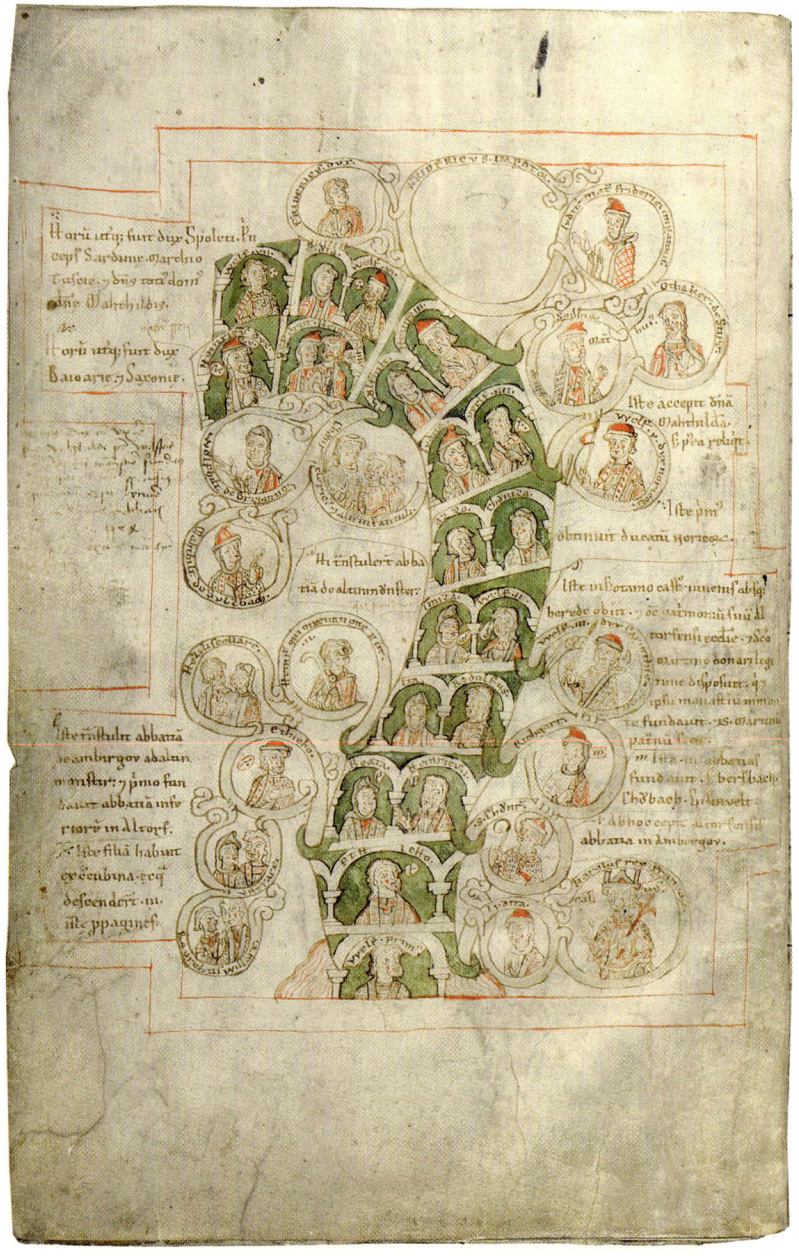

Abb. 6: *Welfen-Stammbaum*. Fulda, Hochschul- und Landesbibliothek, Hs. D 11, fol. 13ᵛ (Pergament, Weingarten, 1185/91).

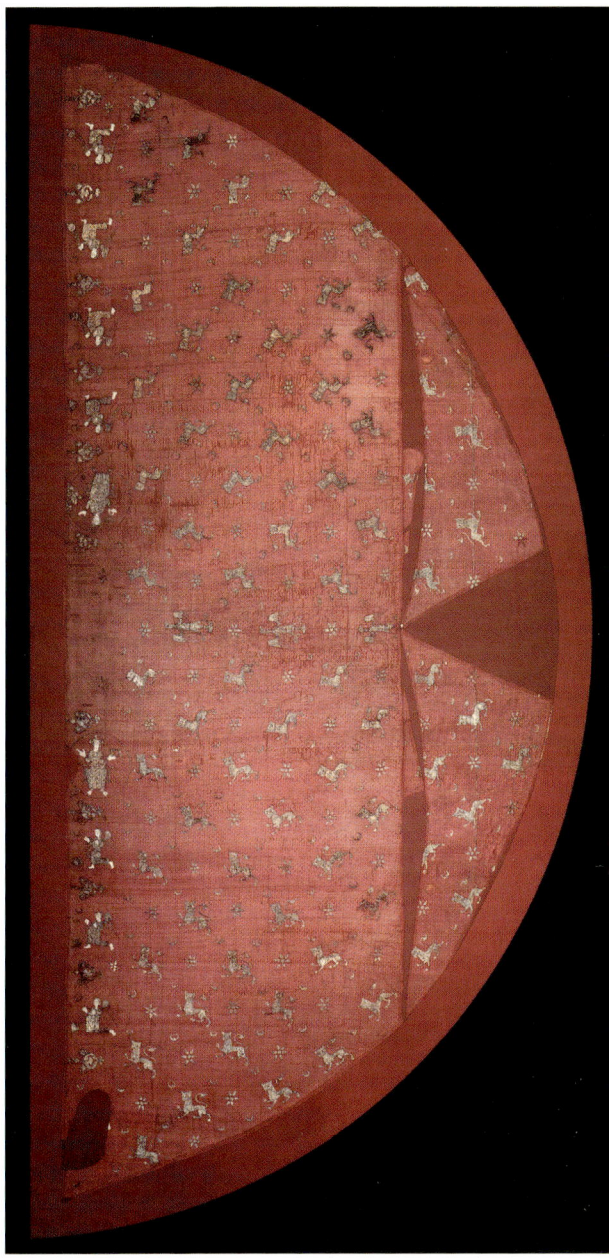

Abb. 7: *Mantel Kaiser Ottos IV.* Braunschweig, Herzog Anton Ulrich-Museum, Inv.-Nr. MA 1 (Seide, Byzanz um 1200; Stickerei, England um 1200).

Abb. 8: *Miniatur zu Ulrich von Liechtenstein im Codex Manesse.* Heidelberg, UB, cpg 848, fol. 237ʳ (Pergament, Zürich, 1. Drittel des 13. Jh.s).

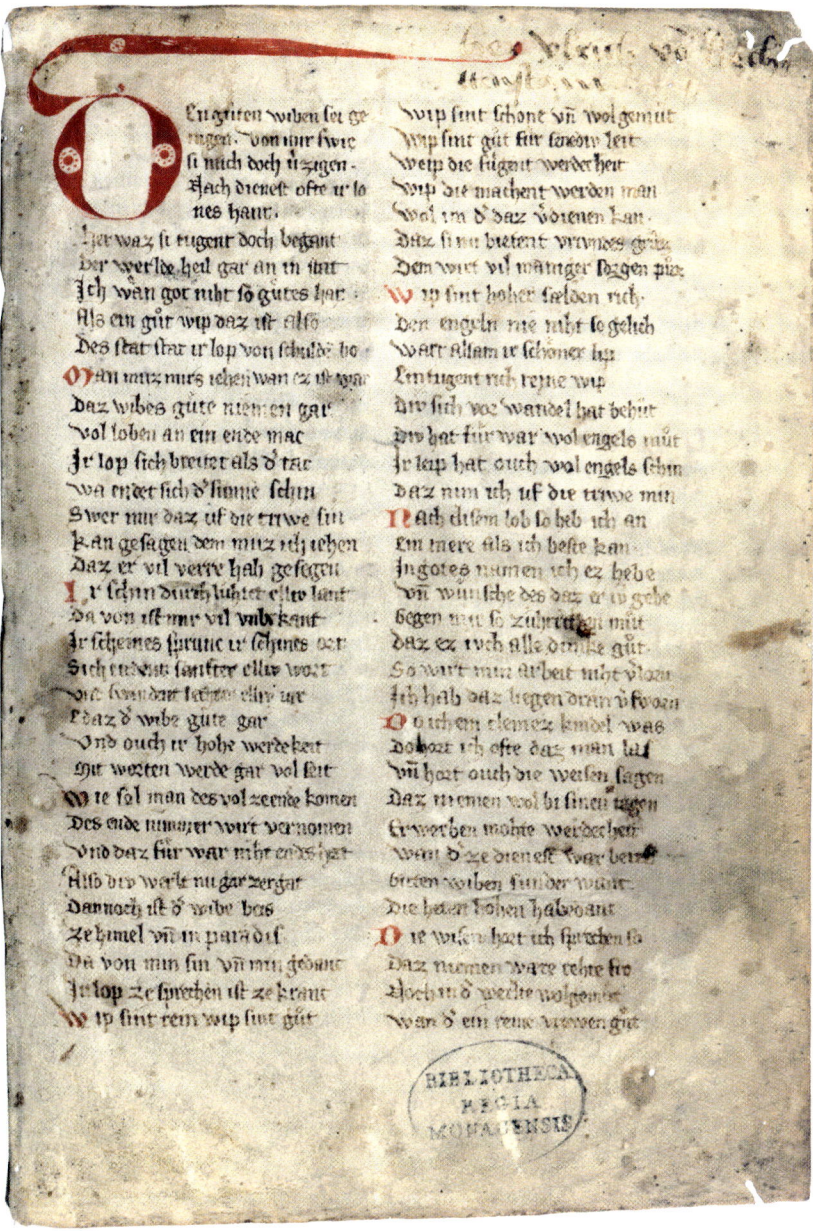

Abb. 9: *Beginn des ›Frauendienst‹ in der Münchner Handschrift.* München, BSB, Cgm 44, fol. 1ʳ (Pergament, niederösterreichisch, um 1300).

Abb. 10: *Route der Venusfahrt und Stammsitze der erwähnten Personen.*

Abb. 11: *Route der Artusfahrt und Stammsitze der erwähnten Personen.*